FIFTH EDITION

P9-CPW-638

FACETAS

Nivel intermedio | Curso breve

José A. Blanco

VISTA®
HIGHER LEARNING

Boston, Massachusetts

On the cover:
Modern architecture of the Department of Health,
Bilbao, Spain

Creative Director: José A. Blanco

Publisher: Sharla Zwirek

Editorial Development: Judith Bach, Carlos Calvo, Camilo Cerpa, María Victoria Echeverri, Gonzalo Montoya, Carmen Nouel Grillet

Project Management: Erik Restrepo, Faith Ryan

Rights Management: Jorgensen Fernandez, Ashley Poreda

Technology Production: Sergio Arias, Egle Gutiérrez, Paola Ríos Schaaf

Design: Radoslav Mateev, Sara Montoya, Gabriel Noreña, Andrés Vanegas

Production: Oscar Díez, Sebastián Díez

Student Edition ISBN: 978-1-54330-135-9

Instructor's Annotated Edition ISBN: 978-1-54330-137-3

Library of Congress Control Number: 2018934217

2 3 4 5 6 7 8 9 TC 23 22 21 20 19

Printed in Canada.

Introduction

Bienvenidos a Facetas, Fifth Edition, an intermediate Spanish program designed to provide you with an active and rewarding learning experience as you continue to strengthen your language skills and develop your cultural competency.

Here are some of the features you will encounter in **Facetas, Fifth Edition.**

- An emphasis on authentic language and practical vocabulary for you to use in communicating in real-life situations

- Clear, comprehensive grammar explanations that graphically highlight important concepts

- Abundant guided and communicative activities that will help you develop confidence in your ability to communicate in Spanish

- Three video-based sections—one directly connected to the **Facetas Fotonovela Video,** one based on the **Flash cultura** cultural segments, and one featuring the **Facetas Film Collection**

- Literary and cultural readings that recognize and celebrate the diversity of the Spanish-speaking world and its people

- Ongoing development of your reading, speaking, writing, and listening skills

- Consistent integration of important cultural concepts and insights into the daily lives of native Spanish speakers

- A complete set of print and technology ancillaries to make learning Spanish easier for you

New to the Fifth Edition

Facetas, Fifth Edition, offers many new features to students and instructors that make this edition even better than the last.

- **NEW!** Based on user feedback, the **Lecturas** and **Cinemateca** sections have new selections for the Fifth Edition. New films in Lessons 4 and 6; a new literary reading in Lesson 5 update and enhance these popular sections.

- **Updated!** The **Facetas** Supersite now has even more features to make language learning easier, new Video Virtual Chat activities for the **Fotonovela** video, and new **Conexión con el arte** web-only activities for the **Literatura** strand. See page viii for more information.

Facetas has six lessons organized in exactly the same way. To familiarize yourself with the textbook's organization, turn to page xii and take the **Facetas** at-a-glance tour.

CONTENIDO

	CONTEXTOS	FOTONOVELA	ENFOQUES

CONTENIDO

	CONTEXTOS	FOTONOVELA	ENFOQUES

Each section of the textbook comes with resources and activities on the **Facetas** Supersite, many of which are auto-graded with immediate feedback.

CONTEXTOS
- Audio of the **Vocabulary** with recording activity for oral practice
- Textbook and extra practice activities
- Partner Chat or Virtual Chat activity for increased oral practice

FOTONOVELA
- Streaming video of the **Fotonovela** with instructor-managed options for subtitles and transcripts in Spanish and English
- Textbook comprehension and expansion and extra practice activities
- Video Virtual Chat activities for increased oral practice

ENFOQUES
- **En detalle** cultural reading
- **Conexión Internet** search activity
- Streaming video of **Flash cultura** cultural video
- Textbook and extra practice activities

ESTRUCTURA
- Textbook grammar presentations
- Textbook and extra practice activities
- Partner Chat or Virtual Chat activities for increased oral practice
- **Repaso** self-test and **Animated grammar tutorials**

CINEMATECA
- Streaming video of the short film with instructor-controlled options for subtitles
- Textbook pre- and post-viewing and extra practice activities

LECTURAS: LITERATURA
- Audio-synced, dramatic reading of the **Literatura** text
- **Conexión con el arte** and **Literatura**
- Textbook and extra practice activities

LECTURAS: CULTURA
- Audio-synced reading of the text
- Textbook and extra practice activities
- **Atando cabos** composition activity

VOCABULARIO
- Vocabulary list with audio

MANUAL DE GRAMÁTICA
- **Más práctica** Textbook activities
- **Más gramática** Textbook grammar presentations and activities

Plus! Also found on the Supersite:
- Lab audio MP3 files
- Live Chat tool for video chat, audio chat, and instant messaging without leaving your browser
- Communication center for instructor notifications and feedback
- A single gradebook for all Supersite activities
- WebSAM online Workbook, Video Manual, and Lab Manual
- **vͣText** online, interactive student edition with access to Supersite activities, audio, and video

Program Components

Student Activities Manual (SAM)

The **Student Activities Manual** consists of three parts: the **Workbook**, **Lab Manual**, and **Video Manual**.

- **Workbook**

  The **Workbook** activities provide additional practice of the vocabulary and grammar for each textbook lesson, including the extra grammar topic in **Manual de gramática**. Also included are an additional reading (**Lectura**) and composition (**Composición**) assignment.

- **Lab Manual**

  The **Lab Manual** activities focus on building students' pronunciation and listening comprehension skills in Spanish. They provide additional practice of the vocabulary and grammar of each lesson. Also included is a **Pronunciación** section where students practice sounds that are particularly difficult.

WebSAM

Completely integrated with the **Facetas** Supersite, the **WebSAM** provides access to online **Workbook**, **Lab Manual** and **Video Manual** activities with instant feedback and grading for select activities. The complete audio program is accessible online in the **Lab Manual** and features record-submit functionality for select activities. The MP3 files can be downloaded from the **Facetas** Supersite and can be played on a computer, portable MP3 player or mobile device. The **Fotonovela** videos are accessible online in the **Video Manual**.

Facetas, Fifth Edition, Supersite

Included with the purchase of every new student edition, the passcode to the Supersite (**vhlcentral.com**) gives students access to a wide variety of interactive activities for each section of every lesson of the student text, including auto-graded activities for extra practice with vocabulary, grammar, video, and cultural content; reference tools; the **Fotonovela** videos; the **Cinemateca** short films, **Flash cultura** videos; the Lab Program MP3 files, and more. *For additional details, see pages IAE-12 and IAE-13.*

Icons

Familiarize yourself with these icons that appear throughout **Facetas**.

🎥	Textbook activity available online	)))	Listening activity/section
👥	Pair activity	👥	Group activity
💬	Partner Chat or Virtual Chat activity available online	Ⓢ	Presentational content for this section available online

Additional practice on the Supersite, not included in the textbook, is indicated with this icon feature:

 Practice more at **vhlcentral.com**.

CONTEXTOS

practices the lesson vocabulary with thematic activities.

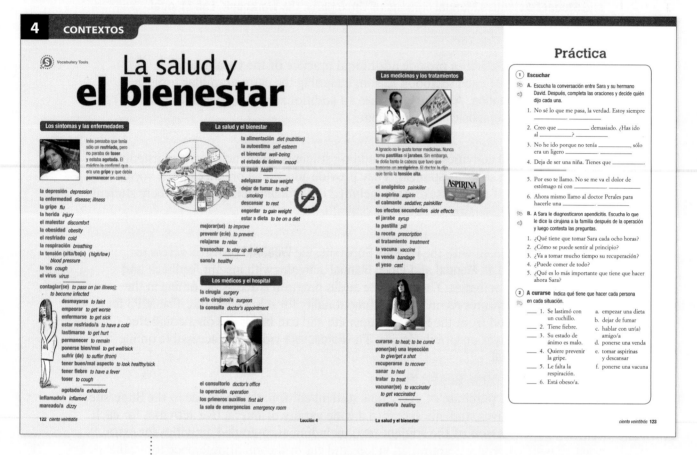

Vocabulary Easy-to-study thematic lists present useful vocabulary.

Photos and illustrations Dynamic, full-color photos and art illustrate selected vocabulary terms.

Práctica This set of activities practices vocabulary in diverse formats and engaging contexts.

Comunicación These open-ended activities have students interact with a partner, a small group, or the entire class.

⑤upersite

- Audio recordings of all vocabulary items
- Textbook activities including Partner Chat or Virtual Chat activity
- Additional online-only practice activities

Supersite features vary by access level. Visit **vistahigherlearning.com** to explore which Supersite level is right for you.

FOTONOVELA

features a video about unpredictable events in the life of a family from Oaxaca, Mexico.

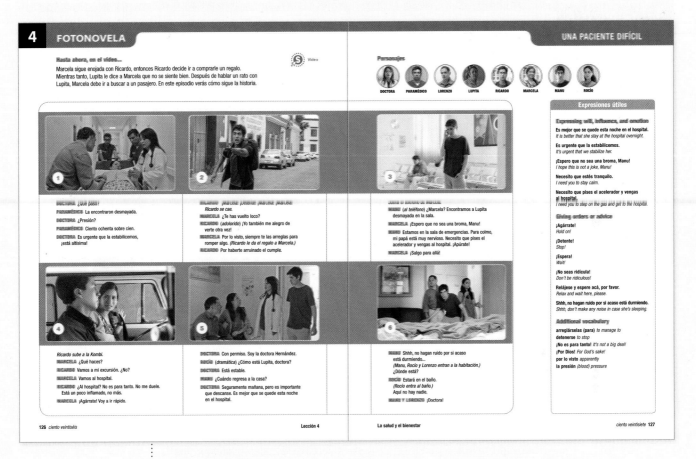

Personajes The photo-based conversations offer a preview of each episode of the video.

Conversations The engaging conversations incorporate vocabulary from the **Contextos** section and preview grammar structures you will study in the **Estructura** section, all within a comprehensible context.

Expresiones útiles New, active words and expressions are organized by function, so you can concentrate on using them for real-life, practical purposes.

Supersite

Streaming **Fotonovela** video with instructor-controlled subtitle options

Supersite features vary by access level. Visit **vistahigherlearning.com** to explore which Supersite level is right for you.

COMPRENSIÓN & AMPLIACIÓN

reinforce and expand upon the *Fotonovela*.

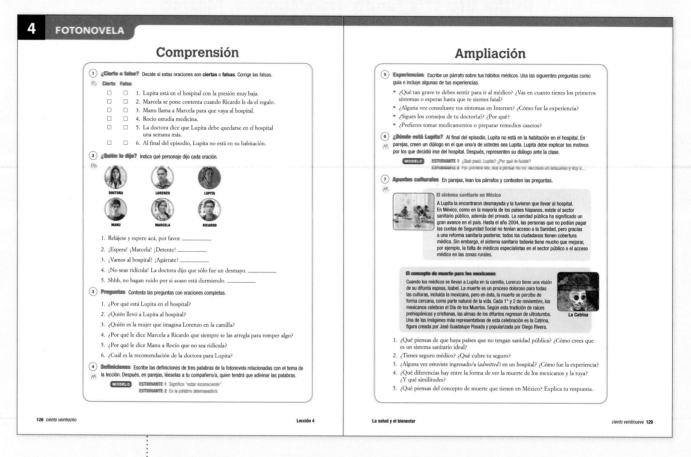

Comprensión These exercises check your basic understanding of the **Fotonovela** conversations.

Ampliación Communicative activities take a step further, asking you to apply or react to the content in a personalized way.

Apuntes culturales Cultural notes illustrated with photographs provide additional reading practice and important cultural information related to **Fotonovela**. Follow-up questions check comprehension and expand on the topics.

Ⓢupersite

- Textbook and additional online-only activities
- Additional Partner Video Chat activities

Supersite features vary by access level. Visit **vistahigherlearning.com** to explore which Supersite level is right for you.

ENFOQUES

explores cultural topics related to the lesson theme, focused by region.

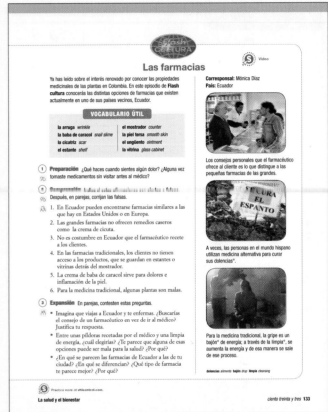

En detalle & Perfil Feature articles expand on topics related to the lesson theme, supported by photos, maps, and graphical features.

El mundo hispanohablante & Así lo decimos Lexical and comparative features highlight traditions, customs, and trends throughout the Spanish-speaking world.

Activities Comprehension, open-ended, and project-based activities in **¿Qué aprendiste?** check your understanding of the material and lead to further exploration.

Flash cultura Each lesson features a video shot in the form of a news broadcast. Comprehension and expansion activities help them get the most out of it.

Supersite

- All reading selections
- Textbook and additional online-only activities
- **Conexión Internet** search activity
- Streaming **Flash cultura** video with instructor-controlled subtitle options

Supersite features vary by access level. Visit **vistahigherlearning.com** to explore which Supersite level is right for you.

ESTRUCTURA

presents key intermediate grammar topics with detailed visual support.

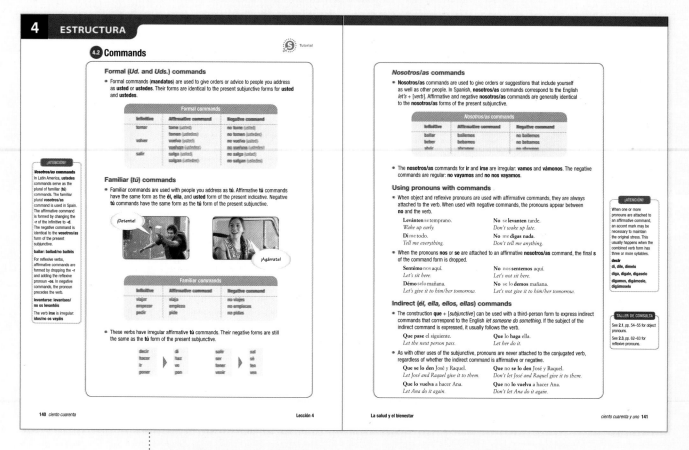

Integration of Cinemateca Photos with quotes or captions from the lesson's short film show the new grammar structures in meaningful contexts.

Charts and diagrams Colorful, easy-to-understand charts and diagrams highlight key grammar structures and related vocabulary.

Grammar explanations Explanations are written in clear, easy-to-understand language for reference both in and out of class.

Atención These sidebars expand on the current grammar point and call attention to possible sources of confusion.

Supersite

- Grammar Presentations
- Grammar Tutorials

Supersite features vary by access level. Visit **vistahigherlearning.com** to explore which Supersite level is right for you.

ESTRUCTURA

progresses from directed to communicative practice.

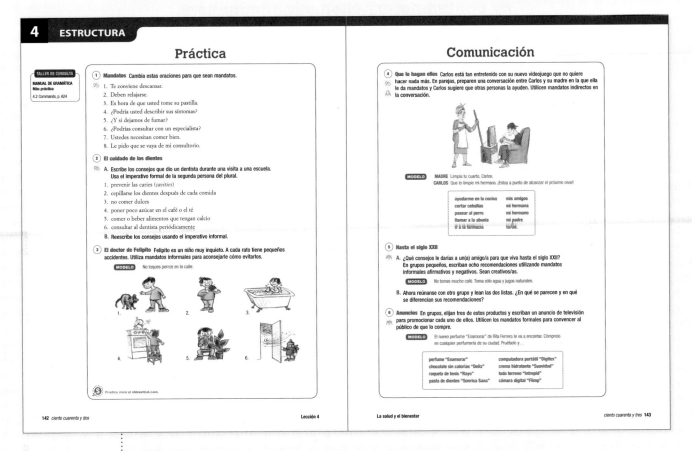

Práctica

TALLER DE CONSULTA

MANUAL DE GRAMÁTICA
Más práctica

4.2 Commands, p. A24

1 **Mandatos** Cambia estas oraciones para que sean mandatos.

1. Te conviene descansar.
2. Deben relajarse.
3. Es hora de que usted tome su pastilla.
4. ¿Podría usted describir sus síntomas?
5. ¿Y si dejamos de fumar?
6. ¿Podrías consultar con un especialista?
7. Ustedes necesitan comer bien.
8. Le pido que se vaya de mi consultorio.

2 **El cuidado de los dientes**

A. Escribe los consejos que dio un dentista durante una visita a una escuela. Usa el imperativo formal de la segunda persona del plural.

1. prevenir las caries (*cavities*)
2. cepillarse los dientes después de cada comida
3. no comer dulces
4. poner poco azúcar en el café o el té
5. comer o beber alimentos que tengan calcio
6. consultar al dentista periódicamente

B. Reescribe los consejos usando el imperativo informal.

3 **El doctor de Felipito** Felipito es un niño muy inquieto. A cada rato tiene pequeños accidentes. Utiliza mandatos informales para aconsejarle cómo evitarlos.

MODELO No toques perros en la calle.

1.
2.
3.
4.
5.
6.

Ⓢ Practice more at vhlcentral.com.

142 *ciento cuarenta y dos*   Lección 4

Comunicación

4 **Que lo hagan ellos** Carlos está tan entretenido con su nuevo videojuego que no quiere hacer nada más. En parejas, preparen una conversación entre Carlos y su madre en la que ella le da mandatos y Carlos sugiere que otras personas la ayuden. Utilicen mandatos indirectos en la conversación.

MODELO MADRE Limpia tu cuarto, Carlos.
CARLOS Que lo limpie mi hermano. ¡Estoy a punto de alcanzar el próximo nivel!

ayudarme en la cocina	mis amigos
cortar cebollas	mi hermana
pasear al perro	mi hermano
llamar a la abuela	mi padre
ir a la farmacia	tú/Ud.

5 **Hasta el siglo XXII**

A. ¿Qué consejos le darías a un(a) amigo/a para que viva hasta el siglo XXII? En grupos pequeños, escriban ocho recomendaciones utilizando mandatos informales afirmativos y negativos. Sean creativos/as.

MODELO No tomes mucho café. Toma sólo agua y jugos naturales.

B. Ahora reúnanse con otro grupo y lean las dos listas. ¿En qué se parecen y en qué se diferencian sus recomendaciones?

6 **Anuncios** En grupos, elijan tres de estos productos y escriban un anuncio de televisión para promocionar cada uno de ellos. Utilicen los mandatos formales para convencer al público de que lo compre.

MODELO El nuevo perfume "Enamorar" de Rita Ferrero le va a encantar. Cómprelo en cualquier perfumería de su ciudad. Pruébelo y...

perfume "Enamorar"	computadora portátil "Digitex"
chocolate sin calorías "Deliz"	crema hidratante "Suavidad"
raqueta de tenis "Rayo"	todo terreno "Intrepid"
pasta de dientes "Sonrisa Sana"	cámara digital "Flimp"

La salud y el bienestar   *ciento cuarenta y tres* 143

Práctica Directed exercises support students as they begin working with the grammar structures, helping them master the forms they need for personalized communication.

Comunicación Open-ended, communicative activities help students internalize the grammar point in a range of contexts involving pair and group work.

Taller de consulta These sidebars reference additional activities and grammar topics in the **Manual de gramática** found at the end of the book.

Ⓢupersite

- Textbook activities including Partner Chat or Virtual Chat activities
- Additional online-only practice activities

Supersite features vary by access level. Visit **vistahigherlearning.com** to explore which Supersite level is right for you.

CINEMATECA

features award-winning short films by contemporary Hispanic filmmakers.

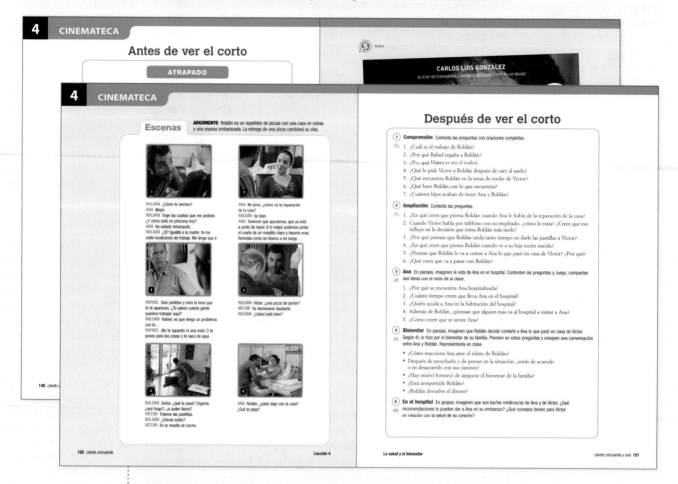

Films Compelling short films let students see and hear Spanish in its authentic contexts. Films are thematically linked to the lessons.

Escenas Video stills with captions from the film prepare students for the film and introduce some of the expressions they will encounter.

Antes de ver... Pre-viewing activities prepare students to view the film.

Vocabulario calls out vocabulary key to understanding the film.

Después de ver... Post-viewing activities check students' comprehension and guide them through interpreting the film and reacting to it.

Ⓢupersite

- Streaming video of short films with instructor-controlled subtitle options

- Textbook activities and additional online-only practice activities

Supersite features vary by access level. Visit **vistahigherlearning.com** to explore which Supersite level is right for you.

LECTURAS: LITERATURA

Fine art makes a connection between lesson theme and reading topic.

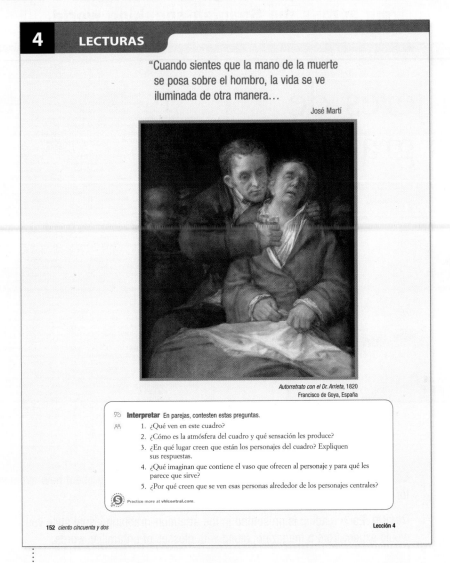

4 **LECTURAS**

"Cuando sientes que la mano de la muerte
se posa sobre el hombro, la vida se ve
iluminada de otra manera…

José Martí

Autorretrato con el Dr. Arrieta, 1820
Francisco de Goya, España

Interpretar En parejas, contesten estas preguntas.

1. ¿Qué ven en este cuadro?
2. ¿Cómo es la atmósfera del cuadro y qué sensación les produce?
3. ¿En qué lugar creen que están los personajes del cuadro? Expliquen sus respuestas.
4. ¿Qué imaginan que contiene el vaso que ofrecen al personaje y para qué les parece que sirve?
5. ¿Por qué creen que se ven esas personas alrededor de los personajes centrales?

Practice more at **vhlcentral.com**.

152 *ciento cincuenta y dos*   Lección 4

Fine art Compelling works of art, created by some of the greatest painters of the Hispanic world.

Quote These quotes by well-known writers, thinkers, and philosophers provide a brief look into Latin American and Hispanic ways of thinking.

Actividad During pair and group activities, students describe and discuss each painting and share their thoughts.

Supersite

• Additional online-only practice activity

Supersite features vary by access level. Visit **vistahigherlearning.com** to explore which Supersite level is right for you.

LECTURAS: LITERATURA

showcases literary readings by well-known writers from across the Spanish-speaking world.

Literatura Comprehensible and compelling, these readings present new avenues for using the lesson's grammar and vocabulary.

Design Each reading is presented in the attention-grabbing visual style you would expect from a magazine, along with glosses of unfamiliar words.

Supersite

• Audio-sync technology for the literary reading that highlights text as it is being read

Supersite features vary by access level. Visit **vistahigherlearning.com** to explore which Supersite level is right for you.

LECTURAS: CULTURA

features an article on cultural topics related to the lesson theme.

Appealing Topics The **Cultura** readings present a unique range of topics that expose you to the people, traditions, and accomplishments of the different cultures of the Spanish-speaking world.

Design Readings are carefully laid out with line numbers, marginal glosses, pull quotes, and box features to help make each piece easy to navigate.

Photos Vibrant, dynamic photos visually illustrate the reading.

Supersite

• Audio-sync technology for the cultural reading that highlights text as it is being read

ANTES DE LEER and DESPUÉS DE LEER

activities provide in-depth pre- and post-reading support for each selection in Literatura and Cultura.

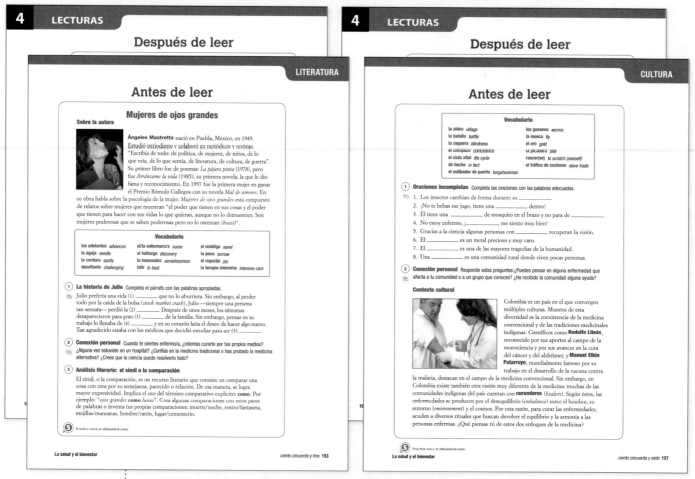

Antes de leer Vocabulary presentation and practice, author biographies, and pre-reading discussion activities prepare students for the reading.

Después de leer Post-reading activities check student understanding and guide them to discuss the topic of the reading, express their opinions, and explore how it relates to their own experiences.

Supersite

- Textbook activities including Partner Chat or Virtual Chat activities (in **Literatura** or **Cultura**)

- Additional online-only practice activities

- **Sobre el autor** reading with online-only activity

Supersite features vary by access level. Visit **vistahigherlearning.com** to explore which Supersite level is right for you.

ATANDO CABOS

develops your speaking and writing skills.

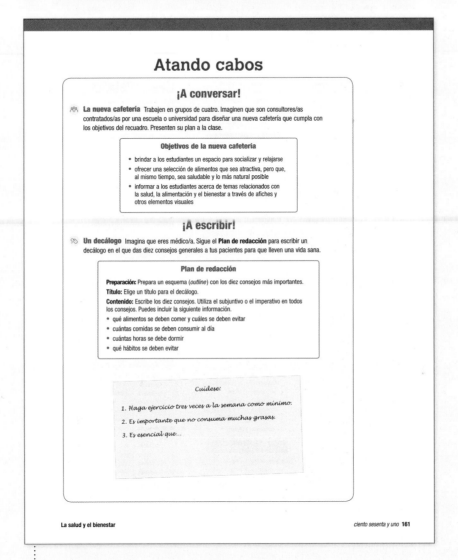

Atando cabos

¡A conversar!

La nueva cafetería Trabajen en grupos de cuatro. Imaginen que son consultores/as contratados/as por una escuela o universidad para diseñar una nueva cafetería que cumpla con los objetivos del recuadro. Presenten su plan a la clase.

Objetivos de la nueva cafetería

- brindar a los estudiantes un espacio para socializar y relajarse
- ofrecer una selección de alimentos que sea atractiva, pero que, al mismo tiempo, sea saludable y lo más natural posible
- informar a los estudiantes acerca de temas relacionados con la salud, la alimentación y el bienestar a través de afiches y otros elementos visuales

¡A escribir!

Un decálogo Imagina que eres médico/a. Sigue el **Plan de redacción** para escribir un decálogo en el que das diez consejos generales a tus pacientes para que lleven una vida sana.

Plan de redacción

Preparación: Prepara un esquema (*outline*) con los diez consejos más importantes.

Título: Elige un título para el decálogo.

Contenido: Escribe los diez consejos. Utiliza el subjuntivo o el imperativo en todos los consejos. Puedes incluir la siguiente información.

- qué alimentos se deben comer y cuáles se deben evitar
- cuántas comidas se deben consumir al día
- cuántas horas se debe dormir
- qué hábitos se deben evitar

Cuídese:

1. Haga ejercicio tres veces a la semana como mínimo.

2. Es importante que no consuma muchas grasas.

3. Es esencial que...

La salud y el bienestar   *ciento sesenta y uno* **161**

¡A conversar! Step-by-step tasks and problem-solving situations engage you in discussion in pairs, small groups, or with the entire class.

Thematic Readings and Realia These texts serve as springboards for discussion and writing while providing frameworks to help you use language creatively.

¡A escribir! This section provides an engaging, real-life writing task—letters, e-mails, anecdotes, etc.—spun off from the lesson theme.

Ⓢupersite

- Textbook activity via online composition engine

Supersite features vary by access level. Visit **vistahigherlearning.com** to explore which Supersite level is right for you.

VOCABULARIO

summarizes the active vocabulary in each lesson.

4 VOCABULARIO

🅢 Vocabulary Tools

Los síntomas y las enfermedades

la depresión	depression
la enfermedad	disease; illness
la gripe	flu
la herida	injury
el malestar	discomfort
la obesidad	obesity
el resfriado	cold
la respiración	breathing
la tensión (alta/baja)	(high/low) blood pressure
la tos	cough
el virus	virus
contagiarse	to become infected
desmayarse	to faint
empeorar	to get worse
enfermarse	to get sick
estar resfriado/a	to have a cold
lastimarse	to get hurt
permanecer	to remain
ponerse bien/mal	to get well/sick
sufrir (de)	to suffer (from)
tener buen/mal aspecto	to look healthy/sick
tener fiebre	to have a fever
toser	to cough
agotado/a	exhausted
inflamado/a	inflamed
mareado/a	dizzy

La salud y el bienestar

la alimentación	diet (nutrition)
la autoestima	self-esteem
el bienestar	well-being
el estado de ánimo	mood
la salud	health
adelgazar	to lose weight
dejar de fumar	to quit smoking
descansar	to rest
engordar	to gain weight
estar a dieta	to be on a diet

mejorar(se)	to improve
prevenir (e:ie)	to prevent
relajarse	to relax
trasnochar	to stay up all night
sano/a	healthy

Los médicos y el hospital

la cirugía	surgery
el/la cirujano/a	surgeon
la consulta	doctor's appointment
el consultorio	doctor's office
la operación	operation
los primeros auxilios	first aid
la sala de emergencias	emergency room

Las medicinas y los tratamientos

el analgésico	painkiller
la aspirina	aspirin
el calmante	sedative; painkiller
los efectos secundarios	side effects
el jarabe	syrup
la pastilla	pill
la receta	prescription
el tratamiento	treatment
la vacuna	vaccine
la venda	bandage
el yeso	cast
curarse	to heal; to be cured
poner(se) una inyección	to give/get a shot
recuperarse	to recover
sanar	to heal
tratar	to treat
vacunar(se)	to vaccinate/to get vaccinated
curativo/a	healing

Más vocabulario

Expresiones útiles	Ver p. 127
Estructura	Ver pp. 134-136, 140-141 y 144-145

Cinemateca

el ataque cardíaco	heart attack
la camilla	stretcher
el cielorraso	ceiling
el embarazo	pregnancy
el/la enfermero/a	nurse
la mesa de noche	nightstand
el parto	birth
el pedido	order
dar(le) vueltas a un asunto	to beat around the bush
ponerse para las cosas	(Cub.) to get your act together
regañar	to scold

Literatura

los adelantos	advances
la aguja	needle
la cordura	sanity
el/la enfermero/a	nurse
el hallazgo	discovery
la insensatez	senselessness
el ombligo	navel
la pena	sorrow
el regocijo	joy
la terapia intensiva	intensive care
latir	to beat
desafiante	challenging

Cultura

la aldea	village
la batalla	battle
la ceguera	blindness
el chiripazo	coincidence
el ciclo vital	life cycle
de hecho	in fact
el estibador de puerto	longshoreman
los gusanos	worms
la mosca	fly
el oro	gold
la picadura	bite
el tráfico de esclavos	slave trade
rascar(se)	to scratch (oneself)

Vocabulario All the lesson's active vocabulary is grouped in easy-to-study thematic lists and tied to the lesson section in which it was presented.

🅢upersite

• Vocabulary list with audio
• Customizable study lists

Supersite features vary by access level. Visit **vistahigherlearning.com** to explore which Supersite level is right for you.

MANUAL DE GRAMÁTICA

presents additional grammar topics with practice and additional practice for all lesson topics.

Más práctica

4.2 Commands*

1. Las indicaciones del médico Lee los problemas de estos pacientes. Luego, completa las órdenes y recomendaciones que su médico les da.

Don Mariano y doña Teresa no duermen bien y sufren de mucha presión en el trabajo.	1. _____ (tomar) té de manzanilla y _____ (acostarse) siempre a la misma hora. 2. No _____ (trabajar) los domingos.
Juan come muchos dulces y tiene caries (cavities).	3. (Tú) _____ (cepillarse) los dientes dos veces por día. 4. No _____ (comer) más dulces.
La señora Ortenzo se lastimó jugando al tenis. Le duele el pie derecho.	5. (Usted) _____ (quedarse) en cama dos días. 6. No _____ (mover) el pie y no _____ (caminar) sin muletas (crutches).
Carlos y Antonio trasnochan con frecuencia y no llevan una dieta sana.	7. _____ (dormir) por lo menos ocho horas cada noche. 8. No _____ (ir) a clase sin antes comer un desayuno saludable.

2. Antes y ahora ¿Te daban órdenes tus padres cuando eras niño/a? ¿Te siguen dando órdenes? Escribe cinco mandatos que te daban cuando eras niño/a y cinco que te dan ahora. Utiliza mandatos informales afirmativos y negativos.

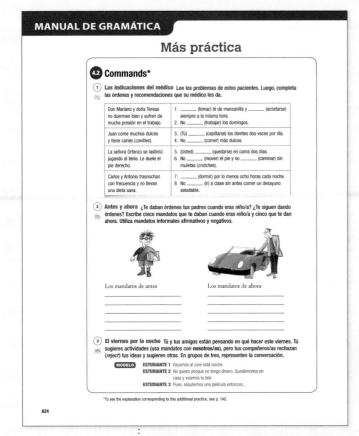

Los mandatos de antes

_____

_____

_____

_____

Los mandatos de ahora

_____

_____

_____

_____

3. El viernes por la noche Tú y tus amigos están pensando en qué hacer este viernes. Tú sugieres actividades (usa mandatos con **nosotros/as**), pero tus compañeros/as rechazan (reject) tus ideas y sugieren otras. En grupos de tres, representen la conversación.

MODELO **ESTUDIANTE 1** Vayamos al cine esta noche.
ESTUDIANTE 2 No quiero porque no tengo dinero. Quedémonos en casa y veamos la tele.
ESTUDIANTE 3 Pues, alquilemos una película entonces...

*To see the explanation corresponding to this additional practice, see p. 140.

A24

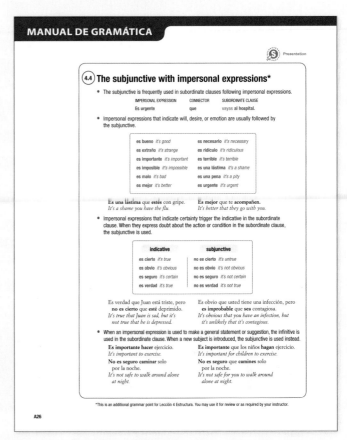

4.4 The subjunctive with impersonal expressions*

- The subjunctive is frequently used in subordinate clauses following impersonal expressions.

IMPERSONAL EXPRESSION	CONNECTOR	SUBORDINATE CLAUSE
Es urgente	que	vayas al hospital.

- Impersonal expressions that indicate will, desire, or emotion are usually followed by the subjunctive.

es bueno *it's good*		es necesario *it's necessary*	
es extraño *it's strange*		es ridículo *it's ridiculous*	
es importante *it's important*		es terrible *it's terrible*	
es imposible *it's impossible*		es una lástima *it's a shame*	
es malo *it's bad*		es una pena *it's a pity*	
es mejor *it's better*		es urgente *it's urgent*	

Es una lástima que **estés** con gripe.
It's a shame you have the flu.

Es mejor que te **acompañen.**
It's better that they go with you.

- Impersonal expressions that indicate certainty trigger the indicative in the subordinate clause. When they express doubt about the action or condition in the subordinate clause, the subjunctive is used.

indicative	subjunctive
es cierto *it's true*	no es cierto *it's untrue*
es obvio *it's obvious*	no es obvio *it's not obvious*
es seguro *it's certain*	no es seguro *it's not certain*
es verdad *it's true*	no es verdad *it's not true*

Es verdad que Juan está triste, pero **no es cierto** que **esté** deprimido.
It's true that Juan is sad, but it's not true that he is depressed.

Es obvio que usted tiene una infección, pero **es improbable** que **sea** contagiosa.
It's obvious that you have an infection, but it's unlikely that it's contagious.

- When an impersonal expression is used to make a general statement or suggestion, the infinitive is used in the subordinate clause. When a new subject is introduced, the subjunctive is used instead.

Es importante hacer ejercicio.
It's important to exercise.

Es importante que los niños **hagan** ejercicio.
It's important for children to exercise.

No es seguro caminar solo por la noche.
It's not safe to walk around alone at night.

No es seguro que **camines** solo por la noche.
It's not safe for you to walk around alone at night.

*This is an additional grammar point for Lección 4 Estructura. You may use it for review or as required by your instructor.

A26

Más práctica Directed exercises and open-ended, communicative activities lend additional support for all grammar topics in **Facetas**.

Más gramática Supplementary grammar presentations and practice are included for enrichment.

upersite

- Grammar presentations
- Textbook activities

Supersite features vary by access level. Visit **vistahigherlearning.com** to explore which Supersite level is right for you.

Fotonovela

The **Fotonovela** section in each textbook lesson is an abbreviated version of the dramatic video episode. It can be used as a preview or summary, before or after watching the corresponding episode; or it can be used as a stand-alone section.

Besides providing entertainment, the video serves as a useful learning tool. As you watch the episodes, you will observe the characters using real-world language in contexts and situations that reflect the themes of the textbook lessons. On top of the right page of the spread in the **Personajes** area, all main characters of each episode are listed in order of appearance.

Each episode also includes all lesson grammar topics and **Manual de gramática** topics while the activities are designed to put new vocabulary to practice.

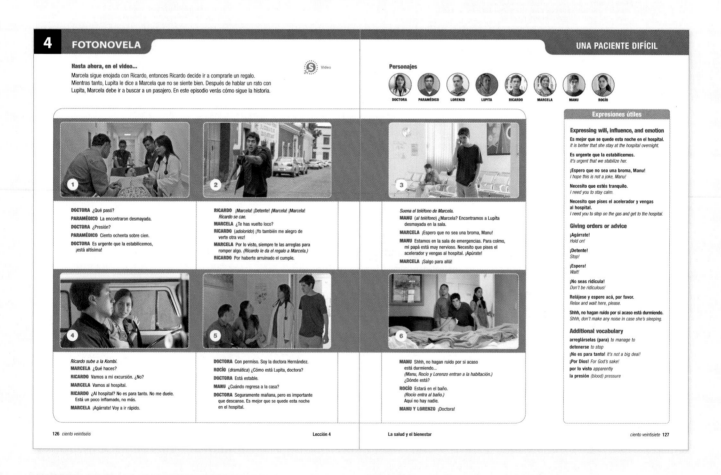

The Main Characters

Learn more about the characters you'll meet in the **Facetas** video:

 Lorenzo Solís is the head of the Solís family. He is a botany professor at the University of Oaxaca, and his passion is to take care of the cacti he has around the house.

 Rocío Solís is a dedicated student of medicine, and the eldest among the three Solís siblings. She is always eager about things and is prone to overreact.

 Marcela Solís is a history student at the local university and drives a taxi. She also loves to sing.

 Manuel Solís is the youngest of the three siblings. He is about to graduate high school, but has not chosen what to study in college.

 Ricardo Hernández just moved to Oaxaca, and studies engineering. He designed and flies a drone he built himself. He really likes Marcela.

 Lupita has been the Solís' family maid for almost 20 years. Her relationship with Lorenzo and his children is very close, as if they are her family members.

 Patricia is an art student, and best friends with Marcela.

 Chente (Vicente) is a guitarist in a mariachi band, and Patricia's boyfriend. He also studies engineering in the University of Oaxaca with Ricardo.

 Doctora Hernández is a physician. She treats patients at the local hospital.

The Story

The **Fotonovela** video is a 6-episode story about a not-so-typical family set against the unique background of Oaxaca, Mexico, a World Heritage Site. Cultural elements and stunning aerial footage drive the fast-paced storyline. Humor and dramatic tension, along with many surprising twists and turns, promise to keep you engaged and give you a sense of modern, day-to-day life in Mexico. The behind the scenes photos below show the video crew in action.

The overwhelmingly popular **Flash cultura** video provides an entertaining and authentic complement to the **Facetas** section of each lesson. Correspondents from various Spanish-speaking countries report on aspects of life in their countries, conducting street interviews with residents along the way. These episodes draw attention to similarities and differences between Spanish-speaking countries and the U.S., while highlighting fascinating aspects of the target culture.

The videos are available on the **Facetas**, Fifth Edition.

LECCIÓN 1

Las relaciones personales

(España)

LECCIÓN 4

Las farmacias

(Ecuador)

LECCIÓN 2

El cine mexicano

(México)

LECCIÓN 5

¡Viajar y gozar!

(Costa Rica)

LECCIÓN 3

De compras en Barcelona

(España)

LECCIÓN 6

Un bosque tropical

(Puerto Rico)

Film Collection

Fully integrated with your textbook, the **Facetas** Film Collection features dramatic short films by Hispanic filmmakers. These films are the basis for the pre- and post-viewing activities in the **Cinemateca** section of each lesson. The films are a central feature of the lesson, providing opportunities to review and recycle vocabulary from **Contextos**, and previewing and contextualizing the grammar from **Estructura**.

The films are available on the **Facetas**, Fifth Edition Supersite.

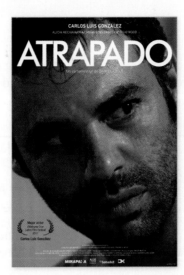

LECCIÓN 1
Di algo
(España; 15 minutos)

A young blind woman falls in love with a man based on his voice. The only problem is that she has never heard him in person... just on a recording.

LECCIÓN 2
El tiple
(Colombia; 16 minutos)

Pastor's wife has fallen ill, and he decides to sell his guitar in order to buy the medicine she needs.

LECCIÓN 3
Adiós mamá
(México; 8 minutos)

A man is grocery shopping alone on an ordinary day when a chance meeting makes him the focus of an elderly woman's existential conflict, with a surprising result.

LECCIÓN 4
NEW! Atrapado
(Cuba; 12 minutos)

Roldán is a pizza delivery guy who has a pregnant wife and is living in a house under poor conditions. However, one of his pizza deliveries will turn his life around.

LECCIÓN 5
Volamos hacia Miami
(España; 18 minutos)

A flight from Madrid to Miami is disrupted by an unruly passenger, who decides to challenge the rules of conduct on an airplane.

LECCIÓN 6
NEW! El dorado de Ford
(Argentina; 15 minutos)

Sebastián inherited a case from his father with instructions inside to catch a legendary fish known as "El dorado of Ford". To do so, he makes friends with Horacio, an experienced fisherman, and persuades him to travel up the river on an adventure that will mark them for life.

Reviewers

On behalf of its writers and editors, Vista Higher Learning expresses its sincere appreciation to the many professors nationwide who reviewed **Facetas, Fifth Edition**. Their insights, ideas, and detailed comments were invaluable to the final product.

Pilar Alcalde Ph.D.
The University of Memphis, TN

Gabriel Ignacio Barreneche
Rollins College, FL

Wendy Z Bennett Turner
Pellissippi State Community College, TN

Karen Berg
College of Charleston, SC

Hans Jörg Busch
University of Delaware, DE

Tatiana Calixto
University of Michigan, MI

Melissa Doran, Ph.D
Wright State University, OH

Dr. Margaret Eomurian
Houston Community College, TX

Josefina Estrada
Montgomery College, MD

Amy Ginck
University of Michigan, MI

Windy González Roberts
University of Minnesota Morris, MN

Rocío Gordon
Christopher Newport University, VA

Carmen M. Grace
College of Charleston, SC

Ann M. Hilberry
University of Michigan, MI

Daniel Jones
College of Charleston, SC

Linda Koch Fader
Holy Family University, PA

Hilary Levinson
University of Michigan, MI

Seir A. Lopez
Baylor University, TX

Elaine M. Miller
Christopher Newport University, VA

Kirstin Polen de Campi
University of Akron, OH

Dr. Iliana Portaro
Southern Utah University, UT

Christine E. Poteau
Rowan University, NJ

Dr. Sharon Robinson
Lynchburg College, VA

Julie Szucs
Miami University, OH

Jason A. Smith
Southern Utah University, UT

Julee Tate
Berry College, GA

Marianne Verlinden
College of Charleston, SC

Stephanie A Vaughan
Baylor University, TX

F. Vivar
The University of Memphis, TN

James A. Wojtaszek
University of Minnesota, Morris, MN

Devon Wray Hanahan
College of Charleston, SC

Matthew A. Wyszynski
University of Akron, OH

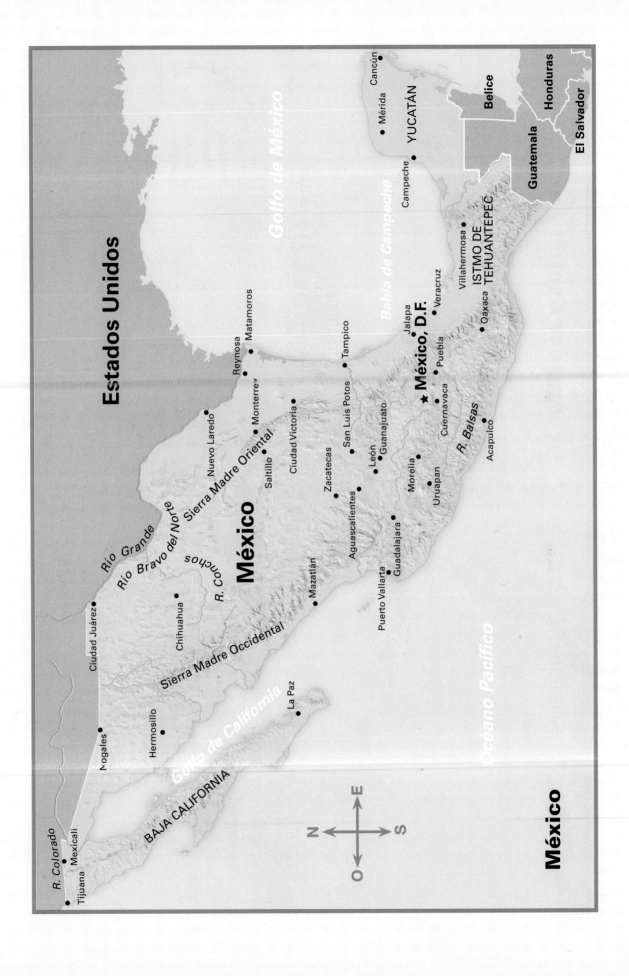

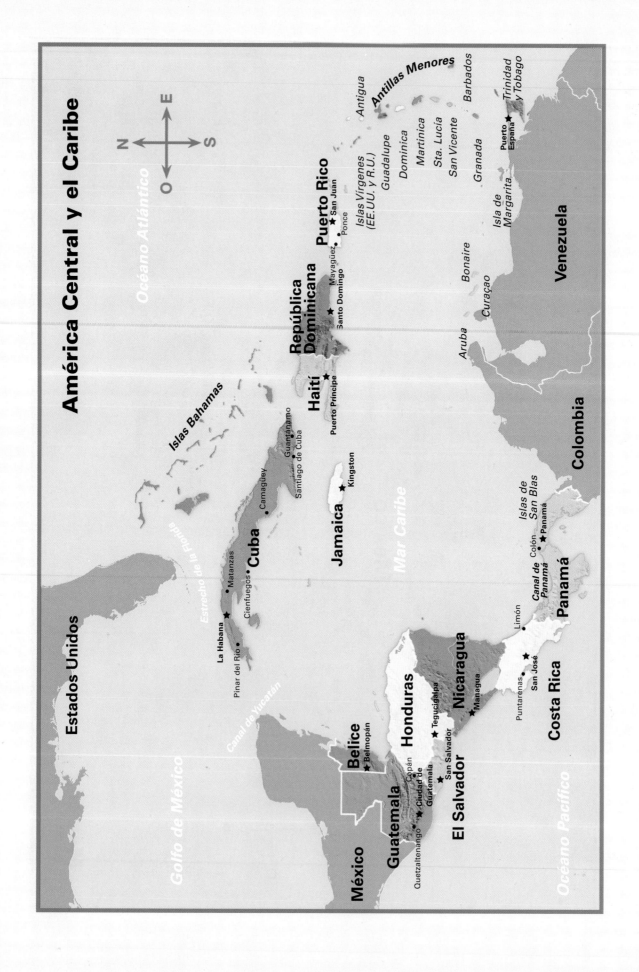

Mar Caribe

Barranquilla
Maracaibo
Caracas ★
Puerto España ★
**Trinidad y
Tobago**

Venezuela

Islas Galápagos

Océano
Pacífico

Isla Pinta
Isla
Marchena
Isla
Genovesa

Isla
Isabela

Línea Ecuatorial

Volcán Darwin
Isla Santiago
(San Salvador)

ECUADOR

Medellín

Colombia ★ Bogotá

Cali •

Georgetown
★
Paramaribo
Guyana ★
Cayena
•

Isla
Fernandina

Puerto Ayora
Isla San
Cristóbal

Pasto •

Surinam

**Guayana
Francesa**

Santo
Tomás

Isla Santa
Cruz

**Puerto Barquerizo
Moreno**

★ Quito

R. Orinoco

Isla
Santa María

Isla Española

Ecuador

Guayaquil •

R. Negro

R. Amazonas

• Belém

Iquitos •

Manaus •

Perú

R. Madeira

Recife •

Lima ★

Cuzco •

Salvador •

Lago Titicaca

Brasil

Arequipa •

★ La Paz

★ Brasilia

Arica •

Sucre ★ **Bolivia**

Belo Horizonte •

Iquique •

Paraguay

São Paulo •
Río de Janeiro •
Santos •

Antofagasta •

Asunción ★

Salta •

Chile

Córdoba •

Porto Alegre •

Valparaíso •
Mendoza •

R. Paraná

Uruguay

Santiago ★
Buenos Aires ★
★ Montevideo

Concepción •

Argentina

Océano
Atlántico

Océano
Pacífico

R. Paraguay

R. Paraná

R. Uruguay

Cordillera de los Andes

Rosario •

Bahía Blanca •

Puerto Montt •

N

O ← → E

S

Estrecho de
Magallanes

Islas Malvinas

• Punta Arenas

Tierra
del Fuego

América del Sur

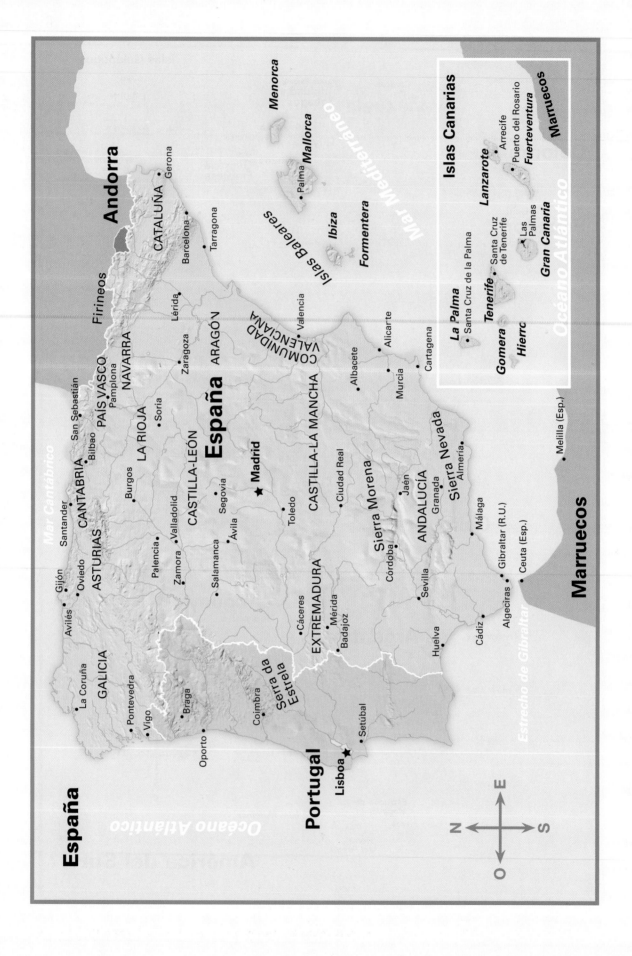

Las relaciones personales

Communicative Goals

You will expand your ability to...
- describe in the present
- narrate in the present
- express personal relationships

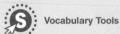 Vocabulary Tools

Las relaciones
personales

La personalidad

autoritario/a *strict*
cariñoso/a *affectionate*

celoso/a *jealous*
cuidadoso/a *careful*
falso/a *insincere*
gracioso/a *funny*

inseguro/a *insecure*
(in)maduro/a *(im)mature*
mentiroso/a *lying*
orgulloso/a *proud*
permisivo/a *permissive*
seguro/a *sure; confident*
sensato/a *sensible*
sensible *sensitive*
tacaño/a *stingy*
tímido/a *shy*
tradicional *traditional*

Los estados emocionales

agobiado/a *overwhelmed*
ansioso/a *anxious*
deprimido/a *depressed*
disgustado/a *upset*

emocionado/a *excited*
preocupado/a (por) *worried (about)*
solo/a *alone; lonely*
tranquilo/a *calm*

Los sentimientos

Carlos **se está enamorando** de Marisa, pero **tiene vergüenza de** decírselo. Marisa también **sueña con** él y hoy ha decidido decirle cómo **se siente**.

adorar *to adore*
apreciar *to think highly of*
enamorarse (de) *to fall in love (with)*
estar harto/a (de) *to be sick (of)*
odiar *to hate*
sentirse (e:ie) *to feel*
soñar (o:ue) (con) *to dream (about)*
tener celos (de) *to be jealous (of)*
tener vergüenza (de) *to be ashamed/ embarrassed (about)*

Las relaciones personales

Llevan más de cincuenta años de casados. Dicen que los secretos de un buen matrimonio son la confianza y el cariño.

el/la amado/a *loved one*
el ánimo *spirit*
el cariño *affection*
la cita (a ciegas) *(blind) date*
el compromiso *commitment*
la confianza *trust; confidence*
el desánimo *the state of being discouraged*
el divorcio *divorce*
la pareja *couple; partner*
el sentimiento *feeling*

atraer *to attract*
coquetear *to flirt*
cuidar *to take care of*
dejar a alguien *to leave someone*
discutir *to argue*
educar *to raise; to bring up*
hacerle caso a alguien *to pay attention to someone*
impresionar *to impress*
llevar... años de (casados) *to be (married) for... years*
llevarse bien/mal/fatal *to get along well/ badly/terribly*
mantenerse en contacto *to keep in touch*
pasarlo bien/mal/fatal *to have a good/bad/ terrible time*
proponer matrimonio *to propose (marriage)*
romper (con) *to break up (with)*
salir (con) *to go out (with)*
soportar a alguien *to put up with someone*

casado/a *married*
divorciado/a *divorced*
separado/a *separated*
soltero/a *single*
viudo/a *widowed*

Práctica

1 Escuchar

A. Después de una cita con Andrés, Paula le cuenta todo a su mejor amiga, Isabel. Escucha la conversación y decide si las oraciones son **ciertas** o **falsas**. Corrige las falsas.

1. Después de la cita con Andrés, Paula está muy emocionada.
2. Según Paula, los dos se llevan mal.
3. Paula dice que Andrés es feo e inseguro.
4. Paula quiere salir otra vez con Andrés.

B. Ahora escucha la conversación entre Andrés y su mejor amigo, José Luis, y decide si las oraciones son **ciertas** o **falsas**. Corrige las falsas.

1. Según Andrés, Paula y él lo pasaron bien.
2. Andrés piensa que Paula es demasiado tímida.
3. Andrés quiere salir otra vez con Paula.
4. Andrés tiene celos porque José Luis quiere salir con Paula.

C. En parejas, imaginen que José Luis decide llamar a Paula y que Andrés decide llamar a Isabel. Inventen el diálogo de una de estas dos conversaciones telefónicas y compártanlo con la clase.

2 Analogías Completa cada analogía con la palabra apropiada.

autoritario	cuidadoso	mentiroso
casados	discutir	romper con
cita	gracioso	tranquilo

1. estresado : ansioso :: falso : _____
2. generoso : tacaño :: permisivo : _____
3. divorcio : divorciados :: matrimonio : _____
4. amar : odiar :: salir con : _____
5. cariño : cariñoso :: cuidado : _____
6. disgustado : contento :: emocionado : _____
7. casados : boda :: novios : _____
8. casados : divorciados :: llevarse bien : _____

Práctica

3 **Definiciones** Indica qué palabras corresponden a cada definición.

_____ 1. Compromiso entre dos o más personas sobre el lugar, la fecha y la hora para encontrarse.

_____ 2. Que sufre de tristeza o desánimo.

_____ 3. Enseñar a una persona a comportarse según ciertas normas.

_____ 4. Prestarle atención a alguien.

_____ 5. Conjunto formado por dos personas o cosas que se complementan o son semejantes, como, por ejemplo, hombre y mujer.

_____ 6. Estimar o reconocer el valor de algo o de alguien.

a. apreciar
b. cita
c. cuidar
d. deprimido/a
e. discutir
f. educar
g. hacerle caso
h. pareja
i. viudo/a

4 **Contrarios** Mauricio y Lucía son gemelos, pero tienen personalidades muy distintas. Completa las descripciones con los adjetivos adecuados.

MODELO   Mauricio siempre es muy seguro, pero Lucía es… insegura.

1. Mauricio es un hombre sincero, pero Lucía es…

2. Lucía es muy generosa con su dinero, pero Mauricio es…

3. No sabes lo sociable que es Mauricio, pero Lucía es muy…

4. Lucía es permisiva con sus hijos, pero Mauricio es…

5. A Mauricio le gusta estar con gente, pero Lucía prefiere estar…

6. Todos piensan que Mauricio es moderno, pero que Lucía es…

7. Lucía se porta (*behaves*) como adulto, pero Mauricio es muy…

8. Mauricio es muy modesto, pero Lucía es muy…

9. Mauricio es muy…, pero Lucía es muy…

10. A Mauricio le gusta…, pero Lucía prefiere…

 Practice more at **vhlcentral.com**.

Comunicación

5 **¿Cómo eres?** Trabaja con un(a) compañero/a.

A. Contesta las preguntas del test.

	Sí	A veces	No	Clave		
1. ¿Te pones nervioso/a cuando estás con otras personas?				**Sí** = 0 puntos		
2. ¿Te incomoda expresar tus emociones?				**A veces** = 1 punto		
3. ¿Te parece difícil iniciar una conversación?				**No** = 2 puntos		
4. ¿Te ponen nervioso/a las citas a ciegas?				**Resultados**		
5. ¿Te sientes inseguro/a cuando te critican?				0 a 3	Eres muy introvertido/a.	
6. ¿Tienes vergüenza de hablar en público?				4 a 7	Tiendes a ser introvertido/a.	
7. ¿Piensas mucho antes de tomar una decisión?				8 a 11	No eres ni introvertido/a ni extrovertido/a.	
8. ¿Piensas que, si eres muy simpático/a, las personas pueden creer que eres falso/a?				12 a 16	Tiendes a ser extrovertido/a.	
9. ¿Piensas que coquetear es inmaduro?				17 a 20	Eres muy extrovertido/a.	
10. ¿Te llevas bien con las personas muy tímidas?						

B. Ahora suma (*add up*) los puntos. ¿Cuál es el resultado del test? ¿Estás de acuerdo? Comenta tu resultado y tu opinión con tu compañero/a.

6 **Problemas y consejos**

A. En grupos de cuatro, elijan una de estas situaciones. Inventen más detalles para describir la situación. Básense en estas preguntas.

> ¿Quiénes son los personajes?
>
> ¿Cuánto tiempo llevan juntos?
>
> ¿Cuál es su relación?
>
> ¿Cómo empezó la situación?

1. Se miran a los ojos. Él se pregunta si ella está coqueteando con él.
2. Quiere mucho a su esposo/a, pero él/ella tiene celos de todo el mundo. Él/Ella no soporta que su pareja sea tan celosa.
3. Hacen una buena pareja, pero él nunca le va a proponer matrimonio.
4. Se conocieron en una cita a ciegas y se llevaron fatal.
5. Se quieren, pero discuten por cualquier cosa.

B. Ahora, escriban un breve correo electrónico en el que uno de los personajes describe su problema y le pide consejos a un(a) amigo/a. Lean el mensaje a la clase para que sus compañeros ofrezcan sus consejos. Después, decidan quién tiene los mejores consejos para cada situación.

En el video...

Video

Vas a conocer a la familia Solís, de Oaxaca, México, compuesta por Lorenzo, un profesor viudo, sus hijos Rocío, Marcela y Manu, y Lupita, la criada. Además vas a conocer a sus amigos, Patricia y Chente, y a un nuevo amigo muy especial, Ricardo. En este episodio verás cómo inicia la historia.

ROCÍO ¡Estoy ansiosa!

MANU ¡Ahí viene! ¡Está entrando!

TODOS JUNTOS ¡Sorpresa!
(*Cantan.*) Éstas son las mañanitas que cantaba el rey David, a las muchachas bonitas se las cantamos así. Despierta, Marce, despierta...

MARCELA Gracias. Éste es mi primer cumpleaños desde la muerte de mi mami.

PATRICIA Bueno, a pedir un deseo.
Algo cae del cielo cuando Marcela va a soplar la vela.

ROCÍO ¡Manu!

LUPITA ¿Qué es eso?

MANU ¡Es un dron!

MARCELA Tantos cumpleaños que habrá hoy en Oaxaca y vienen a estrellarse en el mío.

ROCÍO ¡Marcela! El espía.

MARCELA ¿Qué espía?

ROCÍO ¡El del dron!

MARCELA ¿Qué pasa con él?

ROCÍO Está aquí.

CHENTE ¡Ricardo!

LORENZO ¿Se conocen?

CHENTE Sí. Acaba de mudarse a Oaxaca. Estudia ingeniería en la uni.
(*A Ricardo*) El señor Solís. Es profesor de botánica.

RICARDO Mucho gusto, soy Ricardo.

Personajes

 MANU
 ROCÍO
 MARCELA
 PATRICIA
 LORENZO
 LUPITA
 CHENTE
 RICARDO
 AMIGO DE CHENTE

LUPITA Diga.

RICARDO Hola, señora. Quería saber si vio un pequeño dron que cayó por aquí.

MANU ¿Tú construiste el dron?

RICARDO Sí.

MANU ¿Dónde se enciende?

RICARDO Acá.
Las hélices esparcen pastel y todos terminan cubiertos.

LORENZO Ella es Marcela, la cumpleañera.

RICARDO Felicidades.

Expresiones útiles

Talking about inherent qualities

Éste es mi primer cumpleaños…
This is my first birthday…

¡El cielo es el límite!
The sky's the limit!

¿Qué es eso?
What's that?

Es un dron.
It's a drone.

No seas tímida, hija.
Don't be shy, daughter.

El señor Solís es profesor de botánica.
Mr. Solís is a botany professor.

Ella es Marcela.
This is Marcela.

Talking about emotions and temporary states

¡Estoy ansiosa!
I am anxious!

Estoy muy emocionada de…
I am very touched by…

¡Está acá!
He's here!

Talking about actions in progress

¡Está entrando!
She's coming in!

¡Nos están espiando!
Someone is spying on us!

Additional vocabulary

el/la cumpleañero/a *birthday boy/girl*

el deseo *wish*

encender *to turn on*

el/la espía *spy*

espiar *to spy*

estrellarse *to crash*

la muerte *death*

volador(a) *flying*

Comprensión

1 **¿Cierto o falso?** Decide si estas oraciones son **ciertas** o **falsas**. Corrige las falsas.

Cierto	Falso	
☐	☐	1. Rocío está muy tranquila cuando espera a Marcela.
☐	☐	2. La familia y los amigos de Marcela le preparan una fiesta sorpresa de cumpleaños.
☐	☐	3. Cuando Marcela está pidiendo un deseo, un dron cae del cielo.
☐	☐	4. El dron es de uno de los amigos de Marcela.
☐	☐	5. Marcela abre la puerta para ver quien está tocando.
☐	☐	6. Ricardo está espiando a la familia Solís con su dron.

2 **Descripciones** Selecciona el personaje al que se refiere cada descripción.

CHENTE

LORENZO

LUPITA

MAMÁ DE MARCELA

MANU

ROCÍO

1. Es hermano de Marcela y Rocío.
2. Trabaja de criada en casa de los Solís.
3. Es profesor de botánica.
4. Toca la guitarra.
5. Murió hace menos de un año.
6. Es muy dramática.

3 **Preguntas**

A. Contesta las preguntas con oraciones completas.

1. ¿Por qué Marcela está tan emocionada por este cumpleaños en particular?
2. ¿Dónde cae el dron?
3. ¿Por qué piensa Rocío que los están espiando?
4. ¿Qué pasa cuando Ricardo enciende el dron?
5. Al final del episodio, ¿cuáles son los sentimientos de Ricardo hacia Marcela? ¿Y los de Marcela hacia Ricardo?

B. Ahora, compara tus respuestas con las de un(a) compañero/a. ¿Coinciden?

Ampliación

4. **Adivinar** En parejas, describan la personalidad de dos personajes de la fotonovela sin mostrarle a su compañero/a. Después, túrnense para leer cada descripción y adivinar de qué personaje se trata.

> **MODELO**
> ESTUDIANTE 1 Es una persona muy sensible y cariñosa. Se emociona fácilmente.
> ESTUDIANTE 2 ¡Es Marcela!
> ESTUDIANTE 1 ¡Sí! ¿Cómo es tu personaje?...

5. **Continuación** En parejas, escriban una posible continuación de la conversación entre Marcela y Ricardo al final del episodio.

> **MODELO**
> ESTUDIANTE 1 (En el rol de Marcela) ¿Es la primera vez que usted vuela ese dron?
> ESTUDIANTE 2 (En el rol de Ricardo) No. Lo tengo hace muchos meses, ¿por qué?
> ESTUDIANTE 1 (En el rol de Marcela) ¿Y todavía pregunta? Pues porque no sabe cómo controlarlo.

6. **Apuntes culturales** En parejas, lean los párrafos y contesten las preguntas.

Centro de la ciudad de Oaxaca

Estado de Oaxaca, México

La familia Solís vive en la ciudad de Oaxaca de Juárez, capital del estado de Oaxaca. Ubicado en el suroeste del país, Oaxaca es un estado multicultural en el que conviven quince grupos étnicos, y que atrae cada año a miles de turistas por su arquitectura, sus zonas arqueológicas y sus mercados de artesanías.

Las mañanitas

Familiares y amigos cantan "Las mañanitas" a Marcela en el día de su cumpleaños. Esta canción es tradicional de México y se les canta en los cumpleaños a personas de cualquier edad. En otros países, como en Colombia, se les canta principalmente a las quinceañeras. Ha sido interpretada por artistas destacados, como los mexicanos Pedro Infante y Jorge Negrete.

Pedro Infante

El cactus: planta nacional de México

En varios lugares de la casa de los Solís hay cactus. El cactus, como símbolo de México, se remonta a la época prehispánica. La leyenda de la fundación de México dice que los aztecas, después de viajar cientos de años, se establecieron en el lugar que hoy se conoce como Tenochtitlán, donde vieron un águila sobre un cactus, devorando una serpiente. Dicha escena está representada en la bandera nacional de México.

1. Cuando visitas un lugar nuevo, ¿prefieres ir con un guía (*guide*) turístico en un viaje planeado o prefieres explorar y descubrir cosas por ti mismo/a? ¿Cuáles son las ventajas (*advantages*) y las desventajas (*disadvantages*) de los viajes planeados?

2. ¿Conoces la canción de "Las mañanitas"? ¿Qué canciones tradicionales forman parte de tu cultura?

3. ¿Qué tradiciones siguen tu familia y amigos para celebrar los cumpleaños?

4. ¿Alguna vez has comido cactus? ¿Con qué otros símbolos asocias México? ¿Por qué?

En detalle

ESTADOS UNIDOS

PAREJAS SIN FRONTERAS

Es el año 2010. Ana Villegas está frente a su computadora en México jugando *online* un juego de cartas. Del otro lado está Frank Petersen, de Fairhaven, Massachusetts, también aficionado al mismo juego. Este simple juego los lleva a una amistad que luego se convierte en amor. A pesar de los temores y del escepticismo familiar, dos años después, Ana deja México y se muda a los Estados Unidos, donde hoy vive junto a su esposo Frank.

La historia de Ana no es un caso aislado°. El número de parejas interculturales está en marcado aumento°. Entre las causas más importantes están la globalización, la asimilación de los hijos de inmigrantes a la cultura estadounidense y el aumento en la edad promedio° de las parejas al casarse. En 1960, en los Estados Unidos, el promedio de edad al casarse era veintitrés para los hombres y veinte para las mujeres. Actualmente es de treinta y veintisiete respectivamente.

¿Qué tiene que ver° este cambio con el aumento de las parejas interculturales? Antes, los jóvenes solían° casarse con personas de su comunidad. Ahora, muchos tienen la oportunidad de viajar, vivir solos o irse a vivir a otro país. Esta nueva independencia los expone° a otras culturas. Por lo tanto, es más común que formen parejas con personas de culturas diferentes.

Las parejas interculturales se enfrentan a° muchos desafíos° —problemas de comunicación, diferencias en valores y formas de pensar, y falta de aceptación de algunos familiares— pero también tienen una oportunidad única de crecimiento° personal; además, el contacto con otras maneras de pensar nos ayuda a echar una mirada° crítica a nuestra propia cultura. ∎

Matrimonios interculturales

De acuerdo con la Oficina del Censo, el número de parejas interraciales aumentó un 28% entre 2000 y 2010.

El 14% de las mujeres latinas casadas en EE.UU. tienen un esposo no latino.

El 13% de los latinos casados en EE.UU. tienen una esposa no latina.

Fuente: Censo estadounidense – Año 2010

Consejos de Ana

- Esfuérzate° por conocer la cultura de tu pareja.
- Evita perpetuar los estereotipos.
- Pon énfasis en lo que los une y no en lo que los separa.
- Educa a tu familia y a tus amigos acerca de la cultura de tu pareja.
- Aprende a no dejarte llevar° por los comentarios y las miradas de las personas que no están a favor de las relaciones interculturales.

aislado *isolated* **marcado aumento** *marked increase* **promedio** *average* **Qué tiene que ver** *What does (this change) have to do* **solían** *used to* **expone** *exposes* **se enfrentan a** *face* **desafíos** *challenges* **crecimiento** *growth* **echar una mirada** *take a look* **Esfuérzate** *Make an effort* **dejarte llevar** *allow yourself to be influenced*

ASÍ LO DECIMOS

Las relaciones

chavo/a (Méx.)
enamorado/a (Pe.) | *boyfriend/girlfriend*

amorcito
cariño | *dear, honey*
cielo

estar de novio(s)
estar en pareja con (Esp.) | *to be dating someone*

ponerse de novio/a (con) *to start dating someone*
estar bueno/a *to be attractive*

EL MUNDO HISPANOHABLANTE

Las relaciones

Tendencias

Aunque en la mayoría de los países hispanos ya no hay reglas fijas, es costumbre que el hombre invite° en los primeros encuentros.

En los Estados Unidos, cada vez más latinos participan en citas rápidas° para encontrar pareja.

Costumbres

Cada 23 de abril se celebra en Cataluña y en otras regiones de España el Día de San Jorge, en conmemoración a la leyenda del héroe que mató a un dragón para rescatar a una princesa.

En este día el hombre regala una rosa a su persona querida, y ésta le regala un libro.

En algunos pueblos de México, como Zacatecas, es costumbre que las mujeres y los hombres solteros vayan a caminar solos o en grupos alrededor de la plaza los domingos. Las mujeres y los hombres caminan en dirección contraria para poder observarse mutuamente.

invite *pays* **citas rápidas** *speed dating*

PERFIL

ISABEL Y ROGER

La escritora chilena Isabel Allende y el abogado estadounidense Roger Cukras se conocieron en 2016 y desde entonces viven un romance apasionado que comenzó por correspondencia. Mientras iba en su carro hacia Boston, Roger quedó cautivado luego de escuchar por la radio una entrevista a Isabel y decidió escribirle. Según ella, él "Escribió un correo, y otro, y otro, a mi oficina. Al tercero, le contesté yo misma porque lo acompañó de un ramo de flores°". Después de cinco meses de intercambiar° mensajes todos los días, Isabel aprovechó° un viaje de trabajo para ver a Roger. "Ahí, en cinco minutos, se armó la cosa°", dice Isabel. Roger también cree que fue inesperado° encontrar una relación tan significativa a los 75 años. Ambos quieren vivir un amor intenso pero maduro: "Soy brutalmente independiente y privada para muchas cosas.", comenta Isabel.

Al igual que ella, Roger valora° la independencia. Por ello seguirá trabajando como abogado desde San Francisco y viajará de vez en cuando a Nueva York, donde tiene su bufete°. Los dos están poniendo a prueba su nueva relación. "No hay amor sin riesgo", dice Isabel, quien dedicó a Roger su novela *Más allá del invierno*.

> **Echo de menos la familia y el idioma, el sentido del humor, porque nadie me tiene que explicar un chiste en Chile, mientras que acá no los entiendo.** (Isabel Allende)

ramo de flores *bouquet of flowers* **intercambiar** *exchanging* **aprovechó** *took advantage of*
se armó la cosa *it all began* **inesperado** *unexpected* **valora** *values* **bufete** *law offices*

¿Qué aprendiste?

1 **¿Cierto o falso?** Indica si estas afirmaciones son **ciertas** o **falsas**. Corrige las falsas.

1. Al principio, las familias de Ana y Frank no confiaban en el éxito de la relación.

2. El número de parejas interculturales está aumentando poco a poco.

3. Actualmente, la edad promedio al casarse es veintisiete para los hombres y treinta para las mujeres.

4. En el pasado, era común entre los jóvenes casarse con gente de otras culturas.

5. Oportunidades como viajar, vivir solos, estudiar o vivir lejos de casa permiten que los jóvenes expandan su círculo y conozcan a gente de otras culturas.

6. El contacto con otras culturas puede afectar nuestra forma de pensar sobre nuestra propia cultura.

7. El número de parejas interraciales aumentó un 5% entre 2000 y 2010.

8. Ana aconseja prestar mucha atención a las diferencias en la pareja.

9. Según Ana, es importante que tu familia y tus amigos aprendan acerca de la cultura de tu pareja.

10. Ana recomienda no dejarse llevar por las opiniones de las personas con prejuicios.

2 **Completar** Completa las oraciones.

1. Roger Cukras se sintió _____ por Isabel después de escucharla en la radio.
   a. agobiado   b. tacaño   c. cautivado

2. Tanto Isabel como Roger están _____ por su independencia.
   a. celosos   b. solos   c. preocupados

3. En México, también se utiliza la palabra _____ para decir *novia*.
   a. enamorada   b. chiquilla   c. chava

4. Actualmente, es popular para los latinos en los EE.UU. participar en citas _____.
   a. rápidas   b. a ciegas   c. en Internet

3 **Preguntas** Contesta las preguntas.

1. ¿Crees que el Día de San Valentín es importante para celebrar la amistad y el amor o crees que es una excusa para gastar dinero?

2. ¿Es fácil conocer gente *online*? ¿Por qué?

3. ¿Cuáles son otras de las dificultades a las que se enfrentan las parejas interculturales?

4. ¿Cuál es el consejo más importante que da Ana? ¿Por qué?

4 **Opiniones** En parejas, escriban cuatro beneficios y cuatro dificultades de las relaciones interculturales. Traten de no repetir los del artículo.

Practice more at **vhlcentral.com**.

PROYECTO

Buscar pareja en Internet

Imagina que decides buscar pareja por Internet. Siempre te interesó salir con alguien de otra cultura. Escribe tu perfil para un sitio de citas por Internet. En tus descripciones, usa el vocabulario de la sección **Contextos** y el vocabulario aprendido en esta sección. Tu perfil debe incluir como mínimo:

• una descripción de cómo eres

• una descripción de lo que buscas

• una explicación de por qué te interesa conocer a alguien de otra cultura

• otra información que consideres importante

 Video

Las relaciones personales

¿No es ideal utilizar el tiempo libre para encontrarse con amigos, familiares, parejas…? Los lugares donde puedes reunirte a hablar o comer se vuelven especiales porque forman parte del placer de compartir el tiempo con tu gente. En este episodio de **Flash cultura**, te llevamos a visitar los lugares de encuentro de Madrid.

Corresponsal: Miguel Ángel Lagasca
País: España

(En la Plaza Mayor) los niños juegan, las madres conversan°, los padres hablan de fútbol y política, los jóvenes se juntan, las parejas se miran a los ojos y los turistas admiran el espectáculo°.

VOCABULARIO ÚTIL

el amor a primera vista *love at first sight*

el callejón *alley*

la campanada *tolling of the bell*

datar de *to date from*

el pasacalles *marching parade*

el pendiente *earring*

el punto de encuentro *meeting point*

la uva *grape*

(1) Preparación Responde estas preguntas: ¿te reúnes con tus amigos? ¿Cuáles son los lugares donde te encuentras habitualmente con ellos? ¿En qué momentos del día y la semana pueden verse? ¿Por qué?

(2) Comprensión Indica si estas afirmaciones son **ciertas** o **falsas**. Después, en parejas, corrijan las falsas.

1. Es tradición tomar doce uvas el 31 de diciembre mientras suena el famoso reloj de la Puerta del Sol en el corazón de Madrid.
2. La Plaza Mayor es la plaza más conocida y se encuentra en el Madrid Moderno.
3. En la confluencia actual de las calles Toledo y Atocha, se celebraban antiguamente partidos de fútbol.
4. El barrio de La Latina se caracteriza por callejones estrechos, plazoletas, cafés y bares de ambiente muy dinámico.
5. Ninguno de los entrevistados cree en el amor a primera vista.
6. En El Rastro puedes comprar ropa, pendientes, cuadros, etc.

La Latina, así como la Plaza Mayor y Puerta del Sol, pertenecen al llamado Madrid Antiguo.

(3) Expansión En parejas, contesten estas preguntas.

- Imagina que estás en Madrid. ¿Cuál de los lugares mostrados prefieres para comer algo o pasear? ¿Por qué?
- ¿Estás de acuerdo con las personas que creen en el amor a primera vista? Justifica tu respuesta.
- ¿Te gustan los domingos en Madrid: levantarse tarde, comer en un bar de La Latina con amigos y pasear por El Rastro? ¿Cómo son tus domingos?

Siempre los celos son una parte importante de la relación, sobre todo cuando se está empezando.

conversan *chat* **espectáculo** *show*

 Practice more at **vhlcentral.com**.

Tutorial

1.1 The present tense

Regular -ar, -er, and -ir verbs

- The present tense (**el presente**) of regular verbs is formed by dropping the infinitive ending (**-ar**, **-er**, or **-ir**) and adding personal endings.

The present tense of regular verbs			
	hablar *to speak*	**beber** *to drink*	**vivir** *to live*
yo	hablo	bebo	vivo
tú	hablas	bebes	vives
Ud./él/ella	habla	bebe	vive
nosotros/as	hablamos	bebemos	vivimos
vosotros/as	habláis	bebéis	vivís
Uds./ellos/ellas	hablan	beben	viven

- The present tense is used to express actions or situations that are going on at the present time and to express general truths.

¿Por qué **rompes** conmigo?
Why are you breaking up with me?

Porque no te **amo**.
Because I don't love you.

- The present tense is also used to express habitual actions or actions that will take place in the near future.

Mis padres me **escriben** con frecuencia.
My parents write to me often.

Mañana les **mando** una carta larga.
Tomorrow I'm sending them a long letter.

Stem-changing verbs

- Some verbs have stem changes in the present tense. In many **-ar** and **-er** verbs, **e** changes to **ie**, and **o** changes to **ue**. In some **-ir** verbs, **e** changes to **i**. The **nosotros/as** and **vosotros/as** forms never have a stem change in the present tense.

Stem-changing verbs		
e:ie	**o:ue**	**e:i**
pensar *to think*	**poder** *to be able to; can*	**pedir** *to ask for*
pienso	puedo	pido
piensas	puedes	pides
piensa	puede	pide
pensamos	podemos	pedimos
pensáis	podéis	pedís
piensan	pueden	piden

Irregular *yo* forms

- Many -**er** and -**ir** verbs have irregular **yo** forms in the present tense. Verbs ending in -**cer** or -**cir** change to -**zco** in the **yo** form; those ending in -**ger** or -**gir** change to -**jo**. Several verbs have irregular -**go** endings, and a few have individual irregularities.

¡ATENCIÓN!

Some verbs with irregular **yo** forms have stem changes as well.

conseguir (e:i) → **consigo**
to obtain

corregir (e:i) → **corrijo**
to correct

elegir (e:i) → **elijo**
to choose

seguir (e:i) → **sigo**
to follow

torcer (o:ue) → **tuerzo**
to twist

Ending in -go

caer *to fall*	yo **caigo**	**conducir** *to drive*	yo **conduzco**
distinguir *to distinguish*	yo **distingo**	**conocer** *to know*	yo **conozco**
hacer *to do; to make*	yo **hago**	**crecer** *to grow*	yo **crezco**
poner *to put; to place*	yo **pongo**	**obedecer** *to obey*	yo **obedezco**
salir *to leave; to go out*	yo **salgo**	**parecer** *to seem*	yo **parezco**
traer *to bring*	yo **traigo**	**producir** *to produce*	yo **produzco**
valer *to be worth*	yo **valgo**	**traducir** *to translate*	yo **traduzco**

Ending in -zco (above right) / Ending in -jo / Other verbs

dirigir *to direct*	yo **dirijo**	**caber** *to fit*	yo **quepo**
escoger *to choose*	yo **escojo**	**saber** *to know*	yo **sé**
exigir *to demand*	yo **exijo**	**ver** *to see*	yo **veo**
proteger *to protect*	yo **protejo**		

- Verbs with prefixes follow these same patterns.

aparecer *to appear*	yo **aparezco**	**distraer** *to distract*	yo **distraigo**
atraer *to attract*	yo **atraigo**	**oponer** *to oppose*	yo **opongo**
componer *to make up*	yo **compongo**	**proponer** *to propose*	yo **propongo**
contraer *to contract*	yo **contraigo**	**reconocer** *to recognize*	yo **reconozco**
desaparecer *to disappear*	yo **desaparezco**	**rehacer** *to remake; to redo*	yo **rehago**
deshacer *to undo*	yo **deshago**	**suponer** *to suppose*	yo **supongo**

Irregular verbs

- Other commonly used verbs in Spanish are irregular in the present tense or combine a stem change with an irregular **yo** form or other spelling change.

dar	decir	estar	ir	oír	ser	tener	venir
to give	*to say*	*to be*	*to go*	*to hear*	*to be*	*to have*	*to come*
doy	digo	estoy	voy	oigo	soy	tengo	vengo
das	dices	estás	vas	oyes	eres	tienes	vienes
da	dice	está	va	oye	es	tiene	viene
damos	decimos	estamos	vamos	oímos	somos	tenemos	venimos
dais	decís	estáis	vais	oís	sois	tenéis	venís
dan	dicen	están	van	oyen	son	tienen	vienen

Práctica

TALLER DE CONSULTA

MANUAL DE GRAMÁTICA
Más práctica
1.1 The present tense, p. A4

1 **Un apartamento infernal** Miguel tiene quejas (*complaints*) de su apartamento. Completa la descripción de su apartamento. Puedes usar los verbos más de una vez.

caber	hacer	oír
dar	ir	tener

Mi apartamento está en el quinto piso. El edificio no (1) _____ ascensor y para llegar al apartamento, (2) _____ que subir por la escalera. El apartamento es tan pequeño que mis cosas no (3) _____. Las paredes (*walls*) son muy finas (*thin*). A todas horas (4) _____ la radio o la televisión de algún vecino. El apartamento sólo (5) _____ una ventana pequeña y, por eso, siempre está oscuro. ¡(6) _____ a buscar otro apartamento!

2 **¿Qué hacen los amigos?** Escribe cinco oraciones usando los sujetos y los verbos de las columnas.

Sujetos	Verbos	
yo	apreciar	exigir
tú	compartir	hacer
un(a) buen(a) amigo/a	creer	pedir
nosotros/as	defender	prestar
los malos amigos	discutir	recordar

1. _____
2. _____
3. _____
4. _____
5. _____

3 **La verdad** En parejas, túrnense para hacerse las preguntas.

MODELO Luis: llegar temprano a la oficina / dormir hasta las nueve
—¿Luis llega temprano a la oficina?
—No, Luis duerme hasta las nueve.

1. Ana: jugar al tenis con Daniel / preferir pasar la tarde charlando con Sergio
2. Felipe: salir a bailar todas las noches / tener clase de química a las ocho de la mañana
3. Jorge y Begoña: ir a la playa / querer viajar a Arizona
4. Dolores y Tony: comer muchas hamburguesas / ser vegetarianos
5. Fermín: estar harto de Julia / pensar proponerle matrimonio

S Practice more at **vhlcentral.com**.

Comunicación

 4 **¿Qué sabes de tus compañeros?** En parejas, háganse preguntas basadas en las opciones y contesten con una explicación.

> **MODELO** **soñar con / hacer algo especial este mes**
> —¿Sueñas con hacer algo especial este mes?
> —Sí, sueño con ir al concierto de Juanes.

1. pensar / realizar este año algún proyecto
2. decir / mentiras
3. acordarse de / tu primer beso
4. conducir / cuando / estar muy cansado/a
5. reír / mucho con tu familia
6. aconsejar sobre / asuntos que / no conocer bien
7. venir a / clase tarde con frecuencia
8. escoger / el regalo perfecto para el cumpleaños de tu novio/a
9. corregir / los errores en las composiciones de tus compañeros
10. traer / un diccionario a la clase de español

5 **Discusión matrimonial** Trabajen en parejas para representar una discusión matrimonial. Preparen la discusión con las frases de la lista.

no acordarse de los cumpleaños	querer discutir todos los días
ya no sentir lo mismo de antes	contar mentiras siempre
preferir estar con los amigos	dormir en el sofá

6 **¿Cómo son tus amigos?**

A. Escribe una descripción de un(a) buen(a) amigo/a. ¿Cómo es? ¿Está de acuerdo contigo en todo? ¿Discuten algunas veces? ¿Se divierten juntos/as? ¿Sigue siempre tus consejos? ¿Te miente a veces?

B. Ahora, comparte tu descripción con tres compañeros/as. Juntos/as, escriban una lista de cinco cosas que los buenos amigos hacen con frecuencia y cinco cosas que no hacen casi nunca. ¿Coincidieron los grupos en las acciones que eligieron?

Tutorial

1.2 *Ser* and *estar*

¡El cielo
es el límite!

Estoy muy
emocionada de ver
a mi familia...

Uses of *ser*

Nationality and place of origin	Mis padres **son** argentinos, pero yo **soy** de Florida.
Profession or occupation	El señor López **es** periodista.
Characteristics of people, animals, and things	El clima de Miami **es** caluroso.
Generalizations	Las relaciones personales **son** complejas.
Possession	La guitarra **es** del tío Guillermo.
Material of composition	El suéter **es** de pura lana.
Time, date, or season	**Son** las doce de la mañana.
Where or when an event takes place	La fiesta **es** en el apartamento de Carlos; **es** el sábado a las nueve de la noche.

Uses of *estar*

Location or spatial relationships	La clínica **está** en la próxima calle.
Health	Hoy **estoy** enfermo. ¿Cómo **estás** tú?
Physical states and conditions	Todas las ventanas **están** limpias.
Emotional states	¿Marisa **está** contenta con Javier?
Certain weather expressions	Hoy **está** despejado en San Antonio.
Ongoing actions (progressive tenses)	Paula **está** escribiendo invitaciones para su boda.
Results of actions (past participles)	La tienda **está** cerrada.

Ser and *estar* with adjectives

- **Ser** is used with adjectives to describe inherent, expected qualities. **Estar** is used to describe temporary or variable qualities, or a change in appearance or condition.

TALLER DE CONSULTA

Remember that adjectives must agree in gender and number with the person(s) or thing(s) that they modify. See the **Manual de gramática, 1.4**, p. A7, and **1.5**, p. A9.

¿Cómo **son** tus padres?
What are your parents like?

¿Cómo **estás**, Miguel?
How are you, Miguel?

La casa **es** muy pequeña.
The house is very small.

¡**Están** tan enojados!
They're very angry!

- With most descriptive adjectives, either **ser** or **estar** can be used, but the meaning of each statement is different.

Julio **es alto**.
Julio is tall. (that is, a tall person)

¡Qué **alto está** Miguelito!
Miguelito is getting so tall!

Dolores **es alegre**.
Dolores is cheerful. (that is, a cheerful person)

El jefe **está alegre** hoy. ¿Qué le pasa?
The boss is cheerful today. What's up with him?

Juan Carlos **es** un hombre **guapo**.
Juan Carlos is a handsome man.

¡Manuel, **estás** muy **guapo**!
Manuel, you look so handsome!

- Some adjectives have two different meanings depending on whether they are used with **ser** or **estar**.

¡ATENCIÓN!

Estar, not **ser**, is used with **muerto/a**.

Bécquer, el autor de las *Rimas*, está muerto.

Bécquer, the author of Rimas, *is dead.*

ser + [*adjective*]	estar + [*adjective*]
La clase de contabilidad **es aburrida**. *Accounting class is boring.*	**Estoy aburrida** de la clase. *I am bored with the class.*
Ese chico **es listo**. *That boy is smart.*	**Estoy listo** para todo. *I'm ready for anything.*
No **soy rico**, pero vivo bien. *I'm not rich, but I live well.*	¡El pan **está** tan **rico**! *The bread is so delicious!*
La actriz **es buena**. *The actress is good.*	La actriz **está buena**. *The actress is good-looking.*
Este coche **es seguro**. *This car is safe.*	Juan no **está seguro** de sí mismo. *Juan isn't sure of himself.*
Los aguacates **son verdes**. *Avocados are green.*	Esta banana **está verde**. *This banana is not ripe.*
Javier **es** muy **vivo**. *Javier is very bright.*	¿Todavía **está vivo** el autor? *Is the author still alive?*
Pedro **es** un hombre **libre**. *Pedro is a free man.*	Esta noche no **estoy libre**. ¡Lo siento! *Tonight I am not available. Sorry!*

Práctica

TALLER DE CONSULTA

MANUAL DE GRAMÁTICA
Más práctica
1.2 **Ser** and **estar**, p. A5

1 **La boda de Eduardo y Gabriela** Completa cada oración de la primera columna con la terminación más lógica de la segunda columna.

1. La boda es ___
2. La iglesia está ___
3. El cielo está ___
4. La madre de Eduardo está ___
5. El padre de Gabriela está ___
6. Todos los invitados están ___
7. El mariachi que toca en la boda es ___
8. En mi opinión, las bodas son ___

a. de San Antonio, Texas.
b. deprimido por los gastos.
c. en la calle Zarzamora.
d. esperando a que entren la novia (*bride*) y su padre.
e. contenta con la novia.
f. a las tres de la tarde.
g. muy divertidas.
h. totalmente despejado.

2 **La luna de miel** Completa el párrafo en el que se describe la luna de miel (*honeymoon*) que van a pasar Gabriela y Eduardo. Usa formas de **ser** y **estar**.

Gabriela y Eduardo van a pasar su luna de miel en Miami, Florida. Miami (1) _____ una ciudad preciosa. (2) _____ en la costa este de Florida y tiene playas muy bonitas. El clima (3) _____ tropical. Gabriela y Eduardo (4) _____ interesados en visitar la Pequeña Habana. Gabriela (5) _____ fanática de la música cubana. Y Eduardo (6) _____ muy entusiasmado por conocer el parque Máximo Gómez, donde las personas van a jugar dominó. Los dos (7) _____ aficionados a la comida caribeña. Quieren ir a todos los restaurantes que (8) _____ en la Calle Ocho. Cada día van a probar un plato diferente. Algunos de los platos que piensan probar (9) _____ el congrí, los tostones y el bistec palomilla. Después de pasar una semana en Miami, la pareja va a (10) _____ cansada pero muy contenta.

 Practice more at **vhlcentral.com**.

Comunicación

3 Entrevistas

A. En parejas, usen la lista como guía para entrevistarse. Usen **ser** o **estar** en las preguntas y respuestas.

origen	estudios actuales
nacionalidad	sentimientos actuales
personalidad	lugar donde vive/trabaja
personalidad de los padres	actividades actuales
salud	

B. Cambien de pareja y cuéntenle a su compañero/a lo que descubrieron (*found out*) sobre el/la compañero/a entrevistado/a.

4 ¿Dónde estamos?

En grupos de cuatro, elijan una ciudad en la que supuestamente están de viaje. Sus compañeros deberán adivinar de qué ciudad se trata. Pueden elegir una de las ciudades de las fotos u otra ciudad.

Buenos Aires, Argentina

Quito, Ecuador

Madrid, España

Lima, Perú

San José, Costa Rica

México, D.F., México

1. Hagan cinco afirmaciones sobre la ciudad elegida usando **ser** o **estar** para dar pistas (*clues*) a sus compañeros.

2. Si las pistas no son suficientes, sus compañeros pueden hacer preguntas con **ser** o **estar** cuya respuesta sea **sí** o **no**.

3. Algunos temas para las afirmaciones o para las preguntas pueden ser: características generales de la ciudad, ubicación, comidas típicas, actividades que se pueden hacer, historia, arquitectura, etc.

Tutorial

1.3 Progressive forms

The present progressive

- The present progressive (**el presente progresivo**) narrates an action in progress. It is formed with the present tense of **estar** and the present participle (**el gerundio**) of the main verb.

Éric **está cantando**.
Éric is singing.

Aguayo **está bebiendo** café.
Aguayo is drinking coffee.

Fabiola **está escribiendo**.
Fabiola is writing.

¡Ahí viene!
¡Está entrando!

- The present participle of regular **-ar**, **-er**, and **-ir** verbs is formed as follows:

INFINITIVE	STEM	ENDING	PRESENT PARTICIPLE
bailar	**bail-**	-ando	**bail**ando
comer	**com-**	-iendo	**com**iendo
aplaudir	**aplaud-**	-iendo	**aplaud**iendo

- Stem-changing verbs that end in **-ir** also change their stem vowel when they form the present participle.

-ir stem-changing verbs	
Infinitive	**Present participle**
decir	diciendo
dormir	durmiendo
mentir	mintiendo
morir	muriendo
pedir	pidiendo
sentir	sintiendo
sugerir	sugiriendo

- **Ir**, **poder**, **reír**, and **sonreír** have irregular present participles (**yendo**, **pudiendo**, **riendo**, **sonriendo**). **Ir** and **poder** are seldom used in the present progressive.

Marisa siempre está **sonriendo**.
Marisa is always smiling.

Maribel no está **yendo** a clase últimamente.
Maribel isn't going to class lately.

¡ATENCIÓN!

When progressive forms are used with reflexive verbs or object pronouns, the pronouns may either be attached to the present participle (in which case an accent mark is added to maintain the proper stress) or placed before the conjugated verb. See **2.1 Object pronouns**, pp. 54–55, and **2.3 Reflexive verbs**, pp. 62–63, for more information.

Se están enamorando.
Están enamorándose.
They are falling in love.

Te estoy hablando.
Estoy hablándote.
I am talking to you.

• • • • •

Note that the present participle of **ser** is **siendo**.

- When the stem of an **-er** or **-ir** verb ends in a vowel, the **-i-** of the present participle ending changes to **-y-**.

INFINITIVE	STEM	ENDING	PRESENT PARTICIPLE
construir	constru-	-yendo	construyendo
leer	le-	-yendo	leyendo
oír	o-	-yendo	oyendo
traer	tra-	-yendo	trayendo

- Progressive forms are used less frequently in Spanish than in English, and only when emphasizing that an action is *in progress* at the moment described. To refer to actions that occur over a period of time or in the near future, Spanish uses the present tense instead.

PRESENT TENSE	PRESENT PROGRESSIVE
Lourdes **estudia** economía en la UNAM.	Ahora mismo, Lourdes **está tomando** un examen.
Lourdes is studying economics at UNAM.	*Right now, Lourdes is taking an exam.*
¿**Vienes** con nosotros al Café Pamplona?	No, lo siento. Ya **estoy preparando** la cena.
Are you coming with us to Café Pamplona?	*No, I'm sorry. I'm already making dinner.*

Other verbs with the present participle

- Spanish expresses various shades of progressive action by using verbs such as **seguir, continuar, ir, venir, llevar,** and **andar** with the present participle.

- **Seguir** and **continuar** with the present participle express the idea of *to keep doing something*.

Emilio **sigue saliendo** con Mercedes.	Mercedes **continúa coqueteando** con Carlos.
Emilio is still seeing Mercedes.	*Mercedes keeps flirting with Carlos.*

- **Ir** with the present participle indicates a gradual or repeated process. It often conveys the English idea of *more and more*.

Cada día que pasa **voy disfrutando** más de esta clase.	Ana y Juan **van acostumbrándose** al horario de clase.
I'm enjoying this class more and more every day.	*Ana and Juan are getting more and more used to the class schedule.*

- **Venir** and **llevar** with the present participle indicates a gradual action that accumulates or increases over time.

Hace años que **viene diciendo** cuánto le gusta el béisbol.	**Llevo insistiendo** en lo mismo desde el principio.
He's been saying how much he likes baseball for years.	*I have been insisting on the same thing from the beginning.*

- **Andar** with the present participle conveys the idea of *going around doing something* or of *always doing something*.

José siempre **anda quejándose** de todo.	Román **anda diciendo** mentiras.
José is always complaining about everything.	*Román is going around telling lies.*

¡ATENCIÓN!

Other tenses may have progressive forms as well. These tenses emphasize that an action was/will be in progress.

PAST (pp. 94–105)
Estaba marcando su número justo cuando él me llamó.
I was dialing his number right when he called me.

FUTURE (pp. 220-223)
No vengas a las cuatro; todavía estaremos trabajando.
Don't come at four o'clock; we will still be working.

Práctica

TALLER DE CONSULTA

MANUAL DE GRAMÁTICA
Más práctica

1.3 Progressive forms, p. A6

1 **Una conversación telefónica** Daniel es nuevo en la ciudad y no sabe cómo llegar al estadio de fútbol. Decide llamar a su ex novia Alicia para que le explique cómo encontrarlo. Completa la conversación con la forma correcta del gerundio (*present participle*).

ALICIA ¿Aló?

DANIEL Hola Alicia, soy Daniel; estoy buscando el estadio de fútbol y necesito que me ayudes… Llevo (1) _____ (caminar) más de media hora por el centro y sigo perdido.

ALICIA ¿Dónde estás?

DANIEL No estoy muy seguro, no encuentro el nombre de la calle. Pero estoy (2) _____ (ver) un centro comercial a mi izquierda y más allá parece que están (3) _____ (construir) un estadio de fútbol. (4) _____ (hablar) de fútbol, ¿dónde tengo mis boletos? ¡He perdido mis entradas!

ALICIA Madre mía, ¡sigues (5) _____ (ser) un desastre! Algún día te va a pasar algo serio.

DANIEL ¡Siempre andas (6) _____ (pensar) lo peor!

ALICIA ¡Y tú siempre estás (7) _____ (olvidarse) de todo!

DANIEL ¡Ya estamos (8) _____ (discutir) otra vez!

2 **Organizar un festival** En parejas, pregunten y respondan qué está haciendo cada uno de estos personajes. Túrnense.

> **MODELO** —¿Qué está haciendo Elga Navarro?
> —Elga Navarro está descansando en una clínica.

Elga Navarro / descansar

1. Juliana Paredes / bailar

2. Emilio Soto / casarse

3. Aurora Gris / recoger un premio

4. Héctor Rojas / jugar a las cartas

 Practice more at **vhlcentral.com**.

Comunicación

3 **Una cita** En parejas, representen una conversación en la que Alexa y Guille intentan buscar una hora del día para reunirse.

MODELO
> **ALEXA** ¿Nos vemos a las diez de la mañana para estudiar?
> **GUILLE** No puedo, voy a estar durmiendo. ¿Qué te parece a las 12?

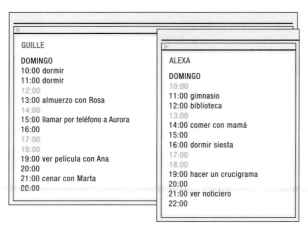

GUILLE

DOMINGO
10:00 dormir
11:00 dormir
12:00
13:00 almuerzo con Rosa
14:00
15:00 llamar por teléfono a Aurora
16:00
17:00
18:00
19:00 ver película con Ana
20:00
21:00 cenar con Marta
22:00

ALEXA

DOMINGO
10:00
11:00 gimnasio
12:00 biblioteca
13:00
14:00 comer con mamá
15:00
16:00 dormir siesta
17:00
18:00
19:00 hacer un crucigrama
20:00
21:00 ver noticiero
22:00

4 **Síntesis** Tu psicólogo utiliza la hipnosis para hacerte recordar los momentos más importantes de tu pasado. En parejas, dramaticen la conversación entre el doctor Felipe y su paciente, utilizando verbos en el presente y el presente progresivo. Elijan una situación de la lista o inventen otro tema. Sean creativos/as.

MODELO
> **DR. FELIPE** Estás volviendo al momento de conocer a tu primer amor. ¿Qué están haciendo?
> **PACIENTE** Estoy caminando por la calle… una mujer preciosa me está saludando…
> **DR. FELIPE** Muy bien, muy bien. ¿Y qué estás pensando? ¿Cómo te sientes?
> **PACIENTE** Estoy pensando que es el amor de mi vida. Me siento…
> ¡Ay, no! Me estoy cayendo en medio de la calle, ¡enfrente de ella!

tu primer amor	el nacimiento de un(a) hermano/a
un viaje importante	el mejor momento de tu vida

Antes de ver el corto

DI ALGO

país España   **director** Luis Deltell

duración 15 minutos   **protagonistas** Irene, Pablo, bibliotecaria

---

Vocabulario

a lo mejor	*maybe*	**la luz**	*light*
alargar	*to drag out*	**pesado/a**	*annoying*
la cinta	*tape*	**precioso/a**	*lovely*
enterarse	*to find out*	**respirar**	*to breathe*
entretenerse	*to be held up*	**turbio/a**	*murky*

---

1 **Vocabulario** Completa las oraciones.

1. Me gusta el libro, pero el autor _____ mucho el final.

2. Ana teme a la oscuridad y no _____ tranquila hasta que enciende la _____.

3. Hoy nos _____ de que las _____ de video estaban borradas.

4. Cerca del bosque había un lago _____, pero ahora el agua está muy _____ porque está contaminada.

2 **Las citas y tú**

A. Completa el test sobre el mundo de las citas.

Las citas y tú

1. Si acabas de conocer a una persona que te gusta:

☐ **a.** La invitas a salir.

☐ **b.** La sigues secretamente durante varios días para ver cómo se comporta.

☐ **c.** Te escondes en un rincón y la admiras desde lejos.

2. Un amigo te propone presentarte a alguien que conoce:

☐ **a.** Aceptas enseguida.

☐ **b.** Haces muchas preguntas sobre la persona antes de decidir.

☐ **c.** Dices que no: las citas con extraños te ponen nervioso/a.

3. Antes de una cita:

☐ **a.** Vas a comprar ropa nueva y te arreglas bien para causar una buena impresión.

☐ **b.** Le pides a un par de amigos/as que vayan al mismo restaurante, por si acaso.

☐ **c.** Te da un ataque de nervios y casi llamas para cancelar.

4. En la conversación:

☐ **a.** Muestras interés por la otra persona, le cuentas acerca de ti y actúas tal como eres.

☐ **b.** Haces más preguntas de las que tú contestas.

☐ **c.** Evitas contar mucho sobre ti. Prefieres guardar información para una segunda cita.

B. En parejas, comparen sus respuestas. ¿Tienen actitudes similares o son muy diferentes? ¿Por qué?

 Practice more at **vhlcentral.com**.

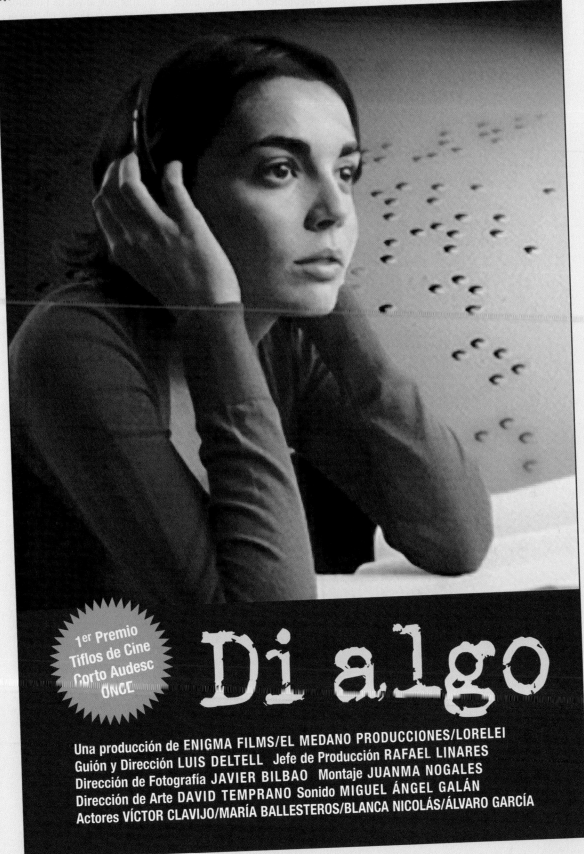

1er Premio
Tiflos de Cine
Corto Audesc
ONCE

Di algo

Una producción de ENIGMA FILMS/EL MEDANO PRODUCCIONES/LORELEI
Guión y Dirección LUIS DELTELL   Jefe de Producción RAFAEL LINARES
Dirección de Fotografía JAVIER BILBAO   Montaje JUANMA NOGALES
Dirección de Arte DAVID TEMPRANO   Sonido MIGUEL ÁNGEL GALÁN
Actores VÍCTOR CLAVIJO/MARÍA BALLESTEROS/BLANCA NICOLÁS/ÁLVARO GARCÍA

Escenas

ARGUMENTO Una joven ciega se enamora de la voz de un hombre que escucha en grabaciones. Cuando se acaban las cintas, ella busca otra manera de seguir escuchando su voz.

VOZ DE PABLO "Menos tu vientre, todo es confuso, fugaz, pasado, baldío, turbio…"

IRENE Quería información sobre el lector 657… ¿No me podrías conseguir su número de teléfono?
BIBLIOTECARIA No puedo, Irene; eso está prohibido.

GUARDIA ¡Espera! ¿Estás bien?
IRENE Sí, sí, muchas gracias; es que me he entretenido.

PABLO ¿Sí? ¿Quién es? ¿Sí?
IRENE Di algo.

PABLO Todo el día esperando que me llame una chica que no conozco y que no habla… bueno, sí, que solamente dice: "Di algo."

PABLO ¿Hay alguien que esté pidiendo mis cintas?
BIBLIOTECARIA No sé, vamos a ver… Creo que un señor mayor… ¡ah!, y una chica también.

Después de ver el corto

1 **Comprensión** Indica si estas afirmaciones son **ciertas** o **falsas**. Luego, en parejas, corrijan las falsas.

1. Irene no tiene el teléfono de Pablo, pero lo conoce en persona.
2. La bibliotecaria no le da el teléfono de Pablo porque dice que está prohibido.
3. Por la noche, Irene roba de la biblioteca la información sobre Pablo.
4. Irene le dice la verdad al guardia.
5. Pablo cree que la mujer que lo llama por teléfono y no le habla se llama Silvia.
6. Pablo encuentra a Irene por casualidad en la calle.

2 **Interpretación** En parejas, contesten las preguntas.

1. En la primera escena, Pablo marca las palabras "confuso" y "turbio" en el poema que lee. ¿Por qué lo hace?
2. Irene pide el número de teléfono de Pablo después de que la bibliotecaria le dice que no hay más cintas de él. ¿Cuál piensan que es su intención: conocer a Pablo o solamente escuchar su voz?
3. ¿Cómo es Pablo? Presten atención a las cosas que hay en su casa y a su forma de hablar y actuar.
4. ¿Por qué Irene sólo le dice "di algo", y no le explica quién es? Imaginen sus razones y enumérenlas.
5. ¿Por qué Pablo se va cuando Irene se da cuenta de que él está sentado frente a ella? ¿Está esperando que ella haga algo o quiere escaparse?

3 **Diálogo** En el ascensor, Pablo le dice a Irene: "Eres tú la que tiene que decir algo". Imaginen el diálogo que sigue a estas palabras y escríbanlo. Después, represéntenlo frente a la clase.

4 **Escribir** Elige una de las siguientes opciones y escribe un mensaje de correo electrónico.

• Imagina que te cruzas un instante por la calle con alguien y te enamoras a primera vista, pero él/ella desaparece entre la gente y ahora quieres encontrarlo/a. Escribe a un periódico describiéndolo/a; cuenta por qué lo/la buscas y pide ayuda a los lectores.

• Por un error al marcar un número de teléfono, conoces a alguien, empiezan a hablar y se enamoran. Después de un tiempo tienen una cita para conocerse personalmente, pero todo resulta un desastre: él/ella no se parece nada a la idea que te formaste por su voz. Cuenta en un correo electrónico cómo fue esa cita.

Practice more at **vhlcentral.com**.

"La única fuerza y la única verdad que
hay en esta vida es el amor."

José Martí

Los enamorados, 1923
Pablo Picasso, España

 Interpretar En parejas, contesten estas preguntas.

 1. ¿Qué ven en el cuadro?

2. Según los detalles de la pintura, ¿dónde les parece que están los personajes?

3. ¿Cuál es la relación entre los personajes del cuadro y qué sucede en el momento que retrata el pintor?

4. ¿Qué estado de ánimo imaginan en la pareja de este cuadro?

5. En su opinión, ¿qué emociones provoca el artista en los observadores del cuadro?

 Practice more at **vhlcentral.com**.

Antes de leer

Poema 20

Sobre el autor

Ya de muy joven, el chileno Ricardo Eliécer Neftalí Reyes Basoalto —el nombre que sus padres le dieron a **Pablo Neruda** (1904-1973) al nacer— mostraba inclinación por la poesía. En 1924, a sus veinte años, publicó el libro que lo hizo famoso: *Veinte poemas de amor y una canción desesperada*. Treinta años después, en 1954, compone sus *Odas elementales*. Además de poeta, fue diplomático y político. El amor fue sólo uno de los temas de su extensa obra: también escribió poesía surrealista y poesía de temática histórica y política. Su *Canto general* lleva a los lectores en un viaje por la historia de América Latina desde los tiempos precolombinos hasta el siglo XX. En 1971, recibió el Premio Nobel de Literatura.

Vocabulario

el alma *soul*　　　　**el corazón** *heart*
amar *to love*　　　　**la mirada** *gaze*
besar *to kiss*　　　　**el olvido** *oblivion*
contentarse con *to be*　**querer (e:ie)** *to love; to want*
　satisfied with

---

(1) Poema Completa este poema con las opciones correctas.

Quiero (1) _____ (besarte/amarte) porque te (2) _____ (quiero/olvido),
pero tú te alejas y desde lejos me miras.

Mi (3) _____ (corazón/olvido) no (4) _____ (quiere/se contenta)
con una (5) _____ (alma/mirada) triste.

Entonces me voy y sólo espero el (6) _____ (corazón/olvido).

(2) Conexión personal Responde estas preguntas: ¿Has estado enamorado/a alguna vez? ¿Te gusta leer poesía? ¿Has escrito alguna vez una carta o un poema de amor?

(3) Análisis literario: la personificación

La personificación consiste en atribuir cualidades propias de los seres humanos a objetos inanimados (cosas, conceptos abstractos) o a la naturaleza. Observa estos ejemplos de personificación: *me despertó el llanto* (crying) *del violín; tu silencio habla de dolores pasados; las estrellas nos miraban mientras la ciudad sonreía.* En *Poema 20*, Pablo Neruda utiliza este recurso en varias ocasiones. Mientras lees el poema, prepara una lista de las personificaciones. ¿Qué cualidad humana atribuye el poeta al objeto?

 Practice more at **vhlcentral.com**.

POEMA 20

Pablo Neruda

Puedo escribir los versos más tristes esta noche.
Escribir, por ejemplo: "La noche está estrellada°, *starry*
blink; tremble y tiritan°, azules, los astros°, a lo lejos°". *stars/in the distance*
El viento de la noche gira° en el cielo y canta. *turns*

5 Puedo escribir los versos más tristes esta noche.
Yo la quise, y a veces ella también me quiso.

En las noches como ésta la tuve entre mis brazos.
La besé tantas veces bajo el cielo infinito.

Ella me quiso, a veces yo también la quería.
10 Cómo no haber amado sus grandes ojos fijos°. *fixed*

Puedo escribir los versos más tristes esta noche.
Pensar que no la tengo. Sentir que la he perdido.

Oír la noche inmensa, más inmensa sin ella.
Y el verso cae al alma como al pasto el rocío°. *like the dew on the grass*

15 Qué importa que mi amor no pudiera guardarla°. *keep; protect*
La noche está estrellada y ella no está conmigo.

Eso es todo. A lo lejos alguien canta. A lo lejos.
Mi alma no se contenta con haberla perdido.

to bring her closer Como para acercarla° mi mirada la busca.
20 Mi corazón la busca, y ella no está conmigo.

La misma noche que hace blanquear° los mismos árboles. *to whiten*
Nosotros, los de entonces, ya no somos los mismos.

Ya no la quiero, es cierto, pero cuánto la quise.
voice Mi voz° buscaba el viento para tocar su oído.

25 De otro. Será de otro. Como antes de mis besos.
Su voz, su cuerpo claro. Sus ojos infinitos.

Ya no la quiero, es cierto, pero tal vez la quiero.
Es tan corto el amor, y es tan largo el olvido.

Porque en noches como ésta la tuve entre mis brazos,
30 mi alma no se contenta con haberla perdido.

Aunque éste sea el último dolor que ella me causa,
y éstos sean los últimos versos que yo le escribo. ■

Después de leer

Poema 20
Pablo Neruda

(1) Comprensión Contesta las preguntas con oraciones completas.

1. ¿Quién habla en este poema?
2. ¿De quién habla el poeta?
3. ¿Cuál es el tema del poema?
4. ¿Qué momento del día es?
5. ¿Sigue enamorado el poeta? Da un ejemplo del poema.

(2) Analizar Lee el poema otra vez para contestar las preguntas con oraciones completas.

1. ¿Qué personificaciones hay en el poema y qué efecto transmiten? Explica tu respuesta.
2. ¿Tienen importancia las repeticiones en el poema? Explica por qué.
3. La voz poética habla sobre su amada, pero no le habla directamente a ella. ¿A quién crees que le habla la voz poética en este caso?
4. ¿Qué sentimientos provoca el poema en los lectores?

(3) Interpretar Contesta las preguntas con oraciones completas.

1. ¿Cómo se siente el poeta? Da un ejemplo del poema.
2. ¿Es importante que sea de noche? Razona tu respuesta.
3. Explica con tus propias palabras este verso: "Es tan corto el amor, y es tan largo el olvido".
4. Explica el significado de estos versos y su importancia en el poema. ¿Por qué el poeta escribe una oración "entre comillas"?

> Puedo escribir los versos más tristes esta noche.
> Escribir, por ejemplo: "La noche está estrellada,
> y tiritan, azules, los astros, a lo lejos".

(4) Metaficción En grupos de tres, lean esta definición y busquen ejemplos de metaficción en el poema de Neruda. ¿Qué efecto tiene este recurso en el poema?

❝La metaficción consiste en reflexionar dentro de una obra de ficción sobre la misma obra.❞

(5) Imaginar En parejas, imaginen la historia de amor entre el poeta y su amada. Preparen una conversación en la que se despiden para siempre. Inspírense en algunos de los versos del poema.

(6) Personificar Escribe un párrafo en el que atribuyas cualidades humanas a un objeto.

MODELO Tengo en mi cuarto una estrella de mar. Me cuenta historias de piratas...

 Practice more at **vhlcentral.com**.

Antes de leer

Vocabulario

el cargo *position*	**rechazar** *to reject*
la cima *height*	**sabio/a** *wise*
convertirse (e:ie) en *to become*	**el sueño** *dream*
en contra *against*	**superar** *to overcome*
propio/a *own*	**tomar en cuenta** *to take into consideration*

1 **Señora presidenta** Completa este párrafo con palabras del vocabulario.

El (1) _____ más importante de cualquier país es la presidencia, un (2) _____ para muchos políticos. Este desafío es más difícil para las mujeres, que tienen (3) _____ muchos prejuicios. La argentina Isabel Perón luchó para (4) _____ esos prejuicios. En 1974 llegó a (5) _____ en la primera presidenta de Latinoamérica. Desde entonces, otras nueve latinoamericanas han llegado a la (6) _____ de la política.

2 **Conexión personal** Responde estas preguntas: ¿Con qué soñabas cuando eras pequeño/a? ¿Qué querías ser? ¿Tienes todavía las mismas metas que tenías de niño/a o has cambiado? ¿Crees que vas a alcanzar tus metas?

Contexto cultural

Esta frase pronunciada por Sonia Sotomayor en 2001 causó revuelo (*commotion*) y despertó posiciones en contra y a favor: "Quiero pensar que una sabia mujer latina, con su riqueza de experiencias, puede tomar mejores decisiones que un sabio hombre blanco que no ha vivido esa vida." Sotomayor después se excusó diciendo que se había expresado mal. Aunque estas palabras generaron incertidumbre en relación con su nominación a la Corte Suprema, paralelamente, la frase fue utilizada en grupos de Facebook, en camisetas y en carteles como una reafirmación de la identidad femenina latina. ¿Qué opinas tú? ¿Influyen nuestras experiencias, nuestro sexo y nuestro origen en las decisiones que tomamos? Si así lo crees, ¿piensas que este hecho es positivo o negativo? ¿Crees que es posible dejar de lado los sentimientos y el pasado para tomar en cuenta solamente la ley? ¿O crees que la subjetividad puede tener lugar en la justicia?

 Practice more at **vhlcentral.com**.

Sonia Sotomayor:
la niña que soñaba

Sonia Sotomayor era una niña que soñaba. Y, según cuenta, lo que soñaba era convertirse en detective, igual que su heroína favorita, Nancy Drew. Sin embargo, a los ocho años, tras un diagnóstico de diabetes, sus médicos le recomendaron que pensara en una carrera menos agitada. Entonces, sin recortar ⁵ sus aspiraciones ni resignarse a menos, encontró un nuevo modelo en otro héroe de ficción: Perry Mason, el abogado encarnado° en televisión   *played by* por Raymond Burr. "Iba a ir a la universidad e iba a convertirme en abogada: y supe esto cuando tenía diez años. Y no es una broma" declaró ella en 1998.

10 Robin Kar, secretario de Sonia Sotomayor entre 1988 y 1989, afirma que la jueza no sólo *amazing* tiene una historia asombrosa°, sino que además es una persona asombrosa. Y cuenta que, en la corte, ella no solamente conocía a sus pares°, *peers* 15 como los otros jueces y políticos, sino que también se preocupaba por conocer a todos los porteros, a los empleados de la cafetería y a los *janitors* conserjes°, y todos la apreciaban mucho.

En su discurso de aceptación de la 20 nominación a la Corte Suprema, Sonia Sotomayor explicó su propia visión de sí misma: "Soy una persona nada extraordinaria que ha tenido la dicha de tener oportunidades y experiencias extraordinarias." Pero ni *wildest* 25 siquiera sus sueños más descabellados° podían prepararla para lo que ocurrió en mayo de 2009, cuando Barack Obama la nominó como candidata a la Corte Suprema de Justicia de Estados Unidos. En su discurso, 30 el presidente destacó el "viaje extraordinario" de la jueza, desde sus modestos comienzos hasta la cima del sistema judicial. Para él, los sueños son importantes y Sonia Sotomayor es la encarnación del sueño americano.

35 Nació en el Bronx, en Nueva York, el 25 de junio de 1954, y creció en un barrio de viviendas *housing project* subsidiadas°. Sus padres, puertorriqueños, habían llegado a Estados Unidos durante la Segunda Guerra Mundial. Su padre, que había 40 estudiado sólo hasta tercer grado y no hablaba inglés, murió cuando Sonia tenía nueve años, y su madre, Celina, tuvo que trabajar seis días *raise them* a la semana como enfermera para criarlos° a ella y a su hermano menor. Como la señora 45 Sotomayor consideraba que una buena educación era fundamental, les compró a sus hijos la Enciclopedia Británica y los envió a una escuela católica para que recibieran la mejor instrucción posible. Seguramente los resultados 50 superaron también sus expectativas: Sonia estudió en las universidades de Princeton y Yale, y su hermano Juan estudió en la Universidad de Nueva York, y es médico y profesor en la Universidad de Siracusa.

Sonia Sotomayor trabajó durante cinco 55 años como asistente del fiscal de Manhattan, Robert Morgenthau (quien inspiró el personaje del fiscal del distrito Adam Schiff en la serie de televisión *Law and Order*). Luego se dedicó al derecho corporativo y más tarde fue jueza 60 de primera instancia de la Corte Federal de Distrito antes de ser nombrada jueza de Distrito de la Corte Federal de Apelaciones. En 2009 se convirtió en la primera hispana —y la tercera mujer en toda la historia— en llegar 65 a la Corte Suprema de Justicia de Estados Unidos, donde suelen tratarse cuestiones tan controvertidas como el aborto, la pena de muerte, el derecho a la posesión de armas, etc.

Cuando el presidente Obama nominó 70 a la jueza Sotomayor para su nuevo cargo, Celina Sotomayor escuchaba desde la primera fila° con los ojos llenos de lágrimas. *front row* En su discurso de aceptación, Sonia la señaló como "la inspiración de toda mi vida". 75 Tal vez, en el fondo, lo que soñaba realmente la niña del Bronx era ser, como su madre, una "sabia mujer latina". ∎

Cómo Sotomayor salvó al béisbol

En 1994, de manera unilateral, los propietarios de los equipos de las Grandes Ligas de béisbol implantaron un tope (*limit*) salarial; esto fue rechazado por los jugadores y su sindicato, que declararon una huelga (*strike*). El caso llegó a Sonia Sotomayor, en ese entonces la jueza más joven del Distrito Sur de Nueva York, en 1995. Ella escuchó los argumentos de las dos partes y anunció su dictamen (*ruling*) a favor de los jugadores. Logró acabar así con la huelga que llevaba ya 232 días y, además, ganarse el título de "salvadora del béisbol".

Después de leer

Sonia Sotomayor: la niña que soñaba

(1) **Comprensión** Indica si las siguientes oraciones son **ciertas** o **falsas**. Luego, en parejas, corrijan las falsas.

1. Sonia Sotomayor se considera una persona extraordinaria.
2. Ella conocía a todos los empleados de la corte, desde los jueces hasta los conserjes.
3. De pequeña, Sonia quería ser detective como Nancy Drew.
4. Sus padres eran neoyorquinos.
5. Celina Sotomayor vendía enciclopedias para mantener a sus hijos.
6. Sonia fue la inspiración de un personaje de la serie de televisión *Law and Order*.

(2) **Interpretación** En parejas, contesten las preguntas y justifiquen sus respuestas.

1. ¿Les parece que la historia de Sonia Sotomayor es extraordinaria? ¿Por qué?
2. ¿En qué sentido piensan que su madre es "la inspiración de su vida"?
3. ¿Creen que su carrera es una prueba de que el sueño americano existe?
4. ¿Piensas que ella, como mujer y como hispana, y con la historia de su vida, puede asegurar un mejor debate en la Corte Suprema? ¿Por qué?
5. ¿Les parece que la experiencia de vida es más importante, menos importante o igualmente importante para las personas que los estudios que tengan? ¿Por qué?

(3) **Retrato**

A. Algunos candidatos presidenciales en los Estados Unidos han señalado a sus madres como una inspiración fundamental de sus vidas. En parejas, lean y comenten las citas.

> "Sé que (mi madre) fue el espíritu más bondadoso y generoso que jamás he conocido y que lo mejor de mí se lo debo a ella." Barack Obama, *Los sueños de mi padre*

> "Roberta McCain nos inculcó su amor a la vida, su profundo interés en el mundo, su fortaleza y su creencia de que todos tenemos que usar nuestras oportunidades para ser útiles a nuestro país. No estaría esta noche aquí si no fuera por la fortaleza de su carácter." John McCain, Discurso de aceptación en la Convención Republicana

B. Escriban cuatro oraciones sobre cómo imaginan a Celina Sotomayor. ¿Qué dirían de ella sus hijos? Luego, compartan sus oraciones con la clase y comparen sus descripciones.

MODELO Celina es una mujer trabajadora. Ella no está de acuerdo con perder el tiempo y quiere que sus hijos estudien y mejoren. Es paciente, pero está llena de energía…

(4) **Modelos de vida** Escribe una entrada de blog sobre una persona sabia a la que admiras. Describe su personalidad y su historia, y explica por qué es importante para ti.

Practice more at **vhlcentral.com**.

Atando cabos

¡A conversar!

Citas rápidas Usa la técnica de las "citas rápidas" (*speed dating*) para conocer a tus compañeros/as de clase, hacer nuevos amigos y buscar compañeros para proyectos. Comparte los resultados con la clase.

Cómo funcionan las "citas rápidas"

- Reúnete con un(a) compañero/a durante cinco minutos. Hablen sobre quiénes son, cómo son, qué buscan, etc.
- Toma notas acerca del encuentro.
- Repite la actividad con otros compañeros.

	Nombre	Nombre
¿De dónde eres?		
¿Cómo eres?		
¿Qué cualidades buscas en un(a) amigo/a?		
¿Qué tipo de proyectos te gusta hacer?		

¡A escribir!

Consejos Lee el correo electrónico que envió Alonso a la sección de consejos sentimentales de una revista y usa las frases del recuadro para responderla.

Expresar tu opinión

Estas frases pueden ayudarte a presentar tu opinión:

- En mi opinión, …
- Creo que…
- Me parece que…

De:	alonso23@tucorreo.com
A:	consejos_sentimentales@larevista.com
Tema:	Necesito un consejo

Me llamo Alonso. Tengo 23 años y soy de Colombia. Vine a Boston para estudiar en la universidad. Allí conocí a mi novia Kristen, quien tomaba clases de español. Todo iba muy bien mientras estábamos en la universidad: teníamos amigos estadounidenses y latinoamericanos, a mí me interesaba mucho aprender sobre su país y a ella sobre el mío.

El problema comenzó después de la universidad. Cuando salimos con los compañeros de trabajo de Kristen, siento que a nadie le interesa charlar conmigo, y a mí tampoco me interesa hablar con ellos de béisbol y esas cosas. Cuando vamos a visitar a la familia de Kristen en Chicago y decido cocinar, siempre miran con desconfianza los platos tradicionales que preparo. Además, Kristen está muy ocupada con su trabajo para seguir estudiando español. Cuando quiere practicar comete unos errores horribles y entonces yo prefiero hablar inglés con ella. Discutimos mucho por todas estas cosas. A veces pienso que sería más fácil estar con alguien de mi cultura… pero quiero mucho a Kristen. ¿Qué puedo hacer para que mi relación funcione?

Vocabulary Tools

La personalidad

autoritario/a	strict
cariñoso/a	affectionate
celoso/a	jealous
cuidadoso/a	careful
falso/a	insincere
gracioso/a	funny
inseguro/a	insecure
(in)maduro/a	(im)mature
mentiroso/a	lying
orgulloso/a	proud
permisivo/a	permissive
seguro/a	sure; confident
sensato/a	sensible
sensible	sensitive
tacaño/a	stingy
tímido/a	shy
tradicional	traditional

Los estados emocionales

agobiado/a	overwhelmed
ansioso/a	anxious
deprimido/a	depressed
disgustado/a	upset
emocionado/a	excited
preocupado/a (por)	worried (about)
solo/a	alone; lonely
tranquilo/a	calm

Los sentimientos

adorar	to adore
apreciar	to think highly of
enamorarse (de)	to fall in love (with)
estar harto/a (de)	to be sick (of)
odiar	to hate
sentirse (e:ie)	to feel
soñar (o:ue) (con)	to dream (about)
tener celos (de)	to be jealous (of)
tener vergüenza (de)	to be embarrassed (about)

Las relaciones personales

el/la amado/a	loved one
el ánimo	spirit
el cariño	affection
la cita (a ciegas)	(blind) date
el compromiso	commitment
la confianza	trust; confidence
el desánimo	the state of being discouraged
el divorcio	divorce
la pareja	couple; partner
el sentimiento	feeling

atraer	to attract
coquetear	to flirt
cuidar	to take care of
dejar a alguien	to leave someone
discutir	to argue
educar	to raise; to bring up
hacerle caso a alguien	to pay attention to someone
impresionar	to impress
llevar... años de (casados)	to be (married) for... years
llevarse bien/mal/fatal	to get along well/badly/terribly
mantenerse en contacto	to keep in touch
pasarlo bien/mal/fatal	to have a good/bad/terrible time
proponer matrimonio	to propose (marriage)
romper (con)	to break up (with)
salir (con)	to go out (with)
soportar a alguien	to put up with someone

casado/a	married
divorciado/a	divorced
separado/a	separated
soltero/a	single
viudo/a	widowed

Más vocabulario

Expresiones útiles	Ver p. 7
Estructura	Ver pp. 14-15, 18-19 y 22-23

Cinemateca

la cinta	tape
la luz	light
alargar	to drag out
enterarse	to find out
entretenerse	to be held up
respirar	to breathe
pesado/a	annoying
precioso/a	lovely
turbio/a	murky
a lo mejor	maybe

Literatura

el alma	soul
el corazón	heart
la mirada	gaze
el olvido	oblivion
amar	to love
besar	to kiss
contentarse con	to be satisfied with
querer (e:ie)	to love; to want

Cultura

el cargo	position
la cima	height
el sueño	dream
convertirse (e:ie) en	to become
rechazar	to reject
superar	to overcome
tomar en cuenta	to take into consideration
propio/a	own
sabio/a	wise
en contra	against

Las diversiones

2

Communicative Goals

You will expand your ability to…
- avoid redundancy
- express personal likes and dislikes
- describe your daily routine and activities

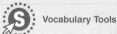
Vocabulary Tools

Las diversiones

La música y el teatro

Mis amigos y yo tenemos un **grupo musical.** Yo soy el cantante. Ayer fue nuestro segundo **concierto.** Esperamos grabar pronto nuestro primer **álbum.**

el álbum *album*
el asiento *seat*
el/la cantante *singer*
el concierto *concert*
el conjunto/grupo musical
    musical group; band
el escenario *scenery; stage*
el espectáculo *show*
el estreno *premiere*
la función *performance*
    (theater; movie)
el/la músico/a *musician*
la obra de teatro *play*
la taquilla *box office*

aplaudir *to applaud*
conseguir (e:i) boletos/entradas
    to get tickets
hacer cola *to wait*
    in line
poner música *to play music*

Los lugares de recreo

el cine *movie theater*
el circo *circus*
la discoteca *night club*

la feria *fair*
el festival *festival*
el parque de atracciones *amusement park*
el zoológico *zoo*

Los deportes

el/la árbitro/a *referee*
el campeón/la campeona *champion*
el campeonato *championship*
el club deportivo *sports club*
el/la deportista *athlete*
el empate *tie (game)*
el/la entrenador(a) *coach; trainer*
el equipo *team*
el/la espectador(a) *spectator*
el torneo *tournament*

anotar/marcar (un gol/un punto)
    to score (a goal/a point)
desafiar *to challenge*
empatar *to tie (games)*
ganar/perder (e:ie) un partido
    to win/lose a game
vencer *to defeat*

Las diversiones

Ricardo y sus amigos **se reúnen** todos los sábados. Les **gustan el billar** y **el boliche**, y son verdaderos **aficionados** a **las cartas**.

el ajedrez *chess*
el billar *billiards*
el boliche *bowling*
las cartas/los naipes *(playing) cards*
los dardos *darts*
el juego de mesa *board game*
el pasatiempo *pastime*
la televisión *television*
el tiempo libre/los ratos libres *free time*
el videojuego *video game*

aburrirse *to get bored*
alquilar una película *rent a movie*
brindar *to make a toast*
celebrar/festejar *to celebrate*
dar un paseo *to take a stroll/walk*
disfrutar (de) *to enjoy*
divertirse (e:ie) *to have fun*

entretener(se) (e:ie) *to amuse (oneself)*
gustar *to like*
reunirse (con) *to get together (with)*
salir (a comer) *to go out (to eat)*

aficionado/a (a) *enthusiastic about; a fan (of)*
animado/a *lively*
divertido/a *fun*
entretenido/a *entertaining*

Práctica

1 Escuchar

A. Mauricio y Joaquín están haciendo planes para el fin de semana. Quieren ir al cine, pero no logran ponerse de acuerdo. Escucha la conversación y contesta las preguntas con oraciones completas.

1. ¿Cuándo planean ir al cine Mauricio y Joaquín?
2. ¿Qué película quiere ver Joaquín?
3. ¿Por qué Mauricio no quiere verla?
4. ¿Qué alternativa sugiere Mauricio?
5. ¿Qué le pasa a Joaquín cuando mira documentales?

B. Ahora, escucha el anuncio radial de *Los invasores de la galaxia* y decide si las oraciones son **ciertas** o **falsas**. Corrige las falsas.

1. Este fin de semana estrenan una película de ciencia ficción.
2. *Los invasores de la galaxia* ya se estrenó en otros lugares.
3. La película tuvo poco éxito en Europa.
4. Si compras cuatro boletos, te regalan la banda sonora (*soundtrack*).
5. Si te vistes de extraterrestre, te regalan un boleto para una fiesta exclusiva.
6. El estreno de la película es a las nueve de la mañana.

C. En parejas, imaginen que, después de escuchar el anuncio radial, Joaquín trata de convencer a Mauricio para ir a ver *Los invasores de la galaxia*. Inventen la conversación entre Mauricio y Joaquín, y compártanla con la clase.

2 Relaciones Escoge la palabra que no está relacionada.

1. película (estrenar / dirigir / empatar)
2. obra de teatro (boleto / campeonato / taquilla)
3. concierto (vencer / aplaudir / hacer cola)
4. juego de mesa (ajedrez / naipes / videojuego)
5. celebrar (divertirse / aburrirse / disfrutar)
6. partido (deportista / árbitro / circo)

Práctica

3 **¿Dónde están?** Indica dónde están estas personas.

_____ 1. Llegamos muy temprano, pero hay una cola enorme. El hombre que vende los boletos parece estar de muy mal humor.

_____ 2. Hoy es el cumpleaños de mi hermana menor. En lugar de celebrarlo en casa, quiere pasar el día acá, con los tigres y los elefantes.

_____ 3. Una red (*net*), una pelota amarilla y dos deportistas. ¿Quién será la campeona?

_____ 4. Hay máquinas que suben, bajan, dan vueltas hacia la derecha y hacia la izquierda. La más espectacular dibuja un laberinto de líneas en el aire.

_____ 5. ¿Cómo puede ser que cuatro personas hagan tanto ruido en un campo de fútbol lleno de gente? Mi novia se está divirtiendo mucho, pero ¡yo no entiendo nada de lo que cantan!

_____ 6. ¡Qué nervios! ¿Qué pasa si se abre el telón y me olvido de lo que tengo que decir?

a. un torneo de tenis
b. un parque de atracciones
c. un cine
d. un escenario
e. una taquilla
f. una discoteca
g. un zoológico
h. un concierto de rock

4 **Goles y fiestas** Completa la conversación.

aburrirte	celebrar	equipo
animadas	disfruten	espectadores
árbitro	divertidos	ganar
campeonato	empate	televisión

PEDRO Mario, ¿todavía estás mirando (1) _____? ¿No ves que vamos a llegar tarde?

MARIO Lo siento, pero no puedo ir a la fiesta de tu novia. Pasan un partido de fútbol.

PEDRO Pero las fiestas de mi novia son más (2) _____ y más entretenidas que cualquier partido de fútbol. Todos los partidos son iguales… Veintidós tontos corriendo detrás de una pelota, los (3) _____ gritando (*shouting*) como locos y el (4) _____ pitando (*whistling*) sin parar.

MARIO Hoy no me puedes convencer. Es la final del (5) _____ y estoy seguro de que mi (6) _____ favorito va a (7) _____.

PEDRO ¿Y no vas a (8) _____, aquí solito, mientras todos tus amigos bailan?

MARIO ¡Jamás! ¡Todos vienen a ver el partido conmigo! Y después vamos a (9) _____ la victoria.

PEDRO Que (10) _____ del partido. Ya me voy… Espera, mi novia me está llamando al celular… ¿Qué me dices, amor? ¿Que la fiesta es aquí en mi casa? ¿Que tú también quieres ver el partido? ¡Ay, yo me rindo (*give up*)!

S Practice more at **vhlcentral.com.**

Comunicación

5 Diversiones

A. Sin consultar con tu compañero/a, prepara una lista de cinco actividades que crees que le gustan a él/ella. Escoge actividades del recuadro y añade otras.

jugar al ajedrez	ir a la feria
practicar deportes en un club	jugar videojuegos
ir al estreno de una película	bailar en una discoteca
mirar televisión	jugar al boliche
escuchar música clásica	salir a cenar con amigos

B. Ahora, habla con tu compañero/a para confirmar tus predicciones. Sigue el modelo.

> **MODELO** —Creo que te gusta jugar al ajedrez.
> —Es verdad, juego siempre que puedo. / —Te equivocas, me aburre. ¿Y a ti?

6 Lo mejor
En grupos de cuatro, imaginen que son editores/as de un periódico local y quieren publicar la lista anual de *Lo mejor de la ciudad*.

A. Primero, escojan las categorías que quieren premiar (*to award*).

Lo mejor de la ciudad

Mejor cine _____

Mejor discoteca _____

Mejor espectáculo sobre hielo _____

Mejor equipo deportivo _____

Mejor parque para pasear _____

Mejor festival de arte _____

Mejor restaurante para
celebrar un cumpleaños _____

Mejor grupo musical en vivo (*live*) _____

Mejor ... _____

B. Luego, preparen una encuesta (*survey*) y entrevisten a sus compañeros/as de clase. Anoten las respuestas.

C. Ahora, compartan los resultados con la clase y decidan qué lugares y eventos recibirán el premio *Lo mejor*.

7 Un fin de semana extraordinario
Dos amigos con personalidades muy diferentes tienen que pasar un fin de semana en una ciudad que nunca han visitado. Hacen muchas sugerencias interesantes, pero no se ponen de acuerdo en nada. En parejas, improvisen una conversación utilizando las palabras del vocabulario.

> **MODELO** —¿Vamos al parque de atracciones? Es muy divertido.
> —No, me mareo en la montaña rusa (*roller coaster*)...

Video

Hasta ahora, en el video...

La familia Solís y sus amigos celebran el cumpleaños de Marcela cuando un dron cae accidentalmente en el pastel de cumpleaños. Ricardo llama a la puerta para recuperar su dron y descubre que Marcela está muy disgustada. En este episodio verás cómo sigue la historia.

LORENZO ¿Hacemos una carrera a la plaza?

MANU ¿Me quieres desafiar? ¡Cómo te atreves!

LORENZO ¿No quieres hacerlo? ¿Te preocupa perder?

MANU ¡No! Cuando te gane, será culpa tuya, no mía.

LORENZO Tranquilo. Va a ser divertido.

MANU Bueno. ¡Pero no hagas trampa, eh!

LORENZO Arrancamos a la cuenta de tres. Uno, dos...
Lorenzo hace trampa y sale a correr primero.

LORENZO ...¡tres!

MANU ¡Sí! ¡Le gané! ¡Ay, al fin llegaste! ¡Es inútil que hagas trampa! ¡Igual no me ganas! Eso te pasa por comerte todo el pastel del cumpleaños. ¿Eh?

LORENZO (*sin aliento*) Sí, claro.

MANU ¡Vamos, anímate! Te hace falta energía. Te invito a un tejate.

PATRICIA ¡Bueno, abúrrete! Oye, te vas a sorprender cuando sepas quiénes están en la plaza.

MARCELA ¿Quiénes?

PATRICIA Tu papá y tu hermano. Se están tomando un tejate.

MARCELA Estaban haciendo ejercicios. Luego mi papá se va a andar quejando de que le duele todo.

Lorenzo y Manu compran tejates a la vendedora.

MANU La cuenta es tuya.

LORENZO ¿No invitabas tú?

MANU ¡Sí, pero tú los pagas! ¡Yo gané la carrera!

LORENZO ¿Cuánto le debo, señora?

VENDEDORA $30 y $20, por favor.
A lo lejos se oye un chirrido de frenos (squeal of breaks).

Personajes

MANU **LORENZO** **MARCELA** **PATRICIA** **VENDEDORA** **RICARDO**

Suena el teléfono de Marcela.

MARCELA ¿Qué tal, Pati?

PATRICIA Aquí no más en la plaza, escuchando al mariachi del Chente.

MARCELA ¡Ah, mira! Yo estoy cerca.

PATRICIA ¡Pues ven! ¡Si a ti te encanta!

MARCELA Es que no puedo. Tengo que ir a estudiar para mi clase de historia.

Marcela, paralizada, mira al frente con cara de terror.

PATRICIA ¿Marce? ¿Marce? ¿Estás ahí? ¿Marcela?

Expresiones útiles

Expressing emotions

¿Me quieres desafiar?
Do you want to challenge me?

¿No quieres hacerlo?
Don't you want to do it?

¡Si a ti te encanta!
You'll love it!

¿Te preocupa perder?
Are you worried about losing?

Te vas a sorprender cuando sepas…
You'll be surprised when you find out…

Talking about ownership

Cuando te gane, será culpa tuya, no mía.
When I beat you it'll be your fault, not mine.

La cuenta es tuya.
You are buying. (Lit. The check is yours.)

Luego mi papá se va a andar quejando de…
Then my dad will be complaining about…

mi canción favorita
my favorite song

Tu papá y tu hermano.
Your dad and your brother.

Encouraging other people

Pues ven.
So come on.

Vamos, anímate.
Come on. Cheer up.

Additional vocabulary

arrancar *to go, to start (a race)*
atreverse *to dare*
la carrera *race*
deber *to owe*
doler (o:ue) *to hurt*
hacer trampa *to cheat*
retar *to challenge*
el truco *trick*

Comprensión

1 **¿Manu o Lorenzo?** Decide si cada una de estas acciones las realiza Manu o Lorenzo.

Manu Lorenzo

☐ ☐ 1. Propone hacer una carrera a la plaza.

☐ ☐ 2. Cambia de canción antes de correr.

☐ ☐ 3. Hace trampa.

☐ ☐ 4. Gana la carrera.

☐ ☐ 5. Se queja de que le duele todo.

☐ ☐ 6. Paga los tejates.

2 **¿Quién lo dijo?** Indica qué personaje dijo cada oración.

MARCELA   **MANU**   **LORENZO**   **PATRICIA**

1. ¿Me quieres desafiar? ¿Cómo te atreves?

2. ¿No quieres hacerlo? ¿Te preocupa perder?

3. Déjame cambiarla a mi canción favorita.

4. ¡Pues ven! ¡Si a ti te encanta!

5. Luego mi papá se va a andar quejando de que le duele todo.

6. ¡Sí, pero tú los pagas!

3 **Oraciones**

A. Crea oraciones con los elementos dados sobre lo que pasa en la fotonovela.

MODELO A Patricia le gustan los mariachis.

Lorenzo	aburrir	correr
Manu	disgustar	dolor
Manu y	encantar	energía
Lorenzo	gustar	estudiar
Marcela	hacer falta	mariachi
Patricia	quejarse de	pagar

B. Ahora, en parejas, túrnense para hacerse preguntas sobre los personajes de este episodio.

MODELO ESTUDIANTE 1 ¿Qué les gusta hacer a Lorenzo y a Manu?
ESTUDIANTE 2 A Lorenzo y a Manu les gusta correr.
¿Y qué le encanta a Marcela?

Ampliación

 Desenlace Al final de este episodio, Marcela ve a Ricardo tirado (*lying*) en la calle con los ojos cerrados. En parejas, imaginen lo que va a pasar y escriban un argumento para el siguiente episodio.

5 Opiniones En grupos de tres, compartan sus opiniones acerca de cada afirmación. Den ejemplos.

1. En algunas ocasiones, está justificado hacer trampa.

2. La persona que tiene la idea de ir a algún lugar es la persona que paga.

3. Convencer a una persona para que salga a divertirse en vez de estudiar no es ser un(a) buen(a) amigo/a.

6 Apuntes culturales En parejas, lean los párrafos y contesten las preguntas.

Teatro Macedonio Alcalá

Centro histórico de Oaxaca

Manu y Lorenzo hacen ejercicio en el Centro histórico de Oaxaca. Declarado Patrimonio de la Humanidad por la UNESCO en 1987, el Centro conserva el aspecto de ciudad colonial y se caracteriza por tener monumentos bajos y sólidos, adaptados para esta zona sísmica. Dos de sus edificios destacados son el Convento de Santo Domingo de Guzmán y el Teatro Macedonio Alcalá.

Plaza de la Constitución

Manu y Lorenzo hacen una carrera a la plaza de Oaxaca. Las plazas son lugares de reunión tradicionales en la cultura hispanohablante. La plaza más importante de México, y una de las más grandes del mundo, es la Plaza de la Constitución. Esta plaza, también conocida como "El Zócalo" y ubicada en la Ciudad de México, está rodeada por la Catedral Metropolitana, el Palacio Nacional y otros edificios gubernamentales. Fue el centro de Tenochtitlán antes de la llegada de los conquistadores y se mantuvo como centro político y religioso siglos después. En el centro de ella, se encuentra una bandera mexicana de 25 metros de largo. Cada 15 de septiembre, se conmemora allí el día de la Independencia.

Tejate

Manu le dice a su padre que le hace falta energía después de perder la carrera y lo invita a un tejate. Al final, es Lorenzo quien paga estas bebidas tradicionales de Oaxaca. El tejate, también conocido como "la bebida de los dioses", es una bebida prehispánica que todavía venden las tejateras en los mercados. El tejate se sirve frío y sus ingredientes principales son maíz, cacao y semillas (*seeds*) de mamey.

1. ¿Prefieres hacer ejercicio en un gimnasio o al aire libre? ¿Por qué?

2. ¿Hay plazas cerca de donde vives? ¿Cómo es tu plaza preferida? ¿Te sueles encontrar allí con amigos?

3. ¿Conoces algún lugar semejante a la Plaza de la Constitución o la plaza en Oaxaca, donde se encuentran los personajes de la fotonovela? Descríbelo.

4. Después de hacer ejercicio, ¿te gusta tomar algo? ¿Qué tomas? En tu familia o en tu comunidad, ¿acostumbran consumir alguna bebida tradicional? ¿Cuál?

En detalle

MÉXICO

El nuevo CINE MEXICANO

México vivió la época dorada de su cine en la década de 1940. Pasada esa etapa°, la industria cinematográfica mexicana perdió fuerza. Tardó casi medio siglo en volver a brillar, pero hace una década volvió al panorama internacional con gran vigor°. Este resurgir°, en parte, se debe al apoyo del gobierno mexicano y, sobre todo, al talento de una nueva generación de creadores que ha logrado triunfar en las pantallas de todo el mundo.

En 1992, *Como agua para chocolate* de Alfonso Arau batió° récords de taquilla. Esta película, que puso en imágenes el realismo mágico que tanto éxito tenía en la literatura, despertó el interés por el cine mexicano.

Salma Hayek

Las películas empezaron a disfrutar de una mayor distribución, y muchos directores y actores se convirtieron en estrellas internacionales.

Alfonso Cuarón

El éxito también se vio reflejado en el dinero recaudado° y en las nominaciones y los premios° recibidos. Hoy día, los rostros° de Salma Hayek, Gael García Bernal y Diego Luna, entre otros, pueden verse no sólo en el cine, sino también en revistas y programas de televisión de todo el mundo. Muchos artistas alternan su trabajo entre Estados Unidos y México. En el año 2000, el enorme éxito de *Amores perros* impulsó la carrera de su director, Alejandro González Iñárritu, ganador de dos premios Óscar consecutivos en 2014 y 2015. Otros directores que trabajan en los dos países son Guillermo del Toro (*El laberinto del fauno, Pacific Rim, Crimson Peak, The Shape of Water,* etc.), ganador del Óscar en 2018, y Alfonso Cuarón. Después del éxito de *Y tu mamá también*, Cuarón dirigió la tercera película de *Harry Potter*. En 2013, Alfonso Cuarón se convirtió en el primer director mexicano en ganar un premio Óscar con la aventura espacial *Gravity*. ■

Algunas películas premiadas

Como agua para chocolate Premio Ariel	La ley de Herodes Sundance – Premio al Cine Latinoamericano	Y tu mamá también Venecia – Mejor Guión
1992 **1996**	**2000**	**2001** **2007**
El callejón de los milagros Premio Goya	**Amores perros** Chicago – Hugo de Oro a la Mejor Película	**El laberinto del fauno** Tres premios Óscar

etapa *era* **vigor** *energy* **resurgir** *revival* **batió** *broke* **recaudado** *collected* **premios** *awards* **rostros** *faces*

Las diversiones

chido/a (Méx.)	
copado/a (Arg.)	
mola (Esp.)	*cool*
guay (Esp.)	
bacanal (Nic.)	
salir de parranda	
rumbear (Col. y Ven.)	*to go out and have fun*
ir/salir de juerga	
la rola (Nic. y Méx.)	*song*
el tema	
temazo	*hit (song)*

Los premios de cine

Cada año, distintos países hispanoamericanos premian las mejores películas nacionales y extranjeras.

En México, el premio **Ariel** es la máxima distinción otorgada° a los mejores trabajos cinematográficos mexicanos. La estatuilla° representa el triunfo del espíritu y el deseo de ascensión.

En España, los premios más prestigiosos son los **Goya**. La Academia de Artes y Ciencias Cinematográficas de España entrega estos premios a producciones nacionales en un festival en Madrid. Las estatuillas reciben ese nombre por el pintor Francisco de Goya.

Penélope Cruz recibe el premio Goya

En Argentina, el Festival de Cine Internacional de Mar del Plata premia películas nacionales e internacionales. El galardón° se llama **Astor** en homenaje al compositor de tango Astor Piazzolla, quien nació en la ciudad de Mar del Plata.

En Cuba, el Festival Internacional de La Habana entrega los premios **Coral**. Aunque predomina el cine latinoamericano, el festival también convoca a producciones de todas partes del mundo.

GAEL GARCÍA BERNAL

Gael García Bernal es una de las figuras más representativas del cine mexicano contemporáneo. Empieza a actuar en el teatro con tan sólo cinco años, de la mano de sus padres, también actores. Pasa pronto a trabajar en telenovelas°. Siendo adolescente, Gael entra en el mundo del cine. Su intuición y su talento lo llevan a renunciar a la fama fácil y, a los diecisiete años, se va a Londres para estudiar arte dramático. Tres años después, regresa a México lleno de confianza y no se asusta° a la hora de representar ningún papel, por controvertido o difícil que sea. A partir de ese momento, participa en algunas de las películas más emblemáticas del cine en español de los últimos años: *Amores perros*, *Y tu mamá también* y *Diarios de motocicleta*. Ha ganado importantes premios: en 2016, el Globo de Oro como mejor actor de serie de TV (comedia o musical) por su interpretación en *Mozart in the Jungle*; en 2001, el premio Ariel al mejor actor por su actuación en *Amores perros*.

Ese mismo año, obtiene el Marcello Mastroianni del Festival Internacional de Cine de Venecia por *Y tu mamá también*. Actualmente, Gael trabaja también del otro lado de las cámaras como director y productor, y participa activamente en la promoción del cine mexicano.

❝Es muy importante que el cine latino se mantenga muy específico, pero que al mismo tiempo sus temas sean universales.❞ (Alfonso Cuarón)

telenovelas *soap operas* **no se asusta** *isn't afraid (of)*
otorgada *given* **estatuilla** *statuette* **galardón** *award*

¿Qué aprendiste?

1 ¿Cierto o falso? Indica si estas afirmaciones son **ciertas** o **falsas**. Corrige las falsas.

1. La época dorada del cine mexicano fue en los años cincuenta.
2. El gobierno mexicano ha apoyado los nuevos proyectos de cine.
3. El director de *Como agua para chocolate* es Diego Luna.
4. El éxito de *Como agua para chocolate* despertó el interés por el cine mexicano.
5. Los artistas mexicanos van a Estados Unidos y no vuelven a trabajar en su país.
6. La película *Amores perros* es del año 2002.
7. Alfonso Cuarón dirigió *21 Grams*.
8. Guillermo del Toro actuó en *El laberinto del fauno*.

2 Completar Completa las oraciones.

1. Los premios del Festival Internacional de La Habana se llaman _____.
2. Los premios Astor se entregan en la ciudad argentina de _____.
3. Los premios cinematográficos más prestigiosos de España son los _____.
4. A los jóvenes venezolanos les gusta salir a _____.
5. Cuando una canción tiene mucho éxito, se dice que es un _____.

3 Preguntas Contesta las preguntas con oraciones completas.

1. ¿A qué se dedican los padres de Gael García Bernal?
2. ¿A qué edad comenzó a trabajar como actor Gael García Bernal?
3. ¿Qué hizo en Londres Gael García Bernal?
4. ¿Gael García Bernal evita los papeles controvertidos?
5. ¿Qué otras actividades relacionadas con el cine realiza Gael García Bernal además de actuar?
6. Según Alfonso Cuarón, ¿cómo deben ser los temas del cine latino?
7. ¿Crees que es positivo que directores y actores de habla hispana trabajen en Hollywood? ¿Por qué?
8. Cuando decides ver una película, ¿qué factores tienes en cuenta? ¿Por qué?

4 Opiniones En parejas, escriban en qué se diferencian y en qué se parecen el cine de Hollywood y el cine extranjero. Usen estas preguntas como guía.

- ¿Cuáles son las carecterísticas de cada tipo de cine?
- ¿En qué tipo de cine se invierte más dinero?
- ¿Qué diferencias hay entre el perfil de los actores de Hollywoood y el perfil de los actores extranjeros? ¿En qué se parecen?

 Practice more at **vhlcentral.com**.

PROYECTO

María Félix

La época de oro

Durante la época de oro del cine mexicano, actores como María Félix o Pedro Infante, y directores como Emilio Fernández e Ismael Rodríguez llevaron el acento mexicano más allá de sus fronteras.

Investiga sobre uno de estos artistas y escribe una biografía de tres párrafos.

Debes incluir:
- datos biográficos
- trabajos principales
- contribución al cine mexicano

Siguiendo el estilo usado en el perfil de Gael García Bernal, escribe tu texto usando el tiempo presente.

El cine mexicano

Ya has leído sobre el cine mexicano, su época dorada y su resurgimiento en los últimos años. Ahora, mira este episodio de **Flash cultura** para conocer cómo se promueve actualmente el cine en ese país.

VOCABULARIO ÚTIL

el auge *boom*	**el guión** *script*
el ciclo *series*	**la muestra** *festival*
difundir *to spread*	**la sala** *movie theater*
fomentar *to promote*	**tener un papel** *to play a role*

Corresponsal: Carlos López
País: México

En la Muestra Internacional de Cine que se lleva a cabo° en otoño, se presentan películas de todo el mundo.

La Cineteca cuenta con° el Centro de Documentación e Investigación, donde puedes encontrar 9 mil libros, 5 mil guiones inéditos° y 20 años de notas de prensa.

Babel (2006)
dir. Alejandro Gonzáles Iñárritu

Las películas de este país se han vuelto realmente importantes gracias al trabajo de… actores y actrices como Salma Hayek, Gael García Bernal y Diego Luna, entre muchos otros.

se lleva a cabo *takes place* **cuenta con** *has* **guiones inéditos** *unpublished scripts*

(1) Preparación Responde estas preguntas: ¿Te gusta ir al cine? ¿Qué clase de películas prefieres ver? ¿Eres aficionado/a a algún género en especial?

(2) Comprensión Indica si estas afirmaciones son **ciertas** o **falsas**. Después, en parejas, corrijan las falsas.

1. A los mexicanos no les gustan las películas nacionales, solamente las norteamericanas.

2. La Cineteca es una cadena de cines con salas en todo el país.

3. Cuando van al cine, los mexicanos comen palomitas.

4. En los ciclos, se presentan películas de un solo tema o un solo director.

5. El Instituto Mexicano de Cinematografía tiene como objetivo hacer famosos a los actores mexicanos.

6. En el año 1989, el cine mexicano no tenía salas ni público en México.

(3) Expansión En parejas, contesten estas preguntas.

- ¿Te molesta tener que leer subtítulos en la pantalla cuando miras películas extranjeras?

- ¿Te sorprende que una película pueda ser un "hijo creativo", como dice la actriz Vanesa Bauche? Justifica tu respuesta.

- ¿Es importante para el cine de un país tener identidad propia? ¿Cómo se logra eso? Piensen en películas estadounidenses que cumplan con esas características y hagan una lista.

2.1 Object pronouns

- Pronouns are words that take the place of nouns. Direct object pronouns replace the noun that directly receives the action of the verb. Indirect object pronouns identify *to whom/what* or *for whom* an action is done.

¿Me quieres desafiar? ¿Cómo te atreves?

¡Le gané!

Indirect object pronouns		Direct object pronouns	
me	nos	me	nos
te	os	te	os
le	les	lo/la	los/las

Position of object pronouns

- Direct and indirect object pronouns (**los pronombres de complemento directo e indirecto**) precede the conjugated verb.

INDIRECT OBJECT	DIRECT OBJECT
Carla siempre **me** da entradas para el teatro. *Carla always gives me theater tickets.*	Ella **las** consigue gratis. *She gets them for free.*
No **le** voy a comprar más libros. *I'm not going to buy him any more books.*	Nunca **los** lee. *He never reads them.*

- When the verb is an infinitive construction, object pronouns may either be attached to the infinitive or placed before the conjugated verb.

INDIRECT OBJECT	DIRECT OBJECT
Vamos a dar**le** un regalo. **Le** vamos a dar un regalo.	Voy a hacer**lo** enseguida. **Lo** voy a hacer enseguida.
Tienes que hablar**nos** de la película. **Nos** tienes que hablar de la película.	Van a ver**la** mañana. **La** van a ver mañana.

- When the verb is progressive form, object pronouns may either be attached to the present participle or placed before the conjugated verb.

INDIRECT OBJECT	DIRECT OBJECT
Pedro está cantándo**me** una canción. Pedro **me** está cantando una canción.	Está cantándo**la** muy mal. **La** está cantando muy mal.

Double object pronouns

- The indirect object pronoun precedes the direct object pronoun when they are used together in a sentence.

  Me mandaron **los boletos** por correo. ▶ **Me los** mandaron por correo.
  Te pedí **un álbum** de Juanes. ▶ **Te lo** pedí el lunes.

- **Le** and **les** change to **se** when they are used with **lo**, **la**, **los**, or **las**.

  Le da **los libros** a Ricardo. ▶ **Se los** da.
  Le enseña **las invitaciones** a Elena. ▶ **Se las** enseña.

Prepositional pronouns

Prepositional pronouns			
mí *me; myself*	**él** *him; it*	**nosotros/as** *us; ourselves*	**ellos** *them*
ti *you; yourself*	**ella** *her; it*		**ellas** *them*
Ud. *you; yourself*	**sí** *himself;*	**vosotros/as** *you; yourselves*	**sí** *themselves*
sí *yourself (formal)*	*herself; itself*	**Uds.** *you; yourselves*	
		sí *yourselves (formal)*	

- Prepositional pronouns function as the objects of prepositions. Except for **mí**, **ti**, and **sí**, these pronouns are the same as the subject pronouns.

  ¿Qué piensas de **ella**? Ay, mi amor, sólo pienso en **ti.**
  ¿Lo compraron para **mí** o para Javier? Lo compramos para **él.**

- The indirect object can be repeated with the construction **a** + *[prepositional pronoun]* to provide clarity or emphasis.

  ¿Te gusta aquel cantante? ¡**A mí** me fascina!
  ¿A quién se lo dieron? Se lo dieron **a ella.**

- The adjective **mismo(s)/a(s)** is usually added to clarify or emphasize the relationship between the subject and the object.

  José se lo regaló a **él**. José se lo regaló a **sí mismo**.
  José gave it to him (someone else). *José gave it to himself.*

- When **mí**, **ti**, and **sí** are used with **con**, they become **conmigo**, **contigo**, and **consigo**.

  ¿Quieres ir **conmigo** al parque de atracciones?
  Do you want to go to the amusement park with me?

  Laura siempre lleva su computadora portátil **consigo**.
  Laura always brings her laptop with her.

- These prepositions are used with **tú** and **yo** instead of **mí** and **ti**: **entre**, **excepto**, **incluso**, **menos**, **salvo**, **según**.

  Todos están de acuerdo **menos tú** y **yo**. **Entre tú** y **yo**, Juan me cae mal.
  Everyone is in agreement except *Between you and me, I don't get along*
  you and me. *well with Juan.*

¡ATENCIÓN!

When object pronouns are attached to infinitives, participles, or commands, a written accent is often required to maintain proper word stress.

Infinitive
cantármela

Present participle
escribiéndole

Command
acompáñeme

For more information on using object pronouns with commands, see **4.2**, pp. 140–141.

Práctica

TALLER DE CONSULTA

MANUAL DE GRAMÁTICA
Más práctica

2.1 Object pronouns, p. A11

1 **Dos buenas amigas** Dos amigas, Rosa y Marina, están en un café hablando de unos conocidos. Selecciona las personas de la lista que corresponden a los pronombres subrayados (*underlined*).

a Antoñito	a mí
a Antoñito y a Maite	a nosotras
a Maite	a ti
a ustedes	

ROSA Siempre <u>lo</u> veo bailando en la discoteca Club 49.
           ₁

MARINA ¿<u>Te</u> saluda?
     ₂

ROSA Nunca. Yo creo que no <u>me</u> saluda porque tiene miedo de que se <u>lo</u> diga a su novia.
                            ₃

MARINA ¿Su novia? Hace siglos que no sé nada de ella. Un día de éstos <u>la</u> tengo que llamar.
                          ₄

ROSA ¿Quieres que <u>los</u> invitemos a ir con nosotras a la fiesta del viernes?
                       ₅

MARINA Sí. Es una buena idea. A ver qué <u>nos</u> dice Antoñito de su afición a las discotecas.
                                  ₆

1. _____
2. _____
3. _____
4. _____
5. _____
6. _____

2 **Discusión** Completa las oraciones usando **conmigo**, **contigo** o **consigo**.

ANTOÑITO Ya estamos otra vez. (1) _____ siempre tengo problemas.

MAITE ¿Qué te crees tú? ¿Que yo siempre me divierto (2) _____?

ANTOÑITO Tú eres la que siempre quiere ir (3) _____ a la discoteca.

MAITE Eso no es verdad. A mí no me gusta salir (4) _____. ¡Ni loca!

ANTOÑITO No te preocupes. Muchas chicas quieren estar (5) _____. Siempre veo a Rosa en el Club 49. A ella seguro que le gusta.

MAITE ¿A Rosa? A ella no le gusta ni estar (6) _____ misma.

3 **¡Bajen la música!** Martín y Luisa han organizado una fiesta y han puesto la música muy alta; un vecino ha llamado a la policía. El policía les dice lo que deben hacer en el futuro para evitar problemas. Reescribe los consejos cambiando las palabras subrayadas por los pronombres de complemento directo e indirecto correctos.

> **MODELO** ¡Bajen <u>la música</u> ahora mismo!
> Bájenla ahora mismo.

1. Traten amablemente <u>a la policía</u>.
2. Tienen que pedirle <u>perdón a su vecino</u>.
3. No pueden contratar <u>a un grupo musical</u> sin permiso.
4. Tienen que poner <u>la música</u> muy baja.
5. No deben servirles <u>bebidas alcohólicas a los menores de edad</u>.
6. No pueden organizar <u>fiestas</u> nunca más.

Practice more at **vhlcentral.com**.

Comunicación

4 **La fiesta** En parejas, túrnense para contestar las preguntas usando pronombres de complemento directo o indirecto, según sea necesario.

> **MODELO** **¿Te gusta organizar fiestas en tu casa?**
> Sí, me gusta organizarlas.

1. ¿Te gusta organizar fiestas? ¿Cuándo fue la última vez que organizaste una? ¿Por qué la organizaste?
2. ¿Invitaste a muchas personas? ¿A quiénes invitaste?
3. ¿Qué tipo de música escucharon? ¿Bailaron también?
4. ¿Qué les ofreciste de comer a los invitados en tu fiesta?
5. ¿Trajeron algo? ¿Qué trajeron? ¿Para quién?

5 **¿En qué piensas?** Piensa en objetos de la clase o de la casa (un cuadro, una maleta, un mapa, etc.). Tu compañero/a debe adivinar el objeto que tienes en mente haciéndote preguntas con pronombres.

> **MODELO** —Estoy pensando en algo que uso para estudiar.
> —¿Lo usas mucho?
> —Sí, lo uso para aprender español.
> —¿Es un libro?
> —Sí, lo es.

6 **Una persona famosa** En parejas, escriban una entrevista con una persona famosa. Utilicen estas cinco preguntas y escriban cuatro más. Incluyan pronombres en las respuestas. Después, representen la entrevista ante la clase.

> **MODELO** —¿Quién prepara la comida en tu casa?
> —La prepara mi cocinero.

1. ¿Visitas frecuentemente a tus amigos?
2. ¿Ves mucho la televisión?
3. ¿Quién conduce tu carro?
4. ¿Preparas tus maletas cuando viajas?
5. ¿Evitas a los fotógrafos?

7 **Fama** María Estela Pérez es una actriz de cine que debe encontrarse con sus *fans,* pero no recuerda a qué hora es el encuentro. En grupos de cuatro, miren la ilustración e inventen una historia inspirada en María Estela. Utilicen por lo menos cinco pronombres de complemento directo e indirecto.

Tutorial

2.2 *Gustar* and similar verbs

Pues ven, si a ti te encanta.

Luego mi papá se va a andar quejando de que le duele todo.

- Though **gustar** is translated as *to like* in English, its literal meaning is *to please*. **Gustar** is preceded by an indirect object pronoun indicating *the person who is pleased*. It is followed by a noun indicating *the thing or person that pleases*.

INDIRECT OBJECT PRONOUN		SUBJECT
Me	**gusta**	**la película.**
I	*like*	*the movie. (literally: The movie pleases me.)*
¿Te	**gustan**	**los conciertos de rock?**
Do you	*like*	*rock concerts? (literally: Do rock concerts please you?)*

- Because *the thing or person that pleases* is the subject, **gustar** agrees in person and number with it. Most commonly the subject is third person singular or plural.

SINGULAR SUBJECT

Nos gust**a** la música pop.
We like pop music.

Les gust**a** su casa nueva.
They like their new house.

PLURAL SUBJECT

Me gust**an** las quesadillas.
I like quesadillas.

¿Te gust**an** las películas románticas?
Do you like romantic movies?

- When **gustar** is followed by one or more verbs in the infinitive, the singular form of **gustar** is always used.

No nos **gusta** llegar tarde.
We don't like to arrive late.

Les **gusta** cantar y bailar.
They like to sing and dance.

- **Gustar** is often used in the conditional (**me gustaría**, etc.) to soften a request.

Me **gustaría** un refresco con hielo, por favor.
I would like a soda with ice, please.

¿Te **gustaría** salir a cenar esta noche conmigo?
Would you like to go out to dinner with me tonight?

Verbs like *gustar*

- Many verbs follow the same pattern as **gustar**.

aburrir *to bore*	**hacer falta** *to miss*
caer bien/mal *to (not) get along well with*	**importar** *to be important to; to matter*
disgustar *to upset*	**interesar** *to be interesting to; to interest*
doler *to hurt; to ache*	**molestar** *to bother; to annoy*
encantar *to like very much*	**preocupar** *to worry*
faltar *to lack; to need*	**quedar** *to be left over; to fit (clothing)*
fascinar *to fascinate; to like very much*	**sorprender** *to surprise*

¡**Me fascina** el álbum!
I love the album!

A Sandra **le disgusta** esa situación.
That situation upsets Sandra.

¿**Te molesta** si voy contigo?
Will it bother you if I come along?

Le duelen las rodillas.
Her knees hurt.

- The indirect object can be repeated using the construction **a** + [*prepositional pronoun*] or **a** + [*noun*]. This construction allows the speaker to emphasize or clarify who is pleased, bothered, etc.

A ella no le gusta bailar, pero **a él** sí.
She doesn't like to dance, but he does.

A Felipe le molesta ir de compras.
Shopping bothers Felipe.

- **Faltar** expresses what someone or something lacks and **quedar** what someone or something has left. **Quedar** is also used to talk about how clothing fits or looks on someone.

Le falta dinero.
He's short of money.

A la impresora no **le queda** papel.
The printer is out of paper.

Me faltan dos pesos.
I need two pesos.

Esa falda **te queda** bien.
That skirt fits you well.

DISCOTECA PALADIO
¿Qué te hace falta en la vida?

Práctica

TALLER DE CONSULTA

MANUAL DE GRAMÁTICA
Más práctica

2.2 **Gustar** and similar verbs, p. A12

1 **Completar** Completa la conversación con la forma correcta de los verbos.

MIGUEL Mira, Juan Carlos, a mí (1) _____ (encantar) vivir contigo, pero la verdad es que (2) _____ (preocupar) algunas cosas.

JUAN CARLOS De acuerdo. A mí también (3) _____ (disgustar) algunas cosas de ti.

MIGUEL Bueno, para empezar no (4) _____ (gustar) que pongas la música tan alta cuando vienen tus amigos. Ellos (5) _____ (caer) muy bien, pero, a veces, hacen mucho ruido y no me dejan dormir.

JUAN CARLOS Sí, claro, lo entiendo. Pues mira, Miguel, a mí (6) _____ (molestar) que no laves los platos después de comer. Además, tampoco sacas la basura.

MIGUEL Es verdad. Pues... vamos a intentar cambiar estas cosas. ¿Te parece?

JUAN CARLOS ¡(7) _____ (fascinar) la idea! Yo bajo la música cuando vengan mis amigos y tú lavas los platos y sacas la basura más a menudo. ¿De acuerdo?

2 **Preguntar** En parejas, túrnense para hacerse preguntas sobre estas personas.

MODELO **a tu padre / gustar**
—¿Qué crees que le gusta a tu padre?
—A mi padre le gusta leer novelas de ciencia ficción.

1. al presidente / preocupar
2. a tu hermano/a / encantar
3. a ti / fascinar
4. a tus padres / gustar

5. a tu profesor(a) de español / disgustar
6. a ustedes / importar
7. a tu novio/a / molestar
8. a tu compañero/a de clase / faltar

3 **Conversar** En parejas, pregúntense si les gustaría hacer las actividades relacionadas con las fotos. Utilicen los verbos **aburrir, disgustar, encantar, fascinar, interesar** y **molestar**. Sigan el modelo.

MODELO —¿Te aburriría ir al parque de atracciones?
—No, me encantaría.

Practice more at **vhlcentral.com**.

Comunicación

4 **Extrañas aficiones** Trabajen en grupos de cuatro. Miren las ilustraciones e imaginen qué les gusta, interesa o molesta a estas personas.

1.

2.

3.

4.

5 **¿Qué te gusta?** En parejas, pregúntense si les gustan o no las personas, cosas y actividades de la lista. Utilicen verbos similares a **gustar** y contesten las preguntas.

MODELO
—¿Te gustan los discos de Christina Aguilera?
—No, a mí no me gusta su música.

Miley Cyrus	dormir los fines de semana
salir con tus amigos	hacer bromas
las películas de misterio	los discos de Christina Aguilera
practicar algún deporte	ir a discotecas
Gael García Bernal	las películas extranjeras

6 **¿A quién le gusta?** Trabajen en grupos de cuatro.

A. Preparen una lista de cinco pasatiempos y cinco lugares de recreo. Luego, circulen por la clase para ver a quiénes les gustan los lugares y las actividades de la lista.

B. Ahora, escriban un párrafo breve para describir los gustos de sus compañeros. Utilicen **gustar** y otros verbos similares. Compartan su párrafo con la clase.

MODELO
A Luisa y a Simón les fascina el restaurante Acapulco, pero a Celia no le gusta.
A todos nos gusta ir al cine, menos a Carlos, porque…

Tutorial

2.3 Reflexive verbs

- In a reflexive construction, the subject of the verb both performs and receives the action. Reflexive verbs (**verbos reflexivos**) always use reflexive pronouns (**me**, **te**, **se**, **nos**, **os**, **se**).

Reflexive verbs

Non-reflexive verb

Marcela **se lava** la cara.   Elena **lava** los platos.

Reflexive verbs	
lavarse *to wash (oneself)*	
yo	me lavo
tú	te lavas
Ud./él/ella	se lava
nosotros/as	nos lavamos
vosotros/as	os laváis
Uds./ellos/ellas	se lavan

- Many of the verbs used to describe daily routines and personal care are reflexive.

acostarse (o:ue) *to go to bed*	**dormirse (o:ue)** *to fall asleep*	**peinarse** *to comb (one's hair)*
afeitarse *to shave*	**ducharse** *to take a shower*	**ponerse** *to put on (clothing)*
bañarse *to take a bath*	**lavarse** *to wash (oneself)*	**quitarse** *to take off (clothing)*
cepillarse *to brush (hair/teeth)*	**levantarse** *to get up*	**secarse** *to dry off*
despertarse (e:ie) *to wake up*	**maquillarse** *to put on make-up*	**vestirse (e:i)** *to get dressed*

- In Spanish, most transitive verbs can also be used as reflexive verbs to indicate that the subject performs the action to or for himself or herself.

Félix **divirtió** a los invitados con sus chistes.
Félix amused the guests with his jokes.

Félix **se divirtió** en la fiesta.
Félix had fun at the party.

Ana **acostó** a los gemelos antes de las nueve.
Ana put the twins to bed before nine.

Ana **se acostó** muy tarde.
Ana went to bed very late.

¡ATENCIÓN!

A transitive verb is one that takes a direct object.

Mariela compró dos boletos.
Mariela bought two tickets.

Johnny contó un chiste.
Johnny told a joke.

- Many verbs change meaning when they are used with a reflexive pronoun.

aburrir *to bore*	**aburrirse** *to get bored*
acordar (o:ue) *to agree*	**acordarse (de) (o:ue)** *to remember*
comer *to eat*	**comerse** *to eat up*
dormir (o:ue) *to sleep*	**dormirse (o:ue)** *to fall asleep*
ir *to go*	**irse (de)** *to leave*
llevar *to carry*	**llevarse** *to carry away*
mudar *to change*	**mudarse** *to move (change residence)*
parecer *to seem*	**parecerse (a)** *to resemble; to look like*
poner *to put*	**ponerse** *to put on (clothing)*
quitar *to take away*	**quitarse** *to take off (clothing)*

- Some Spanish verbs and expressions are used in the reflexive even though their English equivalents may not be. Many of these are followed by the prepositions **a**, **de**, and **en**.

acercarse (a) *to approach*	**fijarse (en)** *to take notice (of)*
arrepentirse (de) (e:ie) *to regret*	**morirse (de) (o:ue)** *to die (of)*
atreverse (a) *to dare (to)*	**olvidarse (de)** *to forget (about)*
convertirse (en) (e:ie) *to become*	**preocuparse (por)** *to worry (about)*
darse cuenta (de) *to realize*	**quejarse (de)** *to complain (about)*
enterarse (de) *to find out (about)*	**sorprenderse (de)** *to be surprised (about)*

- *To get* or *to become* is frequently expressed in Spanish by the reflexive verb **ponerse** + [*adjective*].

  Pilar **se pone** muy nerviosa cuando habla en público.
  Pilar gets very nervous when she speaks in public.

  Si no duermo bien, **me pongo insoportable**.
  If I don't sleep well, I become unbearable.

- In the plural, reflexive verbs can express reciprocal actions done *to one another*.

  Los dos equipos **se saludan** antes de comenzar el partido.
  The two teams greet each other at the start of the game.

  ¡Los entrenadores **se están peleando** otra vez!
  The coaches are fighting again!

- The reflexive pronoun precedes the direct object pronoun when they are used together in a sentence.

¿**Te** comiste el pastel?	Sí, **me lo** comí.
Did you eat the whole cake?	*Yes, I ate it all up.*

¡ATENCIÓN!

Hacerse and **volverse** can also mean *to become*.

Se ha hecho cantante.
He has become a singer.

¿**Te has vuelto** loco/a?
Have you gone crazy?

¡ATENCIÓN!

When used with infinitives and present participles, reflexive pronouns follow the same rules of placement as object pronouns. See **2.1**, pp. 54–55.

Práctica

TALLER DE CONSULTA

MANUAL DE GRAMÁTICA
Más práctica

2.3 Reflexive verbs, p. A13

1 **Los lunes por la mañana** Completa el párrafo sobre lo que hacen Carlos y su esposa Elena los lunes por la mañana. Utiliza la forma correcta de los verbos reflexivos correspondientes.

acostarse	irse	ponerse
afeitarse	lavarse	quitarse
cepillarse	levantarse	secarse
ducharse	maquillarse	vestirse

Los domingos por la noche, Carlos y Elena (1) _____ tarde y por la mañana tardan mucho en despertarse. Carlos es el que (2) _____ primero, (3) _____ el pijama y (4) _____ con agua fría. Después, Carlos (5) _____ la barba. Cuando Carlos termina, Elena entra al baño. Mientras ella termina de ducharse, de (6) _____ el pelo y de (7) _____, Carlos prepara el desayuno. Cuando Elena está lista, Carlos y ella desayunan, luego (8) _____ los dientes y (9) _____ las manos. Después, los dos (10) _____ con ropa elegante y (11) _____ al trabajo. Carlos (12) _____ la corbata en el carro; Elena maneja.

2 **Todos los sábados**

A. En parejas, describan la rutina que sigue Silvia todos los sábados, según los dibujos.

1.

2.

3.

4.

B. ¿Qué hacen los sábados por la mañana los amigos y familiares de Silvia? Imaginen sus rutinas. Utilicen verbos reflexivos y sean creativos.

 Practice more at **vhlcentral.com**.

Comunicación

3 **¿Y tú?** En parejas, túrnense para hacerse las preguntas. Contesten con oraciones completas y expliquen sus respuestas.

1. ¿A qué hora te despiertas normalmente los sábados por la mañana? ¿Por qué?
2. ¿Te duermes en las clases?
3. ¿A qué hora te acuestas normalmente los fines de semana?
4. ¿A qué hora te duchas durante la semana?
5. ¿Te levantas siempre a la misma hora que te despiertas? ¿Por qué?

6. ¿Qué te pones para salir los fines de semana? ¿Y tus amigos?
7. ¿Cuándo te vistes elegantemente?
8. ¿Te diviertes cuando vas a una fiesta? ¿Y cuando vas a una reunión familiar?
9. ¿Te fijas en la ropa que lleva la gente?
10. ¿Te preocupas por tu imagen?

11. ¿De qué se quejan tus amigos normalmente? ¿Y tus padres u otros miembros de la familia?
12. ¿Conoces a alguien que se preocupe constantemente por todo?
13. ¿Te arrepientes a menudo de las cosas que haces?
14. ¿Te peleas con tus amigos? ¿Y con tu novio/a?
15. ¿Te sorprende alguna costumbre o hábito de un(a) amigo/a?

4 **Síntesis** Imagina que estás en un café y que ves a tu antigua pareja coqueteando con alguien. ¿Qué haces? Trabajen en grupos para representar la escena. Utilicen por lo menos cinco verbos de la lista y cinco pronombres de complemento directo o indirecto.

acercarse	darse cuenta	hacer falta	olvidarse
arrepentirse	disgustar	interesar	preocuparse
caer bien/mal	gustar	irse	sorprender

Antes de ver el corto

país Colombia

duración 16 minutos

director Iván D. Gaona

protagonistas Pastor, esposa, hija, Gladys, Juan

Vocabulario

bendito/a *blessed*

coger la caña *to accept (Col.)*

¿Cómo así? *How come?*

equivocarse *to be mistaken*

el huerteado *produce (Col.)*

la mazorca *ear of corn*

mejorarse *to get better*

la plata *money*

prestado/a *borrowed*

quedar *to agree on*

rogar *to beg*

¡Siga! *Come in!*

su merced *you (form.)*

el tiple *12-string Colombian guitar*

---

1 **Sinónimos** Empareja cada palabra o expresión con su sinónimo.

—— 1. confundirse

—— 2. pedir algo con insistencia

—— 3. recobrar la salud

—— 4. acordar

—— 5. dinero

a. quedar

b. equivocarse

c. plata

d. rogar

e. mejorarse

2 **Preguntas** En parejas, túrnense para hacerse las preguntas.

1. ¿Qué papel tiene la música en tu vida?
2. ¿Tocas algún instrumento? ¿Cuál? Si no, ¿cuál te gustaría tocar? ¿Por qué?
3. ¿Cuál es tu género musical favorito?
4. ¿Qué instrumento aparece en la imagen?
5. Piensa en el título del cortometraje y mira el poster. ¿De qué crees que va a tratar?

3 **Un pequeño tesoro** En parejas, imaginen que uno de ustedes necesita dinero para ayudar a su mejor amigo/a y decide vender algo muy importante o muy especial. La otra persona hace el papel del comprador. Inventen una conversación en la que se explican las razones por las que se decidió vender el objeto y lo importante que es.

EL TIPLE

UN CORTOMETRAJE DE IVÁN D. GAONA

Mejor cortometraje 2013
FICCI 53-Cartagena de Indias

Guión y dirección de IVÁN D. GAONA Producido por DIANA PÉREZ MEJÍA
Dirección de fotografía ANDRÉS ARIZMENDY
Diseño de producción JUAN DAVID BERNAL Música original EDSON VELANDIA
Actores JUSTO PASTOR MONCADA, VERÓNICA ROMERO, LUZ MARINA,
GLADYS GARZÓN, BERCELÍ VARGAS

Escenas

ARGUMENTO Pastor hará todo lo posible para que la salud de su esposa mejore.

PASTOR ¿Cómo sigue?
HIJA Igual.

HIJA Papá, nos hacen falta todavía cuarenta y ocho mil pesos para las inyecciones.

PASTOR Yo lo llamaba para el asunto de… Lo que hablamos que… Le voy a coger la caña del negocio del tiple.

ESPOSA ¿Por qué no me toca una canción con el tiple? A ver si me mejoro.
PASTOR A lo que° se mejore, vamos a ver qué le cantamos.

GLADYS ¿Por qué no se toca un torbellino°, Pastor?
PASTOR Bueno, con mucho gusto.
GLADYS Espéreme, Pastor, un segundito, ya le traigo la plata.

PASTOR Don Juan, ¿por aquí no ha visto a Gladys?
JUAN No ha venido por aquí.

A lo que *As soon as* **torbellino** *Colombian folk music*

Después de ver el corto

1 Oraciones Indica si estas oraciones son **ciertas** o **falsas**. Luego, en parejas, corrijan las falsas.

1. La esposa de Pastor está enferma.
2. Pastor encuentra dinero en su cartera para pagar las medicinas de su esposa.
3. La mujer joven que aparece al principio del cortometraje es una amiga de la familia.
4. Pastor llama a Campo Elías para venderle el tiple.
5. A la esposa de Pastor le gusta escucharlo tocar el tiple.
6. Pastor compró el tiple el año pasado.
7. Al final, Pastor decide no vender el tiple.
8. A la esposa de Pastor no le hicieron efecto las pastillas que le recetaron.
9. Pastor compra las inyecciones con el dinero que consiguió con la venta del tiple.
10. Gladys va a casa de Pastor a llevarle la medicina a su esposa.

2 Interpretar En parejas, contesten las preguntas.

1. Pastor le vende su tiple a Campo Elías por ciento veinte mil pesos, pero ¿qué valor tiene el tiple en realidad? ¿Qué representa ese instrumento para él?
2. ¿Por qué Pastor no le dice a su esposa que va a vender el tiple?
3. ¿Por qué mejora la salud de la esposa cuando Pastor toca el tiple?
4. ¿Por qué crees que Gladys devuelve el tiple a la familia?
5. ¿Cómo es Gladys? ¿Qué importancia tiene en el desenlace (*outcome*) de la historia?
6. ¿Crees que el cortometraje podría tener un mejor final? ¿Por qué?

3 Comunicación no verbal En grupos de tres, observen las imágenes de Gladys, de Pastor y de la esposa de Pastor en la página 68. Comenten qué comunican las miradas en cada uno de los tres personajes.

4 Citas En parejas, comenten la importancia que tiene cada una de estas citas en el argumento de la historia.

> **PASTOR** A la orden el plátano y la mazorca.
> **TRANSEÚNTES** No, señor, muchas gracias.

> **CONDUCTOR** Señor, ¡buenas tardes!
> Hágame un favor: ¿la salida para Bogotá?

> **HIJA DE PASTOR** Un señor que iba para Bogotá
> se equivocó de camino y me compró todo el huerteado.

5 ¿Qué habrías hecho tú? Imagina que estás en la situación de Pastor. Escribe un párrafo en el que cuentes qué habrías hecho tú en su lugar y por qué.

Practice more at vhlcentral.com.

"No está la felicidad en vivir,
sino en saber vivir."

Diego de Saavedra Fajardo

Minué o Tertulia en Casa de Francisco Antonio de Escalada, 1831
Carlos Enrique Pellegrini, Argentina

  Interpretar En parejas, respondan estas preguntas.

1. ¿Qué se observa en el cuadro?
2. ¿Dónde piensan que se encuentran los personajes y por qué están ahí?
3. ¿Cuál es el estado de ánimo de las personas en el cuadro? ¿Creen que están entretenidos o se aburren?
4. ¿Dónde está el centro de atención de la pintura?
5. Imaginen que hay sonidos acompañando la escena: ¿Cuáles serían? ¿Qué relación tienen con la actividad que se retrata en este cuadro?

 Practice more at **vhlcentral.com.**

Antes de leer

Idilio

Sobre el autor

Mario Benedetti (1920-2009) nació en Tacuarembó, Uruguay.
Su volumen de cuentos publicado en 1959, *Montevideanos*,
lo consagró como escritor, y dos años más tarde alcanzó fama
internacional con su segunda novela, *La tregua*, con un fuerte
contenido sociopolítico. Tras diez años de exilio en Argentina,
Perú, Cuba y España, regresó a Uruguay en 1983. El exilio que
lo alejó de su patria y de su familia dejó una marca profunda
tanto en su vida personal como en su obra literaria. Benedetti
incursionó en todos los géneros: poesía, cuento, novela y ensayo. El amor, lo cotidiano,
la ausencia, el retorno y el recuerdo son temas constantes en la obra de este prolífico
escritor. En 1999, ganó el Premio Reina Sofía de Poesía Iberoamericana.

Vocabulario

colocar *to place*	**por primera/última vez** *for*
hondo/a *deep*	*the first/last time*
la imagen *image; picture*	**redondo/a** *round*
la pantalla *(television) screen*	**señalar** *to point at*
	el televisor *television set*

(1) Practicar Completa las oraciones con palabras o frases del vocabulario.

1. Voy a _____ el televisor sobre la mesa.
2. Julio me _____ la calle que debo tomar, pero no quiso ir conmigo.
3. En lo más _____ de mi corazón, guardo el recuerdo de mi primera novela.
4. Ayer salí _____ en la televisión y me invitaron a participar en otro
   programa la semana que viene.

(2) Conexión personal ¿Cómo te entretenías cuando eras niño/a? ¿A qué jugabas? ¿Mirabas mucha
televisión? ¿Tus padres establecían límites y horarios? ¿Qué harás tú cuando tengas hijos?

(3) Análisis literario: las formas verbales

Las formas verbales son un factor muy importante para tener en cuenta al analizar obras
literarias. La elección de formas verbales es una decisión deliberada del autor y afecta al
tono del texto. El uso de un registro formal o informal puede hacer el texto más o menos
cercano al lector. La elección de tiempos verbales también puede tener efectos como
involucrar o distanciar al lector, dar o quitar formalidad, hacer que la narración parezca
más oral, etc. A medida que lees *Idilio*, presta atención a los tiempos verbales que usa
Benedetti. ¿Qué tono dan a la historia estas elecciones deliberadas del autor?

 Practice more at **vhlcentral.com**.

IDILIO

Mario Benedetti

La noche en que colocan a Osvaldo (tres años recién cumplidos) por primera vez frente a un televisor (se exhibe un drama británico de hondas resonancias), queda hipnotizado, la boca entreabierta°, los ojos redondos de estupor.

La madre lo ve tan entregado al sortilegio° de las imágenes que se va tranquilamente a la cocina. Allí, mientras friega ollas y sartenes°, se olvida del niño. Horas más tarde se acuerda, pero piensa: "Se habrá dormido". Se seca las manos y va a buscarlo al living.

La pantalla está vacía°, pero Osvaldo se mantiene en la misma postura y con igual mirada extática.

—Vamos. A dormir —conmina° la madre.

—No —dice Osvaldo con determinación.

—¿Ah, no? ¿Se puede saber por qué?

—Estoy esperando.

—¿A quién?

—A ella.

Y señaló el televisor.

—Ah. ¿Quién es ella?

—Ella.

Y Osvaldo vuelve a señalar la pantalla. Luego sonríe, candoroso°, esperanzado, exultante.

—Me dijo: "querido". ∎

Marginal glosses (left margin):
- half-opened
- surrendered to the magic (line 5)
- washes pots and pans
- blank
- orders
- innocent; naïve

Después de leer

Idilio
Mario Benedetti

1 **Comprensión** Contesta las preguntas con oraciones completas.

1. ¿Cómo se llama el protagonista de esta historia?
2. ¿Cómo se queda el niño cuando está por primera vez delante del televisor?
3. ¿Qué hace la madre mientras Osvaldo mira la televisión?
4. Cuando la madre va a buscarlo horas más tarde, ¿cómo está la pantalla?
5. ¿Qué piensa Osvaldo que le dice la televisión?

2 **Interpretar** Contesta las preguntas.

1. Según Osvaldo, ¿quién le dijo "querido"? ¿Qué explicación lógica le puedes dar a esta situación?
2. En el cuento, la madre se olvida del hijo por varias horas. ¿Crees que este hecho es importante en la historia? ¿Crees que el final sería distinto si se tratara sólo de unos minutos frente al televisor?
3. ¿Crees que la televisión puede ser adictiva para los niños? ¿Y para los adultos? ¿Qué consecuencias crees que tiene la adicción a la televisión?

3 **Imaginar** En grupos, imaginen que un grupo de padres solicita una audiencia con el/la director(a) de programación infantil de una popular cadena de televisión. Los padres quieren sugerir cambios. Miren la programación y, después, contesten las preguntas.

CANAL 7					
6:00	**6:30**	**7:00**	**8:00**	**9:15**	**10:00**
Trucos para la escuela Cómo causar una buena impresión con poco esfuerzo	**Naturaleza viva** Documentales	**Mi familia latina** Divertida comedia sobre un joven estadounidense que va a México como estudiante de intercambio	**Historias policiales** Ladrones, crímenes y accidentes	**Buenas y curiosas** Noticiero alternativo que presenta noticias buenas y divertidas de todo el mundo	**Dibujos animados clásicos** Conoce los dibujos animados que miraban tus padres

- ¿Qué programas quieren pedir que cambien? ¿Por qué?
- ¿Qué programas deben seguir en la programación?
- ¿Qué otros tipos de programas se pueden incluir?
- ¿Harían cambios en los horarios? ¿Qué cambios harían?

4 **Escribir** Piensa en alguna anécdota divertida de cuando eras niño/a. Cuenta la anécdota en un párrafo usando el tiempo presente.

> **MODELO** Un día estoy con mi hermano en el patio de mi casa jugando a la pelota. De repente, …

 Practice more at vhlcentral.com.

Antes de leer

Vocabulario

la corrida *bullfight*	**el ruedo** *arena*
lidiar *to fight (bulls)*	**torear** *to fight bulls*
el/la matador(a)	**el toreo** *bullfighting*
bullfighter who kills the bull	**el/la torero/a** *bullfighter*
la plaza de toros *bullring*	**el traje de luces** *bullfighter's outfit*
	(lit. costume of lights)

1 **El toreo** Completa las oraciones con palabras y frases del vocabulario.

1. Ernest Hemingway era un aficionado al _____. Asistió a muchas _____ y las describió en detalle en sus obras.

2. El _____ es la persona que mata al toro al final. Siempre lleva un _____ de colores brillantes.

3. Manolete fue un _____ español muy famoso que fue herido por un toro y que murió al poco tiempo.

4. No se permite que el público baje al _____ porque los toros pueden ser muy peligrosos.

2 **Conexión personal** Responde estas preguntas: ¿Conoces alguna costumbre local o alguna tradición estadounidense que cause mucha controversia? ¿Hay deportes que resultan muy problemáticos o controvertidos para algunas personas? ¿Por qué? ¿Cuál es tu opinión al respecto?

Contexto cultural

En Fresnillo, México, en 1940 una mujer tomó una espada y se puso un traje de luces —una blusa y falda bordadas de adornos brillantes— para promover la causa de la igualdad en un terreno casi completamente dominado por los hombres: el toreo. **Juanita Cruz** había nacido en Madrid en 1917, cuando aún no se permitía a las mujeres torear a pie en el ruedo. En batalla constante contra obstáculos legales, Cruz consiguió lidiar en muchas corridas de toros en su país. Pero cuando terminó la guerra civil española, al ver que Franco imponía estrictamente las leyes de prohibición del toreo a las mujeres, Cruz dejó España y emigró a México, donde se convirtió en torera profesional. Fue todo un fenómeno, la primera gran matadora de la historia, y abrió camino para otras mujeres, como las españolas Cristina Sánchez y Mari Paz Vega. Hoy día la presencia de toreras añade otro nivel de controversia al debate constante y a veces apasionado del toreo. ¿Cuál es tu impresión? ¿Crees que la igualdad de sexos en el toreo es algo positivo o negativo? ¿Por qué?

 Practice more at **vhlcentral.com**.

El toreo: ¿Cultura o tortura?

Hay pocas cosas tan emblemáticas en el mundo hispano, y a la vez tan polémicas, como el toreo. Los días de corrida, hasta cuarenta mil aficionados se sientan en la Plaza Monumental de México, la plaza de toros más grande del mundo. Sin embargo, la opinión pública está profundamente dividida: algunos defienden con orgullo esta tradición que sobrevive desde tiempos antiguos y otros se levantan en protesta antes del final.

origins Las raíces° del toreo son diversas. Los celtibéricos dejaron en España restos de 10 templos circulares, precursores de las plazas actuales, donde sacrificaban animales. Los slaughter griegos y romanos practicaban la matanza° ritual de toros en ceremonias públicas sagradas. Sin embargo, fue en la España del developed 15 siglo XVIII donde se desarrolló° la corrida que conocemos y se introdujeron la muleta, una capa muy fácil de manejar, y el estoque, la espada del matador.

El aficionado de hoy 20 considera que el toreo rite es más un rito° que un espectáculo, ciertamente no un deporte. Es una lucha desigual, a muerte, entre 25 una persona —armada con sólo la capa la mayor parte del tiempo— weighs y el toro, bestia que pesa° hasta más de media tonelada. El torero se prepara para el duelo como para una ceremonia: se viste con el 30 traje de luces tradicional y actúa dirigido por el ritmo de la música. Se enfrenta al animal con su arte y su inteligencia, y generalmente risk gana, aunque no siempre. El riesgo° de una goring cornada° grave forma parte de la realidad del 35 torero, que en su baile peligroso muestra su talento y su belleza. Para el defensor de las corridas, no matar al toro al final es como

> **"El toreo es cabeza y plasticidad, porque a fuerza siempre gana el toro."**

jugar con él, una falta de respeto al animal, al público y a la tradición.

Quienes se oponen a las corridas dicen 40 que es una lucha injusta y cruel. Hay gente que piensa que el toreo es una barbarie° barbarity similar a la de los juegos de los romanos, una costumbre primitiva que no tiene sentido en una sociedad moderna y civilizada. Protestan 45 contra la crueldad de una muerte lenta y prolongada, dedicada al entretenimiento. En respuesta a las protestas, en algunos países ha aparecido una alternativa, la "corrida sin 50 sangre°", donde no se permite bloodless bullfight hacer daño físico° al toro. to hurt Pero otros sostienen que esta corrida tortura igualmente a la bestia y, por tanto, han 55 prohibido el toreo por completo. En julio de 2010, el Parlamento catalán abolió las corridas de toros en Cataluña, España, con 68 votos a favor de la prohibición y 55 en contra.

Por último, a algunas personas les indigna 60 la idea machista de que sólo un hombre tiene la fuerza y el coraje para lidiar. Las toreras pioneras como Juanita Cruz tuvieron que coserse° su propio traje de luces, con falda en to sew vez de pantalón, y cruzar océanos para poder 65 ejercer su profesión. Incluso en tiempos recientes, algunos toreros célebres como el español Jesulín de Ubrique se han negado° a have refused lidiar junto a una mujer.

La torera más famosa de nuestra época, 70 Cristina Sánchez, sostiene que no es necesario ser hombre para lidiar con éxito: "El toreo es cabeza y plasticidad°, porque a fuerza agility siempre gana el toro." En su opinión, el derecho de torear es incuestionable, una 75 parte de la cultura hispana. No obstante, su profesión provoca tanta división que a veces el duelo entre la bestia y la persona es empequeñecido° por la batalla dwarfed entre las personas. ■ 80

¿Dónde hay corridas?

Toreo legalizado: España, México, Colombia, Ecuador, Perú, Venezuela, Francia

Corridas sin sangre: Bolivia, Nicaragua, Estados Unidos, Portugal

Toreo ilegalizado: Argentina, Chile, Cuba, Uruguay

¡Olé! ¡Olé!

El público también tiene su papel en las corridas: evalúa el talento del torero. La interjección "¡olé!" se oye frecuentemente para celebrar una acción particularmente brillante y expresar admiración. De origen árabe, contiene la palabra "alá" (Dios) y significa literalmente "¡por Dios!".

Después de leer

El toreo: ¿cultura o tortura?

(1) Comprensión Responde a las preguntas con oraciones completas.

1. ¿En qué país se encuentra la plaza de toros más grande del mundo?
2. ¿Qué hacían los celtibéricos en sus templos circulares?
3. ¿Qué es el toreo según un aficionado?
4. ¿Cómo se prepara el torero para la corrida?
5. Para quienes se oponen al toreo, ¿cuáles son algunos de los problemas?
6. ¿Qué es una "corrida sin sangre"?
7. ¿Qué sucedió en Cataluña en julio de 2010?
8. Según Cristina Sánchez, ¿sólo los hombres pueden lidiar bien?

(2) Opinión Responde a las preguntas con oraciones completas.

1. ¿Te gustaría asistir a una corrida? ¿Por qué?
2. ¿Qué opinas del duelo entre toro y torero/a? ¿Hay algún aspecto especialmente problemático para ti?
3. ¿Qué piensas de las alternativas al toreo tradicional como la "corrida sin sangre"? ¿Es una solución adecuada para proteger a los animales?
4. En tu opinión, ¿es más cruel la vida de un toro destinado al toreo o la de una vaca destinada a una carnicería?

(3) ¿Qué piensan? Trabajen en parejas para contestar las preguntas. Luego, compartan sus respuestas con la clase.

1. Un eslogan conocido en las protestas antitaurinas es: "Tortura no es arte ni cultura". ¿Qué significa esta frase?
2. ¿Hay acciones cuestionables que se justifiquen porque son parte de una costumbre o tradición? ¿Cuál es la postura de ustedes en el debate? ¿Por qué?
3. ¿Es apropiado tener una opinión sobre las tradiciones de culturas diferentes a la tuya o es necesario aceptar sin criticar?
4. ¿Creen que el gobierno tiene derecho a reglamentar (*regulate*) o prohibir tradiciones o costumbres? Den ejemplos.

(4) Postales Imagina que viajas a México y unos amigos te invitan a una corrida de toros. Escribe una postal a tu familia para contarles tu experiencia. Usa estas preguntas como guía: ¿Aceptaste la invitación o no? ¿Por qué? Si fuiste a la corrida, ¿qué te pareció? ¿Te sentiste obligado/a a asistir por respeto a la cultura local?

> **MODELO** Querida familia: Les escribo desde Guadalajara, una ciudad al noroeste de México. No saben dónde me llevaron mis amigos este fin de semana...

(5) Animales En parejas, hagan una lista de tradiciones, costumbres o deportes en los que las personas utilizan a los animales como entretenimiento. Después, compartan su lista con el resto de la clase y debatan sobre qué actividades son perjudiciales para los animales y cuáles no. Justifiquen sus respuestas.

 Practice more at **vhlcentral.com**.

Atando cabos

¡A conversar!

La música y el deporte Trabajen en grupos de cuatro o cinco para preparar una presentación sobre un(a) cantante o deportista latino/a famoso/a.

Presentaciones

Tema: Pueden preparar una presentación sobre un(a) cantante o deportista famoso/a que les guste.

Investigación: Busquen información en Internet o en la biblioteca. Una vez reunida la información necesaria, elijan los puntos más importantes y seleccionen material audiovisual. Informen a su profesor(a) acerca de estos materiales para contar con los medios necesarios el día de la presentación.

Organización: Hagan un esquema (*outline*) que los ayude a planear la presentación.

Presentación: Traten de promover la participación a través de preguntas y alternen la charla con los materiales audiovisuales. Recuerden tener a mano los materiales de la investigación para responder preguntas adicionales de sus compañeros.

¡A escribir!

Correo electrónico Imagina que tus padres vienen a visitarte por un fin de semana. Llevas varios días haciendo planes para que el fin de semana sea perfecto y tienes miedo de que tu novio/a arruine tus planes. Mándale un mensaje por correo electrónico para recordarle lo que debe hacer.

Plan de redacción

Un saludo informal: Comienza tu mensaje con un saludo informal, como: **Hola**, **Qué tal**, **Qué onda**, etc.

Contenido: Organiza tus ideas para no olvidarte de nada.

1. Escribe una breve introducción para recordarle a tu novio/a qué cosas les gustan a tus padres y qué cosas no. Puedes usar estas expresiones: **(no) les gusta**, **les fascina**, **les encanta**, **les aburre**, **(no) les interesa**, **(no) les molesta.**

2. Recuérdale que tus padres son formales y elegantes, y explícale que tiene que arreglarse un poco para la ocasión. Usa expresiones como: **quitarse el arete**, **afeitarse**, **vestirse mejor**, **peinarse**, etc.

3. Recuérdale dónde van a encontrarse.

Despedida: Termina el mensaje con un saludo informal de despedida.

Vocabulary Tools

La música y el teatro

el álbum	album
el asiento	seat
el/la cantante	singer
el concierto	concert
el conjunto/grupo musical	musical group; band
el escenario	scenery; stage
el espectáculo	show
el estreno	premiere
la función	performance (theater; movie)
el/la músico/a	musician
la obra de teatro	play
la taquilla	box office
aplaudir	to applaud
conseguir (e:i) boletos/entradas	to get tickets
hacer cola	to wait in line
poner música	to play music

Los lugares de recreo

el cine	movie theater
el circo	circus
la discoteca	night club
la feria	fair
el festival	festival
el parque de atracciones	amusement park
el zoológico	zoo

Los deportes

el/la árbitro/a	referee
el campeón/la campeona	champion
el campeonato	championship
el club deportivo	sports club
el/la deportista	athlete
el empate	tie (game)
el/la entrenador(a)	coach; trainer
el equipo	team

el/la espectador(a)	spectator
el torneo	tournament
anotar/marcar (un gol/un punto)	to score (a goal/ a point)
desafiar	to challenge
empatar	to tie (games)
ganar/perder (e:ie) un partido	to win/lose a game
vencer	to defeat

Las diversiones

el ajedrez	chess
el billar	pool; billiards
el boliche	bowling
las cartas/los naipes	(playing) cards
los dardos	darts
el juego de mesa	board game
el pasatiempo	pastime
la televisión	television
el tiempo libre/los ratos libres	free time
el videojuego	video game
aburrirse	to get bored
alquilar una película	to rent a movie
brindar	to make a toast
celebrar/festejar	to celebrate
dar un paseo	to take a stroll/walk
disfrutar (de)	to enjoy
divertirse (e:ie)	to have fun
entretener(se) (e:ie)	to amuse (oneself)
gustar	to like
reunirse (con)	to get together (with)
salir (a comer)	to go out (to eat)
aficionado/a (a)	enthusiastic about; a fan (of)
animado/a	lively
divertido/a	fun
entretenido/a	entertaining

Más vocabulario

Expresiones útiles	Ver p. 47
Estructura	Ver pp. 54-55, 58-59 y 62-63

Cinemateca

el huerteado	produce (Col.)
la mazorca	ear of corn
la plata	money
el tiple	12-string Colombian guitar
coger la caña	to accept (Col.)
equivocarse	to be mistaken
mejorarse	to get better
quedar	to agree on
rogar	to beg
bendito/a	blessed
prestado/a	borrowed
¿Cómo así?	How come?
¡Siga!	Come in!
su merced	you (form.)

Literatura

la imagen	image; picture
la pantalla	(television) screen
el televisor	television set
colocar	to place
señalar	to point at
hondo/a	deep
redondo/a	round
por primera/ última vez	for the first/last time

Cultura

la corrida	bullfight
el/la matador(a)	bullfighter (who kills the bull)
la plaza de toros	bullring
el ruedo	arena
el toreo	bullfighting
el/la torero/a	bullfighter
el traje de luces	bullfighter's outfit (lit. costume of lights)
lidiar	to fight (bulls)
torear	to fight bulls

La vida diaria

3

Communicative Goals

You will expand your ability to…
- narrate in the past
- express completed past actions
- express habitual or ongoing past events and conditions

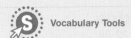 Vocabulary Tools

La vida diaria

En casa

el balcón *balcony*

la escalera *staircase*
el hogar *home; fireplace*
la limpieza *cleaning*
los muebles *furniture*
los quehaceres *chores*

apagar *to turn off*
barrer *to sweep*
calentar (e:ie) *to warm up*
cocinar *to cook*
encender (e:ie) *to turn on*
freír (e:i) *to fry*
hervir (e:ie) *to boil*
lavar *to wash*
limpiar *to clean*
pasar la aspiradora *to vacuum*
poner/quitar la mesa *to set/clear the table*
quitar el polvo *to dust*
tocar el timbre *to ring the doorbell*

De compras

el centro comercial *mall*
el dinero en efectivo *cash*
la ganga *bargain*
el probador *dressing room*
el reembolso *refund*
el supermercado *supermarket*
la tarjeta de crédito/débito *credit/debit card*

devolver (o:ue) *to return (items)*
hacer mandados *to run errands*
ir de compras *to go shopping*
probarse (o:ue) *to try on*
seleccionar *to select; to pick out*

auténtico/a *genuine*
barato/a *inexpensive*
caro/a *expensive*

Camila **fue de compras** al **supermercado**, decidida a gastar lo menos posible. **Seleccionó** los productos más **baratos** y pagó con **dinero en efectivo**.

Expresiones

a menudo *often*
a propósito *on purpose*
a tiempo *on time*
a veces *sometimes*
apenas *hardly; scarcely*
así *like this; so*
bastante *quite; enough*
casi *almost*
casi nunca *rarely*
de repente *suddenly*
de vez en cuando *once in a while*
en aquel entonces *at that time*
en el acto *on the spot*
enseguida *right away*
por casualidad *by chance*

Desde que comenzó a trabajar en un restaurante, Emilia ha tenido que **acostumbrarse** al **horario** de chef. ¡La nueva **rutina** no es tan fácil! **Suele** volver a la casa después de la medianoche.

la agenda *schedule*
la costumbre *custom; habit*
el horario *schedule*
la rutina *routine*
la soledad *solitude; loneliness*

acostumbrarse (a) *to get used to*
arreglarse *to get ready*
averiguar *to find out*
probar (o:ue) (a) *to try*
soler (o:ue) *to be in the habit of*

atrasado/a *late*
cotidiano/a *everyday*
diario/a *daily*
inesperado/a *unexpected*

Práctica

(1) Escuchar

A. Escucha lo que dice Julián y luego decide si las oraciones son **ciertas** o **falsas**. Corrige las falsas.

1. Julián tiene muchas cosas que hacer.
2. Julián está en un supermercado.
3. Julián tiene que quitar el polvo de los muebles y pasar la aspiradora.
4. Él siempre sabe dónde está todo.
5. Él encuentra su tarjeta de crédito debajo de la escalera.
6. Julián recibe una visita inesperada.

B. Escucha la conversación entre Julián y la visita inesperada y después contesta las preguntas con oraciones completas.

1. ¿Quién está tocando el timbre?
2. ¿Qué tiene que hacer ella?
3. ¿Qué quiere devolver?
4. ¿Eran caros los pantalones?
5. ¿Qué hace Julián antes de ir al centro comercial con ella?
6. ¿Es seguro que María puede devolver los pantalones? ¿Por qué?

(2) No pertenece Indica qué palabra no pertenece a cada grupo.

1. limpiar–pasar la aspiradora–barrer–calentar
2. de repente–auténtico–casi nunca–enseguida
3. balcón–escalera–muebles–soler
4. hacer mandados–a tiempo–ir de compras–probarse
5. costumbre–rutina–cotidiano–apagar
6. quitar el polvo–barato–caro–ganga
7. quehaceres–hogar–soledad–limpieza
8. barrer–acostumbrarse–soler–cotidiano

Práctica

3 **Julián y María** Completa el párrafo con las palabras o expresiones de la lista.

a diario	cotidiano	horario	soledad
a tiempo	en aquel entonces	por casualidad	soler

Julián y María se conocieron un día (1) _____ en el supermercado. Julián estaba muy contento por haber conocido a María porque, (2) _____, él era nuevo en el barrio y no conocía a nadie. A él no le gusta la (3) _____. Desde aquel día, se ven casi (4) _____. Durante la semana, ellos (5) _____ quedar para tomar un café después del trabajo, pues los dos tienen (6) _____ similares.

4 **Una agenda muy ocupada** Sara tiene mucho que hacer antes de su cita con Carlos esta noche. Ha apuntado todo en su agenda, pero está muy atrasada.

A. En parejas, comparen el horario de Sara con la hora en que realmente hace cada actividad.

VIERNES, 15 DE OCTUBRE

1:00 ¡Hacer mandados!	5:00 Hacer la limpieza
2:00 Banco: depositar un cheque	6:00 Cocinar, poner la mesa
3:00 Centro comercial: comprar vestido	7:00 Arreglarme
4:00 Supermercado: pollo, arroz, verduras	8:00 Cita con Carlos ♡

MODELO
—¿A qué hora deposita su cheque en el banco?
—Sara quiere depositarlo a las dos, pero no logra hacerlo hasta las dos y media.

2:30

1.
4:00

2.
5:30

3.
6:45

4.
7:30

5.
7:45

6.
8:00

B. Ahora, improvisen una conversación entre Carlos y Sara. ¿Creen que los dos lo van a pasar bien? ¿Creen que van a tener otra cita?

 Practice more at **vhlcentral.com**.

Comunicación

5 **Los quehaceres**

A. En grupos de cuatro, túrnense para preguntar con qué frecuencia sus compañeros hacen los quehaceres de la lista. Combinen palabras de cada columna en sus respuestas y añadan sus propias ideas.

barrer	almuerzo	todos los días
cocinar	aspiradora	a menudo
lavar	balcón	a veces
limpiar	cuarto	de vez en cuando
pasar	polvo	casi nunca
quitar	ropa	nunca

MODELO —¿Con qué frecuencia barres el balcón?
Lo barro de vez en cuando, especialmente si vienen invitados.

B. Ahora, compartan la información con la clase y decidan quién es la persona más ordenada y la más desordenada.

6 **Agendas personales**

A. Primero, escribe tu horario para esta semana. Incluye algunas costumbres de tu rutina diaria y también actividades inesperadas de esta semana.

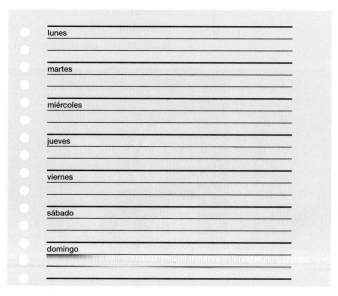

lunes

martes

miércoles

jueves

viernes

sábado

domingo

B. En parejas, pregúntense sobre sus horarios. Comparen sus rutinas diarias y los eventos de esta semana. ¿Tienen costumbres parecidas? ¿Tienen algunas actividades en común? ¿Cuáles?

C. Utiliza la información para escribir un párrafo breve sobre la vida cotidiana de tu compañero/a. ¿Le gusta la rutina? ¿Disfruta de lo inesperado? ¿Llena su agenda con actividades sociales o prefiere estar en casa? Comparte tu párrafo con la clase.

Hasta ahora, en el video...

Marcela conoce a Ricardo y se enoja con él por arruinarle la fiesta de cumpleaños, pero Ricardo se enamora de ella. Días después, Marcela está manejando su Kombi y atropella accidentalmente a Ricardo. En este episodio verás cómo sigue la historia.

Video

RICARDO Vaya, ¿Taxi Turístico de Oaxaca?

MARCELA ¡Qué susto! ¡No tengo tiempo para ese tipo de bromas!

RICARDO ¡No es broma! ¿A dónde vas?

MARCELA A estudiar.

RICARDO ¿Qué estudias?

MARCELA Historia.

Otro día...

VENDEDOR ¿Qué se lleva, amigo?

RICARDO Buscaba una artesanía bien bonita para mi novia.

VENDEDOR ¿Y a ella qué le gusta?

RICARDO Ni idea.

VENDEDOR Ya, anda en plan de enamorarla, ¿no?

RICARDO Creo que ya me entendió.

MARCELA ¿Te pasa algo, Lupita?

LUPITA No, ¿por qué?

MARCELA Hace un rato estabas bien, pero ahora estás como pálida.

LUPITA El calor, Marcelita, el calor.

MARCELA Deberías dejar los quehaceres e irte a tomar una siesta.

LUPITA Si apenas son las doce.

MARCELA Bueno, me voy. No me quiero retrasar.

LUPITA Pero, termina tu almuerzo y después te vas.

MARCELA Tengo que irme enseguida. ¡Adiós!

LUPITA *(para ella)* Planchar es lo que me pone pálida. Estoy harta de tanto quehacer. Lavar, barrer, quitar el polvo.

Personajes

MARCELA **RICARDO** **VENDEDOR** **LUPITA**

3

VENDEDOR Mire, ¡qué alebrijes tan lindos! Auténticos de Oaxaca.

RICARDO ¿Qué precio tiene?

VENDEDOR 150 pesos, no más. Una ganga.

RICARDO Bueno. ¿Me lo envuelve mientras pido un taxi, por favor?

VENDEDOR Enseguida se lo pongo en una cajita de regalo.

RICARDO Gracias. Taxi Turístico de Oaxaca, aquí vamos.

6

RICARDO (*practicando lo que le va a decir a Marcela*) Marcela, te ofrezco disculpas porque arruiné tu cumple. Estaba volando el dron cuando de repente se quedó sin... No, no, eso no... Marcela, quería pedirte perdón con este humilde regalo. Me gustaría decirte que...

Talking about the past

¡Estaba cruzando y me atropellaste!
I was crossing and you ran into me!

Pues, llegó usted al lugar correcto.
Well, you came to the right place.

¡Qué susto! ¡Pensé que estabas inconsciente!
You scared me! I thought you were unconscious!

¡Siempre fueron desordenados! Pero antes mi mami recogía todo y tú no te dabas cuenta.
They were always messy! But Mom always picked everything up and you didn't notice.

Talking about likes and dislikes

No se preocupe; le va a encantar.
Don't worry. She's going to love it.

¿Y a ella qué le gusta?
And what does she like?

Talking about shopping

¿Qué precio tiene?
How much is it?

¿Qué se lleva, amigo?
What will you take, my friend?

¿Si a ella no le gusta lo puedo devolver y me hace el reembolso?
If she doesn't like it, can I return it and get a refund?

¡Súper barato! 150 pesos no más. ¡Una ganga!
Super cheap! Only 150 pesos. A bargain!

Additional vocabulary

arruinar *to ruin*
la artesanía *handicraft*
la broma *joke*
la disculpa *apology*
humilde *humble*
pálido/a *pale*
retrasarse *to be delayed/late*

Comprensión

1 **Opciones** Completa cada oración con la opción correcta.

1. Marcela _____ a Ricardo con la Kombi.
   a. atropelló   b. llamó   c. enamoró

2. Ricardo le dice al vendedor que Marcela es su _____.
   a. mamá   b. prima   c. novia

3. Según el vendedor, sus alebrijes son _____.
   a. gratis   b. baratos   c. caros

4. Marcela le sugiere a Lupita _____.
   a. tomar una siesta   b. hacer los quehaceres c. contestar la llamada

5. Ricardo se quiere disculpar con Marcela por arruinar su _____.
   a. Kombi   b. teléfono   c. cumpleaños

2 **Completar** Completa cada oración de la izquierda con la información correcta de la columna de la derecha.

_____ 1. Marcela piensa que Ricardo está inconsciente porque

_____ 2. Marcela no acaba su almuerzo porque

_____ 3. Mientras el vendedor envuelve el regalo, Ricardo

_____ 4. Marcela estudia

_____ 5. Lupita dice que Marcela tiene razón porque

_____ 6. Al final del episodio, Marcela

a. acelera con la Kombi al ver que el pasajero es Ricardo.

b. está tirado en la calle con los ojos cerrados.

c. historia.

d. llama al servicio de taxis de Marcela.

e. no se siente bien.

f. tiene que ir a recoger a un pasajero.

3 **Preguntas y respuestas** En parejas, háganse preguntas utilizando los personajes de la fotonovela y los siguientes elementos.

MARCELA   **LUPITA**   **RICARDO**   **VENDEDOR**

MODELO
pedir un taxi
ESTUDIANTE 1 ¿Quién pidió un taxi?
ESTUDIANTE 2 Ricardo pidió un taxi.

atropellar a Ricardo	ir de compras
comprar algo de comer	recibir una llamada
hacer los quehaceres	vender una ganga

Ampliación

(4) La vida diaria En parejas, elijan un personaje de la fotonovela e imaginen cómo es su vida diaria. Escriban una descripción de un día de su vida en primera persona y compártanla con la clase sin decir el nombre del personaje. La clase deberá adivinar de qué personaje se trata.

> **MODELO** **ESTUDIANTE** Por las mañanas, paso la aspiradora y quito el polvo de la habitación del señor Lorenzo…
> **LA CLASE** Es Lupita.

(5) Ayuda para Ricardo Al final del episodio, Ricardo está pensando en cómo disculparse con Marcela. En grupos de tres, piensen en lo más efectivo que Ricardo puede decir para que Marcela lo perdone y escríbanlo. Compartan su idea con la clase.

(6) Apuntes culturales En parejas, lean los párrafos y contesten las preguntas.

Alebrijes

Manu le compra un alebrije a Marcela. El alebrije es un tipo de artesanía procedente de México, fabricada con la técnica del papel maché. Los alebrijes son criaturas imaginarias con elementos de diferentes animales, pintados con colores vibrantes. Su creación y nombre se atribuyen a Pedro Linares (1906-1992), artesano especializado en piñatas y máscaras. Cuando el artesano estaba enfermo, soñó (*dreamed*) con estos seres (*beings*), los cuales gritaban (*shouted*) la palabra "alebrije". Así fue como Linares comenzó a crear alebrijes hacia el año 1936. Estas artesanías se hicieron populares después de que Frida Kahlo y Diego Rivera las descubrieron. Oaxaca es famoso por sus alebrijes tallados (*carved*) en madera (*wood*) de copal. Estas artesanías son la base de la economía de muchos pueblos oaxaqueños, donde las familias las crean y venden en mercados y plazas.

Gastronomía oaxaqueña

Manu compra unos chapulines en el mercado. Los chapulines son saltamontes (*grasshoppers*) comestibles (*edible*) típicos del estado de Oaxaca, con alto contenido en proteínas. Se consumen desde la época prehispánica y se suelen comer con ajo (*garlic*) y limón como plato principal, o en tacos y quesadillas. Oaxaca tiene una gran diversidad gastronómica. Entre sus platos tradicionales, se encuentran también siete variedades de mole, de diferentes colores y pertenecientes a distintas regiones, los chiles rellenos (*stuffed*), los tamales (masa de maíz rellena de carne, vegetales, etc.) y el quesillo (un tipo de queso blanco y blando), entre otros. Oaxaca es también famoso por dulces regionales como las nieves (un tipo de helado similar al sorbete con muchos sabores para elegir) y el chocolate, y bebidas tradicionales como el café y el tejate (p. 49).

Chapulines

1. ¿Prefieres que te regalen algo comprado o algo hecho a mano? ¿Por qué? ¿Qué prefieres regalar tú?

2. ¿Regalarías un alebrije a un ser querido (*loved one*)? ¿A quién? ¿Por qué crees que le gustaría?

3. ¿Alguna vez probaste una comida o bebida exótica? ¿Cuál? ¿Te atreves a comer chapulines?

4. Cuando visitas un lugar nuevo, ¿prefieres comer comida local y desconocida o piensas que es mejor no arriesgarse (*to risk it*) y pedir comida que conoces? ¿Por qué?

En detalle

LA FAMILIA REAL

ESPAÑA

La familia real española
durante un acto oficial

En 1469, Isabel de Castilla y Fernando de Aragón se casaron, unieron sus reinos y formaron lo que hoy conocemos como España. Más de 500 años después, en 2014, Felipe VI de Borbón se convirtió en el último rey de esta vieja nación. La proclamación del nuevo rey se produjo después de que su padre Juan Carlos I decidió abdicar°, dando fin a un largo reinado° (1975-2014) de prosperidad, que empezó con la llamada "transición democrática". ¿En qué consistió esa transición? España vivió 40 años bajo la dictadura de Francisco Franco. Al final de su mandato, el dictador quiso que el entonces príncipe Juan Carlos fuera su sucesor; pero tras la muerte de Franco en 1975, el Rey decidió integrar a España en la comunidad de naciones democráticas de Europa. Gracias al carisma de Juan Carlos I, y a su protagonismo en el camino hacia la libertad, la Corona° tuvo un gran respaldo popular. Sin embargo, la monarquía quedó afectada con la larga crisis económica y política que comenzó en 2008. Además, Cristina de Borbón, una de las hijas del rey, y su marido tuvieron problemas con la justicia. Casi cuarenta años después de que Juan Carlos fue coronado rey, su hijo Felipe VI se enfrenta a una segunda transición: dar sentido a la monarquía en la era de Internet. Su esposa, doña Letizia, que fue periodista antes que reina, lo está ayudando a conseguirlo: aunque Felipe VI no tiene el carisma natural de su padre, es un comunicador mucho más eficaz.

La sociedad española parece haber recibido bien esta renovación en la familia real, formada por Juan Carlos I, doña Sofía, los reyes Felipe y Letizia, y las hijas de éstos, la princesa Leonor y la infanta° Sofía. Según las encuestas, cuando Juan Carlos I anunció que abdicaría en su hijo, la popularidad de la Corona aumentó y la monarquía empezó a recuperar su prestigio. La segunda transición ya está en marcha. ∎

¿Futura reina?
La **princesa Leonor** es la primogénita° del **rey Felipe VI**. Sin embargo, si los monarcas tienen un hijo varón, él sería el heredero de la Corona. Para que esto cambie, se tendría que cambiar la Constitución española de 1978: la mayoría de los españoles apoyaría ese cambio.

abdicar *to abdicate* **reinado** *reign* **Corona** *Crown* **infanta** *princess* **primogénita** *first born*

La familia

mima (Cu.)	mom
amá (Col.)	
apá (Col.)	dad
pipo (Cu.)	
tata (Arg. y Chi.)	grandpa
yayo (Esp.)	
carnal (Méx.)	brother, friend
carnala (Méx.)	sister
carnalita (Méx.)	little sister
m'hijo/a (Amér. L.)	exp. to address a son or daughter
chavalo/a (Amér. C.)	boy/girl
chaval(a) (Esp.)	

Las compras diarias

En España, las grandes tiendas y también muchas tiendas pequeñas cierran los domingos. Por eso, los españoles realizan todas sus compras durante el resto de la semana. En algunos casos, las grandes tiendas, como El Corte Inglés, abren un domingo al mes. Las panaderías abren todos los días de la semana, ya que el pan es un producto imprescindible para los españoles.

En México D.F. todavía hay escribidores, o escribanos, que escriben y leen cartas de amor. También escriben facturas, contratos y otros documentos.
En México, la profesión de escribidor empezó en la década de 1950 y fue muy común, pero está a punto de desaparecer por culpa de las nuevas tecnologías de la comunicación.

En Nicaragua y otros países de Latinoamérica hay muchos vendedores ambulantes, como los mieleros que van vendiendo miel, queso y otros alimentos naturales por las casas.

LETIZIA ORTIZ

Letizia Ortiz nació en Oviedo el 15 de septiembre de 1972 en el seno de una familia trabajadora. Si alguien les hubiera dicho a sus padres que su hija iba a ser reina, seguramente lo habrían tomado por loco. Esta inteligente y emprendedora° mujer estudió periodismo y ejerció su profesión en algunos de los mejores medios españoles: el periódico *ABC*, y los canales CNN plus y TVE. Cuando se formalizó el compromiso° con el entonces príncipe Felipe, Letizia tuvo que dejar de trabajar y empezó un entrenamiento particular para ser princesa, ya que al casarse se convertiría en Princesa de Asturias. Su relación con el ahora rey se distingue por no haber respondido a la formalidad que se espera en estos casos. Poco antes de la boda, un periodista le preguntó: "¿Y cómo se declara un príncipe?", a lo que Letizia contestó: "Como cualquier hombre que quiere a una mujer". Al convertirse en reina de España,
pasó de apoyar las funciones del príncipe a impulsar campañas educativas y de salud para promover la lectura y la lucha contra el cáncer y enfermedades poco frecuentes, tanto en España como en el mundo. Ésta no es una tarea fácil: Letizia debe reflejar moderación y transparencia, ocuparse° de sus hijas y proyectar una imagen fresca y cercana para cautivar al pueblo español.

> **❝ ... a partir de ahora y de forma progresiva voy a integrarme y a dedicarme a esta nueva vida con las responsabilidades y obligaciones que conlleva. ❞** (Letizia Ortiz)

emprendedora *enterprising* **compromiso** *engagement* **ocuparse** *to take care of*

¿Qué aprendiste?

1 **¿Cierto o falso?** Indica si las oraciones son **ciertas** o **falsas**. Corrige las falsas.

1. El general Francisco Franco quería que Juan Carlos de Borbón fuera su sucesor.

2. Francisco Franco trabajó mucho para establecer la democracia en España.

3. El príncipe Felipe se convirtió en rey tras la muerte de su padre.

4. La dictadura de Franco también se conoce como transición.

5. El príncipe Felipe se casó con una presentadora de televisión.

6. Cristina de Borbón es soltera.

7. La Familia Real no ha tenido problemas.

8. A muchos españoles les gusta la familia real.

2 **Oraciones incompletas** Completa las oraciones.

1. Los padres de Letizia Ortiz son _____.

2. Letizia estudió _____.

3. Cristina de Borbón es la _____ del rey Felipe VI.

4. Felipe VI es un comunicador más eficaz que _____.

5. En España, las grandes tiendas abren _____.

6. En México, usan la palabra *carnala* para referirse a _____.

3 **Preguntas** Contesta las preguntas.

1. ¿Cuál es una forma cariñosa de referirse al padre en Cuba?

2. ¿Por qué crees que Letizia Ortiz tuvo que dejar de trabajar como periodista al convertirse en princesa?

3. ¿Es seguro que la princesa Leonor sea reina de España en el futuro?

4. ¿Crees que tienen sentido las monarquías en el siglo XXI? ¿Por qué?

5. Vuelve a leer la cita de Letizia Ortiz. ¿A qué responsabilidades y obligaciones crees que se refiere?

6. Muchos supermercados abren las 24 horas. ¿Crees que esto es necesario o crees que la gente está muy "malcriada" (*spoiled*)?

4 **Opiniones** En parejas, preparen dos listas. En una lista, anoten los elementos positivos de ser príncipe o princesa heredero/a y, en la otra, los elementos negativos que creen que puede tener. Guíense por estos planteamientos y otros.

- ¿Vale la pena ser rico y famoso si pierdes tu vida privada?

- ¿Estarías dispuesto/a a guardar los modales las 24 horas del día?

- ¿Serías capaz de cumplir con todas las responsabilidades que conlleva este cargo?

 Practice more at **vhlcentral.com**.

PROYECTO

A domicilio

Existen muchos servicios a domicilio que facilitan la vida diaria. Además del ejemplo de los mieleros en Nicaragua, están los paseadores de perros, los supermercados con entrega a domicilio y las empresas que nos permiten recibir en casa libros o ropa por correo.

Imagina que vas a crear una empresa para ofrecer un servicio a domicilio.

Usa esta guía para preparar un folleto (*brochure*) sobre tu empresa. Describe:

- el servicio que vas a ofrecer y cómo se llama

- las principales características de tu servicio

- cómo va a facilitar la vida diaria de tus clientes

De compras en Barcelona

 Video

Hacer las compras tal vez te parezca una actividad aburrida y poco glamorosa, pero ¡te equivocas! En este episodio de **Flash cultura** podrás pasear por el antiguo mercado de Barcelona y descubrir una manera distinta de elegir los mejores productos en tiendas especializadas.

Corresponsal: Mari Carmen Ortiz
País: España

VOCABULARIO ÚTIL

amplio/a *wide*	**la gamba** *(Esp.)* *shrimp*
el buñuelo *fritter*	**los mariscos** *seafood*
el carrito *shopping cart*	**las patas traseras** *hind legs*
la charcutería *delicatessen*	**el puesto** *market stand*

La Boquería es un paraíso para los sentidos: olores de comida, el bullicio° de la gente, colores vivos se abren a tu paso mientras haces tus compras.

(1) **Preparación** Responde estas preguntas: ¿Qué productos españoles típicos conoces? ¿Cuál te gustaría probar más?

(2) **Comprensión** Indica si estas afirmaciones son ciertas o falsas. Después, en parejas, corrijan las falsas.

1. Las Ramblas de Barcelona son amplias avenidas.
2. En La Boquería debes elegir un carrito a la entrada y pagar toda la compra al final.
3. Hay distintos tipos de jamón serrano, según la curación y la región.
4. Barcelona ofrece una gran variedad de marisco y pescado fresco porque es un puerto marítimo.
5. En España, la mayoría de las tiendas cierra al mediodía durante media hora.
6. Las panaderías abren todos los días menos los domingos.

Hay tiendas que nunca cierran a la hora de comer: las tiendas de moda y los grandes almacenes°. Pero aún éstas tienen que cerrar tres domingos al mes.

(3) **Expansión** En parejas, contesten estas preguntas.

- ¿Prefieres hacer las compras en tiendas pequeñas y mercados tradicionales o en un supermercado normal? ¿Por qué?
- ¿Te levantas temprano para comprar el pan o algún otro producto los domingos? ¿Qué producto es tan esencial para la gente de tu país como el pan para los españoles?
- ¿Te parece bien que las tiendas cierren a la hora de la siesta? ¿Para qué usarías tú todo ese tiempo?

El jamón serrano es una comida típica española y es servido con frecuencia en los bares de tapas°.

bullicio *hubbub* **almacenes** *department stores* **tapas** *Spanish appetizers*

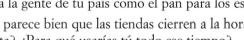
Practice more at **vhlcentral.com**.

Tutorial

3.1 The preterite

- Spanish has two simple tenses to indicate actions in the past: the preterite (**el pretérito**) and the imperfect (**el imperfecto**). The preterite is used to describe actions or states that began or were completed at a definite time in the past.

The preterite of regular *-ar*, *-er*, and *-ir* verbs		
comprar	**vender**	**abrir**
compré	vendí	abrí
compraste	vendiste	abriste
compró	vendió	abrió
compramos	vendimos	abrimos
comprasteis	vendisteis	abristeis
compraron	vendieron	abrieron

TALLER DE CONSULTA

MANUAL DE GRAMÁTICA
Más práctica

3.1 The preterite, p. A18
3.2 The imperfect, p. A19
3.3 The preterite vs. the imperfect, p. A20

Más gramática

3.4 Telling time, p. A21

¡ATENCIÓN!

In Spain, the present perfect (p. 188) is more commonly used to describe recent events.

- The preterite tense of regular verbs is formed by dropping the infinitive ending (**-ar**, **-er**, **-ir**) and adding the preterite endings. Note that the endings of regular **-er** and **-ir** verbs are identical in the preterite tense.

- The preterite of all regular and some irregular verbs requires a written accent on the preterite endings in the **yo, usted, él,** and **ella** forms.

Ayer **empecé** un nuevo trabajo.   Mi mamá **preparó** una cena deliciosa.
Yesterday I started a new job.   *My mom prepared a delicious dinner.*

- Verbs that end in **-car, -gar**, and **-zar** have a spelling change in the **yo** form of the preterite. All other forms are regular.

buscar	busc-	-qu-	yo busqué
llegar	lleg-	-gu-	yo llegué
empezar	empez-	-c-	yo empecé

- **Caer, creer, leer**, and **oír** change **-i-** to **-y-** in the third-person forms (**usted, él,** and **ella** forms and **ustedes, ellos,** and **ellas** forms) of the preterite. They also require a written accent on the **-i-** in all other forms.

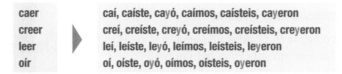

caer   caí, caíste, cayó, caímos, caísteis, cayeron
creer   creí, creíste, creyó, creímos, creísteis, creyeron
leer   leí, leíste, leyó, leímos, leísteis, leyeron
oír   oí, oíste, oyó, oímos, oísteis, oyeron

- Verbs with infinitives ending in **-uir** change **-i-** to **-y-** in the third-person forms of the preterite.

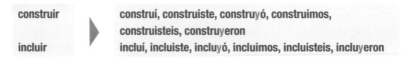

construir   construí, construiste, construyó, construimos,
               construisteis, construyeron
incluir   incluí, incluiste, incluyó, incluimos, incluisteis, incluyeron

- Stem-changing **-ir** verbs also have a stem change in the third-person forms of the preterite. Stem-changing **-ar** and **-er** verbs do not have a stem change in the preterite.

Preterite of *-ir* stem-changing verbs

pedir		dormir	
pedí	pedimos	dormí	dormimos
pediste	pedisteis	dormiste	dormisteis
pidió	pidieron	durmió	durmieron

¡ATENCIÓN!

Other **-ir** stem-changing verbs include:

conseguir	repetir
consentir	seguir
hervir	sentir
morir	servir
preferir	

- A number of **-er** and **-ir** verbs have irregular preterite stems. Note that none of these verbs takes a written accent on the preterite endings.

Creo que ya me entendió.

Termina tu almuerzo y después te vas. Mira, dejaste la mitad.

¡ATENCIÓN!

Ser, ir, dar, and **ver** also have irregular preterites. The preterite forms of **ser** and **ir** are identical.

ser/ir
fui, fuiste, fue, fuimos, fuisteis, fueron

dar
di, diste, dio, dimos, disteis, dieron

ver
vi, viste, vio, vimos, visteis, vieron

The preterite of **hay** is **hubo.**

Hubo dos conciertos el viernes.
There were two concerts on Friday.

Preterite of irregular verbs

Infinitive	u-stem	preterite forms
andar	anduv-	anduve, anduviste, anduvo, anduvimos, anduvisteis, anduvieron
estar	estuv-	estuve, estuviste, estuvo, estuvimos, estuvisteis, estuvieron
poder	pud-	pude, pudiste, pudo, pudimos, pudisteis, pudieron
poner	pus-	puse, pusiste, puso, pusimos, pusisteis, pusieron
saber	sup-	supe, supiste, supo, supimos, supisteis, supieron
tener	tuv-	tuve, tuviste, tuvo, tuvimos, tuvisteis, tuvieron

Infinitive	i-stem	preterite forms
hacer	hic-	hice, hiciste, hizo, hicimos, hicisteis, hicieron
querer	quis-	quise, quisiste, quiso, quisimos, quisisteis, quisieron
venir	vin-	vine, viniste, vino, vinimos, vinisteis, vinieron

Infinitive	j-stem	preterite forms
conducir	conduj-	conduje, condujiste, condujo, condujimos, condujisteis, condujeron
decir	dij-	dije, dijiste, dijo, dijimos, dijisteis, dijeron
traer	traj-	traje, trajiste, trajo, trajimos, trajisteis, trajeron

- Note that the stem of **decir (dij-)** not only ends in **j,** but the stem vowel **e** changes to **i.** In the **usted, él,** and **ella** form of **hacer (hizo), c** changes to **z** to maintain the pronunciation. Most verbs that end in **-cir** have **j-**stems in the preterite.

Práctica

TALLER DE CONSULTA

MANUAL DE GRAMÁTICA
Más práctica

3.1 The preterite, p. A18

1 **Quehaceres** Escribe la forma correcta del pretérito de los verbos indicados.

1. El sábado pasado, mis compañeros de apartamento y yo _____ (hacer) la limpieza semanal.

2. Jorge _____ (barrer) el suelo de la cocina.

3. Yo _____ (pasar) la aspiradora por el salón.

4. Martín y Felipe _____ (quitar) los sillones para limpiarlos y después los _____ (volver) a poner en su lugar.

5. Yo _____ (lavar) toda la ropa sucia y la _____ (poner) en el armario.

6. Nosotros _____ (terminar) con todo en menos de una hora.

7. Luego, Martín _____ (abrir) el refrigerador.

8. Él _____ (ver) que no había nada de comer.

9. Felipe _____ (decir) que iría al supermercado. Todos nosotros _____ (decidir) acompañarlo.

10. Yo _____ (apagar) las luces y nosotros _____ (ir) al mercado.

2 **¿Qué hicieron?** Combina elementos de cada columna para narrar lo que hicieron las personas.

MODELO Una vez, mis amigos y yo tuvimos que cocinar para cincuenta invitados.

anoche	yo	conversar	¿?
anteayer	mi compañero/a	dar	¿?
ayer	de cuarto	decir	¿?
la semana	mis amigos/as	ir	¿?
pasada	el/la profesor(a)	leer	¿?
una vez	de español	pedir	¿?
dos veces	mi novio/a	tener que	¿?

3 **La última vez** Con oraciones completas, indica cuándo fue la última vez que hiciste cada una de estas actividades. Da detalles en tus respuestas. Después comparte la información con la clase.

MODELO ir al cine
La última vez que fui al cine fue en abril. La película que vi fue *Alicia en el país de las maravillas*...

1. hacer mandados
2. decir una mentira
3. andar atrasado/a
4. olvidar algo importante
5. devolver un regalo
6. ir de compras
7. oír una buena/mala noticia
8. encontrar una ganga increíble
9. probarse ropa en una tienda
10. comprar algo muy caro

 Practice more at **vhlcentral.com**.

Comunicación

(4) **La semana pasada** Recorre el salón de clase y averigua lo que hicieron tus compañeros durante la semana pasada. Anota el nombre de la primera persona que conteste que sí a cada una de las preguntas.

> **MODELO** ir al cine
> —¿Fuiste al cine durante la semana pasada?
> —Sí, fui al cine y vi la última película de Cuarón./No, no fui al cine.

Actividades	Nombre
1. asistir a un partido de fútbol	_____
2. cocinar para los amigos	_____
3. conseguir una buena nota en una prueba	_____
4. dar un consejo (*advice*) a un(a) amigo/a	_____
5. dormirse en clase o en el laboratorio	_____
6. estudiar toda la noche para un examen	_____
7. enojarse con un(a) amigo/a	_____
8. incluir un álbum de fotos en Facebook	_____
9. ir a la oficina de un(a) profesor(a)	_____
10. ir al centro comercial	_____
11. pedir dinero prestado	_____
12. perder algo importante	_____
13. probarse un vestido/un traje elegante	_____

(5) **Una fiesta** En parejas, túrnense para comentar la última fiesta que dieron o a la que asistieron.

- ocasión
- fecha y lugar
- organizador(a)
- invitados
- comida
- música
- actividades

(6) **Anécdotas**

A. Escribe dos anécdotas divertidas o curiosas que te ocurrieron en el pasado.

> **MODELO** Una vez fui a una entrevista muy importante con un zapato de cada color...

B. Presenta una de tus historias ante la clase. Después, la clase votará por la anécdota más divertida e interesante.

Tutorial

3.2 The imperfect

- The imperfect tense in Spanish is used to narrate past events without focusing on their beginning, end, or completion.

¿No dijo que era su novia?

Hace un rato estabas bien, pero ahora estás como pálida.

- The imperfect tense of regular verbs is formed by dropping the infinitive ending (**-ar, -er, -ir**) and adding personal endings. **-Ar** verbs take the endings **-aba, -abas, -aba, -ábamos, -abais, -aban. -Er** and **-ir** verbs take **-ía, -ías, -ía, -íamos, -íais, -ían**.

The imperfect of regular -ar, -er, and -ir verbs		
caminar	**deber**	**abrir**
caminaba	debía	abría
caminabas	debías	abrías
caminaba	debía	abría
caminábamos	debíamos	abríamos
caminabais	debíais	abríais
caminaban	debían	abrían

- **Ir, ser,** and **ver** are the only verbs that are irregular in the imperfect.

The imperfect of irregular verbs		
ir	**ser**	**ver**
iba	era	veía
ibas	eras	veías
iba	era	veía
íbamos	éramos	veíamos
ibais	erais	veíais
iban	eran	veían

- The imperfect tense narrates what was going on at a certain time in the past. It often indicates what was happening in the background.

  Cuando yo **era** joven, **vivía** en una ciudad muy grande. Todas las semanas, mis padres y yo **íbamos** al centro comercial.
  When I was young, I lived in a big city. Every week, my parents and I went to the mall.

- The imperfect of **hay** is **había**.

  Había tres cajeras en el supermercado.
  There were three cashiers in the supermarket.

  Sólo **había** un mesero en el café.
  There was only one waiter in the café.

- These words and expressions are often used with the imperfect because they express habitual or repeated actions: **de niño/a** (*as a child*), **todos los días** (*every day*), **mientras** (*while*), **siempre** (*always*).

  De niño, vivía en un barrio de Madrid.
  As a child, I lived in a Madrid neighborhood.

  Todos los días iba a la casa de mi abuela.
  Every day I went to my grandmother's house.

  Siempre escuchaba música **mientras corría** en el parque.
  I always listened to music while I ran in the park.

Siempre dormía muy mal.

Nunca podía relajarme.

Estaba desesperado; no sabía qué hacer.

Ahora, mis problemas están resueltos con mi nueva cama.

DORMALUX
LA CAMA DE TUS SUEÑOS

Práctica

TALLER DE CONSULTA

MANUAL DE GRAMÁTICA
Más práctica

3.2 The imperfect, p. A19

1 **Granada** Escribe la forma correcta del imperfecto de los verbos indicados.

Granada, en el sur de España

Cuando yo (1) _____ (tener) veinte años, estuve en España por seis meses. (2) _____ (vivir) en Granada, una ciudad de Andalucía. (3) _____ (ser) estudiante en un programa de español para extranjeros. Entre semana, mis amigos y yo (4) _____ (estudiar) español por las mañanas. Por las tardes, (5) _____ (visitar) los lugares más interesantes de la ciudad para conocerla mejor. Los fines de semana, nosotros (6) _____ (ir) de excursión. (Nosotros) (7) _____ (visitar) ciudades y pueblos nuevos. Los paisajes (8) _____ (ser) maravillosos. Quiero volver pronto.

2 **Antes** En parejas, túrnense para hacerse preguntas usando estas frases. Sigan el modelo.

MODELO **levantarse tarde los lunes**
—¿Te levantas tarde los lunes?
—Ahora sí, pero antes nunca me levantaba tarde los lunes./Ahora no, pero antes siempre me levantaba tarde los lunes.

1. hacer los quehaceres del hogar
2. usar una agenda
3. ir de compras al centro comercial
4. pagar con tarjeta de crédito
5. trabajar por las tardes
6. preocuparse por el futuro

3 **Una historieta** En grupos de tres, creen una pequeña historieta (*comic*) explicando cómo era la vida diaria de un héroe o una heroína. Después, presenten sus historietas a la clase.

MODELO Superchica era una niña con un poder muy peculiar: podía volar...

Practice more at **vhlcentral.com**.

Comunicación

4 **De niños**

 A. Busca en la clase compañeros/as que hacían estas cosas cuando eran niños/as. Escribe el nombre de la primera persona que conteste afirmativamente cada pregunta.

MODELO **ir mucho al parque**
—¿Ibas mucho al parque?
—Sí, iba mucho al parque.

¿Qué hacían?	Nombre
1. tener miedo de los monstruos	_____
2. llorar todo el tiempo	_____
3. siempre hacer su cama	_____
4. ser muy travieso/a (*mischievous*)	_____
5. romper los juguetes (*toys*)	_____
6. darles muchos regalos a sus padres	_____
7. comer muchos dulces	_____
8. creer en fantasmas	_____

B. Ahora, comparte con la clase los resultados de tu búsqueda.

5 **Antes y ahora** En parejas, comparen cómo ha cambiado la vida de Andrés en los últimos años. ¿Cómo era antes? ¿Cómo es ahora?

antes

ahora

6 **En aquel entonces**

A. Utiliza el imperfecto para escribir un párrafo sobre la vida diaria de un(a) pariente tuyo/a de otra época. ¿Cómo era su vida cotidiana? ¿Qué solía hacer para divertirse?

B. Ahora comparte tu párrafo con un(a) compañero/a. Pregúntense sobre los personajes y comparen la vida diaria de aquel entonces con la de hoy. ¿En qué aspectos era mejor la vida hace veinte años? ¿Hace cincuenta años? ¿Hace doscientos años? ¿En qué aspectos era peor?

Tutorial

3.3 The preterite vs. the imperfect

- Although the preterite and imperfect both express past actions or states, the two tenses have different uses and, therefore, are not interchangeable.

Estaba cruzando y me atropellaste.

Siempre fueron desordenados, pero antes mi mami recogía todo y tú no te dabas cuenta.

Uses of the preterite

- To express actions or states viewed by the speaker as completed

Compraste esos muebles hace un mes, ¿no?
You bought that furniture a month ago, right?

Mis amigas **fueron** al centro comercial ayer.
My girlfriends went to the mall yesterday.

- To express the beginning or end of a past action

La telenovela **empezó** a las ocho.
The soap opera began at eight o'clock.

Esta mañana se nos **acabó** el café.
We ran out of coffee this morning.

- To narrate a series of past actions

Me levanté, **me vestí** y **fui** a clase.
I got up, got dressed, and went to class.

Lavamos la ropa, **pasamos** la aspiradora y **quitamos** el polvo
We did the laundry, vacuumed, and dusted.

Uses of the imperfect

- To describe an ongoing past action without reference to beginning or end

Se acostaba muy temprano.
He went to bed very early.

Juan siempre **tenía** pesadillas.
Juan always had nightmares.

- To express habitual past actions

Pedro **jugaba** al fútbol los domingos por la mañana.
Pedro liked to play soccer on Sunday mornings.

Los jueves **solían** comprar verduras en el mercado.
On Thursdays they used to buy vegetables in the market.

- To describe mental, physical, and emotional states or conditions

En aquel entonces José Miguel sólo **tenía** quince años.
At that time José Miguel was only fifteen.

Estaba tan hambriento que me comí medio pollo yo solo.
I was so hungry that I ate half a chicken, all by myself.

TALLER DE CONSULTA

To review telling time, see **Manual de gramática**, 3.4, p. A21.

- To tell time

Eran las ocho y media de la mañana.
It was eight thirty a.m.

Era la una en punto.
It was exactly one o'clock.

Uses of the preterite and imperfect together

- When narrating in the past, the imperfect describes what *was happening*, while the preterite describes the action that *interrupts* the ongoing activity. The imperfect provides background information, while the preterite indicates specific events that advance the plot.

> Cuando **conocí** a Julia los dos **teníamos** quince años. Ella **tocaba** muy bien el piano; me **dijo** que **quería** ser pianista profesional. Yo me **quedaba** horas escuchándola. Un día, mientras **tocaba** un concierto de Bach, me **enamoré**. Bueno, eso **pensaba** entonces, pero en realidad nunca la **quise**. Yo **amaba** su música, eso sí, pero sólo su música. Cuando me **di** cuenta no **sabía** cómo decírselo. Afortunadamente, fue Julia la que me **dijo** que **quería** a otro.

> *When I **met** Julia, we **were** both fifteen years old. She **played** the piano very well; she **told** me that she **wanted** to be a professional pianist. I **would listen** to her play for hours. Then one day, when she **was playing** a Bach concerto, I **fell** in love with her. Well, that's what I **thought** back then, but the truth is I never really **loved** her. I **loved** her music, that much is true, but only her music. When I **realized** it, I **didn't know** how to tell her. Fortunately, it was Julia who **told** me that she **was** in love with someone else.*

Different meanings in the imperfect and preterite

Marcela, quería pedirte perdón con este humilde regalo.

- The verbs **querer, poder, saber,** and **conocer** have different meanings when they are used in the preterite. Notice also the meanings of **no querer** and **no poder** in the preterite.

INFINITIVE	IMPERFECT	PRETERITE
querer	**Quería acompañarte.** *I wanted to go with you.*	**Quise acompañarte.** *I tried to go with you (but failed).*
		No quise acompañarte. *I refused to go with you.*
poder	**Ana podía hacerlo.** *Ana could do it.*	**Ana pudo hacerlo.** *Ana succeeded in doing it.*
		Ana no pudo hacerlo. *Ana could not do it.*
saber	**Ernesto sabía la verdad.** *Ernesto knew the truth.*	**Por fin Ernesto supo la verdad.** *Ernesto finally discovered the truth.*
conocer	**Yo ya conocía a Andrés.** *I already knew Andrés.*	**Yo conocí a Andrés en la fiesta.** *I met Andrés at the party.*

¡ATENCIÓN!

Here are some useful sequencing expressions.

primero *first*
al principio *in the beginning*
antes (de) *before*
después (de) *after*
mientras *while*
entonces *then*
luego *then; next*
siempre *always*
al final *finally*
la última vez *the last time*

¡ATENCIÓN!

The imperfect progressive is also used to describe a past action that was in progress, but was interrupted by an event. Both **ella estaba tocando el piano** and **ella tocaba el piano** are correct.

Práctica

TALLER DE CONSULTA

MANUAL DE GRAMÁTICA
Más práctica

3.3 The preterite vs. the imperfect, p. A20

1 **Una cena especial** Elena y Francisca tenían invitados para cenar y lo estaban preparando todo. Completa las oraciones con el imperfecto o el pretérito de estos verbos. Puedes usar los verbos más de una vez.

averiguar	haber	ofrecerse	salir
decir	levantarse	pasar	ser
estar	limpiar	preparar	terminar
freír	llamar	quitar	tocar

1. _____ las ocho cuando Francisca y Elena _____ para preparar todo.
2. Elena _____ la aspiradora cuando Felipe la _____ para preguntar la hora de la cena. Le _____ que _____ a las diez y media.
3. Francisca _____ las tapas en la cocina. Todavía _____ temprano.
4. Mientras Francisca _____ las papas en aceite, Elena _____ la sala.
5. Elena _____ el polvo de los muebles cuando su madre _____ el timbre. ¡_____ una visita sorpresa!
6. Su madre _____ a ayudar. Elena _____ que sí.
7. Cuando Francisca _____ de hacer las tapas, _____ que no _____ suficientes refrescos. Francisca _____ al supermercado.
8. Cuando por fin _____, ya _____ las nueve. Todo _____ listo.

2 **Interrupciones** Combina palabras y frases de cada columna para contar lo que hicieron estas personas. Usa el pretérito y el imperfecto.

> **MODELO** Ustedes miraban la tele cuando el médico llamó.

yo	dormir	usted	llamar por teléfono
tú	comer	el/la médico/a	salir
Marta y Miguel	escuchar música	la policía	sonar
nosotros	mirar la tele	la alarma	recibir el mensaje
Paco	conducir	los amigos	ver el accidente
ustedes	ir a...	Juan Carlos	tocar el timbre

3 **Las fechas importantes**

A. Escribe cuatro fechas importantes en tu vida y explica qué pasó.

> **MODELO**

Fecha	¿Qué pasó?	¿Dónde y con quién estabas?	¿Qué tiempo hacía?
el 6 de agosto de 2010	Conocí a Lady Gaga.	Estaba en el gimnasio con un amigo.	Llovía mucho.

B. Intercambia tu información con tres compañeros/as. Ellos/as te van a hacer preguntas sobre lo que te pasó.

Practice more at **vhlcentral.com**.

Comunicación

(4) La mañana de Esperanza

A. En parejas, observen los dibujos. Escriban lo que le pasó a Esperanza después de abrir la puerta de su casa. ¿Cómo fue su mañana? Utilicen el pretérito y el imperfecto en la narración.

1.

2.

3.

4.

B. Con dos parejas más, túrnense para presentar las historias que han escrito. Después, combinen sus historias para hacer una nueva.

(5) Síntesis En grupos de cuatro, túrnense para pasarse una hoja de papel. Cada uno/a escribe una oración con el fin de narrar un cuento sobre un día extraordinario en el que la rutina diaria se vio interrumpida por una serie de eventos inesperados. Después, presenten sus cuentos a la clase. Utilicen el pretérito, el imperfecto y el vocabulario de esta lección. Sean creativos/as.

> **MODELO**
> —El día empezó como cualquier otro día...
> —Me levanté, me arreglé y salí para la clase de las nueve...
> —Caminaba por la avenida central como siempre, cuando, de repente, en medio de la calle, vi algo horroroso, algo que me hizo temblar de miedo...

Antes de ver el corto

ADIÓS MAMÁ

país México

director Ariel Gordon

duración 7 minutos

protagonistas hombre joven, señora

Vocabulario

afligirse *to get upset*

el choque *crash*

despedirse (e:i) *to say goodbye*

las facciones *(facial) features*

parecerse *to look like*

repentino/a *sudden*

el timbre *tone of voice*

titularse *to graduate*

 1 **Practicar** Completa cada una de las rimas usando el vocabulario del corto.

1. Cuando Anabel tiene un problema, _____, pero nunca lo corrige.

2. ¡Qué buen actor! Sus _____ siempre reflejan sus acciones.

3. ¡Pobre don Roque! Compró carro nuevo y a los dos días tuvo un _____.

4. No me gusta el _____ de voz de ese hombre.

5. ¡Qué estilos tan variados! Las pinturas son trece y ninguna _____.

6. Le faltan muchos cursos. Si no decide apurarse (*hurry up*), nunca va a _____.

 2 **Comentar** En parejas, intercambien opiniones sobre las preguntas.

1. ¿Hablan con desconocidos en algunas ocasiones? ¿En qué situaciones?

2. Según su título, ¿de qué creen que va a tratar el corto?

3. ¿En qué lugares es más fácil o frecuente hablar con gente que no conocen? Den dos o tres ejemplos.

4. ¿A veces son ingenuos/as? ¿Se creen historias falsas? Den ejemplos.

5. ¿Alguna vez les sucedió algo interesante o divertido en un supermercado? ¿Qué sucedió?

6. Observen los fotogramas. ¿Qué creen que va a pasar en este cortometraje?

 Practice more at **vhlcentral.com**.

Adiós Mamá

Premio especial del Jurado, Semana Internacional de Cine Experimental de Valladolid, España

Una producción de **CONACULTA/INSTITUTO MEXICANO DE CINEMATOGRAFÍA** Guión y Dirección **ARIEL GORDON**
Producción **JAVIER BOURGES** Producción ejecutiva **PATRICIA RIGGEN**
Fotografía **SANTIAGO NAVARRETE** Edición **CARLOS SALCES** Música **GERARDO TAMEZ**
Sonido **SANTIAGO NÚÑEZ/NERIO BARBERIS**
Arte **FERNANDO MERI/AARÓN NIÑO CÁMARA**
Actores **DANIEL GIMÉNEZ CACHO/DOLORES BERISTAIN/PATRICIA AGUIRRE/PACO MORAYTA**

Escenas

ARGUMENTO Un hombre está en el supermercado. En la fila para pagar, la señora que está delante de él le habla.

SEÑORA Se parece a mi hijo. Realmente es igual a él.
HOMBRE Ah, pues no, no se que decir.

SEÑORA Murió en un choque. El otro conductor iba borracho. Si él viviera, tendría la misma edad que usted.
HOMBRE Por favor, no llore.

SEÑORA ¿Sabe? Usted es su doble. Bendito sea el Señor que me ha permitido ver de nuevo a mi hijo. ¿Le puedo pedir un favor?
HOMBRE Bueno.

SEÑORA Nunca tuve oportunidad de despedirme de él. Su muerte fue tan repentina. ¿Al menos podría llamarme "mamá" y decirme adiós cuando me vaya?

SEÑORA ¡Adiós, hijo!
HOMBRE ¡Adiós, mamá!
SEÑORA ¡Adiós, querido!
HOMBRE ¡Adiós, mamá!

CAJERA No sé lo que pasa, la máquina desconoce el artículo. Espere un segundo a que llegue el gerente.
(*El gerente llega y ayuda a la cajera.*)

Después de ver el corto

1 **Comprensión** Contesta las preguntas con oraciones completas.

1. ¿Dónde están los personajes?
2. ¿Qué relación hay entre el hombre y la señora?
3. ¿A quién dice la señora que se parece el hombre?
4. ¿Por qué dice la señora que no pudo despedirse de su hijo?
5. ¿Qué favor le pide la señora al hombre?
6. ¿Cuántas compras tiene que pagar el hombre? ¿Por qué?

2 **Ampliación** En parejas, háganse las preguntas.

1. ¿Has sido alguna vez víctima de un fraude similar? ¿Qué pasó?
2. ¿Qué haces cuando un desconocido te pide un favor?
3. ¿Qué creen que pasa después del final? ¿Tiene que pagar la cuenta completa el hombre? ¿Tiene que intervenir la policía?
4. Después de lo que sucedió, ¿qué consejos puede darles el hombre a sus amigos?

3 **Inventar** En parejas, lean la cita y consideren que la señora realmente tiene un hijo, pero que no murió. Imagínenlo. ¿Qué le pasó? ¿Cómo fue su vida? ¿Visitaba a su madre con frecuencia? Escriban un párrafo de diez líneas.

> **❝ Murió en un choque. El otro conductor iba borracho. Si él viviera, tendría la misma edad que usted. Se habría titulado y probablemente tendría una familia. Yo sería abuela. ❞**

4 **Imaginar** En parejas, describan la vida de uno los personajes del corto. Escriban por lo menos cinco oraciones, usando como base las preguntas.

- ¿Cómo es?
- ¿Con quién vive?
- ¿Qué no le gusta?
- ¿Dónde vive?
- ¿Qué le gusta?
- ¿Tiene dinero?

5 **Detective** El joven está contándole a un(a) detective lo que pasó en el supermercado. En parejas, uno/a de ustedes es el/la detective y el/la otro/a es el hombre. Preparen las preguntas y representen la escena delante de la clase.

6 **Notas** Imagina que eres el/la detective y escribe un informe (*report*) de lo que pasó en el supermercado. Tiene que ser un informe lo más completo posible. Puedes inventar los datos que tú quieras.

"Tras el vivir y el soñar, está lo que más importa: el despertar."

Antonio Machado

La siesta, 2010
Óscar Sir Avendaño, Colombia

Interpretar En parejas, contesten estas preguntas.

1. ¿Qué ven en este cuadro?

2. ¿Quién es el personaje que aparece en el sofá? ¿Dónde puede verse esta escena en la vida real, y en qué momento del día?

3. ¿Qué sensación les causan los colores usados en esta pintura?

4. ¿Cómo llegó ahí la persona del cuadro y qué pasa cuando se despierta de la siesta? Imaginen la escena y escríbanla.

Practice more at **vhlcentral.com**.

Antes de leer

Último brindis

Sobre el autor

Nicanor Parra (1914-2018) nació en San Fabián, Chile. Era el mayor de ocho hermanos, entre los que se encuentra la famosa cantante chilena Violeta Parra. Además de poeta, Nicanor Parra fue matemático y físico. A los 17 años se marchó a Santiago para estudiar y allí, influido por la obra de García Lorca y de los surrealistas, comenzó a escribir. En 1937 apareció su primer libro de poemas, *Cancionero sin nombre*. En 1954 publicó su obra más conocida, *Poemas y antipoemas*, que marcó una nueva tendencia en la poesía hispanoamericana con su estilo directo y su marcado sentido del humor. Por su carrera literaria y su trabajo por la renovación de la lengua, se le concedió el Premio Cervantes en 2011.

Vocabulario

las alternativas *options*	**la copa** *glass*	**el mañana** *the future*
el ayer *the past*	**deshojar** *to pull out petals*	**pertenecer** *to belong*
el brindis *toast*	**disponer (de)** *to have; to make use of*	**en resumidas cuentas** *in a nutshell*

(1) Vocabulario Completa las oraciones.

1. Puedes _____ mis libros cuando quieras.
2. No sé a quién _____ esa agenda, pero no es mía.
3. Pasaron muchas cosas más pero, _____, perdimos el campeonato.
4. En la celebración de la boda se hizo _____ en honor de los novios.
5. Mi abuela siempre recuerda _____ con melancolía.
6. En la obra de teatro, Ana _____ una flor y dice: "me quiere", "no me quiere".

(2) Conexión personal ¿Te preocupa el paso del tiempo? ¿Cuáles te parecen las ventajas de ser joven? ¿Y de ser viejo? ¿Por qué piensas que la juventud recibe tanta atención en nuestra cultura? ¿Te consideras un optimista o un pesimista de la vida?

(3) Análisis literario: La antipoesía

El inicio de la antipoesía se atribuye al escritor Nicanor Parra con la publicación de su obra *Poemas y Antipoemas*. La antipoesía aparece como reacción a la temática y al lenguaje de la poesía solemne y grandiosa, y critica la imagen del poeta como un ser sagrado. El antipoeta se ocupa de la vida del hombre común y usa el humor negro, la ironía, el sarcasmo, el cliché y el lenguaje cotidiano en un tono escéptico y pesimista. A veces, el antipoema toma la forma de un aviso publicitario o de una conferencia. Cuando leas *Último brindis*, intenta identificar características de la antipoesía.

 Practice more at **vhlcentral.com**.

Último brindis

Nicanor Parra

Lo queramos o no
Sólo tenemos tres alternativas:
El ayer, el presente y el mañana.

not even   Y ni siquiera° tres
5   Porque como dice el filósofo
El ayer es ayer
Nos pertenece sólo en el recuerdo:
A la rosa que ya se deshojó
No se le puede sacar otro pétalo.

10   Las cartas por jugar
Son solamente dos:
El presente y el día de mañana.

Y ni siquiera dos
Porque es un hecho bien establecido
15   Que el presente no existe
Except   Sino° en la medida en que se hace pasado
Y ya pasó...
como la juventud.

En resumidas cuentas
20   Sólo nos va quedando el mañana:
Yo levanto mi copa
Por ese día que no llega nunca
Pero que es lo único
De lo que realmente disponemos. ▪

Después de leer

Último brindis
Nicanor Parra

1 Comprensión Contesta las preguntas con oraciones completas.

1. ¿Qué alternativas ve el poeta en la vida?
2. ¿Quién dice que "el ayer es el ayer"?
3. ¿Con qué se compara el pasado?
4. Según el autor, ¿cuáles son las dos cartas que podemos jugar?
5. ¿Cuál es, según el poeta, el problema del presente?
6. ¿Cómo termina el poema?

2 Interpretación Contesta las preguntas.

1. ¿Cuál crees que es el tema de *Último brindis*?
2. ¿A quién piensas que le habla el poeta?
3. ¿Por qué te parece que dice "lo queramos o no"?
4. ¿A qué se refiere con "las cartas por jugar"?
5. ¿En qué estado se encuentra una rosa deshojada y qué dice esto del paso del tiempo?
6. ¿Crees que para el poeta disponemos realmente de alguna alternativa en la vida?

3 Análisis En parejas, respondan a las preguntas.

1. ¿Creen que *Último brindis* es un poema de esperanza o de todo lo contrario? ¿Por qué?
2. ¿Por qué creen que, según el poeta, el mañana es "ese día que no llega nunca"?
3. Los brindis honran a alguien o festejan alguna situación. ¿Cómo utiliza el poeta su *Último brindis*?
4. ¿Por qué creen que el autor se refiere a este brindis como el "último"?

4 Ampliación En parejas, relean el poema.

1. ¿Creen que la edad del poeta tiene algo que ver con el contenido del poema?
2. ¿En qué les hace pensar el poema?
3. ¿Qué palabra que no se menciona nunca es esencial en el poema?
4. ¿Qué elementos de la antipoesía pueden identificar en el poema?

5 El tiempo En grupos, elijan una de las siguientes opciones y escriban un texto publicitario. Deben justificar la necesidad de comprar el producto, describir sus efectos o ventajas y citar testimonios de personas que han usado el producto previamente. Luego, presenten su trabajo a la clase.

- Pastillas milagrosas para vivir más de 200 años.
- Un boleto de ida y vuelta para un viaje en el tiempo.
- Un espejo que te muestra cómo será tu vida en 20 años.
- Un jarabe que te permite olvidar los momentos del pasado que no quieres recordar.

 Practice more at **vhlcentral.com**.

Antes de leer

Vocabulario

el cansancio *exhaustion*	**pintar** *to paint*
el cuadro *painting*	**el/la pintor(a)** *painter*
fatigado/a *fatigued*	**previsto/a** *planned*
imprevisto/a *unexpected*	**retratar** *to portray*
la obra maestra *masterpiece*	**el retrato** *portrait*

1 **Pablo Picasso** Completa las oraciones con el vocabulario de la tabla.

Guernica, Pablo Picasso

1. De todo el arte del Museo Reina Sofía, yo prefiero los _____ de Pablo Picasso.

2. De muy joven, el _____ español creaba arte realista.

3. Al poco tiempo, este gran artista empezó a _____ obras de otros estilos e inventó el cubismo.

4. Su obra más famosa, el *Guernica*, quiere _____ el horror del bombardeo alemán al pueblo de Guernica, en el norte de España.

5. Según mucha gente, el *Guernica* es su creación más importante, la _____ de Picasso.

2 **Conexión personal** ¿Qué haces para recordar los eventos y las personas que son importantes para ti? ¿Sacas fotos o mantienes un diario? ¿Cuentas historias? ¿Cuáles son algunos de los recuerdos que te gustaría recordar para siempre?

Niños comiendo uvas y un melón,
Bartolomé Esteban Murillo

Contexto cultural

Del siglo XVI al siglo XVII, España pasó de ser una enorme potencia política a ser un imperio en camino de extinción. Donde antes había victorias militares, riqueza (*wealth*) y expansión, ahora había crisis política y económica, y decadencia. Sin embargo, estos problemas contrastaban con la extraordinaria producción artística y literaria del Siglo de Oro. A pesar de su éxito, se consideraba a los pintores más artesanos que artistas y, por lo tanto, no eran de alta posición social. Muchos artistas trabajaban por encargo; la realeza y la nobleza eran sus mecenas (*patrons*). Con sus obras, contribuían a la educación cultural, y a menudo religiosa, de la sociedad.

 Practice more at **vhlcentral.com**.

Vieja friendo huevos

El arte de la vida diaria

Diego Velázquez es importante no sólo por su mérito artístico, sino también por lo que nos cuentan sus cuadros. Conocido sobre todo como pintor de retratos, Velázquez se interesaba también por temas mitológicos y escenas cotidianas. En todo su arte, examinaba y
5 reproducía en minucioso detalle sólo aquello que veía. Su imitación de la naturaleza, de lo inmediatamente observable, era lo que daba vida a su arte y a la vez creaba un arte de la vida diaria.

king's court

Antes de mudarse a la Corte del Rey°, Velázquez pintó cuadros de temas cotidianos.
10 Un ejemplo célebre es la *Vieja friendo huevos* (1618). El cuadro capta un momento sin aparente importancia: una mujer vieja cocina mientras un niño trae aceite y un melón. Varios objetos de la casa, reproducidos con

canvas 15 precisión, llenan el lienzo°, dignos de nuestra atención, por ejemplo: la cuchara, un plato blanco en el que descansa un cuchillo, jarras°,

jugs
wicker basket una cesta de paja°. Junto con la comida que prepara —no hay carne ni variedad— la
20 ropa típica de pobre sugiere que la mujer es humilde. Con el cuadro, Velázquez interrumpe un momento que podría ser de cualquier día.

still life No es una naturaleza muerta°, sino un instante de la vida.

25 Incluso cuando pintaba temas mitológicos, Velázquez tomaba como modelo gente de la calle. Por eso, se pueden percibir escenas diarias en temas distanciados de la

triumph época. Un ejemplo es *El triunfo° de Baco* (entre
30 1628 y 1629). En este cuadro, el dios romano del vino se sienta en un campo abierto, no con otros dioses, sino con campesinos°. Sus caras

peasants fatigadas reflejan a la vez el cansancio de una vida de trabajo —la vida del plebeyo° español

commoner 35 era entonces especialmente dura— y la alegría de poder descansar un rato.

En los cuadros de la Corte, Velázquez nos da una imagen rica y compleja del mundo del

El triunfo de Baco

palacio. En vez de retratar exclusivamente a la familia real y los nobles, incluye también 40 toda la tropa de personajes que los servía y entretenía. En este grupo numeroso entraban enanos° y bufones°, a quienes Velázquez

little people/ jesters pinta con dignidad. En *Las Meninas* (ca. 1656), su cuadro más famoso y misterioso, 45 la princesa Margarita está rodeada° por sus

surrounded damas, enanos y un perro. A la izquierda, el mismo Velázquez pinta detrás de un lienzo inmenso. En el fondo° se ve una imagen de

background los reyes. 50

Sin embargo, el cuadro sugiere más preguntas que respuestas. ¿Dónde están exactamente el rey y la reina? ¿La imagen de ellos que vemos es un reflejo de espejo°?

mirror ¿Qué pinta el artista y por qué aparece en el 55 cuadro? ¿Qué significa? Tampoco se sabe por qué se detiene aquí el grupo: puede ser por una razón prevista, como posar para un cuadro; o puede ser algo totalmente imprevisto, un momento efímero° de la vida de una princesa 60 *fleeting* y su grupo. ¿Es un momento importante? *Las Meninas* invita al debate sobre un instante que no se pierde sólo porque un pintor lo capta y lo rescata° del olvido. Paradójicamente es su

rescues enfoque en lo momentáneo y en el detalle de 65 la vida común lo que eleva a Velázquez por encima de otros grandes artistas. ▪

Las Meninas

Biografía breve
1599 Diego Velázquez nace en Sevilla.
1609 Empieza sus estudios formales de arte.
1623 Nombrado pintor oficial del Rey Felipe IV en Madrid.
1660 Muere después de una breve enfermedad.

Después de leer

El arte de la vida diaria

1 Comprensión Después de leer el texto, decide si las oraciones son **ciertas** o **falsas**. Corrige las falsas.

1. Velázquez es conocido sobre todo como pintor religioso.
2. Velázquez era un pintor impresionista que transformaba su sujeto en la imaginación.
3. Por lo general, Velázquez tomaba como modelo gente de la calle.
4. En *El triunfo de Baco*, el dios romano del vino se sienta con campesinos españoles.
5. Velázquez retrataba exclusivamente a la familia real y a los nobles.
6. Velázquez se autorretrata en *Las Meninas*.

2 Interpretación Contesta las preguntas con oraciones completas.

1. ¿Se refleja de alguna manera la crisis económica del siglo XVII en los cuadros de Velázquez? Menciona detalles específicos en tu respuesta.
2. ¿Qué te enseña *Vieja friendo huevos* sobre la vida en España en el siglo XVII?
3. ¿Es *El triunfo de Baco* un cuadro realista? Explica tu respuesta.
4. ¿Te sorprende que Velázquez represente a los sirvientes de la Corte? ¿Por qué?
5. ¿En qué sentido es *Las Meninas* un cuadro misterioso?

3 Análisis En parejas, respondan a las preguntas.

1. A través de pequeños detalles, *El triunfo de Baco* revela mucho sobre la posición social de los hombres del cuadro. Estudien, por ejemplo, la ropa y el aspecto físico para describir y analizar su situación económica. ¿Cuál es su conclusión?
2. ¿Qué o quién es el personaje central de *Las Meninas*? ¿El grupo de la princesa? ¿Los reyes? ¿El mismo Velázquez? ¿El arte? Comenten sus hipótesis sobre la obra maestra de Velázquez.

4 Reflexión En grupos de cuatro, comparen cómo se entretenía la realeza en el pasado con cómo se entretienen los líderes de las naciones modernas. Usen estas preguntas como guía.

- Antes, los reyes tenían bufones. ¿Qué piensan de la situación social de los bufones de la Corte? ¿Es ético utilizar a las personas para la diversión?
- ¿Qué familias presidenciales conocen? ¿Cómo viven? ¿Su vida cotidiana es diferente a la de los reyes de otras épocas?
- ¿Se puede ser parte del poder político y tener una vida cotidiana normal?

5 Recuerdos Imagina que *Vieja friendo huevos* capta, como una fotografía, un momento de tu propio pasado cuando ayudabas a tu abuela en la cocina. Inspirándote en el cuadro de Velázquez, inventa una historia. ¿Qué hacía tu abuela? ¿Cómo pasaba los días? Y tú, ¿por qué llegaste a la cocina aquel día? ¿Te mandó tu madre o tenías hambre? Utilizando los tiempos del pasado que conoces, describe esta escena de tu infancia.

 Practice more at **vhlcentral.com**.

Atando cabos

¡A conversar!

👥 **Un día en la historia** Trabajen en grupos pequeños para preparar una presentación sobre un día en la vida de un personaje histórico hispano.

Presentaciones

Tema: Elijan un personaje histórico hispano. Algunos personajes que pueden investigar son: Sor Juana Inés de la Cruz, Simón Bolívar, José de San Martín, Emiliano Zapata, Catalina de Erauso, Álvar Núñez Cabeza de Vaca, Fray Bartolomé de las Casas. Pueden elegir también un personaje que no esté en la lista.

Investigación y preparación: Busquen información en Internet o en la biblioteca. Recuerden buscar o preparar materiales visuales. Una vez reunida la información necesaria sobre el personaje, imagínense un día en su vida cotidiana, desde que se levantaba hasta que se acostaba. Al imaginar los detalles, tengan en cuenta la época en la que vivió el personaje.

Organización: Hagan un esquema (*outline*) que los ayude a planear la presentación.

Presentación: Utilicen el pretérito y el imperfecto para las descripciones. Traten de promover la participación a través de preguntas y alternen la charla con materiales visuales.

Simón Bolívar

¡A escribir!

🖎 **Una anécdota del pasado** Sigue el plan de redacción para contar una anécdota que te haya ocurrido en el pasado. Piensa en una historia divertida, dramática o interesante relacionada con uno de estos temas:

- un regalo especial que recibiste
- una situación en la que usaste una excusa falsa y las cosas no te salieron bien
- una situación en la que fuiste muy ingenuo/a

Plan de redacción

Título: Elige un título breve que sugiera el contenido de la historia pero que no dé demasiada información.

Contenido: Explica qué estaba pasando cuando ocurrió el acontecimiento, dónde estabas, con quién estabas, qué pasó, cómo pasó, etc. Usa expresiones como: **al principio, al final, después, entonces, luego, todo empezó/comenzó cuando,** etc. Recuerda que debes usar el pretérito para las acciones y el imperfecto para las descripciones.

Conclusión: Termina la historia explicando cuál fue el resultado del acontecimiento y cómo te sentiste.

Vocabulary Tools

En casa

el balcón	balcony
la escalera	staircase
el hogar	home; fireplace
la limpieza	cleaning
los muebles	furniture
los quehaceres	chores
apagar	to turn off
barrer	to sweep
calentar (e:ie)	to warm up
cocinar	to cook
encender (e:ie)	to turn on
freír (e:i)	to fry
hervir (e:ie)	to boil
lavar	to wash
limpiar	to clean
pasar la aspiradora	to vacuum
poner/quitar la mesa	to set/clear the table
quitar el polvo	to dust
tocar el timbre	to ring the doorbell

De compras

el centro comercial	mall
el dinero en efectivo	cash
la ganga	bargain
el probador	dressing room
el reembolso	refund
el supermercado	supermarket
la tarjeta de crédito/débito	credit/debit card
devolver (o:ue)	to return (items)
hacer mandados	to run errands
ir de compras	to go shopping
probarse (o:ue)	to try on
seleccionar	to select; to pick out
auténtico/a	genuine
barato/a	inexpensive
caro/a	expensive

Expresiones

a menudo	often
a propósito	on purpose
a tiempo	on time
a veces	sometimes
apenas	hardly; scarcely
así	like this; so
bastante	quite; enough
casi	almost
casi nunca	rarely
de repente	suddenly
de vez en cuando	once in a while
en aquel entonces	at that time
en el acto	on the spot
enseguida	right away
por casualidad	by chance

La vida diaria

la agenda	schedule
la costumbre	custom; habit
el horario	schedule
la rutina	routine
la soledad	solitude; loneliness
acostumbrarse (a)	to get used to
arreglarse	to get ready
averiguar	to find out
probar (o:ue) (a)	to try
soler (o:ue)	to be in the habit of
atrasado/a	late
cotidiano/a	everyday
diario/a	daily
inesperado/a	unexpected

Más vocabulario

Expresiones útiles	Ver p. 87
Estructura	Ver pp. 94-95, 98-99 y 102-103

Cinemateca

el choque	crash
las facciones	(facial) features
el timbre	tone of voice
afligirse	to get upset
despedirse (e:i)	to say goodbye
parecerse	to look like
titularse	to graduate
repentino/a	sudden

Literatura

las alternativas	options
el ayer	the past
el brindis	toast
la copa	glass
el mañana	the future
deshojar	to pull out petals
disponer (de)	to have; to make use of
pertenecer	to belong
en resumidas cuentas	in a nutshell

Cultura

el cansancio	exhaustion
el cuadro	painting
la obra maestra	masterpiece
el/la pintor(a)	painter
el retrato	portrait
pintar	to paint
retratar	to portray
fatigado/a	fatigued
imprevisto/a	unexpected
previsto/a	planned

La salud y el bienestar

4

Communicative Goals

You will expand your ability to...
- express will and emotion
- express doubt and denial
- give orders, advice, and suggestions

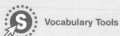
Vocabulary Tools

La salud y el bienestar

Los síntomas y las enfermedades

Inés pensaba que tenía sólo un **resfriado,** pero no paraba de **toser** y estaba **agotada.** El médico le confirmó que era una **gripe** y que debía **permanecer** en cama.

la depresión *depression*
la enfermedad *disease; illness*
la gripe *flu*
la herida *injury*
el malestar *discomfort*
la obesidad *obesity*
el resfriado *cold*
la respiración *breathing*
la tensión (alta/baja) *(high/low) blood pressure*
la tos *cough*
el virus *virus*

contagiar(se) *to pass on (an illness); to become infected*

desmayarse *to faint*
empeorar *to get worse*
enfermarse *to get sick*
estar resfriado/a *to have a cold*
lastimarse *to get hurt*
permanecer *to remain*
ponerse bien/mal *to get well/sick*
sufrir (de) *to suffer (from)*
tener buen/mal aspecto *to look healthy/sick*
tener fiebre *to have a fever*
toser *to cough*

agotado/a *exhausted*
inflamado/a *inflamed*
mareado/a *dizzy*

La salud y el bienestar

la alimentación *diet (nutrition)*
la autoestima *self-esteem*
el bienestar *well-being*
el estado de ánimo *mood*
la salud *health*

adelgazar *to lose weight*
dejar de fumar *to quit smoking*
descansar *to rest*
engordar *to gain weight*
estar a dieta *to be on a diet*

mejorar(se) *to improve*
prevenir (e:ie) *to prevent*
relajarse *to relax*
trasnochar *to stay up all night*

sano/a *healthy*

Los médicos y el hospital

la cirugía *surgery*
el/la cirujano/a *surgeon*
la consulta *doctor's appointment*

el consultorio *doctor's office*
la operación *operation*
los primeros auxilios *first aid*
la sala de emergencias *emergency room*

Las medicinas y los tratamientos

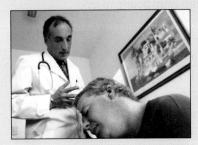

A Ignacio no le gusta tomar medicinas. Nunca toma **pastillas** ni **jarabes**. Sin embargo, le dolía tanto la cabeza que tuvo que tomarse un **analgésico**. El doctor le dijo que tenía la **tensión alta**.

el analgésico *painkiller*
la aspirina *aspirin*
el calmante *sedative; painkiller*
los efectos secundarios *side effects*
el jarabe *syrup*
la pastilla *pill*
la receta *prescription*
el tratamiento *treatment*
la vacuna *vaccine*
la venda *bandage*
el yeso *cast*

curarse *to heal, to be cured*
poner(se) una inyección
   to give/get a shot
recuperarse *to recover*
sanar *to heal*
tratar *to treat*
vacunar(se) *to vaccinate/*
   to get vaccinated

curativo/a *healing*

Práctica

1 **Escuchar**

A. Escucha la conversación entre Sara y su hermano David. Después, completa las oraciones y decide quién dijo cada una.

1. No sé lo que me pasa, la verdad. Estoy siempre
   _____. _____

2. Creo que _____ demasiado. ¿Has ido al _____? _____

3. No he ido porque no tenía _____, sólo era un ligero _____. _____

4. Deja de ser una niña. Tienes que _____.
   _____

5. Por eso te llamo. No se me va el dolor de estómago ni con _____. _____

6. Ahora mismo llamo al doctor Perales para hacerle una _____. _____

B. A Sara le diagnosticaron apendicitis. Escucha lo que le dice la cirujana a la familia después de la operación y luego contesta las preguntas.

1. ¿Qué tiene que tomar Sara cada ocho horas?
2. ¿Cómo se puede sentir al principio?
3. ¿Va a tomar mucho tiempo su recuperación?
4. ¿Puede comer de todo?
5. ¿Qué es lo más importante que tiene que hacer ahora Sara?

2 **A curarse** Indica qué tiene que hacer cada persona en cada situación.

_____ 1. Se lastimó con un cuchillo.
_____ 2. Tiene fiebre.
_____ 3. Su estado de ánimo es malo.
_____ 4. Quiere prevenir la gripe.
_____ 5. Le falta la respiración.
_____ 6. Está obeso/a.

a. empezar una dieta
b. dejar de fumar
c. hablar con un(a) amigo/a
d. ponerse una venda
e. tomar aspirinas y descansar
f. ponerse una vacuna

Práctica

3 **Acróstico** Completa el acróstico. Al terminarlo, se formará una palabra de **Contextos**.

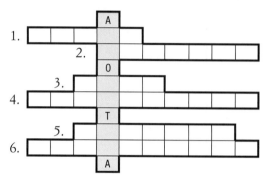

1. Organismo muy pequeño que transmite enfermedades.
2. Si la tienes alta, puedes tener problemas del corazón.
3. Material blanco que se usa para inmovilizar fracturas.
4. No dormir en toda la noche.
5. Es sinónimo de *operación*.
6. Caerse y quedar inconsciente.

4 **Amelia está enferma** Completa las oraciones con la opción lógica.

1. Amelia está tosiendo continuamente. No se le cura (la gripe/la depresión).
2. Sus compañeros de trabajo no se enfermaron este año porque se (lastimaron/vacunaron).
3. Su madre siempre le había dicho que es preferible (mejorar/prevenir) las enfermedades que curarlas.
4. El médico le dio una receta para (un jarabe/un consultorio).
5. Su jefe le ha dicho que no vaya a trabajar. Ella tiene que volver a la oficina cuando esté (agotada/recuperada).

5 **Malos hábitos** Martín tiene hábitos que no son buenos para la salud. Completa la conversación entre Martín y su doctor con las palabras de la lista. Haz los cambios necesarios.

ánimo	descansar	mejorar	sano
dejar de fumar	empeorar	pastillas	trasnochar
deprimido	engordar	salud	vacuna

MARTÍN Doctor, a mí me gusta mucho comer pizza mientras veo la tele.

DOCTOR Por eso usted está (1) _____ tanto. Debe hacer ejercicio y (2) _____ su alimentación.

MARTÍN También me gusta salir y acostarme tarde.

DOCTOR No es bueno (3) _____ todo el tiempo. Es importante (4) _____.

MARTÍN Pero ¡doctor! ¿Puedo fumar un poco, por lo menos?

DOCTOR No, Martín. Usted debe (5) _____ cuanto antes.

MARTÍN ¡Todo lo que me gusta hacer es malo para la (6) _____!
Si le hago caso a usted, voy a estar (7) _____ pero deprimido.

DOCTOR No es así. Si usted mejora su forma física, su estado de (8) _____ va a mejorar también. Recuerde: "Mente sana en cuerpo sano".

 Practice more at **vhlcentral.com**.

Comunicación

6 Vida sana

A. En parejas, háganse las preguntas de la encuesta.

	Siempre	A menudo	De vez en cuando	Nunca
1. ¿Trasnochas más de dos veces por semana?	☐	☐	☐	☐
2. ¿Practicas algún deporte?	☐	☐	☐	☐
3. ¿Consumes vitaminas y minerales diariamente?	☐	☐	☐	☐
4. ¿Comes mucha comida frita?	☐	☐	☐	☐
5. ¿Tienes dolores de cabeza?	☐	☐	☐	☐
6. ¿Te enfermas?	☐	☐	☐	☐
7. ¿Desayunas sin prisa?	☐	☐	☐	☐
8. ¿Pasas muchas horas al día sentado/a?	☐	☐	☐	☐
9. ¿Te pones de mal humor?	☐	☐	☐	☐
10. ¿Tienes problemas para dormir?	☐	☐	☐	☐

B. Imagina que eres médico/a. ¿Tiene tu compañero/a una vida sana? ¿Qué debe hacer para mejorar su salud? Utiliza la conversación entre Martín y su médico de la Actividad 5 como modelo.

7 Citas célebres

A. En grupos de cuatro, elijan las citas (*quotations*) que les parezcan más interesantes y expliquen por qué las eligieron.

La salud

"La salud no lo es todo, pero, sin ella, todo lo demás es nada."
A. Schopenhauer

"El ser humano pasa la primera mitad de su vida arruinando la salud y la otra mitad intentando recuperarla."
Joseph Leonard

"Come poco y cena más poco, que la salud de todo el cuerpo se decide en la oficina del estómago."
Miguel de Cervantes

La medicina

"Antes que al médico, llama a tu amigo."
Pitágoras

"Los médicos no están para curar, sino para recetar y cobrar; curarse o no es cuenta del enfermo."
Molière

"La esperanza es el mejor médico que yo conozco."
Alejandro Dumas, hijo.

La enfermedad

"El peor de todos los males es creer que los males no tienen remedio."
Francisco Cabarrus

"La investigación de las enfermedades ha avanzado tanto que cada vez es más difícil encontrar a alguien que esté completamente sano."
Aldous Huxley

"El arte de la medicina consiste en entretener al paciente mientras la Naturaleza cura la enfermedad."
Voltaire

B. Utilicen el vocabulario de **Contextos** para escribir una frase original sobre la salud. Compártanla con la clase. ¿Cuál es la frase más original?

Hasta ahora, en el video...

 Video

Marcela sigue enojada con Ricardo, entonces Ricardo decide ir a comprarle un regalo. Mientras tanto, Lupita le dice a Marcela que no se siente bien. Después de hablar un rato con Lupita, Marcela debe ir a buscar a un pasajero. En este episodio verás cómo sigue la historia.

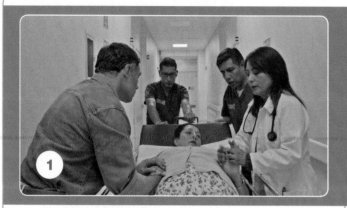

1

DOCTORA ¿Qué pasó?

PARAMÉDICO La encontraron desmayada.

DOCTORA ¿Presión?

PARAMÉDICO Ciento ochenta sobre cien.

DOCTORA Es urgente que la estabilicemos, ¡está altísima!

2

RICARDO ¡Marcela! ¡Detente! ¡Marcela! ¡Marcela!
Ricardo se cae.

MARCELA ¿Te has vuelto loco?

RICARDO *(adolorido)* ¡Yo también me alegro de verte otra vez!

MARCELA Por lo visto, siempre te las arreglas para romper algo. *(Ricardo le da el regalo a Marcela.)*

RICARDO Por haberte arruinado el cumple.

4

Ricardo sube a la Kombi.

MARCELA ¿Qué haces?

RICARDO Vamos a mi excursión. ¿No?

MARCELA Vamos al hospital.

RICARDO ¿Al hospital? No es para tanto. No me duele. Está un poco inflamado, no más.

MARCELA ¡Agárrate! Voy a ir rápido.

5

DOCTORA Con permiso. Soy la doctora Hernández.

ROCÍO *(dramática)* ¿Cómo está Lupita, doctora?

DOCTORA Está estable.

MANU ¿Cuándo regresa a la casa?

DOCTORA Seguramente mañana, pero es importante que descanse. Es mejor que se quede esta noche en el hospital.

Personajes

DOCTORA

PARAMÉDICO

LORENZO

LUPITA

RICARDO

MARCELA

MANU

ROCÍO

3

Suena el teléfono de Marcela.

MANU *(al teléfono)* ¿Marcela? Encontramos a Lupita desmayada en la sala.

MARCELA ¡Espero que no sea una broma, Manu!

MANU Estamos en la sala de emergencias. Para colmo, mi papá está muy nervioso. Necesito que pises el acelerador y vengas al hospital. ¡Apúrate!

MARCELA ¡Salgo para allá!

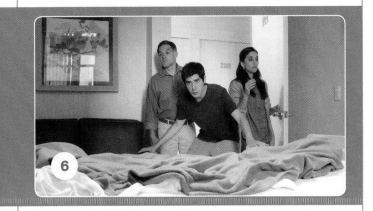

6

MANU ¡Shhh! No hagan ruido por si acaso está durmiendo...
(Manu, Rocío y Lorenzo entran a la habitación.)
¿Dónde está?

ROCÍO Estará en el baño.
(Rocío entra al baño.)
Aquí no hay nadie.

MANU Y LORENZO ¡Doctora!

Comprensión

1 **¿Cierto o falso?** Decide si estas oraciones son **ciertas** o **falsas**. Corrige las falsas.

Cierto **Falso**

☐ ☐ 1. Lupita está en el hospital con la presión muy baja.

☐ ☐ 2. Marcela se pone contenta cuando Ricardo le da el regalo.

☐ ☐ 3. Manu llama a Marcela para que vaya al hospital.

☐ ☐ 4. Rocío estudia medicina.

☐ ☐ 5. La doctora dice que Lupita debe quedarse en el hospital una semana más.

☐ ☐ 6. Al final del episodio, Lupita no está en su habitación.

2 **¿Quién lo dijo?** Indica qué personaje dijo cada oración.

DOCTORA **LORENZO** **LUPITA**

MANU **MARCELA** **RICARDO**

1. Relájese y espere acá, por favor. _____

2. ¡Espera! ¡Marcela! ¡Detente! _____

3. ¡Vamos al hospital! ¡Agárrate! _____

4. ¡No seas ridícula! La doctora dijo que sólo fue un desmayo. _____

5. Shhh, no hagan ruido por si acaso está durmiendo. _____

3 **Preguntas** Contesta las preguntas con oraciones completas.

1. ¿Por qué está Lupita en el hospital?

2. ¿Quién llevó a Lupita al hospital?

3. ¿Quién es la mujer que imagina Lorenzo en la camilla?

4. ¿Por qué le dice Marcela a Ricardo que siempre se las arregla para romper algo?

5. ¿Por qué le dice Manu a Rocío que no sea ridícula?

6. ¿Cuál es la recomendación de la doctora para Lupita?

4 **Definiciones** Escribe las definiciones de tres palabras de la fotonovela relacionadas con el tema de la lección. Después, en parejas, léeselas a tu compañero/a, quien tendrá que adivinar las palabras.

MODELO **ESTUDIANTE 1** Significa "estar inconsciente".
ESTUDIANTE 2 Es la palabra *desmayado/a*.

Ampliación

5 **Experiencias** Escribe un párrafo sobre tus hábitos médicos. Usa las siguientes preguntas como guía e incluye algunas de tus experiencias.

- ¿Qué tan grave te debes sentir para ir al médico? ¿Vas en cuanto tienes los primeros síntomas o esperas hasta que te sientes fatal?
- ¿Alguna vez consultaste tus síntomas en Internet? ¿Cómo fue la experiencia?
- ¿Sigues los consejos de tu doctor(a)? ¿Por qué?
- ¿Prefieres tomar medicamentos o preparar remedios caseros?

6 **¿Dónde está Lupita?** Al final del episodio, Lupita no está en la habitación en el hospital. En parejas, creen un diálogo en el que uno/a de ustedes sea Lupita. Lupita debe explicar los motivos por los que decidió irse del hospital. Después, representen su diálogo ante la clase.

> **MODELO**
> **ESTUDIANTE 1** ¿Qué pasó, Lupita? ¿Por qué te fuiste?
> **ESTUDIANTE 2** Por primera vez, voy a pensar en mí. Necesito un descanso y voy a…

7 **Apuntes culturales** En parejas, lean los párrafos y contesten las preguntas.

El sistema sanitario en México

A Lupita la encontraron desmayada y la tuvieron que llevar al hospital. En México, como en la mayoría de los países hispanos, existe el sector sanitario público, además del privado. La sanidad pública ha significado un gran avance en el país. Hasta el año 2004, las personas que no podían pagar las cuotas de Seguridad Social no tenían acceso a la Sanidad, pero gracias a una reforma sanitaria posterior, todos los ciudadanos tienen cobertura médica. Sin embargo, el sistema sanitario todavía tiene mucho que mejorar, por ejemplo, la falta de médicos especialistas en el sector público o el acceso médico en las zonas rurales.

El concepto de muerte para los mexicanos

Cuando los médicos se llevan a Lupita en la camilla, Lorenzo tiene una visión de su difunta esposa, Isabel. La muerte es un proceso doloroso para todas las culturas, incluida la mexicana, pero en ésta, la muerte se percibe de forma cercana, como parte natural de la vida. Cada 1° y 2 de noviembre, los mexicanos celebran el Día de los Muertos. Según esta tradición de raíces prehispánicas y cristianas, las almas de los difuntos regresan de ultratumba. Una de las imágenes más representativas de esta celebración es la Catrina, figura creada por José Guadalupe Posada y popularizada por Diego Rivera.

La Catrina

1. ¿Qué piensas de que haya países que no tengan sanidad pública? ¿Cómo crees que es un sistema sanitario ideal?
2. ¿Tienes seguro médico? ¿Qué cubre tu seguro?
3. ¿Alguna vez estuviste ingresado/a (*admitted*) en un hospital? ¿Cómo fue la experiencia?
4. ¿Qué diferencias hay entre la forma de ver la muerte de los mexicanos y la tuya? ¿Y qué similitudes?
5. ¿Qué piensas del concepto de muerte que tienen en México? Explica tu respuesta.

En detalle

COLOMBIA

DE ABUELOS Y CHAMANES

Sentada en su cocina en Bogotá, Marcela Mahecha destapa frasquitos° de hierbas y describe las "agüitas°" que le enseñó a preparar su abuela: agüita de toronjil° para calmar los nervios, agüita de paico° para los cólicos° y muchas más.

Muchos de estos remedios caseros° son más que simples "recetas de la abuela". Su uso proviene de los conocimientos milenarios que los curanderos° y chamanes° han ido pasando de generación en generación. Colombia, segundo país en el mundo en diversidad de especies vegetales, desarrolló una medicina tradicional muy rica, que aún hoy subsiste en todos los niveles de la sociedad. A pesar de la llegada de la medicina científica, muchas comunidades indígenas siguen practicando su medicina tradicional. Cuanto más aislada está la comunidad, mejor mantiene sus tradiciones.

En la cultura indígena americana, lo espiritual y lo corporal se funden° con la naturaleza. Los curanderos y chamanes son los responsables de mantener estos mundos en equilibrio. Para ello, combinan las propiedades medicinales de las plantas con ritos sagrados. En Colombia, al igual que en otros países, hay un renovado interés por conocer las propiedades medicinales de las plantas que se han usado durante siglos. Instituciones gubernamentales, universidades y organizaciones ecologistas intentan recuperar y conservar estos conocimientos. En el año 2017, el Instituto Nacional de Vigilancia de Medicamentos y Alimentos —Invima— aumentó a 144 el número de plantas medicinales aprobadas para usos curativos.

El deseo de las empresas farmacéuticas de apropiarse de las plantas y patentarlas ha hecho que el gobierno colombiano controle el derecho a sacarlas del país. Esto es importante porque algunas están en peligro de extinción y porque estas plantas forman parte indeleble de la identidad indígena. ■

Algunas plantas curativas

Chuchuhuaza Árbol que crece en la región amazónica de Colombia, Ecuador y Perú. Se usa como diurético y también contra el reumatismo, la gota° y la anemia.

Gualanday Árbol originario del Valle del Cauca y que crece en las regiones colombianas de Putumayo y Amazonas. La corteza°, la hoja y la flor se usan contra neuralgias, dolores de huesos, várices° y afecciones del hígado°.

Sauco Árbol proveniente de cultivos en la sabana° de Bogotá. La hoja, la corteza, el fruto y la flor se usan para tratar afecciones bronquiales.

destapa frasquitos *uncovers little jars* **agüitas** *herbal teas* **toronjil** *lemon balm* **paico** *Mexican tea (plant)* **cólicos** *cramps* **caseros** *home* **curanderos** *folk healers* **chamanes** *shamans* **se funden** *merge* **gota** *gout* **corteza** *bark* **várices** *varicose veins* **afecciones del hígado** *liver conditions* **sabana** *savannah*

La salud y el bienestar

el/la buquí (R. Dom.) *glutton*

cachucharse (Chi.) *to hit oneself*

caer bien/mal *to agree with (food)*

curar el empacho (Arg.) *to cure indigestion*

estar constipado/a

    (Arg., Chi. y Uru.) *to have a cold / to be constipated*

estar depre (Arg., Esp. y Pe.) *to feel down*

estar funado/a (Chi.) *to feel demotivated*

estar pachucho/a (Arg. y Esp.) *to be under the weather*

el/la matasanos (Esp.) *bad doctor; quack*

¡Se me parte la cabeza! (Arg.) *I have a splitting headache!*

La salud y el bienestar públicos

Los gobiernos hispanoamericanos suelen brindar servicios de salud pública gratuitos° a todos los ciudadanos. Algunos países, como Cuba, han desarrollado un **sistema de salud universalista** en el cual todos los servicios son gratuitos. Otros países, como Chile, tienen un modelo mixto, que combina el sector público con el privado.

En el **ránking del mejor país donde nacer** de 2013, hecho por *The Economist Intelligence Unit*, España aparece en el lugar 28 sobre un total de 80 países. Este ránking considera no sólo los ingresos económicos, sino también otros indicadores como el bienestar y la satisfacción individual de las personas.

El colombiano **Rodolfo Llinás** es quizá el científico hispanoamericano de más prestigio a nivel mundial. Llinás estudió para ser médico, pero decidió dedicarse a la investigación. Llinás trabajó con dos ganadores del premio Nobel y estableció la ley Llinás, según la cual cada tipo de neurona tiene una función específica y no puede ser sustituido por otro tipo.

LA CICLOVÍA DE BOGOTÁ

Todos los domingos y lunes festivos, se cierran algunas de las principales vías de la capital de Colombia para que un millón y medio de habitantes salgan a la Ciclovía: 121 kilómetros para montar en bicicleta, caminar, correr o patinar, que la convierten en la más extensa de América Latina. Es una forma de recreación para la comunidad, una manera distinta de recorrer la ciudad y una manera de promover un estilo de vida activo y saludable. La Ciclovía cuenta además con la Recreovía: espacios distribuidos en diferentes puntos del trayecto, en los cuales la gente tiene la oportunidad de hacer actividades físicas, como aeróbicos y clases de baile, dirigidas por instructores especializados. Estos servicios no tienen ningún costo y todos son bienvenidos. En el recorrido también se pueden encontrar puntos para la práctica de deportes extremos, zonas especiales para niños e incluso puestos de atención para mascotas. Algunos países como México, Chile y Venezuela también están implementando la Ciclovía como una opción de recreación para todos los habitantes de la ciudad. La Ciclovía ha recibido importantes premios: la Organización Mundial de la Salud (OMS) la reconoció en 2003 como el programa que convierte a Bogotá en la ciudad más activa y saludable de Latinoamérica; y, en 2014, obtuvo el premio a la cultura sostenible del Foro Global de Asentamientos° Urbanos, apoyado por el Programa de Naciones Unidas para el Medio Ambiente.

❝ Los conocimientos de la medicina tradicional son conocimientos adquiridos de nuestros antepasados y mantienen vivas las más ricas culturas de América Latina. ❞

(Donato Ayma, político boliviano)

gratuitos *free of charge*

asentamientos *settlements*

¿Qué aprendiste?

1 Comprensión Indica si estas afirmaciones son **ciertas** o **falsas**. Corrige las falsas.

1. Marcela aprendió a usar infusiones en un viaje a Colombia, la tierra de su abuela.

2. Colombia es uno de los países con mayor diversidad de especies vegetales.

3. En las prácticas curativas tradicionales, se combinan las propiedades curativas de las plantas con el poder curativo de los animales.

4. Los conocimientos sobre los poderes curativos de las plantas han pasado de padres a hijos a través de los siglos.

5. En Colombia, el uso de plantas curativas es popular sólo entre las comunidades indígenas.

6. A pesar de la llegada de la medicina científica, muchas comunidades mantuvieron sus prácticas medicinales tradicionales.

7. Las comunidades que mejor conservaron las tradiciones fueron las que estaban más cerca de la costa.

8. En Colombia, las instituciones no se preocupan por recuperar las tradiciones curativas.

9. Las empresas farmacéuticas quieren apropiarse de las plantas.

10. Colombia ha empezado a controlar las exportaciones de plantas curativas.

2 Oraciones incompletas Completa las oraciones con la información correcta.

1. En la Recreovía, los colombianos pueden hacer _____ o tomar clases de baile.
   a. aeróbicos   b. manualidades   c. concursos

2. La Ciclovía de Bogotá recibió el premio a la ciudad más activa y _____ de Latinoamérica.
   a. sostenible   b. urbana   c. saludable

3. En Chile, el sistema de salud sigue el modelo _____.
   a. mixto   b. universalista   c. privado

4. Rodolfo Llinás descubrió que un tipo de _____ no puede ser sustituido por otro.
   a. cerebro   b. neurona   c. cáncer

5. En Chile, usan *estar funado* para decir que alguien tiene _____.
   a. indigestión   b. gripe   c. poca energía

3 Opiniones En parejas, hablen sobre estas preguntas. Después, compartan su opinión con la clase.

- ¿Se puede patentar la naturaleza?
- ¿Tienen derecho las empresas farmacéuticas a patentar plantas?
- ¿Tienen derecho a hacerlo si modifican la estructura genética de la planta?
- ¿Cuáles son las posibles consecuencias de patentar plantas y organismos vivos?

 Practice more at **vhlcentral.com**.

PROYECTO

Las plantas curativas

Como hemos visto, muchas comunidades latinoamericanas usan las plantas para curar diferentes enfermedades. Busca información en Internet o en la biblioteca sobre alguna de estas plantas.

Usa las preguntas como guía para tu investigación.

- ¿Para qué se usa la planta?
- ¿En qué comunidad(es) se usa?
- ¿Qué enfermedad(es) específica(s) cura?
- ¿Cómo se usa según la tradición?
- ¿Se comprobaron científicamente las propiedades de la planta?
- ¿Es común su uso en la medicina científica?

Las farmacias

 Video

Ya has leído sobre el interés renovado por conocer las propiedades medicinales de las plantas en Colombia. En este episodio de **Flash cultura** conocerás las distintas opciones de farmacias que existen actualmente en uno de sus países vecinos, Ecuador.

(1) **Preparación** ¿Qué haces cuando sientes algún dolor? ¿Alguna vez tomaste medicamentos sin visitar antes al médico?

(2) **Comprensión** Indica si estas afirmaciones son **ciertas** o **falsas**. Después, en parejas, corrijan las falsas.

1. En Ecuador pueden encontrarse farmacias similares a las que hay en Estados Unidos o en Europa.

2. Las grandes farmacias no ofrecen remedios caseros como la crema de cicuta.

3. No es costumbre en Ecuador que el farmacéutico recete a los clientes.

4. En las farmacias tradicionales, los clientes no tienen acceso a los productos, que se guardan en estantes o vitrinas detrás del mostrador.

5. La crema de baba de caracol sirve para dolores e inflamación de la piel.

6. Para la medicina tradicional, algunas plantas son malas.

(3) **Expansión** En parejas, contesten estas preguntas.

- Imagina que viajas a Ecuador y te enfermas. ¿Buscarías el consejo de un farmacéutico en vez de ir al médico? Justifica tu respuesta.

- Entre unas píldoras recetadas por el médico y una limpia de energía, ¿cuál elegirías? ¿Te parece que alguna de esas opciones puede ser mala para la salud? ¿Por qué?

- ¿En qué se parecen las farmacias de Ecuador a las de tu ciudad? ¿En qué se diferencian? ¿Qué tipo de farmacia te parece mejor? ¿Por qué?

Corresponsal: Mónica Díaz
País: Ecuador

Los consejos personales que el farmacéutico ofrece al cliente es lo que distingue a las pequeñas farmacias de las grandes.

A veces, las personas en el mundo hispano utilizan medicina alternativa para curar sus dolencias°.

Para la medicina tradicional, la gripe es un bajón° de energía; a través de la limpia°, se aumenta la energía y de esa manera se sale de ese proceso.

dolencias *ailments* **bajón** *drop* **limpia** *cleansing*

ESTRUCTURA

4.1 The subjunctive in noun clauses

Forms of the present subjunctive

- The subjunctive (**el subjuntivo**) is used mainly in the subordinate (dependent) clause of multiple-clause sentences to express will, influence, emotion, doubt, or denial. The present subjunctive is formed by dropping the **-o** from the **yo** form of the present indicative and adding these endings.

The present subjunctive		
hablar	**comer**	**escribir**
hable	coma	escriba
hables	comas	escribas
hable	coma	escriba
hablemos	comamos	escribamos
habléis	comáis	escribáis
hablen	coman	escriban

- Verbs with irregular **yo** forms show that same irregularity in all forms of the present subjunctive.

conocer	conozca	seguir	siga
decir	diga	tener	tenga
hacer	haga	traer	traiga
oír	oiga	venir	venga
poner	ponga	ver	vea

- Verbs with stem changes in the present indicative show the same changes in the present subjunctive. Stem-changing **-ir** verbs also undergo a stem change in the **nosotros/as** and **vosotros/as** forms of the present subjunctive.

pensar (e:ie)	piense, pienses, piense, pensemos, penséis, piensen
jugar (u:ue)	juegue, juegues, juegue, juguemos, juguéis, jueguen
mostrar (o:ue)	muestre, muestres, muestre, mostremos, mostréis, muestren
entender (e:ie)	entienda, entiendas, entienda, entendamos, entendáis, entiendan
resolver (o:ue)	resuelva, resuelvas, resuelva, resolvamos, resolváis, resuelvan
pedir (e:i)	pida, pidas, pida, pidamos, pidáis, pidan
sentir (e:ie)	sienta, sientas, sienta, sintamos, sintáis, sientan
dormir (o:ue)	duerma, duermas, duerma, durmamos, durmáis, duerman

- The following five verbs are irregular in the present subjunctive.

dar	dé, des, dé, demos, deis, den
estar	esté, estés, esté, estemos, estéis, estén
ir	vaya, vayas, vaya, vayamos, vayáis, vayan
saber	sepa, sepas, sepa, sepamos, sepáis, sepan
ser	sea, seas, sea, seamos, seáis, sean

¡ATENCIÓN!

The *indicative* is used to express actions, states, or facts the speaker considers to be certain. The *subjunctive* expresses the speaker's attitude toward events, as well as actions or states that the speaker views as uncertain.

• • • • •

Verbs that end in **-car, -gar,** and **-zar** undergo spelling changes in the present subjunctive.

sacar: saque

jugar: juegue

almorzar: almuerce

• • • • •

The present subjunctive form of **hay** is **haya**.

No creo que haya una solución.
I don't think there is a solution.

Verbs of will and influence

- A clause is a group of words that contains both a conjugated verb and a subject (expressed or implied). In a subordinate noun clause (**oración subordinada sustantiva**), a group of words function together as a noun.

Necesito que pises el acelerador y vengas al hospital.

- When the subject of the main (independent) clause of a sentence exerts influence or will on the subject of the subordinate clause, the verb in the subordinate clause takes the subjunctive.

MAIN CLAUSE	CONNECTOR	SUBORDINATE CLAUSE
Yo quiero	**que**	**tú vayas al médico.**

Verbs and expressions of will and influence

aconsejar *to advise*	**gustar** *to like*	**preferir (e:ie)** *to prefer*
desear *to desire;*	**hacer** *to make*	**prohibir** *to prohibit*
to wish	**importar** *to be important*	**proponer** *to propose*
es importante	**insistir en** *to insist (on)*	**querer (e:ie)** *to want; to wish*
it's important	**mandar** *to order*	**recomendar (e:ie)**
es necesario	**necesitar** *to need*	*to recommend*
it's necessary	**oponerse a** *to oppose*	**rogar (o:ue)** *to beg*
es urgente *it's urgent*	**pedir (e:i)** *to ask for;*	**sugerir (e:ie)** *to suggest*
exigir *to demand*	*to request*	

Necesito que **consigas** estas pastillas en la farmacia.
I need you to get these pills at the pharmacy.

Insisto en que **vayas** a la sala de emergencias.
I insist that you go to the emergency room.

El médico siempre me **recomienda** que **deje** de fumar.
The doctor always recommends that I quit smoking.

Se oponen a que **salgas** si estás enfermo.
They object to your going out if you're sick.

- The infinitive, not the subjunctive, is used with verbs and expressions of will and influence if there is no change of subject in the sentence. The **que** is unnecessary in this case.

Quiero **ir** a Bogotá en junio.
I want to go to Bogotá in June.

Prefiero que **vayas** en agosto.
I prefer that you go in August.

¡ATENCIÓN!

Pedir is used with the subjunctive to ask someone to do something.

Preguntar is used to ask questions, and is not followed by the subjunctive.

No te pido que lo hagas ahora.
I'm not asking you to do it now.

No te pregunto si lo haces ahora.
I'm not asking you if you're doing it now.

Verbs of emotion

- When the main clause expresses an emotion like hope, fear, joy, pity, or surprise, the verb in the subordinate clause must be in the subjunctive if its subject is different from that of the main clause.

Espero que **te recuperes** pronto.
I hope you recover quickly.

Es terrible que Ana **tenga** esa enfermedad.
Its terrible that Ana suffers from that illness.

Verbs and expressions of emotion		
alegrarse (de) *to be happy (about)*	**es terrible** *it's terrible*	**molestar** *to bother*
es bueno *it's good*	**es una lástima** *it's a shame*	**sentir (e:ie)** *to be sorry; to regret*
es extraño *it's strange*	**es una pena** *it's a pity*	**sorprender** *to surprise*
es malo *it's bad*	**esperar** *to hope; to wish*	**temer** *to fear*
es mejor *it's better*	**gustar** *to like; to be pleasing*	**tener miedo a/de** *to be afraid (of)*
es ridículo *it's ridiculous*		

- The infinitive, not the subjunctive, is used with verbs and expressions of emotion if there is no change of subject in the sentence.

No me gusta **llegar** tarde.
I don't like to arrive late.

Es mejor que lo **hagas** ahora.
It's better that you do it now.

Verbs of doubt or denial

- When the main clause implies doubt, uncertainty, or denial, the verb in the subordinate clause must be in the subjunctive if its subject is different from that of the main clause.

No creo que él nos **quiera** engañar.
I don't think that he wants to deceive us.

Dudan que el jarabe **sea** un buen remedio.
They doubt that the syrup will be a good remedy.

Verbs and expressions of doubt and denial	
dudar *to doubt*	**negar (e:ie)** *to deny*
es imposible *it's impossible*	**no creer** *not to believe*
es improbable *it's improbable*	**no es evidente** *it's not evident*
es poco seguro *it's uncertain*	**no es seguro** *it's not certain*
(no) es posible *it's (not) possible*	**no es verdad/cierto** *it's not true*
(no) es probable *it's (not) probable*	**no estar seguro de** *not to be sure (of)*

- The infinitive, not the subjunctive, is used with verbs and expressions of doubt or denial if there is no change in the subject of the sentence.

Es imposible **viajar** hoy.
It's impossible to travel today.

No es seguro que él **viaje** hoy.
It's not certain that he will travel today.

¡ATENCIÓN!

The subjunctive is also used with expressions of emotion that begin with **¡Qué…!** (*What a…!/It's so…!*)

¡Qué pena que él no vaya!
What a shame he's not going!

• • • • •

The expression **ojalá** (*I hope; I wish*) is always followed by the subjunctive. The use of **que** with **ojalá** is optional.

Ojalá (que) no llueva.
I hope it doesn't rain.

Ojalá (que) no te enfermes.
I hope you don't get sick.

¡ATENCIÓN!

The subjunctive is also used after **quizá(s)** and **tal vez** (*maybe; perhaps*) when they signal uncertainty, even if there is no change of subject in the sentence.

Quizás vengan a la fiesta.
Maybe they'll come to the party.

Práctica

TALLER DE CONSULTA

MANUAL DE GRAMÁTICA
Más práctica

4.1 The subjunctive in noun clauses, p. A23

(1) **Opiniones contrarias** Escribe una oración que exprese lo opuesto en cada ocasión.

> **MODELO** **No creo que Carlos esté resfriado.**
> — Creo que Carlos está resfriado.

1. Están seguros de que Pedro puede dejar de fumar.

2. Es evidente que estás agotado.

3. No creo que las medicinas naturales sean curativas.

4. Es verdad que la cirujana no quiere operarte.

5. No es seguro que este médico conozca el mejor tratamiento.

(2) **Siempre enferma** Últimamente, Ana María se enferma demasiado y sus amigas están preocupadas por ella. Completa la conversación con el infinitivo, el indicativo o el subjuntivo.

MARTA Es una pena que Ana María (1) _____ (estar / está / esté) enferma otra vez.

ADRIANA El problema es que no le gusta (2) _____ (tomar / toma / tome) vitaminas. Además, ella casi nunca (3) _____ (comer / come / coma) verduras.

MARTA Y no creo que Ana María (4) _____ (hacer / hace / haga) ejercicio. Yo siempre le (5) _____ (pedir /pido / pida) que (6) _____ (venir / viene / venga) conmigo al gimnasio, pero ella prefiere (7) _____ (quedarse / se queda / se quede) en casa.

ADRIANA Y cuando ella se enferma, no (8) _____ (seguir / sigue / siga) los consejos del médico. Si él le recomienda que (9) _____ (permanecer / permanece / permanezca) en cama, ella dice que no es necesario (10) _____ (descansar / descansa / descanse). Si él le da una receta, ella ni (11) _____ (comprar / compra /compre) las medicinas. ¿Qué vamos a hacer, Marta?

MARTA Es necesario que (12) _____ (hablar / hablamos / hablemos) con ella. Si no, ¡temo que un día de éstos ella nos (13) _____ (llamar / llama / llame) para llevarla a la sala de emergencias!

ADRIANA Bueno, creo que (14) _____ (tener / tienes / tengas) razón. ¡Sólo espero que ella nos (15) _____ (escuchar / escucha / escuche)!

(3) **Consejos** Combina los elementos de cada columna para escribir cinco consejos. Usa el presente del subjuntivo.

> **MODELO** Te recomendamos que hagas más ejercicio.

aconsejar		comer frutas y verduras
es importante		descansar
es necesario	que	hacer más ejercicio
querer		ir al gimnasio
recomendar		seguir las recomendaciones del médico
sugerir		tomar las medicinas

Práctica

4 **Ojalá** Para muchos, el amor es una enfermedad. El cantante Silvio Rodríguez sugiere en esta canción una cura para el amor.

A. Utiliza el presente del subjuntivo de los verbos entre paréntesis para completar la estrofa (*verse*) de la canción.

> Ojalá que las hojas no te (1) _____ (tocar) el cuerpo cuando (2) _____ (caer) para que no las puedas convertir en cristal.
> Ojalá que la lluvia (3) _____ (dejar) de ser milagro que baja por tu cuerpo.
> Ojalá que la luna (4) _____ (poder) salir sin ti.
> Ojalá que la tierra no te (5) _____ (besar) los pasos.

B. Ahora, escribe tu propia estrofa.

1. Ojalá que los sueños _____.
2. Ojalá que la noche _____.
3. Ojalá que la herida _____.
4. Ojalá una persona _____.

5 **El hombre ideal** Roberto está enamorado de Lucía, pero ella no le presta atención. Mira el dibujo del hombre ideal de Lucía y escribe cinco recomendaciones para Roberto. Utiliza el presente del subjuntivo y las palabras de la lista.

MODELO Roberto, es necesario que te vistas mejor.

aconsejar	insistir en
es importante	proponer
es malo	recomendar
es mejor	rogar
es necesario	sugerir

Roberto

Hombre ideal

 Practice more at **vhlcentral.com**.

Comunicación

6 **El doctor Sánchez responde** Los lectores de una revista de salud envían sus consultas al doctor Sánchez. Trabajen en parejas para decidir qué consejos corresponden a cada consulta. Luego redacten la respuesta para cada lector usando las expresiones de la lista.

Los lectores preguntan. **El Dr. Sánchez responde.**

1. Estimado Dr. Sánchez:
   Tengo 55 años y quiero adelgazar 10 kilos. Mi médico insiste en que mejore mi alimentación. Probé varias dietas, pero no logro adelgazar. ¿Qué puedo hacer?
   Ana J.

2. Querido Dr. Sánchez:
   Tengo 38 años y sufro fuertes dolores de espalda (*back*). Trabajo en una oficina y estoy muchas horas sentada. Después de varios análisis, mi médico dijo que tengo los huesos perfectamente. Me recetó unas pastillas para los músculos, pero no quiero tomar medicinas. ¿Hay otra solución?
   Isabel M.

3. Dr. Sánchez:
   Siempre me duele mucho el estómago. Soy muy nervioso y no puedo dormir. Mi médico me aconseja que trabaje menos. Pero eso es imposible.
   Andrés S.

A. No comer con prisa.
   Pasear mucho.
   No tomar café.
   Practicar yoga.

B. Caminar mucho.
   Practicar natación.
   No comer las cuatro "p":
   papas, pastas, pan y postres
   Tomar dos litros de agua
   por día.

C. No permanecer sentada más
   de dos horas seguidas.
   Hacer cincuenta minutos
   de ejercicio por día.
   Adoptar una buena postura
   al estar sentada.
   Elegir una buena cama.
   Usar una almohada dura.

es importante que	le aconsejo que
es improbable que	le propongo que
es necesario que	le recomiendo que
es poco seguro que	le sugiero que
es urgente que	no es seguro que

7 **Estilos de vida** En parejas, elijan cada uno/a una de estas personalidades. Después, dense consejos para cambiar su estilo de vida. Utilicen el subjuntivo.

1. Voy al gimnasio tres veces al día. Lo más importante en mi vida es mi cuerpo.

2. Me gusta salir por las noches. Trasnocho casi todos los días.

3. Siempre como comida rápida porque está muy rica y no me gusta cocinar.

4. No hago nada de ejercicio. Estoy todo el día trabajando en la oficina.

4.2 Commands

Formal (*Ud.* and *Uds.*) commands

- Formal commands (**mandatos**) are used to give orders or advice to people you address as **usted** or **ustedes**. Their forms are identical to the present subjunctive forms for **usted** and **ustedes**.

Formal commands		
Infinitive	**Affirmative command**	**Negative command**
tomar	**tome** (usted)	**no tome** (usted)
	tomen (ustedes)	**no tomen** (ustedes)
volver	**vuelva** (usted)	**no vuelva** (usted)
	vuelvan (ustedes)	**no vuelvan** (ustedes)
salir	**salga** (usted)	**no salga** (usted)
	salgan (ustedes)	**no salgan** (ustedes)

Familiar (*tú*) commands

- Familiar commands are used with people you address as **tú**. Affirmative **tú** commands have the same form as the **él, ella**, and **usted** form of the present indicative. Negative **tú** commands have the same form as the **tú** form of the present subjunctive.

¡Detente!

¡Agárrate!

Familiar commands		
Infinitive	**Affirmative command**	**Negative command**
viajar	viaja	no viajes
empezar	empieza	no empieces
pedir	pide	no pidas

- These verbs have irregular affirmative **tú** commands. Their negative forms are still the same as the **tú** form of the present subjunctive.

decir	di	salir	sal
hacer	haz	ser	sé
ir	ve	tener	ten
poner	pon	venir	ven

¡ATENCIÓN!

***Vosotros/as* commands**

In Latin America, **ustedes** commands serve as the plural of familiar (**tú**) commands. The familiar plural **vosotros/as** command is used in Spain. The affirmative command is formed by changing the **-r** of the infinitive to **-d**. The negative command is identical to the **vosotros/as** form of the present subjunctive.

bailar: bailad/no bailéis

For reflexive verbs, affirmative commands are formed by dropping the **-r** and adding the reflexive pronoun **-os**. In negative commands, the pronoun precedes the verb.

levantarse: levantaos/ no os levantéis

The verb **irse** is irregular: **idos/no os vayáis**

Nosotros/as commands

- **Nosotros/as** commands are used to give orders or suggestions that include yourself as well as other people. In Spanish, **nosotros/as** commands correspond to the English *let's* + [*verb*]. Affirmative and negative **nosotros/as** commands are generally identical to the **nosotros/as** forms of the present subjunctive.

Nosotros/as commands		
Infinitive	**Affirmative command**	**Negative command**
bailar	bailemos	no bailemos
beber	bebamos	no bebamos
abrir	abramos	no abramos

- The **nosotros/as** commands for **ir** and **irse** are irregular: **vamos** and **vámonos**. The negative commands are regular: **no vayamos** and **no nos vayamos**.

Using pronouns with commands

- When object and reflexive pronouns are used with affirmative commands, they are always attached to the verb. When used with negative commands, the pronouns appear between **no** and the verb.

  Levántense temprano.
  Wake up early.

  No se levanten tarde.
  Don't wake up late.

  Dime todo.
  Tell me everything.

  No me digas nada.
  Don't tell me anything.

- When the pronouns **nos** or **se** are attached to an affirmative **nosotros/as** command, the final **s** of the command form is dropped.

  Sentémonos aquí.
  Let's sit here.

  No nos sentemos aquí.
  Let's not sit here.

  Démoselo mañana.
  Let's give it to him/her tomorrow.

  No se lo demos mañana.
  Let's not give it to him/her tomorrow.

Indirect (*él, ella, ellos, ellas*) commands

- The construction **que** + [*subjunctive*] can be used with a third-person form to express indirect commands that correspond to the English *let someone do something*. If the subject of the indirect command is expressed, it usually follows the verb.

  Que pase el siguiente.
  Let the next person pass.

  Que lo **haga** ella.
  Let her do it.

- As with other uses of the subjunctive, pronouns are never attached to the conjugated verb, regardless of whether the indirect command is affirmative or negative.

  Que se lo den José y Raquel.
  Let José and Raquel give it to them.

  Que no se lo den José y Raquel.
  Don't let José and Raquel give it to them.

  Que lo **vuelva** a hacer Ana.
  Let Ana do it again.

  Que no lo vuelva a hacer Ana.
  Don't let Ana do it again.

¡ATENCIÓN!

When one or more pronouns are attached to an affirmative command, an accent mark may be necessary to maintain the original stress. This usually happens when the combined verb form has three or more syllables.

decir
di, dile, dímelo
diga, dígale, dígaselo
digamos, digámosle, digámoselo

TALLER DE CONSULTA

See **2.1**, pp. 54–55 for object pronouns.

See **2.3**, pp. 62–63 for reflexive pronouns.

Práctica

TALLER DE CONSULTA

MANUAL DE GRAMÁTICA
Más práctica

4.2 Commands, p. A24

1 **Mandatos** Cambia estas oraciones para que sean mandatos.

1. Te conviene descansar.
2. Deben relajarse.
3. Es hora de que usted tome su pastilla.
4. ¿Podría usted describir sus síntomas?
5. ¿Y si dejamos de fumar?
6. ¿Podrías consultar con un especialista?
7. Ustedes necesitan comer bien.
8. Le pido que se vaya de mi consultorio.

2 **El cuidado de los dientes**

A. Escribe los consejos que dio un dentista durante una visita a una escuela.
Usa el imperativo formal de la segunda persona del plural.

1. prevenir las caries (*cavities*)
2. cepillarse los dientes después de cada comida
3. no comer dulces
4. poner poco azúcar en el café o el té
5. comer o beber alimentos que tengan calcio
6. consultar al dentista periódicamente

B. Reescribe los consejos usando el imperativo informal.

3 **El doctor de Felipito** Felipito es un niño muy inquieto. A cada rato tiene pequeños
accidentes. Utiliza mandatos informales para aconsejarle cómo evitarlos.

MODELO No toques perros en la calle.

1.

2.

3.

4.

5.

6.

 Practice more at **vhlcentral.com**.

Comunicación

4 **Que lo hagan ellos** Carlos está tan entretenido con su nuevo videojuego que no quiere hacer nada más. En parejas, preparen una conversación entre Carlos y su madre en la que ella le da mandatos y Carlos sugiere que otras personas la ayuden. Utilicen mandatos indirectos en la conversación.

MODELO **MADRE** Limpia tu cuarto, Carlos.
CARLOS Que lo limpie mi hermano. ¡Estoy a punto de alcanzar el próximo nivel!

ayudarme en la cocina	mis amigos
cortar cebollas	mi hermana
pasear al perro	mi hermano
llamar a la abuela	mi padre
ir a la farmacia	tú/Ud.

5 **Hasta el siglo XXII**

A. ¿Qué consejos le darías a un(a) amigo/a para que viva hasta el siglo XXII? En grupos pequeños, escriban ocho recomendaciones utilizando mandatos informales afirmativos y negativos. Sean creativos/as.

MODELO No tomes mucho café. Toma sólo agua y jugos naturales.

B. Ahora reúnanse con otro grupo y lean las dos listas. ¿En qué se parecen y en qué se diferencian sus recomendaciones?

6 **Anuncios** En grupos, elijan tres de estos productos y escriban un anuncio de televisión para promocionar cada uno de ellos. Utilicen los mandatos formales para convencer al público de que lo compre.

MODELO El nuevo perfume "Enamorar" de Rita Ferrero le va a encantar. Cómprelo en cualquier perfumería de su ciudad. Pruébelo y...

perfume "Enamorar"	computadora portátil "Digitcx"
chocolate sin calorías "Deliz"	crema hidratante "Suavidad"
raqueta de tenis "Rayo"	todo terreno "Intrepid"
pasta de dientes "Sonrisa Sana"	cámara digital "Flimp"

S Tutorial

4.3 *Por* and *para*

- **Por** and **para** are both translated as *for*, but they are not interchangeable.

Por lo visto, siempre te las arreglas para romper algo.

No es para tanto.

Uses of *para*

Destination *(toward; in the direction of)*	El cirujano sale de su casa **para** la clínica a las ocho. *The surgeon leaves his house at eight to go to the clinic.*
Deadline or a specific time in the future *(by; for)*	El resultado del análisis va a estar listo **para** mañana. *The test results will be ready by tomorrow.*
Goal (**para** + [*infinitive*]) *(in order to)*	El doctor usó un termómetro **para** ver si el niño tenía fiebre. *The doctor used a thermometer to see if the boy had a fever.*
Purpose (**para** + [*noun*]) *(for; used for)*	El investigador descubrió una cura **para** la enfermedad. *The researcher discovered a cure for the disease.*
Recipient *(for)*	La enfermera preparó la cama **para** doña Ángela. *The nurse prepared the bed for Doña Ángela.*
Comparison with others or opinion *(for; considering)*	**Para** su edad, goza de muy buena salud. *For her age, she enjoys very good health.*
	Para mí, lo que tienes es gripe y no un resfriado. *To me, what you have is the flu, not a cold.*
Employment *(for)*	Mi hijo trabaja **para** una empresa farmacéutica. *My son works for a pharmaceutical company.*

Expressions with *para*

no estar para bromas *to be in no mood for jokes*

no ser para tanto *to not be a big deal*

para colmo *to top it all off*

para que *so that*

para que (lo) sepas *just so you know*

para siempre *forever*

- Note that the expression **para que** is followed by the subjunctive.

  Te compré zapatos de tenis **para que** hagas ejercicio.
  I got you sneakers so that you will work out.

Ya va por el quinto café.

No hagan ruido, por si acaso está durmiendo.

Uses of *por*

Motion or a general location *(along; through; around; by)*	Me quebré la pierna corriendo **por** el parque. *I broke my leg running through the park.*
Duration of an action *(for; during; in)*	Estuvo en cama **por** dos meses. *He was in bed for two months.*
Reason or motive for an action *(because of; on account of; on behalf of)*	Rezó **por** su hijo enfermo. *She prayed for her sick child.*
Object of a search *(for; in search of)*	El enfermero fue **por** un termómetro. *The nurse went to get a thermometer.*
Means by which *(by; by way of; by means of)*	Consulté con el doctor **por** teléfono. *I consulted with the doctor by phone.*
Exchange or substitution *(for; in exchange for)*	Cambiamos ese tratamiento **por** uno nuevo. *We changed from that treatment to a new one.*
Unit of measure *(per; by)*	Tengo que tomar las pastillas cinco veces **por** día. *I have to take the pills five times a day.*
Agent (passive voice) *(by)*	La nueva política de salud pública fue anunciada **por** la prensa. *The new public health policy was announced by the press.*

Expressions with *por*

por ahora *for the time being*	**por lo general** *in general*
por allí/aquí *around there/here*	**por lo menos** *at least*
por casualidad *by chance*	**por lo tanto** *therefore*
por cierto *by the way*	**por lo visto** *apparently*
¡Por Dios! *For God's sake!*	**por más/mucho que** *no matter how much*
por ejemplo *for example*	**por otro lado/otra parte** *on the other hand*
por escrito *in writing*	**por primera vez** *for the first time*
por eso *therefore; for that reason*	**por si acaso** *just in case*
por fin *finally*	**por supuesto** *of course*

¡ATENCIÓN!

In many cases it is grammatically correct to use either **por** or **para** in a sentence. However, the meaning of each sentence is different.

Trabajó por su tío.
He worked for (in place of) his uncle.

Trabajó para su tío.
He worked for his uncle('s company).

Práctica

TALLER DE CONSULTA

MANUAL DE GRAMÁTICA
Más práctica

4.3 **Por** and **para**, p. A25

1 **Otra manera** Lee la primera oración y completa la segunda versión con **por** o **para**.

1. Mateo pasó el verano en Colombia con su abuela.
   Mateo fue a Colombia _____ visitar a su abuela.

2. Ella estaba enferma y quería la compañía de su nieto.
   Ella estaba enferma; _____ eso, Mateo decidió ir.

3. La familia le envió muchos regalos a la abuela.
   La familia envió muchos regalos _____ la abuela.

4. La abuela se alegró mucho de la visita de Mateo.
   La abuela se puso muy feliz _____ la visita de Mateo.

5. Mateo pasó tres meses en ese país.
   Mateo estuvo en Colombia _____ tres meses.

Cartagena, Colombia

2 **Carta de amor** Completa la carta con **por** y/o **para**.

De:	mateo25@tucorreo.com
A:	cata@tucorreo.com
Tema:	Noticias desde Cartagena

Mi amada Catalina:

(1) _____ fin encuentro un momento (2) _____ escribirte. Es que mi abuela me tiene a su lado (3) _____ horas y horas cada día, contándome historias de su niñez aquí en Cartagena. Poquito a poco va recuperándose, pero no sé de dónde saca tantas fuerzas (4) _____ hablar. Pero estoy aquí sólo (5) _____ ella, así que no me quejo de nada. En las tardes ella descansa y yo suelo caminar (6) _____ la playa y, (7) _____ supuesto, pienso en ti…

Hoy mi abuelita me pidió llamar (8) _____ teléfono a la clínica, pues le duele mucho el estómago y cree que es (9) _____ las otras medicinas que le recetó el cirujano. Mientras tío Javi la lleva a la clínica, yo iré al centro (10) _____ hacer unas compras. Ya sé lo que voy a comprar (11) _____ ti.
Ya pronto nos veremos…
Te amaré (12) _____ siempre…

Mateo

3 **Oraciones** Utiliza palabras de cada columna para formar oraciones lógicas.

MODELO Mi hermana preparó una cena especial para la fiesta.

caminar		él
comprar	por	la fiesta
jugar		mi mamá
hacer	para	su hermana
preparar		el parque

Practice more at **vhlcentral.com**.

Comunicación

4 **Soluciones** En parejas, comenten cuáles son las mejores maneras de lograr los objetivos de la lista. Sigan el modelo y utilicen **por** y **para**.

> **MODELO**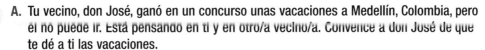
> Para tener buena salud, lo mejor es comer cinco frutas o verduras por día porque tienen muchas vitaminas.

concentrarse al estudiar	relajarse
divertirse	ser famoso/a
hacer muchos amigos	ser organizado/a
mantenerse en forma	tener buena salud

5 **Conversación** En parejas, elijan una de las situaciones y escriban una conversación. Utilicen **por** y **para**, y algunas de las expresiones de la lista.

A. Tu vecino, don José, ganó en un concurso unas vacaciones a Medellín, Colombia, pero él no puede ir. Está pensando en ti y en otro/a vecino/a. Convence a don José de que te dé a ti las vacaciones.

B. Hace un año que trabajas en una librería y nunca has tenido vacaciones. Habla con tu jefe/a y dile que quieres tomarte unas vacaciones de dos semanas. Tu jefe/a dice que ahora no puedes tomarte vacaciones y te da algunas razones. Explícale tú tus razones.

no es para tanto	por casualidad	por lo menos
para colmo	por eso	por lo tanto
para siempre	por fin	por supuesto

6 **Síntesis** En grupos de cuatro miren la foto e inventen una conversación. Deben usar por lo menos tres verbos en el subjuntivo, tres mandatos y tres expresiones con **por** o **para**. Dramaticen la conversación para el resto de la clase.

> **MODELO**
> — Quiero que me digas qué debo hacer para adelgazar.
> — ¡Bebe té verde por la mañana!

Antes de ver el corto

ATRAPADO

país Cuba **duración** 12 minutos
director Daniel Chile **protagonistas** Roldán, Ana, Rafael, Víctor

Vocabulario

el ataque cardiaco *heart attack*
la camilla *stretcher*
el cielorraso *ceiling*
dar(le) vueltas a un asunto *to beat around the bush*
el embarazo *pregnancy*
el/la enfermero/a *nurse*

la mesa de noche *nightstand*
el parto *birth*
el pedido *order*
ponerse para las cosas *(Cub.) to get your act together*
regañar *to scold*

1 **Oraciones incompletas** Completa las oraciones con palabras o expresiones apropiadas del vocabulario.

1. Julia tiene que _____ o no aprobará el examen.
2. María tuvo un _____ difícil, pero su hijo nació fuerte y sano.
3. Las _____ de la sala de emergencias estaban ocupadas.
4. Acaba de llegar el _____ que hice al supermercado.
5. El _____ asistió a la doctora durante la operación.

2 **Preguntas** En parejas, contesten las preguntas.

1. ¿Cómo creen que influyen las condiciones de una vivienda en la salud de una persona?
2. ¿Han estado en un hospital? Describan su experiencia.
3. ¿Les gusta la comida rápida? ¿Por qué?
4. ¿Saben qué hacer cuando una persona sufre un ataque cardiaco? Expliquen su respuesta.
5. ¿Cuál es su idea de bienestar?

3 **¿Qué sucederá?** En grupos, miren el fotograma e imaginen lo que va a ocurrir en la historia. Compartan sus ideas con la clase.

CARLOS LUIS GONZÁLEZ

ALICIA HECHAVARRÍA | ARAMÍS DELGADO | PATRICIO WOOD

ATRAPADO

Un cortometraje de DANIEL CHILE

Mejor actor
Oklahoma Cine
Latino Film Festival
2017
Carlos Luis González

MIRAPAKÁ Producciones presenta
CARLOS LUIS GONZÁLEZ | ALICIA HECHAVARRÍA | ARAMÍS DELGADO | PATRICIO WOOD
Director de fotografía JAVIER PÉREZ | Edición LENIA DELGADO | Banda sonora RAYMEL CASAMAYOR | Música original EMILIO MARTINÍ
Dirección de arte MICHEL MESA | Sonido directo JUAN CARLOS HERRERA | Asesor dramático HUBERT BARRERO | Asistente de dirección GERALDINE LEÓN
Productor ROBERTO CHILE | Producción general ENIF PINO | Guión y dirección DANIEL CHILE

MIRAPAKÁ   AHS Asociación Hermanos Saíz   Sabadell   DX   gráfica r10

Escenas

ARGUMENTO Roldán es un repartidor de pizzas con una casa en ruinas y una esposa embarazada. La entrega de una pizza cambiará su vida.

ROLDÁN ¿Cómo te sientes?
ANA Mejor.
ROLDÁN Traje las cositas que me pediste. ¿Y cómo está mi princesa hoy?
ANA Ha estado intranquila.
ROLDÁN ¿Sí? Igualita a la madre. Ya me están localizando del trabajo. Me tengo que ir.

ANA Mi amor, ¿cómo va la reparación de la casa?
ROLDÁN Va bien.
ANA Tenemos que apurarnos, que ya está a punto de nacer. A lo mejor podemos pintar el cuarto de un rosadito claro y hacerle unas florecitas como en blanco o en beige…

RAFAEL Seis pedidos y mira la hora que tú te apareces. ¿Tú sabes cuánta gente quisiera trabajar aquí?
ROLDÁN Rafael, es que tengo un problema con la…
RAFAEL ¡No te aguanto ni una más! O te pones para las cosas o te saco de aquí.

ROLDÁN Víctor, ¿una pizza de jamón?
VÍCTOR Se demoraron bastante.
ROLDÁN ¿Usted está bien?

ROLDÁN Señor, ¿qué le pasa? Dígame, ¿qué hago?, ¿a quién llamo?
VÍCTOR Tráeme las pastillas.
ROLDÁN ¿Dónde están?
VÍCTOR En la mesita de noche.

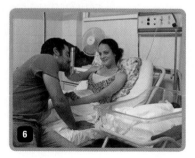

ANA Roldán, ¿pasó algo con la casa? ¿Qué te pasa?

Después de ver el corto

(1) Comprensión Contesta las preguntas con oraciones completas.

1. ¿Cuál es el trabajo de Roldán?
2. ¿Por qué Rafael regaña a Roldán?
3. ¿Por qué Víctor se cae al suelo?
4. ¿Qué le pide Víctor a Roldán después de caer al suelo?
5. ¿Qué encuentra Roldán en la mesa de noche de Víctor?
6. ¿Qué hace Roldán con lo que encuentra?
7. ¿Cuántos hijos acaban de tener Ana y Roldán?

(2) Ampliación Contesta las preguntas.

1. ¿En qué crees que piensa Roldán cuando Ana le habla de la reparación de la casa?
2. Cuando Víctor habla por teléfono con su empleado, ¿cómo lo trata? ¿Crees que eso influye en la decisión que toma Roldán más tarde?
3. ¿Por qué piensas que Roldán tarda tanto tiempo en darle las pastillas a Víctor?
4. ¿En qué crees que piensa Roldán cuando ve a su hija recién nacida?
5. ¿Piensas que Roldán le va a contar a Ana lo que pasó en casa de Víctor? ¿Por qué?
6. ¿Qué crees que va a pasar con Roldán?

(3) Ana En parejas, imaginen la vida de Ana en el hospital. Contesten las preguntas y, luego, compartan sus ideas con el resto de la clase.

1. ¿Por qué se encuentra Ana hospitalizada?
2. ¿Cuánto tiempo creen que lleva Ana en el hospital?
3. ¿Quién ayuda a Ana en la habitación del hospital?
4. Además de Roldán, ¿piensan que alguien más va al hospital a visitar a Ana?
5. ¿Cómo creen que se siente Ana?

(4) Bienestar En parejas, imaginen que Roldán decide contarle a Ana lo que pasó en casa de Víctor. Según él, lo hizo por el bienestar de su familia. Piensen en estas preguntas y ensayen una conversación entre Ana y Roldán. Represéntenla en clase.

- ¿Cómo reacciona Ana ante el relato de Roldán?
- Después de escucharlo y de pensar en la situación, ¿estás de acuerdo o en desacuerdo con sus razones?
- ¿Hay otra(s) forma(s) de asegurar el bienestar de la familia?
- ¿Está arrepentido Roldán?
- ¿Roldán devuelve el dinero?

(5) En el hospital En grupos, imaginen que son los/las médicos/as de Ana y de Víctor. ¿Qué recomendaciones le pueden dar a Ana en su embarazo? ¿Qué consejos tienen para Víctor en relación con la salud de su corazón?

"Cuando sientes que la mano de la muerte
se posa sobre el hombro, la vida se ve
iluminada de otra manera…

José Martí

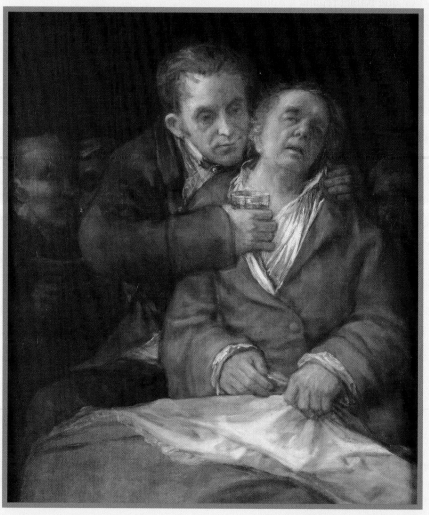

Autorretrato con el Dr. Arrieta, 1820
Francisco de Goya, España

 Interpretar   En parejas, contesten estas preguntas.

1. ¿Qué ven en este cuadro?

2. ¿Cómo es la atmósfera del cuadro y qué sensación les produce?

3. ¿En qué lugar creen que están los personajes del cuadro? Expliquen sus respuestas.

4. ¿Qué imaginan que contiene el vaso que ofrecen al personaje y para qué les parece que sirve?

5. ¿Por qué creen que se ven esas personas alrededor de los personajes centrales?

 Practice more at **vhlcentral.com**.

Antes de leer

Mujeres de ojos grandes

Sobre la autora

Ángeles Mastretta nació en Puebla, México, en 1949. Estudió periodismo y colaboró en periódicos y revistas: "Escribía de todo: de política, de mujeres, de niños, de lo que veía, de lo que sentía, de literatura, de cultura, de guerra". Su primer libro fue de poemas: *La pájara pinta* (1978), pero fue *Arráncame la vida* (1985), su primera novela, la que le dio fama y reconocimiento. En 1997 fue la primera mujer en ganar el Premio Rómulo Gallegos con su novela *Mal de amores*. En su obra habla sobre la psicología de la mujer. *Mujeres de ojos grandes* está compuesto de relatos sobre mujeres que muestran "el poder que tienen en sus cosas y el poder que tienen para hacer con sus vidas lo que quieran, aunque no lo demuestren. Son mujeres poderosas que se saben poderosas pero no lo ostentan (*boast*)".

Vocabulario

los adelantos *advances*	**el/la enfermero/a** *nurse*	**el ombligo** *navel*
la aguja *needle*	**el hallazgo** *discovery*	**la pena** *sorrow*
la cordura *sanity*	**la insensatez** *senselessness*	**el regocijo** *joy*
desafiante *challenging*	**latir** *to beat*	**la terapia intensiva** *intensive care*

(1) La historia de Julio Completa el párrafo con las palabras apropiadas.

Julio prefería una vida (1) _____ que no lo aburriera. Sin embargo, al perder todo por la caída de la bolsa (*stock market crash*), Julio —siempre una persona tan sensata— perdió la (2) _____. Después de unos meses, los síntomas desaparecieron para gran (3) _____ de la familia. Sin embargo, pensar en su trabajo lo llenaba de (4) _____ y en su corazón latía el deseo de hacer algo nuevo. Tan agradecido estaba con los médicos que decidió estudiar para ser (5) _____.

(2) Conexión personal Cuando te sientes enfermo/a, ¿intentas curarte por tus propios medios? ¿Alguna vez estuviste en un hospital? ¿Confías en la medicina tradicional o has probado la medicina alternativa? ¿Crees que la ciencia puede resolverlo todo?

(3) Análisis literario: el símil o la comparación

El símil, o la comparación, es un recurso literario que consiste en comparar una cosa con otra por su semejanza, parecido o relación. De esa manera, se logra mayor expresividad. Implica el uso del término comparativo explícito: **como**. Por ejemplo: "*ojos grandes* **como** *lunas*". Crea algunas comparaciones con estos pares de palabras o inventa tus propias comparaciones: muerte/noche, rostro/fantasma, mejillas/manzanas, hombre/ratón, lugar/cementerio.

 Practice more at **vhlcentral.com**.

Mujeres de ojos grandes

Último cuento; sin título

Ángeles Mastretta

Tía Jose Rivadeneira tuvo una hija con los ojos grandes como dos lunas, como un deseo. Apenas colocada en su abrazo, todavía húmeda y vacilante°, la niña mostró los ojos y algo en las alas° de sus labios que parecía pregunta.

—¿Qué quieres saber? —le dijo tía Jose jugando a que entendía ese gesto.

Como todas las madres, tía Jose pensó que no había en la historia del mundo una criatura tan hermosa como la suya. La deslumbraban° el color de su piel, el tamaño de sus pestañas° y la placidez con que dormía. Temblaba de orgullo imaginando lo que haría con la sangre y las quimeras° que latían en su cuerpo.

Se dedicó a contemplarla con altivez° y regocijo durante más de tres semanas. Entonces la inexpugnable° vida hizo caer sobre la niña una enfermedad que en cinco horas convirtió su extraordinaria viveza° en un sueño extenuado° y remoto° que parecía llevársela de regreso a la muerte.

Cuando todos sus talentos curativos no lograron mejoría alguna, tía Jose, pálida de terror, la cargó hasta el hospital. Ahí se la quitaron de los brazos y una docena de médicos y enfermeras empezaron a moverse agitados y confundidos en torno a la niña. Tía Jose la vio irse tras una puerta que le prohibía la entrada y se dejó caer al suelo incapaz de cargar consigo misma y con aquel dolor como un acantilado°.

Ahí la encontró su marido, que era un hombre sensato y prudente como los hombres acostumbran fingir° que son. La ayudó a levantarse y la regañó° por su falta de cordura y esperanza. Su marido confiaba en la ciencia médica y hablaba de ella como otros hablan de Dios. Por eso lo turbaba° la insensatez en que se había colocado su mujer, incapaz de hacer otra cosa que llorar y maldecir° al destino.

Aislaron a la niña en una sala de terapia intensiva. Un lugar blanco y limpio al que las madres sólo podían entrar media hora diaria. Entonces se llenaba de oraciones° y ruegos.

Todas las mujeres persignaban° el rostro de sus hijos, les recorrían el cuerpo con estampas y agua bendita°, pedían a todo Dios que los dejara vivos. La tía Jose no conseguía sino llegar junto a la cuna° donde su hija apenas respiraba para pedirle: "no te mueras". Después lloraba y lloraba sin secarse los ojos ni moverse hasta que las enfermeras le avisaban que debía salir.

Entonces volvía a sentarse en las bancas cercanas a la puerta, con la cabeza sobre las piernas, sin hambre y sin voz, rencorosa° y arisca°, ferviente° y desesperada. ¿Qué podía hacer? ¿Por qué tenía que vivir su hija? ¿Qué sería bueno ofrecerle a su cuerpo pequeño lleno de agujas y sondas° para que le interesara quedarse en este mundo? ¿Qué podría decirle para convencerla de que valía la pena hacer el esfuerzo en vez de morirse?

Una mañana, sin saber la causa, iluminada sólo por los fantasmas de su corazón, se le acercó a la niña y empezó a contarle las historias de sus antepasadas°. Quiénes habían sido, qué mujeres tejieron° sus vidas con qué hombres antes de que la boca y el ombligo de su hija se anudaran° a ella. De qué estaban hechas, cuántos trabajos° habían pasado, qué penas y jolgorios° traía ella como herencia. Quiénes sembraron con intrepidez° y fantasías la vida que le tocaba prolongar.

Durante muchos días recordó, imaginó, inventó. Cada minuto de cada hora disponible habló sin tregua° en el oído de su hija. Por fin, al atardecer de un jueves, mientras contaba implacable alguna historia, su hija abrió los ojos y la miró ávida° y desafiante, como sería el resto de su larga existencia.

El marido de tía Jose dio las gracias a los médicos, los médicos dieron gracias a los adelantos de su ciencia, la tía abrazó a su niña y salió del hospital sin decir una palabra. Sólo ella sabía a quiénes agradecer la vida de su hija. Sólo ella supo siempre que ninguna ciencia fue capaz de mover tanto, como la escondida en los ásperos° y sutiles hallazgos de otras mujeres con los ojos grandes. ■

Después de leer

Mujeres de ojos grandes
Ángeles Mastretta

1 **Comprensión** Contesta las siguientes preguntas con oraciones completas.

1. ¿Quiénes son los tres personajes principales de este relato?

2. ¿Tía Jose lleva inmediatamente a su hija al hospital?

3. ¿Qué piensa el marido de la ciencia de los médicos y del comportamiento de su esposa?

4. ¿Qué historias le cuenta tía Jose a su hija? ¿Son todas reales?

5. Para el padre de la niña, ¿qué o quién le salvó la vida? ¿Y para tía Jose?

2 **Análisis** Lee el relato nuevamente y contesta las preguntas.

1. Los ojos de la hija de tía Jose son "grandes como dos lunas, como un deseo". ¿Por qué se eligen estos dos términos para la comparación? ¿Puedes encontrar otras comparaciones en el cuento?

2. La expresión "las alas de sus labios" es un recurso ya analizado. ¿Cómo se llama?

3. En el hospital, la niña es llevada lejos de su madre, "tras una puerta que le prohibía la entrada". ¿A qué lugar se refiere?

4. Tía Jose comienza a contarle historias a su hija "iluminada por los fantasmas de su corazón". Reflexiona: ¿los fantasmas se asocian con la luz o con la oscuridad? ¿A quiénes se refiere la palabra "fantasmas" en el relato?

3 **Interpretación** En parejas, respondan las preguntas.

1. El personaje de la tía Jose pierde la voz ante la enfermedad de su hija. ¿Cómo recupera la voz? ¿Por qué?

2. La hija de tía Jose tiene ojos grandes, al igual que las mujeres de los relatos que le cuenta su madre. ¿Qué creen que simboliza esto?

3. El padre agradece a los médicos por haber salvado a la niña; los médicos agradecen a la ciencia. ¿Por qué tía Jose "salió del hospital sin decir una palabra"?

4. ¿Qué creen que salvó la vida de la niña? ¿Conocen algún caso de recuperación asombrosa en la vida real?

4 **Debate** Formen dos grupos: uno debe hacer una lista de los argumentos que usó el marido de tía Jose para tranquilizarla en el hospital; el otro grupo debe imaginar cuáles eran las razones de las mujeres que rezaban (*prayed*) para sanar a sus hijos. Después, organicen un debate para discutir las alternativas, defendiendo su argumento y señalando las debilidades del argumento contrario.

5 **Historias** Redacta una de las historias que la tía Jose le contó a su hija. Utiliza algunos de los usos de **por** y **para**. Incluye por lo menos dos símiles.

Practice more at **vhlcentral.com**.

Antes de leer

Vocabulario

la aldea *village*	los gusanos *worms*
la batalla *battle*	la mosca *fly*
la ceguera *blindness*	el oro *gold*
el chiripazo *coincidence*	la picadura *bite*
el ciclo vital *life cycle*	rascar(se) *to scratch (oneself)*
de hecho *in fact*	el tráfico de esclavos *slave trade*
el estibador de puerto *longshoreman*	

1 Oraciones incompletas Completa las oraciones con las palabras adecuadas.

1. Los insectos cambian de forma durante su _____.
2. ¡No te bebas ese jugo, tiene una _____ dentro!
3. Él tiene una _____ de mosquito en el brazo y no para de _____.
4. No estoy enfermo, ¡_____, me siento muy bien!
5. Gracias a la ciencia algunas personas con _____ recuperan la visión.
6. El _____ es un metal precioso y muy caro.
7. El _____ es una de las mayores tragedias de la humanidad.
8. Una _____ es una comunidad rural donde viven pocas personas.

2 Conexión personal Responde estas preguntas:¿Puedes pensar en alguna enfermedad que afecta a tu comunidad o a un grupo que conoces? ¿Ha recibido la comunidad alguna ayuda?

Contexto cultural

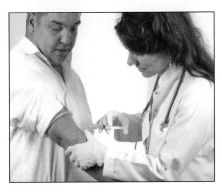

Colombia es un país en el que convergen múltiples culturas. Muestra de esta diversidad es la coexistencia de la medicina convencional y de las tradiciones medicinales indígenas. Científicos como **Rodolfo Llinás**, reconocido por sus aportes al campo de la neurociencia y por sus avances en la cura del cáncer y del alzhéimer, y **Manuel Elkin Patarroyo**, mundialmente famoso por su trabajo en el desarrollo de la vacuna contra la malaria, destacan en el campo de la medicina convencional. Sin embargo, en Colombia existe también otra visión muy diferente de la medicina: muchas de las comunidades indígenas del país cuentan con **curanderos** (*healers*). Según éstos, las enfermedades se producen por el desequilibrio (*imbalance*) entre el hombre, su entorno (*environment*) y el cosmos. Por esta razón, para curar las enfermedades, acuden a diversos rituales que buscan devolver el equilibrio y la armonía a las personas enfermas. ¿Qué piensas tú de estos dos enfoques de la medicina?

Colombia gana la guerra a una vieja enfermedad

Quien haya hecho una excursión por un bosque del noroeste de Norteamérica a finales de primavera sabrá lo que es la mosca negra: un insecto que se reproduce en los ríos y cuya picadura causa una pequeña inflamación rojiza, y poco más. Aunque en Nortemérica la mosca negra

5 no es peligrosa, en Suramérica provoca la llamada "ceguera de los ríos", una cruel enfermedad con la que se lucha en más de treinta países. Colombia se ha convertido en el primero de ellos en ganar la batalla.

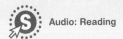

¿Por qué cruel? La oncocercosis, o ceguera de los ríos, es básicamente una invasión de gusanos que entran en el cuerpo humano a través de la picadura de la mosca negra. Estos gusanos se reproducen y generan miles de larvas que emigran a todas partes del cuerpo por debajo de la piel. Esto hace que la infección sea tan desagradable. Según el doctor Donald Bundy, coordinador del Banco Mundial para el Control de la Oncocercosis, es común ver que en las aldeas afectadas las personas se rascan constantemente, razón por la cual terminan con cortes terribles en la piel. Con el paso de los años, esas larvas viajeras pasan de la piel a los ojos y cubren la córnea causando ceguera.

Después del glaucoma, la oncocercosis es la principal causa de ceguera a nivel mundial. Según la Organización Mundial de la Salud (OMS),° la oncocercosis afecta a 37 millones de personas en el mundo, de las cuales 300.000 ya han quedado completamente ciegas° . Casi todos los casos de oncocercosis se dan° en África; de hecho, se cree que esta enfermedad llegó al Nuevo Mundo a principios del siglo XVIII con el tráfico de esclavos. Actualmente, la enfermedad es parte de la realidad de muchas comunidades de países como Ecuador, Venezuela, México y Guatemala, y también de Colombia. Allí se descubrió en 1965 cuando un estibador de puerto llegó a la consulta del médico con una infección en los ojos. Casualmente°, el doctor que lo vio había estudiado oftalmología tropical en Francia. Enseguida, diagnosticó su enfermedad: oncocercosis.

"Fue un chiripazo", dice la doctora Gloria Palma, del Centro Internacional de Entrenamiento e Investigaciones Médicas (CIDEIM) de Colombia, quien asegura que estuvieron buscando la enfermedad en el sitio equivocado. Según Palma, el Instituto Nacional de Salud llevaba años buscando la enfermedad por la zona norte del país y había planes para ir a buscarla en el Pacífico.

La aparición del primer caso permitió centrar la búsqueda en la región del río Chuaré, Cauca. Finalmente, el foco de la ceguera de los ríos apareció en la comunidad de Nacioná, en el municipio° de López de Micay, una zona de difícil acceso. La economía de esta comunidad se ha basado, principalmente, en la extracción de oro en el propio río donde vive y se reproduce la mosca negra.

Una vez localizado el foco de la enfermedad había que dar el siguiente paso°: eliminarla. La estrategia para conseguirlo fue tratar a la población de la zona afectada con un medicamento llamado Ivermectina, donado por la empresa farmacéutica Merck. El tratamiento con este medicamento empezó en 1996 y continuó cada seis meses, hasta que en 2007 se comprobó que la mosca negra ya no transmitía el parásito. Pero eso no era suficiente. Había que demostrar que, tres años después, no hubiera ningún caso nuevo, y que el ciclo vital del parásito a través de la mosca negra y el hombre estaba definitivamente interrumpido. Y así fue: en 2011 la enfermedad se declaró oficialmente eliminada de Colombia. Misión cumplida. ∎

World Health Organization (WHO)

blind

occur

coincidentally

township

to take the next step

La oncocercosis en Colombia

Zonas de búsqueda°
Foco de la enfermedad

búsqueda *search*

Después de leer

Colombia gana la guerra a una vieja enfermedad

1 **Comprensión** Contesta las preguntas con oraciones completas.

1. ¿Qué es la oncocercosis?
2. ¿Qué otro nombre recibe la oncocercosis?
3. ¿Cuándo se cree que llegó la oncocercosis al Nuevo Mundo?
4. ¿De qué continente se cree que procede la oncocercosis?
5. ¿Por qué se produce la oncocercosis cerca de los ríos?
6. ¿Cómo se eliminó la oncocercosis en Colombia?

2 **Preguntas** Responde las preguntas con oraciones completas.

1. ¿Por qué se le llama "ceguera de los ríos" a la oncocercosis?
2. ¿Por qué muchos enfermos de oncocercosis tienen cortes en la piel?
3. ¿Por qué produce ceguera esta enfermedad?
4. ¿Cómo se cree que llegó esta enfermedad al Nuevo Mundo?
5. ¿Al comienzo, en qué lugar estaba buscando la enfermedad el Instituto Nacional de Salud de Colombia?
6. ¿En qué otros lugares las comunidades deben enfrentarse a esta enfermedad?
7. ¿Por qué estaban expuestos a la picadura de la mosca los habitantes de Nacioná?
8. ¿Qué crees que hay que hacer para eliminar esta enfermedad en todo el mundo?

3 **Hipocondríaco** Imagina que visitas Nacioná con un(a) amigo/a y que lo pica una mosca negra. Tu amigo/a se pone muy nervioso/a porque cree que se va a quedar ciego/a. Inventen una conversación sobre lo que sucede a continuación.

> **MODELO** —¡Me picó una mosca! ¡Voy a quedarme ciego!
> —No te preocupes, aquí ya no hay oncocercosis.

4 **Campaña** En grupos, creen una campaña para combatir una enfermedad que conozcan. Elijan un país afectado y desarrollen un cartel informativo con la siguiente información. Utilicen la gramática de la lección. Después, presenten los carteles a la clase.

- definición de la enfermedad
- síntomas de la enfermedad
- cómo se transmite la enfermedad
- cómo se cura
- cómo se puede prevenir
- qué repercusión tiene la eliminación de esa enfermedad a nivel mundial

5 **Debate** En grupos de cuatro, debatan sobre las implicaciones que puede tener la utilización de animales en las investigaciones para encontrar la cura de enfermedades. Compartan sus conclusiones con la clase.

 Practice more at **vhlcentral.com**.

Atando cabos

¡A conversar!

La nueva cafetería Trabajen en grupos de cuatro. Imaginen que son consultores/as contratados/as por una escuela o universidad para diseñar una nueva cafetería que cumpla con los objetivos del recuadro. Presenten su plan a la clase.

Objetivos de la nueva cafetería

- brindar a los estudiantes un espacio para socializar y relajarse
- ofrecer una selección de alimentos que sea atractiva, pero que, al mismo tiempo, sea saludable y lo más natural posible
- informar a los estudiantes acerca de temas relacionados con la salud, la alimentación y el bienestar a través de afiches y otros elementos visuales

¡A escribir!

Un decálogo Imagina que eres médico/a. Sigue el **Plan de redacción** para escribir un decálogo en el que das diez consejos generales a tus pacientes para que lleven una vida sana.

Plan de redacción

Preparación: Prepara un esquema (*outline*) con los diez consejos más importantes.

Título: Elige un título para el decálogo.

Contenido: Escribe los diez consejos. Utiliza el subjuntivo o el imperativo en todos los consejos. Puedes incluir la siguiente información.

- qué alimentos se deben comer y cuáles se deben evitar
- cuántas comidas se deben consumir al día
- cuántas horas se debe dormir
- qué hábitos se deben evitar

Cuídese:

1. Haga ejercicio tres veces a la semana como mínimo.

2. Es importante que no consuma muchas grasas.

3. Es esencial que...

Vocabulary Tools

Los síntomas y las enfermedades

la depresión	depression
la enfermedad	disease; illness
la gripe	flu
la herida	injury
el malestar	discomfort
la obesidad	obesity
el resfriado	cold
la respiración	breathing
la tensión (alta/ baja)	(high/low) blood pressure
la tos	cough
el virus	virus
contagiarse	to become infected
desmayarse	to faint
empeorar	to get worse
enfermarse	to get sick
estar resfriado/a	to have a cold
lastimarse	to get hurt
permanecer	to remain
ponerse bien/mal	to get well/sick
sufrir (de)	to suffer (from)
tener buen/mal aspecto	to look healthy/sick
tener fiebre	to have a fever
toser	to cough
agotado/a	exhausted
inflamado/a	inflamed
mareado/a	dizzy

La salud y el bienestar

la alimentación	diet (nutrition)
la autoestima	self-esteem
el bienestar	well-being
el estado de ánimo	mood
la salud	health
adelgazar	to lose weight
dejar de fumar	to quit smoking
descansar	to rest
engordar	to gain weight
estar a dieta	to be on a diet

mejorar(se)	to improve
prevenir (e:ie)	to prevent
relajarse	to relax
trasnochar	to stay up all night
sano/a	healthy

Los médicos y el hospital

la cirugía	surgery
el/la cirujano/a	surgeon
la consulta	doctor's appointment
el consultorio	doctor's office
la operación	operation
los primeros auxilios	first aid
la sala de emergencias	emergency room

Las medicinas y los tratamientos

el analgésico	painkiller
la aspirina	aspirin
el calmante	sedative; painkiller
los efectos secundarios	side effects
el jarabe	syrup
la pastilla	pill
la receta	prescription
el tratamiento	treatment
la vacuna	vaccine
la venda	bandage
el yeso	cast
curarse	to heal; to be cured
poner(se) una inyección	to give/get a shot
recuperarse	to recover
sanar	to heal
tratar	to treat
vacunar(se)	to vaccinate/to get vaccinated
curativo/a	healing

Más vocabulario

Expresiones útiles	Ver p. 127
Estructura	Ver pp. 134-136, 140-141 y 144-145

Cinemateca

el ataque cardiaco	heart attack
la camilla	stretcher
el cielorraso	ceiling
el embarazo	pregnancy
el/la enfermero/a	nurse
la mesa de noche	nightstand
el parto	birth
el pedido	order
dar(le) vueltas a un asunto	to beat around the bush
ponerse para las cosas	(Cub.) to get your act together
regañar	to scold

Literatura

los adelantos	advances
la aguja	needle
la cordura	sanity
el/la enfermero/a	nurse
el hallazgo	discovery
la insensatez	senselessness
el ombligo	navel
la pena	sorrow
el regocijo	joy
la terapia intensiva	intensive care
latir	to beat
desafiante	challenging

Cultura

la aldea	village
la batalla	battle
la ceguera	blindness
el chiripazo	coincidence
el ciclo vital	life cycle
de hecho	in fact
el estibador de puerto	longshoreman
los gusanos	worms
la mosca	fly
el oro	gold
la picadura	bite
el tráfico de esclavos	slave trade
rascar(se)	to scratch (oneself)

Los viajes

5

Communicative Goals

You will expand your ability to...
- make comparisons
- use negative, affirmative, and indefinite expressions
- express uncertainty and indefiniteness

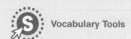

Vocabulary Tools

Los viajes

De viaje

Para sus vacaciones, Cecilia y Juan **hicieron un viaje** al Caribe. El último día decidieron descansar en la piscina antes de **hacer las maletas**. Se durmieron... ¡y **perdieron el vuelo**! De todos modos, no querían **regresar**.

la bienvenida *welcome*
la despedida *farewell*
el destino *destination*
el itinerario *itinerary*
la llegada *arrival*

el pasaje (de ida y vuelta) *(round-trip) ticket*
el pasaporte *passport*
la tarjeta de embarque *boarding pass*
la temporada alta/baja *high/low season*
el/la viajero/a *traveler*

hacer las maletas *to pack*
hacer transbordo *to transfer (planes/trains)*
hacer un viaje *to take a trip*
ir(se) de vacaciones *to go on vacation*
perder (e:ie) (el vuelo) *to miss (the flight)*
regresar *to return*

a bordo *on board*
retrasado/a *delayed*
vencido/a *expired*
vigente *valid*

El alojamiento

el albergue *hostel*
el alojamiento *lodging*
la habitación individual/doble *single/double room*
la recepclón *front desk*
el servicio de habitación *room service*

alojarse *to stay*
cancelar *to cancel*
estar lleno/a *to be full*
quedarse *to stay*
reservar *to reserve*

de (buena) categoría *first-rate*
incluido/a *included*
recomendable *advisable*

La seguridad y los accidentes

el accidente (automovilístico) *(car) accident*
el/la agente de aduanas *customs agent*
el aviso *notice; warning*
el cinturón de seguridad *seat belt*
el congestionamiento *traffic jam*
las medidas de seguridad *security measures*
la seguridad *safety; security*
el seguro *insurance*

aterrizar *to land*
despegar *to take off*
ponerse/quitarse el cinturón *to fasten/to unfasten the seat belt*
reducir (la velocidad) *to reduce (speed)*

peligroso/a *dangerous*
prohibido/a *prohibited*

Después de **recorrer** el canal de Panamá, el **crucero navegó** hasta un **puerto** de Costa Rica, donde los viajeros pudieron disfrutar de dos días de **ecoturismo**.

la aventura *adventure*

el/la aventurero/a *adventurer*

la brújula *compass*

el buceo *scuba diving*

el campamento *campground*

el crucero *cruise (ship)*

el (eco)turismo *(eco)tourism*

la excursión *outing; tour*

la frontera *border*

el/la guía turístico/a *tour guide*

la isla *island*

las olas *waves*

el puerto *port*

las ruinas *ruins*

la selva *jungle*

el/la turista *tourist*

navegar *to sail*

recorrer *to tour*

lejano/a *distant*

turístico/a *tourist (adj.)*

Práctica

1 **Escuchar**

A. Escucha lo que dice Julia, una guía turística, y después marca las oraciones que contienen la información correcta.

1. a. Los turistas llegaron hace una semana.
   b. La guía turística les da la bienvenida.
2. a. Los turistas van a ir al campamento en autobús.
   b. Los turistas van a ir al campamento en tren.
3. a. Los turistas se van a alojar en un campamento.
   b. Los turistas van a ir a un albergue.
4. a. El destino es una isla.
   b. El destino es la selva.
5. a. Les van a dar el itinerario mañana.
   b. El itinerario se lo darán la semana que viene.

B. Dos aventureros se separaron del grupo y tuvieron problemas. Escucha la conversación telefónica entre Mariano y el agente de viajes, y después contesta las preguntas.

1. ¿Qué les ha pasado a Mariano y a su novia?
2. ¿Adónde iban ellos cuando tuvieron el accidente?
3. ¿Quién fue el responsable del accidente? ¿Por qué?
4. ¿Tienen que pagar por los gastos médicos?
5. ¿Qué ha decidido la pareja?

2 **Significados** Escribe la palabra adecuada para cada definición.

1. documento necesario para ir a otro país
   _____
2. las forma el movimiento del agua del mar
   _____
3. vacaciones en un barco _____
4. instrumento que dice dónde está el norte
   _____
5. línea que separa dos países _____
6. lugar del hotel donde te dan las llaves de la habitación _____
7. documento necesario para poder subir a un avión _____
8. lo contrario de vencido _____
9. lugar rodeado de agua _____

Práctica

3 **Oraciones incompletas** Completa las oraciones con las palabras apropiadas de **Contextos**.

1. Si vas a estar solo/a en el hotel, tomas una habitación _____.

2. Cuando hay muchos coches en la calle al mismo tiempo, se producen _____.

3. Los barcos, cuando llegan a tierra, se amarran (*dock*) en los _____.

4. Si vas a viajar a otro país, tienes que comprobar que tu pasaporte no esté _____.

5. El deporte que se practica debajo del agua del mar es el _____.

4 **Planes** Completa la conversación con las palabras adecuadas del recuadro. Haz los cambios que sean necesarios.

a bordo	navegar	reservar
lleno/a	recorrer	retrasado/a

MAR ¿Qué quieres hacer hoy? ¿Quieres ir al crucero que (1) _____ las islas de la zona?

PEDRO ¿No hay que llamar antes para (2) _____ las plazas (*seats*)?

MAR No creo que el barco esté (3) _____. Espera, llamo por teléfono…

MAR ¡Tenemos suerte! El barco está (4) _____, ahora sale a las diez y media. Tenemos que estar (5) _____ a las diez. ¡En marcha!

PEDRO Perfecto, me gusta la idea. Hoy es un buen día para (6) _____.

5 **De viaje** En parejas, utilicen palabras y expresiones de **Contextos** para escribir oraciones completas sobre cada dibujo. Sigan el modelo.

MODELO Primero, Eva hizo las maletas. Metió camisetas, un traje de baño y…

1.

2.

3.

4.

5.

6.

S Practice more at **vhlcentral.com**.

Comunicación

6 **Problemas** En parejas, representen una de estas situaciones. Den detalles, excusas y razones, y traten de buscar una solución al problema. Luego, representen la situación ante la clase.

1.
ESTUDIANTE 1	Eres un(a) huésped en un hotel que está muy sucio. No te gusta el servicio de habitación y además hace demasiado calor en tu cuarto.
ESTUDIANTE 2	Tu tío te ha dejado a cargo de su hotel. Es temporada alta y, como el hotel está lleno, tienes mucho trabajo. No sabes qué hacer.

2.
ESTUDIANTE 1	Llegas al aeropuerto y te das cuenta de que dejaste el pasaporte en tu casa. Además, en la ciudad hay mucho congestionamiento.
ESTUDIANTE 2	Eres taxista en el aeropuerto. Como has estado muy estresado/a, el médico te ha recomendado no apurarte por ningún motivo.

3.
ESTUDIANTE 1	Ibas manejando y has tenido un accidente. Te bajas del carro para hablar con el/la otro/a conductor(a). No tienes los papeles del seguro.
ESTUDIANTE 2	Ibas manejando y has tenido un accidente. No llevabas el cinturón de seguridad y te has roto una pierna.

7 **¡Bienvenidos!**

A. En grupos de cuatro, imaginen que trabajan en la Oficina de Turismo de su ciudad. Tienen que organizar una visita turística de tres días. Conversen sobre las preguntas de la lista y luego preparen un itinerario detallado para los turistas.

- ¿Quiénes son los/las turistas?
- ¿A qué aeropuerto o estación llegan?
- ¿En qué hotel se alojan?
- ¿Qué excursiones pueden hacer?
- ¿Qué lugares exóticos hay para visitar?
- ¿Adónde pueden ir con un(a) guía turístico/a?
- ¿Pueden navegar en algún mar, lago o río? ¿En cuál?
- ¿Qué museos, parques o edificios hay para visitar?
- ¿Qué deportes pueden practicar?

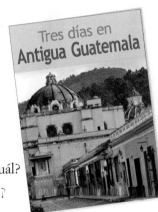

Tres días en Antigua Guatemala

B. Ahora, reúnanse con otro grupo y túrnense para explicar sus itinerarios. Un grupo representa a los empleados de la Oficina de Turismo y el otro a los turistas. Háganse preguntas específicas.

Hasta ahora, en el video...

Ricardo compra un alebrije para Marcela, pero cuando se lo da, Marcela justo recibe una llamada telefónica importante. Marcela y Ricardo deben ir al hospital porque Lupita se desmayó. En este episodio verás cómo sigue la historia.

DOCTORA Jamás se me había desaparecido un paciente. ¡Nunca!

LORENZO ¿Cómo se fue así, sin avisar?

MANU ¿Qué esperabas, que dejara una nota bajo la almohada?

ROCÍO ¡Uy!, dejó una nota bajo la almohada. (*lee*) "Estoy agotada. La doctora me ordenó descansar, me voy de vacaciones a casa de mi hermana. Los quiero, Guadalupe."

Marcela ve a Lupita saliendo del hospital.

MARCELA ¿¡No es esa Lupita?!

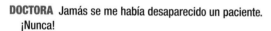

MARCELA ¿Vacaciones?

LUPITA Me iría a un buen hotel, con todo incluido y servicio de habitación. Pero voy a casa de mi hermana, en Cuajimoloyas.

MARCELA Uno no se escapa del hospital, Lupita.

LUPITA Bueno, está bien, como digas (*se fija en Ricardo*). ¿No es usted el del avión?

RICARDO Es un dron, señora. Y sí, soy yo. Voy de excursión a Hierve el Agua.

LORENZO ¡Lupita! Hemos pasado un mal rato. ¡Nos tenías preocupadísimos!

ROCÍO Para salir del hospital, se requiere que te den de alta.

LORENZO Vamos. Descansa unos días, haz tu maleta y después te vas adonde quieras.

ROCÍO (*en voz baja*) ¿No es ése el espía?

MARCELA Después te cuento. (*a Ricardo*) Bueno, a Hierve el Agua.

Personajes

 DOCTORA
 LORENZO
 MANU
 ROCÍO
 RICARDO
 MARCELA
 LUPITA

3

MANU No pasa nada, sólo fue a casa de su hermana.

ROCÍO Dejó una nota, ¿no? Tampoco es para tanto. *(mira por la ventana)* ¡Lupita!

MANU ¡¿Qué?!

ROCÍO ¡Se está subiendo a la Kombi!

6

RICARDO ¿Falta mucho para llegar? Recorrer este camino es peor de lo que había imaginado. ¡Quiero ir a un lugar que tenga una hermosa vista para volar mi dron!

MARCELA Estamos de excursión. ¡Disfruta la aventura!

RICARDO ¿Disfruta la aventura? ¡Éste no sólo es el peor camino en Oaxaca, sino que tú no eres la mejor conductora!

MARCELA *(enojada)* Bájate.

Using comparatives and superlatives

Así puedes ir tan lento como quieras.
That way you can go as slowly as you want.

¡Nos tenías preocupadísimos!
You had us very worried!

Recorrer este camino es peor de lo que había imaginado.
Going this way is worse than I imagined.

¡Voy lentísimo!
I am going really slow!

Using negative, affirmative, and indefinite expressions

Jamás se me había desaparecido un paciente. ¡Nunca!
I never had a patient disappear! Ever!

No sólo eres un pesado, sino que también eres un llorón.
You are not only a pest, but you're also a crybaby.

¿Sin avisarle a nadie?
Without telling anybody?

Tampoco es para tanto.
It's not a big deal.

¿Te pasa algo?
Are you OK?

Additional vocabulary

abrocharse el cinturón *to fasten one's seat belt*
la almohada *pillow*
bajarse *to get down/out*
el camino de vuelta *way back*
dar el alta *to discharge (from the hospital)*
¡Claro que no! *Of course not!*
contratar *to hire*
¡No te metas! *Don't get involved!*
quejarse *to complain*
subirse *to get in*
tener derecho a *to have the right to*

Comprensión

1 Oraciones Completa las oraciones con la información correcta.

1. Lupita se va del hospital para irse de _____ a casa de su hermana.

2. Lupita deja una _____ debajo de la almohada.

3. Ricardo dice que contrató a Marcela como _____ turística.

4. Lupita dice que le gustaría irse a un _____ con todo incluido.

5. Ricardo dice que el camino a Hierve el Agua es _____ de lo que había imaginado.

6. Marcela se enoja porque Ricardo le dice que no es buena _____ .

2 Diálogos Identifica quién dice cada oración y, después, únela con otra oración de la columna opuesta para formar diálogos de la **Fotonovela**.

| LORENZO | LUPITA | MANU | MARCELA | ROCÍO | RICARDO |

_____ 1. ¡Cómo se fue así, sin avisar! _____

_____ 2. Te contraté como guía turística. _____

_____ 3. Voy a casa de mi hermana en Cuajimoloyas. _____

_____ 4. Oye, ¿no es usted el del avión? _____

_____ 5. ¿No es ése el espía? _____

_____ a. ¡Uno no se escapa del hospital, Lupita!

b. Después te cuento.

_____ c. ¡Claro que no! Me contrataste para darme un regalo.

_____ d. ¿Qué esperabas? ¿Que dejara una nota bajo la almohada?

e. ¡Es un dron, señora!

_____

3 Respuestas y preguntas

A. Completa las oraciones con verbos en subjuntivo, según el episodio de la **Fotonovela**.

1. Marcela odia que Lupita la _____ "niña".

2. La doctora le ordena a Lupita que _____ .

3. Lorenzo le dice a Lupita que _____ su maleta primero.

4. Ricardo le pide a Marcela que _____ más despacio.

5. Marcela le dice a Ricardo que _____ de la aventura.

6. Marcela se enoja y le pide a Ricardo que se _____ de la kombi.

B. Ahora, en parejas, comparen sus respuestas y túrnense para hacerse preguntas sobre las oraciones. Sigan el modelo.

> **MODELO**
> **ESTUDIANTE 1** ¿Qué odia Marcela?
> **ESTUDIANTE 2** Marcela odia que Lupita la llame "niña".

Ampliación

(4) **¿Qué tipo de viajero/a eres?**

A. Elige una opción de la primera o de la segunda columna para cada número, según el tipo de viajero/a que seas. Si, por ejemplo, elegiste más opciones de la izquierda, formarás parte del equipo Lupita; si escogiste más de la derecha, serás del equipo Marcela.

Equipo Lupita		Equipo Marcela	
1. Hotel con todo incluido	☐	Campamento	☐
2. Visita a un museo	☐	Excursión a la montaña	☐
3. Viajar en avión	☐	Viajar en Kombi	☐
4. Guía turístico/a	☐	Mapa	☐
5. Piscina	☐	Río	☐

B. Reúnete con otra persona de tu equipo y preparen argumentos para defender el estilo de viajar escogido. Después, dividan la clase en los dos tipos de viajeros y hagan un debate sobre el mejor estilo de viajar.

(5) **Apuntes culturales** En parejas, lean los párrafos y contesten las preguntas.

Las vacaciones en los países hispanohablantes

Lupita necesita descansar, ¿y qué mejor manera que con unas vacaciones? En los países hispanohablantes, las vacaciones se suelen tomar en verano, en invierno, en Semana Santa (*Holy Week*) y en Navidad. En Semana Santa, el Jueves y el Viernes Santo (*Maundy Thursday and Good Friday*) son días feriados. Durante las navidades, las vacaciones normalmente van desde el día de Nochebuena (24 de diciembre) hasta el día de los Reyes Magos (6 de enero). Las vacaciones de verano suelen durar un mes y las de invierno, una semana.

El ecoturismo en Oaxaca

Ricardo contrata a Marcela para ir de excursión a Hierve el Agua, Oaxaca. Gracias a su biodiversidad, el estado de Oaxaca es un lugar ideal para hacer ecoturismo. Los visitantes pueden disfrutar de actividades como acampar en la selva de los Chimalapas, hacer ciclismo (*cycling*) y observar aves en Teotitlán del Valle, o admirar las cascadas (*waterfalls*) petrificadas en Hierve el Agua. Los más aventureros pueden hacer rapel en Ixtlán de Juárez o hacer un recorrido en tirolesa (*zip line*) por Cuajimoloyas. La mayoría de lugares ofrece alojamiento en cabañas (*cottages*), guías turísticos y alquiler de bicicletas.

Cuajimoloyas, Oaxaca

1. ¿Durante qué fechas tienes vacaciones?
2. ¿Qué sueles hacer durante tus vacaciones? ¿Qué planes tienes para tus próximas vacaciones?
3. ¿Alguna vez hiciste ecoturismo? Describe la experiencia.
4. De las actividades de ecoturismo mencionadas, ¿cuál te gustaría hacer? ¿Por qué?

CENTROAMÉRICA

En detalle

LA RUTA DEL CAFÉ

Los turistas que llegan a Finca° Esperanza Verde, "ecoalbergue" ubicado a 1.200 metros (4.000 pies) de altura en la selva tropical nicaragüense, descubren un paraíso natural con bosques, exuberantes montañas y aves tropicales. En este paraíso, los turistas pueden visitar un cafetal° y conocer los aspectos humanos y ecológicos que se conjugan° para que podamos disfrutar de algo tan simple como una taza de café.

El café, ese compañero de las mañanas, es el protagonista de la vida social, cultural y económica de Centroamérica. Para el visitante, esto salta a la vista apenas llega a estas tierras: el paisaje está cubierto de cafetales. Hoy día, dos terceras partes del café de todo el mundo son de origen americano.

Esta popular bebida llegó a América en el siglo XVIII. Pocos años después, su cultivo° se había extendido por México y Centroamérica. Los altibajos° en los precios del café han llevado a los productores centroamericanos a diversificar sus actividades: han iniciado el cultivo de café orgánico, han creado cooperativas de comercio justo° que buscan alcanzar° precios más equitativos° para productores y consumidores, y han promovido el ecoturismo.

El país pionero fue Costa Rica, que organizó la primera ruta del café, pero ya todos los países centroamericanos, y también algunos suramericanos, han creado sus rutas. Un día por una ruta del café suele constar de° una visita a las plantaciones de café, donde no sólo se conoce el proceso de cultivo y producción, sino que también se pueden tomar unas tazas de café. Después, se organizan almuerzos con platos típicos y, para terminar la jornada°, se visitan rutas históricas y pueblos cercanos donde los turistas pueden disfrutar del folklore local y comprar artesanías°. ∎

La ruta del café en el siglo XVIII

Venecia 1615
Europa
Marsella 1644
Estambul 1555
Persia
Santo Domingo 1731
África
El Cairo 1510
Caribe
Martinica 1730
Etiopía

Finca *Farm* **cafetal** *coffee plantation* **se conjugan** *are combined*
cultivo *cultivation* **altibajos** *ups and downs* **comercio justo** *fair trade*
alcanzar *to reach* **equitativos** *equitable* **constar de** *to consist of*
jornada *day* **artesanías** *handicrafts*

Los viajes

el turismo sostenible	*sustainable tourism*
el turismo sustentable	
el billete (Esp.)	*ticket*
el boleto (Amér. L.)	
el boleto redondo (Méx.)	*round-trip ticket*
la autopista (Esp.)	*turnpike; toll road*
la autovía (Esp.)	*highway*
la carretera (Esp.)	*road*
la burra (Gua.)	*bus*
la guagua (Carib.)	

De América al mundo

El tomate Su nombre se deriva de *tomatl*, una palabra del idioma náhuatl. Entró en Europa por la región de Galicia, en el noroeste de España, y se extendió luego a Francia e Italia. Los españoles y los portugueses lo difundieron° por el Oriente Medio, África, y Norteamérica.

El maíz Es uno de los cereales de mayor producción mundial junto con el trigo y el arroz. A pesar de las controversias acerca de su origen exacto, los investigadores coinciden en que los indígenas de América Central y México lo difundieron por el continente, los conquistadores lo introdujeron a Europa y los comerciantes lo llevaron a Asia y África.

La papa o patata Estudios científicos ubican el origen de la papa en Perú. En la actualidad, la papa se consume por todo el mundo, siendo Bielorrusia (Europa Oriental) el país donde más papas se consumen per cápita. Cada persona consume un promedio de 181 kilogramos (399 libras) al año.

difundieron *spread*

EL CANAL DE PANAMÁ

El canal de Panamá, una de las obras arquitectónicas más extraordinarias del planeta, une° los océanos Atlántico y Pacífico a través del istmo° de Panamá. Es, a su vez, una ruta importantísima para la economía mundial, pues lo cruzan° más de 14.000 barcos por año, es decir, unos 270 barcos por semana. La monumental obra, construida por Estados Unidos entre 1904 y 1914, consta de dos lagos artificiales, varios canales, tres estructuras de compuertas° y una represa°. El Canal tiene en su recorrido varias esclusas°, cuya finalidad° es subir o bajar los barcos desde el nivel de uno de los océanos hasta el nivel del otro. Dependiendo del tránsito, la travesía° por este atajo° de 80 kilómetros (50 millas) puede demorar° hasta 10 horas. Panamá y Estados Unidos negociaron la entrega del canal a Panamá en 1977, que pasó a estar bajo control panameño el 31 de diciembre de 1999. El 26 de junio de 2016 se inauguró el Canal Ampliado, cuyas obras empezaron el 3 de septiembre de 2007. El objetivo de este proyecto de infraestructura fue duplicar la capacidad del Canal, de modo que puedan atravesarlo barcos de mayor tamaño. Para ello, se construyó otro juego de esclusas, de 16 compuertas rodantes y 18 tinas° de reutilización de agua. Esta ampliación costó más de cinco mil millones de dólares.

" Viajar es imprescindible y la sed de viaje, un síntoma neto de inteligencia. " (Enrique Jardiel Poncela, escritor español)

une *links* **istmo** *isthmus* **cruzan** *cross* **compuertas** *floodgates* **represa** *dam* **esclusas** *locks* **finalidad** *purpose* **travesía** *crossing (by boat)* **atajo** *shortcut* **demorar** *last* **tinas** *pools*

¿Qué aprendiste?

1 **¿Cierto o falso?** Indica si estas afirmaciones son **ciertas** o **falsas**. Corrige las falsas.

1. El ecoalbergue Finca Esperanza Verde se encuentra en una zona montañosa de Costa Rica.

2. Los turistas que van a Finca Esperanza Verde pueden visitar un cafetal que se encuentra allí mismo.

3. La mitad del café mundial se produce en América.

4. El café es originario del continente americano.

5. El café llegó a América a través de México.

6. Los productores tuvieron que diversificar sus actividades debido a los bajos precios del café.

7. La finalidad de las cooperativas de comercio justo es ayudar a que los productores reciban un pago justo y los consumidores paguen precios razonables.

8. El primer país en crear una ruta del café fue Honduras.

9. Los turistas pueden visitar las plantaciones, pero no pueden presenciar el proceso de producción.

10. Los turistas que van a la ruta del café suelen visitar también las rutas históricas de la zona.

2 **Oraciones incompletas** Completa las oraciones con la información correcta.

1. El canal de Panamá está en manos panameñas _____.

2. El _____ permitió duplicar la capacidad del Canal y el paso de barcos de mayor tamaño.

3. La finalidad de las esclusas es subir o bajar los barcos _____.

4. En el Caribe, *guagua* significa _____.

5. _____ difundieron el tomate por el Oriente Medio.

3 **Preguntas** En parejas, contesten las preguntas.

1. ¿Qué papel tiene el café en tu cultura? ¿Tiene la misma importancia que en la cultura centroamericana?

2. ¿Prefieres productos ecológicos y productos que garantizan el comercio justo o compras productos comunes?

3. ¿Qué tipo de turismo sueles hacer? ¿Hiciste alguna vez ecoturismo?

4. ¿Qué alimentos provenientes de otros continentes forman parte de tu dieta?

4 **Opiniones** En grupos de tres, contesten estas preguntas: ¿Es bueno para los países recibir turismo? ¿Por qué? ¿Qué consecuencias tiene la llegada del turismo a ciertas zonas? ¿Qué beneficios tiene viajar?

 Practice more at **vhlcentral.com**.

PROYECTO

Un viaje por la ruta del café

Busca información sobre una excursión organizada por una ruta del café. Imagina que vas a la excursión y escribe una pequeña descripción de un día de visita, basándote en la información que has encontrado.

Incluye información sobre:

- los platos típicos que comiste
- los pueblos que visitaste
- lo que aprendiste sobre el café
- lo que fue más interesante de la visita
- lo que compraste para llevar a casa

¡Viajar y gozar!

 Video

Ya has visto algunos de los maravillosos lugares que puedes visitar en Latinoamérica. En este episodio de **Flash cultura**, conocerás cómo debes preparar todo para que tu viaje por Costa Rica sea seguro y placentero.

Corresponsal: Alberto Cuadra
País: Costa Rica

Los viajes requieren preparación; desde conseguir información de los sitios que vas a visitar y de las costumbres locales, hasta cómo conseguir las visas, los boletos y el cambio° de dinero.

VOCABULARIO ÚTIL

amable *friendly*	**la moneda local** *local currency*
brindar *to provide*	**regatear** *to bargain*
el cajero automático *ATM*	**sacar dinero** *to withdraw money*
jubilado/a *retired*	**la tarifa (fija)** *(fixed) rate*

(1) **Preparación** Responde estas preguntas: ¿Adónde te gusta ir de vacaciones? ¿Vas siempre al mismo lugar o prefieres explorar sitios nuevos? ¿Qué debe tener un país para que decidas visitarlo?

(2) **Comprensión** Indica si estas afirmaciones son **ciertas** o **falsas**. Después, en parejas, corrijan las falsas.

1. Aunque en algunas ciudades los taxis tienen taxímetro, en otras debes preguntar el precio y regatear antes de subir.

2. La moneda local de Costa Rica se llama "sanjosé".

3. En este país sólo se puede pagar con dinero en efectivo porque no existen las tarjetas de crédito.

4. El corresponsal recomienda recorrer San José en bicicleta el primer día.

5. El mayor flujo de turismo es de jóvenes que buscan aventuras y de personas jubiladas que quieren descansar.

6. Lo que más interesa de Costa Rica son los volcanes, los parques nacionales y las playas.

Si vas a estar varios días en una sola ciudad, pasa el primer día caminando, así te darás cuenta de las distancias.

(3) **Expansión** En parejas, contesten estas preguntas.

• ¿Alguna vez regatearon algún precio? ¿Están dispuestos a hacerlo con un taxi en Costa Rica o prefieren aceptar el precio sin objeción?

• Cuando viajan, ¿compran una guía del lugar? ¿Saben leer mapas o se pierden fácilmente?

• ¿Les gustaría vivir en Costa Rica? ¿Por qué?

Es un país de mucha paz°, tenemos buenas playas, buenas montañas… y la gente muy amable, por eso muchos vienen a Costa Rica… Y la policía… también somos simpáticos.

cambio *exchange* **paz** *peace*

Practice more at **vhlcentral.com**.

Tutorial

5.1 Comparatives and superlatives

Comparisons of inequality

• With adjectives, adverbs, nouns, and verbs, use these constructions to make comparisons of inequality (*more than/less than*).

$$más/menos + \begin{bmatrix} \textit{adjective} \\ \textit{adverb} \\ \textit{noun} \end{bmatrix} + que \qquad \boxed{\textit{verb}} + más/menos \ que$$

TALLER DE CONSULTA

MANUAL DE GRAMÁTICA
Más práctica

5.1 Comparatives and superlatives, p. A28
5.2 Negative, affirmative, and indefinite expressions, p. A29
5.3 The subjunctive in adjective clauses, p. A30
5.4 The present perfect and the past perfect, p. A31

Más gramática

5.5 **Pero** and **sino**, p. A32

ADJECTIVE

Este hotel es **más elegante que** aquél.
This hotel is more elegant than that one.

ADVERB

¡Llegaste **más tarde que** yo!
You arrived later than I did!

NOUN

Juan tiene **menos tiempo que** Ema.
Juan has less time than Ema does.

VERB

Mi hermano **viaja menos que** yo.
My brother travels less than I do.

• When the focus of a comparison is a noun and the second term of the comparison is a verb or a clause, use these constructions to make comparisons of inequality.

$$más/menos + \boxed{\textit{noun}} + \begin{matrix} \textbf{del/de la que} \\ \textbf{de los/las que} \end{matrix} + \boxed{\textit{verb or clause}}$$

Había **más** asientos
de los que necesitábamos.
There were more seats than we needed.

La ciudad tiene **menos** ruinas
de las que esperábamos.
The city has fewer ruins than we expected.

Comparisons of equality

• Use these constructions to make comparisons of equality (*as... as*).

$$tan + \begin{bmatrix} \textit{adjective} \\ \textit{adverb} \end{bmatrix} + como \qquad tanto/a(s) + \begin{bmatrix} \textit{singular noun} \\ \textit{plural noun} \end{bmatrix} + como$$

$$\boxed{\textit{verb}} + tanto \ como$$

¡ATENCIÓN!

Before a number (or equivalent expression), *more/less than* is expressed with **más/menos de**.

El pasaje cuesta más de trescientos dólares.
The ticket costs more than three hundred dollars.

¡ATENCIÓN!

Tan and **tanto** can also be used for emphasis, rather than to compare:

tan *so*
tanto *so much*
tantos/as *so many*

¡El viaje es tan largo!
The trip is so long!

¡Viajas tanto!
You travel so much!

¿Siempre traes tantas maletas?
Do you always bring so many suitcases?

ADJECTIVE

El vuelo de regreso no parece
tan largo como el de ida.
The return flight doesn't seem as long as the flight over.

ADVERB

Se puede ir de Madrid a Sevilla **tan rápido** en tren **como** en avión.
You can get from Madrid to Sevilla as quickly by train as by plane.

NOUN

Cuando viajo a la ciudad, llevo
tantas maletas como tú.
When I travel to the city, I take as many suitcases as you do.

VERB

Guillermo **disfrutó tanto como** yo nuestro último viaje a Honduras.
Guillermo enjoyed our last trip to Honduras as much as I did.

Superlatives

- Use this construction to form superlatives (**superlativos**). The noun is preceded by a definite article, and **de** is the equivalent of *in, on,* or *of.* Use **que** instead of **de** when the second part of the superlative construction is a verb or a clause.

$$\text{el/la/los/las} + \boxed{noun} + \text{más/menos} + \boxed{adjective} + \begin{array}{l} \text{de } + \boxed{noun} \\ \text{que } + \boxed{verb\ or\ clause} \end{array}$$

Ésta es **la playa más bonita de** todas.
This is the prettiest beach of all.

Es **el hotel menos caro que** he visto.
It is the least expensive hotel I've seen.

- The noun may also be omitted from a superlative construction.

Me gustaría comer en **el** restaurante **más elegante** de la ciudad.
I would like to eat at the most elegant restaurant in the city.

Las Dos Palmas es **el más elegante de** la ciudad.
Las Dos Palmas is the most elegant one in the city.

Irregular comparatives and superlatives

Adjective	Comparative form	Superlative form
bueno/a *good*	**mejor** *better*	**el/la mejor** *best*
malo/a *bad*	**peor** *worse*	**el/la peor** *worst*
grande *big*	**mayor** *bigger*	**el/la mayor** *biggest*
pequeño/a *small*	**menor** *smaller*	**el/la menor** *smallest*
viejo/a *old*	**mayor** *older*	**el/la mayor** *oldest*
joven *young*	**menor** *younger*	**el/la menor** *youngest*

- When **grande** and **pequeño/a** refer to size and not age or quality, the regular comparative and superlative forms are used.

Ernesto es **mayor** que yo.
Ernesto is older than I am.

Ese edificio es **el más grande** de todos.
That building is the biggest one of all.

- When **mayor** and **menor** refer to age, they follow the noun they modify. When they refer to quality, they precede the noun.

María Fernanda es mi hermana **menor**.
María Fernanda is my younger sister.

Hubo un **menor** número de turistas.
There was a smaller number of tourists.

- The adverbs **bien** and **mal** also have irregular comparatives, **mejor** and **peor**.

Mi esposo maneja muy **mal**. ¿Y el tuyo?
My husband is a very bad driver. How about yours?

Seguro que mi esposo maneja **peor** que el tuyo.
I'm sure my husband drives worse than yours.

Tú puedes hacerlo **bien** por ti mismo.
You can do it well by yourself.

Ayúdame, que tú lo haces **mejor** que yo.
Help me; you do it better than I do.

¡ATENCIÓN!

Absolute superlatives
The suffix **-ísimo/a** is added to adjectives and adverbs to form the absolute superlative.

This form is the equivalent of *extremely* or *very* before an adjective or adverb in English.

malo → **malísimo**

mucha → **muchísima**

difícil → **dificilísimo**

fácil → **facilísimo**

Adjectives and adverbs with stems ending in **c**, **g**, or **z** change spelling to **qu**, **gu**, and **c** in the absolute superlative.

rico → **riquísimo**

larga → **larguísima**

feliz → **felicísimo**

Adjectives that end in **-n** or **-r** form the absolute superlative by adding **-císimo/a**.

joven → **jovencísimo**

Práctica

TALLER DE CONSULTA

MANUAL DE GRAMÁTICA
Más práctica

5.1 Comparatives and superlatives, p. A28

1 **Demasiadas deudas** Ágata trabaja en una agencia de viajes y su amiga Elena en un hotel. Completa la conversación con las palabras de la lista.

baratísimos	más	menor	muchísimas
como	mejor	menos	que

ELENA Tengo (1) _____ deudas (*debts*) y necesito ganar (2) _____ dinero.

ÁGATA ¿Por qué no mandas tu currículum a mi empresa? No es tan prestigiosa (3) _____ la tuya, pero paga mejor.

ELENA Tú trabajas (4) _____ horas (5) _____ yo, pero ganas más.

ÁGATA Y cuando quiero viajar, los pasajes me salen (6) _____, mientras que en el hotel no te dan ni el (7) _____ descuento.

ELENA ¡Sin duda tu trabajo es (8) _____ que el mío!

2 **El peor viaje de su vida** Conecta las frases de la izquierda con las correspondientes de la derecha para formar oraciones lógicas.

____ 1. El sábado pasado, Alberto y yo hicimos el peor

____ 2. Yo llegué al aeropuerto más temprano

____ 3. Pero él pasó por seguridad más rápido

____ 4. Luego anunciaron que el vuelo estaba retrasado más

____ 5. Por fin salimos, tan cansados

____ 6. De repente, hubo un olor

____ 7. Alberto gritaba tanto

____ 8. Al final, pasamos las vacaciones en casa. Lo bueno es que tuvimos más visitas

a. como enojados.

b. como yo hasta que logramos aterrizar (*land*).

c. de tres horas a causa de un problema mecánico.

d. malísimo; ¡el motor se había prendido fuego!

e. de las que esperábamos.

f. que Alberto y no lo podía encontrar.

g. que yo y por fin nos encontramos en la puerta de embarque.

h. viaje de nuestra vida.

3 **Oraciones** Mira la información del cuadro y escribe cinco oraciones con superlativos y cinco con comparativos. Sigue el modelo.

MODELO Alfonso Cuarón es más conocido que su hermano Carlos. Alfonso Cuarón es el director de cine más popular de los últimos años.

Harry Potter	libro	menor
Jennifer Lawrence	actriz	popular
Alfonso Cuarón	hombre de negocios	famoso/a
Mark Zuckerberg	río	rico/a
El Amazonas	director de cine	largo
Disneyland	lugar	feliz

Practice more at **vhlcentral.com**.

Comunicación

4 **Un viaje inolvidable**

A. Habla con un(a) compañero/a sobre el viaje más inolvidable de tu vida. Puede ser un viaje buenísimo o un viaje malísimo, e incluso puede ser un viaje imaginario. Di al menos siete u ocho oraciones usando comparativos y superlativos, y algunas de las palabras de la lista. Túrnense.

mejor/peor que	tan
más/menos que	como
de los mejores/peores	buenísimo/malísimo

B. Ahora, describe el viaje de tu compañero/a al resto de la clase. La clase tratará de adivinar qué viajes son verdaderos y cuáles son ficticios.

5 **Las vacaciones ideales** En grupos de cuatro, imaginen que son miembros de una familia que ganó un viaje de tres semanas a cualquier país del mundo. El único problema es que tienen que ponerse de acuerdo acerca del destino.

A. Primero, cada uno/a debe decidir cuál es el país ideal para sus vacaciones y escribir una descripción breve con las razones para escogerlo. Utiliza comparativos y superlativos en tu descripción.

México

República Dominicana

Costa Rica

Venezuela

B. Luego, túrnense para presentar sus opiniones y traten de convencer a los demás de que su país ideal es el mejor de todos. Deben usar comparativos y superlativos para comparar las atracciones de cada país. Compartan su decisión final con la clase.

MODELO Es obvio que Venezuela es el mejor país para nuestras vacaciones. Venezuela tiene la catarata más alta del mundo y unas playas tan bonitas como las de República Dominicana. Además, ¡las arepas venezolanas son más ricas que las tortillas mexicanas! Venezuela tiene más atracciones de las que se pueden imaginar. Ya verán que no me equivoco.

5.2 Negative, affirmative, and indefinite expressions

Jamás se me había desaparecido una paciente. ¡Nunca!

TALLER DE CONSULTA

To express contradictions, **pero** and **sino** are also used.

See **Manual de gramática**, 5.5, p. A32.

- The following chart shows negative, affirmative, and indefinite expressions.

algo *something; anything*	**nada** *nothing; not anything*
alguien *someone; somebody; anyone*	**nadie** *no one; nobody; not anyone*
alguno/a(s), algún *some; any*	**ninguno/a, ningún** *no; none; not any*
o… o *either… or*	**ni… ni** *neither… nor*
siempre *always*	**nunca, jamás** *never; not ever*
también *also; too*	**tampoco** *neither; not either*

- In Spanish, double negatives are perfectly acceptable.

¿Dejaste **algo** en la mesa?	**No**, **no** dejé **nada**.
Did you leave something on the table?	*No, I didn't leave anything.*
Siempre tuvimos ganas de viajar a Costa Rica.	Hasta ahora, **no** tuvimos **ninguna** oportunidad de ir.
We always wanted to travel to Costa Rica.	*Until now, we never had the opportunity to go there.*

- Most negative statements use the pattern **no** + [*verb*] + [*negative word*]. When the negative word precedes the verb, **no** is omitted.

No lo extraño **nunca**.	**Nunca** lo extraño.
I never miss him.	*I never miss him.*
Su opinión sobre política internacional **no** le importa a **nadie**.	A **nadie** le importa su opinión sobre política internacional.
His opinion on international politics doesn't matter to anyone.	*Nobody cares about his opinion on international politics.*

- Once one negative word appears in an English clause, no other negative word may be used. In Spanish, however, once a negative word is used, all other elements must be expressed in the negative if possible.

No le digas **nada** a **nadie**.	**Tampoco** hables **nunca** de esto.
Don't say anything to anyone.	*Don't ever talk about this either.*
No quiero **ni** pasta **ni** pizza.	**Tampoco** quiero **nada** para tomar.
I don't want pasta or pizza.	*I don't want anything to drink either.*

- The personal **a** is used before negative and indefinite words that refer to people when they are the direct object of the verb.

Nadie me comprende. ¿Por qué será?
No one understands me. Why?

No, eres tú quien no comprende **a nadie**.
No, you are the one who doesn't understand anyone.

Algunos pasajeros prefieren no desembarcar en los puertos.
Some passengers prefer not to disembark at the ports.

Pues, no conozco **a ninguno** que se quede en el crucero.
Well, I don't know any who stay on the cruise ship.

- Before a masculine, singular noun, **alguno** and **ninguno** are shortened to **algún** and **ningún**.

¿Has sufrido **algún** daño en el choque?
Have you suffered any harm in the accident?

Me había puesto el cinturón de seguridad, por lo que no sufrí **ningún** daño.
I had fastened my seat belt, which is why I suffered no injuries.

- **Tampoco** means *neither* or *not either*. It is the opposite of **también**.

Mi novia no soporta los congestionamientos en el centro, ni yo **tampoco**.
My girlfriend can't stand the traffic jams downtown, and neither can I.

Por eso ella toma el metro, y yo **también**.
That's why she takes the subway, and so do I.

También tiene derecho, ¿no?

- The conjunction **o... o** (*either... or*) is used when there is a choice to be made between two options. **Ni... ni** (*neither... nor*) is used to negate both options.

Debo hablar **o** con el gerente **o** con la dueña.
I have to speak with either the manager or the owner.

El precio del pasaje **ni** ha subido **ni** ha bajado en los últimos días.
The price of the ticket has neither risen nor fallen in the past few days.

- The conjunction **ni siquiera** (*not even*) is used to add emphasis.

Ni siquiera se despidieron antes de salir.
They didn't even say goodbye before they left.

La señora Guzmán no viaja nunca, **ni siquiera** para visitar a sus nietos.
Mrs. Guzmán never travels, not even to visit her grandchildren.

Práctica

TALLER DE CONSULTA

MANUAL DE GRAMÁTICA
Más práctica

5.2 Negative, affirmative, and indefinite expressions, p. A29

1 **Comidas típicas** Marlene acaba de regresar de un viaje a Madrid y le fascinó la comida española. Completa su conversación con Frank usando las expresiones del recuadro.

alguna	ni... ni	o... o
nadie	ningún	tampoco
	nunca	

MARLENE Frank, ¿(1) _____ vez has probado las tapas españolas?

FRANK No, (2) _____ he probado la comida española.

MARLENE ¿De veras? ¿No has probado (3) _____ la tortilla de patata (4) _____ la paella?

FRANK No, no he comido (5) _____ plato español. (6) _____ conozco los ingredientes típicos de la cocina española.

MARLENE Entonces tenemos que salir a comer juntos. ¿Conoces un restaurante llamado Carmela?

FRANK No, no conozco (7) _____ restaurante con ese nombre.

MARLENE (8) _____ lo conoce. Es nuevo, pero es muy bueno. A mí me viene bien que vayamos (9) _____ el lunes (10) _____ el jueves que viene.

FRANK El jueves también me viene bien.

2 **El viajero** Imagina que estás hablando de lo que no te gusta hacer en los viajes. Cambia las oraciones de afirmativas a negativas usando las expresiones correspondientes. Sigue el modelo.

> **MODELO** Yo siempre como la comida del país.
> Yo nunca como la comida del país.

1. Cuando voy de viaje, siempre compro regalos.
2. A mí también me gusta visitar todos los lugares turísticos.
3. Yo siempre hablo el idioma local con todo el mundo.
4. Normalmente, o alquilo un carro o alquilo una motocicleta.
5. Siempre intento visitar a algún conocido de mi familia.
6. Cuando visito un lugar nuevo, siempre hago nuevas amistades.

3 **Discusiones** En parejas, escriban las discusiones que provocarían estas respuestas.

¡Yo jamás haría eso!

¡Yo nunca iría!

Nadie lo sabe.

Yo tampoco.

Ni puedo ni quiero verla.

Practice more at **vhlcentral.com**.

Comunicación

 Opiniones En parejas, hablen sobre estos enunciados. Usen expresiones negativas, afirmativas e indefinidas.

- Nadie tendría que necesitar pasaporte ni visa para entrar a un país extranjero.
- El turismo siempre es bueno para la economía del país.
- Ningún vuelo tendría que retrasarse, incluso cuando hace mal tiempo.
- Está bien que las compañías aéreas cobren por todas las maletas que llevan los pasajeros.
- No hay ningún tipo de turismo mejor que el ecoturismo.
- Siempre es mejor irse de vacaciones a relajarse que a ver museos y monumentos.
- Los turistas siempre deben hablar la lengua del país que visitan.
- Nunca se puede decir: "jamás viviría en otro país", porque nunca se sabe.
- Nunca viajaría a una ciudad sólo para ver un museo.

⑤ Escena

A. En grupos de tres, escriban una conversación entre un(a) adolescente y sus padres usando expresiones negativas, afirmativas e indefinidas.

> **MODELO**
>
> **HIJA** ¿Por qué siempre desconfían de mí?
> No soy ninguna mentirosa y mis amigos tampoco lo son.
> No tienen ninguna razón para preocuparse.
> **MAMÁ** Sí, hija, muy bien, pero recuerda que...
> **HIJA** Por última vez, ¿puedo ir...?
> **PAPÁ** ...

B. Ahora, representen ante la clase la conversación que escribieron.

Tutorial

5.3 The subjunctive in adjective clauses

● When an adjective clause describes an antecedent that is known to exist, use the indicative. When the antecedent is uncertain or unknown, use the subjunctive.

MAIN CLAUSE	CONNECTOR	SUBORDINATE CLAUSE
Busco una ciudad	**que**	**tenga playa.**

ANTECEDENT CERTAIN → INDICATIVE	ANTECEDENT UNCERTAIN → SUBJUNCTIVE
Necesito el libro que **habla** sobre las ruinas mayas.	Necesito un libro que **hable** sobre las ruinas mayas.
I need the book that talks about Mayan ruins.	*I need a book that talks about Mayan ruins.*
Buscamos los documentos que **describen** el itinerario del viaje.	Buscamos documentos que **describan** el itinerario del viaje.
We're looking for the documents that describe the itinerary for the trip.	*We're looking for (any) documents that (may) describe the itinerary for the trip.*
Las personas que **van** a Costa Rica sienten pasión por la naturaleza.	Las personas que **vayan** a Costa Rica verán unos bosques increíbles.
People who go to Costa Rica are passionate about nature.	*People going to Costa Rica will see amazing forests.*

● When the antecedent of an adjective clause is a negative pronoun (**nadie**, **ninguno/a**), the subjunctive is used in the subordinate clause.

¡Quiero ir a un lugar que tenga una hermosa vista para volar mi dron!

¡No conozco a nadie que se queje tanto como tú!

ANTECEDENT CERTAIN → INDICATIVE	ANTECEDENT UNCERTAIN → SUBJUNCTIVE
Elena tiene tres parientes que **viven** en San Salvador.	Elena no tiene **ningún** pariente que **viva** en La Palma.
Elena has three relatives who live in San Salvador.	*Elena doesn't have any relatives who live in La Palma.*
Hay dos países en su itinerario que **requieren** una visa.	No hay **ningún** país en su itinerario que **requiera** una visa.
There are two countries on your itinerary that require visas.	*There aren't any countries on your itinerary that require a visa.*
Hay muchos viajeros que **quieren** quedarse en el hotel.	No hay **nadie** que **quiera** alojarse en el albergue.
There are many travelers who want to stay at the hotel.	*There is nobody who wants to stay at the hostel.*

- Do not use the personal **a** with direct objects that represent hypothetical persons.

ANTECEDENT CERTAIN → INDICATIVE	ANTECEDENT UNCERTAIN → SUBJUNCTIVE
Conozco **a** un guía que **habla** inglés.	Busco un guía que **hable** inglés.
I know a guide who speaks English.	*I'm looking for a guide who speaks English.*

- Use the personal **a** before **nadie, ninguno/a,** and **alguien**, even when their existence is uncertain.

ANTECEDENT CERTAIN → INDICATIVE	ANTECEDENT UNCERTAIN → SUBJUNCTIVE
Yo conozco **a alguien** que **se queja** aún más que Antonio... ¡tú!	No conozco **a nadie** que **se queje** tanto como Antonio.
I know someone who complains even more than Antonio... you!	*I don't know anyone who complains as much as Antonio.*

- The subjunctive is commonly used in questions with adjective clauses when the speaker is trying to find out information about which he or she is uncertain. If the person who responds knows the information, the indicative is used.

ANTECEDENT CERTAIN → INDICATIVE	ANTECEDENT UNCERTAIN → SUBJUNCTIVE
Sí, el Hotel Flamingo **está** justo en la playa.	¿Me recomienda usted un hotel que **esté** cerca de la costa?
Yes, the Flamingo Hotel is right on the beach.	*Can you recommend a hotel that is near the coast?*
Vea ésta y, si no, tengo tres más que **son** muy fáciles de usar.	¿Tiene otra brújula que **sea** más fácil de usar?
Look at this one, and if not, I have three others that are very easy to use.	*Do you have another compass that is easier to use?*

Hotel Tucán

En el Hotel Tucán su satisfacción es lo más importante. Si hay algo que podamos hacer para mejorar nuestros servicios, no dude en informarnos.

Práctica

TALLER DE CONSULTA

MANUAL DE GRAMÁTICA
Más práctica

5.3 Negative, affirmative, and indefinite expressions, p. A30

1 **Oraciones** Combina las frases de las dos columnas para formar oraciones lógicas. Recuerda que a veces vas a necesitar el subjuntivo y a veces no.

_____ 1. Luis tiene un hermano que   a. sea alta e inteligente.

_____ 2. Tengo dos primos que   b. sean respetuosos y estudiosos.

_____ 3. No conozco a nadie que   c. canta cuando se ducha.

_____ 4. Jorge busca una novia que   d. hablan español.

_____ 5. Quiero tener hijos que   e. hable más de cinco lenguas.

_____ 6. Quiero un carro que   f. sea muy económico.

2 **El agente de viajes** Carmen va a ir de vacaciones a Montelimar, en Nicaragua, y le escribe un correo electrónico a su agente de viajes explicándole cuáles son sus planes. Completa el correo electrónico con el subjuntivo o el indicativo.

De:	Carmen <carmen@micorreo.com>
Para:	Jorge <jorge@micorreo.com>
Asunto:	Viaje a Montelimar

Querido Jorge:
Estoy muy contenta porque el mes que viene voy a viajar a Montelimar para tomar unas vacaciones. He estado pensando en el viaje y quiero decirte qué me gustaría hacer. Quiero ir a un hotel que (1) _____ (ser) de cinco estrellas y que (2) _____ (tener) vista al mar. Me gustaría hacer una excursión que (3) _____ (durar) varios días y que me (4) _____ (permitir) ver el famoso lago Nicaragua. ¿Qué te parece?
Mi hermano me dice que hay un guía turístico que (5) _____ (conocer) algunos lugares exóticos y que me puede llevar a verlos. También dice que el guía es un hombre que (6) _____ (tener) el pelo muy rubio y que (7) _____ (ser) muy alto. ¿Tú lo conoces? Creo que se llama Ernesto Montero.
Espero tu respuesta.
Carmen

3 **El ideal** En parejas, imaginen cómo es el/la compañero/a ideal en cada una de estas situaciones. Si ya conocen a alguien que tenga las características ideales, también pueden hablar de esa persona. Utilicen el subjuntivo o el indicativo de acuerdo a la situación.

MODELO Lo ideal es vivir con alguien que no se queje demasiado.

- alguien con quien vivir
- alguien con quien trabajar
- alguien con quien ver películas de amor o de aventuras
- alguien con quien comprar ropa
- alguien con quien estudiar
- alguien con quien viajar por el desierto de Atacama

Practice more at **vhlcentral.com**.

Comunicación

4 **Anuncios** En parejas, escriban anuncios para un periódico basados en la información y usando el indicativo y el subjuntivo. Añadan detalles. Después, inventen dos anuncios originales para enseñárselos a la clase.

La familia Pérez busca a su perro Tomás, que se perdió en el parque. Aquí tienen una foto de él.

Miguel y Carlos Solís buscan un guía turístico para su viaje a los volcanes de Guatemala.

5 **Síntesis** La tormenta tropical Alberto azota (*is hitting*) las costas de Florida. En parejas, cubran esta noticia para un programa de televisión. Uno/a de ustedes informa del huracán desde la costa y la otra persona presenta el programa desde el estudio. Escriban una conversación sobre este desastre y sus consecuencias. Usen comparativos, superlativos, el subjuntivo en oraciones subordinadas adjetivas y expresiones negativas, afirmativas e indefinidas.

> **MODELO**
> **CONDUCTOR(A)** Cuéntanos, Juan Francisco, ¿cómo es la tormenta?
> **CORRESPONSAL** ¡Nunca he visto una tormenta tan destructiva! ¡No hay casas que puedan soportar vientos tan fuertes!
> **CONDUCTOR(A)** ¡Pero no es posible que el viento sea más fuerte que durante el huracán Jimena!
> **CORRESPONSAL** Les aseguro que esta tormenta es la peor...

5.4 The present perfect and the past perfect

The present perfect

- The present perfect tense (**el pretérito perfecto**) expresses what *has happened*. It generally refers to recently completed actions or to a past that still bears relevance in the present.

  ¿**Has viajado** al extranjero alguna vez?
  Have you ever traveled abroad?

  Aún no **hemos decidido** adónde ir de vacaciones.
  We have not decided yet where to go on vacation.

- The present perfect is formed with the present tense of the verb **haber** and a past participle. Regular past participles are formed by adding **-ado** to the stem of **-ar** verbs, and **-ido** to the stem of **-er** and **-ir** verbs.

<table>
<tr><th colspan="3">The present perfect</th></tr>
<tr><th>comprar</th><th>beber</th><th>recibir</th></tr>
<tr><td>he comprado</td><td>he bebido</td><td>he recibido</td></tr>
<tr><td>has comprado</td><td>has bebido</td><td>has recibido</td></tr>
<tr><td>ha comprado</td><td>ha bebido</td><td>ha recibido</td></tr>
<tr><td>hemos comprado</td><td>hemos bebido</td><td>hemos recibido</td></tr>
<tr><td>habéis comprado</td><td>habéis bebido</td><td>habéis recibido</td></tr>
<tr><td>han comprado</td><td>han bebido</td><td>han recibido</td></tr>
</table>

- Note that past participles do not change form in the present perfect tense.

  Todavía no **hemos comprado** los boletos.
  We still haven't bought the tickets.

  El agente de viajes no **ha terminado** de hacer las reservas.
  The travel agent hasn't finished making the reservations.

- To express that something *has just happened*, use **acabar de** + [*infinitive*]. **Acabar** is a regular **-ar** verb.

  Acabo de recibir los boletos.   **Acabamos de ver** la película.
  I've just received the tickets.   *We've just seen the movie.*

- When the stem of an **-er** or **-ir** verb ends in **a**, **e**, or **o**, the past participle requires a written accent (**ído**) to maintain the correct stress. No accent mark is needed for stems ending in **u**.

  ca-er → caído   le-er → leído

  o-ír → oído   constru-ir → construido

- Many verbs have irregular past participles.

abrir	abierto	morir	muerto
cubrir	cubierto	poner	puesto
decir	dicho	resolver	resuelto
descubrir	descubierto	romper	roto
escribir	escrito	ver	visto
hacer	hecho	volver	vuelto

¡ATENCIÓN!

While English speakers often use the present perfect to express actions that continue into the present time, Spanish uses the phrase **hace** + [*period of time*] + **que** + [*present tense*].

Hace dos años que estudio español.

I have studied Spanish for two years.

- Note that, unlike in English, the verb **haber** may not be separated from the past participle by any other word (**no**, adverbs, pronouns, etc.)

> ¿Por qué **no has reservado todavía** el hotel?
> *Why haven't you reserved your hotel yet?*

> **Todavía no he decidido** las fechas.
> *I haven't yet decided on the dates.*

- Note that, when a past participle is used as an adjective, it must agree in number and gender with the noun it modifies. Past participles are often used as adjectives with **estar** or other verbs to describe physical or emotional states.

> La visa está **vencida.**
> *The visa is expired.*

> Los vuelos están **cancelados**.
> *The flights are canceled.*

The past perfect

- The past perfect tense (**el pretérito pluscuamperfecto**) is formed with the imperfect of **haber** and a past participle. As with other perfect tenses, the past participle does not change form.

The past perfect		
viajar	**perder**	**incluir**
había viajado	había perdido	había incluido
habías viajado	habías perdido	habías incluido
había viajado	había perdido	había incluido
habíamos viajado	habíamos perdido	habíamos incluido
habíais viajado	habíais perdido	habíais incluido
habían viajado	habían perdido	habían incluido

- In Spanish, as in English, the past perfect expresses what someone *had done* or what *had occurred* before another action or condition in the past.

> Compré una cámara digital nueva para el viaje porque la vieja se me **había roto**.
> *I bought a new digital camera for the trip because my old one had broken.*

> Cuando por fin llegaron al aeropuerto, su avión ya **había salido**.
> *When they finally arrived at the airport, their plane had already departed.*

- **Antes, aún, nunca, todavía,** and **ya** are often used with the past perfect to indicate that one action occurred before another. Note that adverbs, pronouns, and the word **no** may not separate **haber** from the past participle.

> Cuando viajé a España, **aún no había aprendido** español.
> *When I traveled to Spain, I hadn't yet learned Spanish.*

> El avión **todavía no había aterrizado**, pero el pasajero encendió el celular.
> *The plane hadn't landed yet, but the passenger turned on his cell phone.*

Práctica

TALLER DE CONSULTA

MANUAL DE GRAMÁTICA
Más práctica

5.4 The present perfect and the past perfect, p. A31

1 **Experiencias** Completa el párrafo usando el pretérito perfecto.

Este viaje a Guatapé (1) _____ (ser) una experiencia fabulosa. Mi esposa y yo (2) _____ (ver) lugares sensacionales. Lo que más nos (3) _____ (llamar) la atención es que la gente nos (4) _____ (tratar) como si fuéramos de la familia. Nos (5) _____ (quedar) en casa de una familia y las dos hijas nos (6) _____ (enseñar) a hacer arepas. Lo que más nos (7) _____ (gustar) es subir al Peñón de Guatapé. Desde la cima, (8) _____ (observar) el embalse y sus islitas y bahías. Verdaderamente, este lugar nos (9) _____ (encantar).

2 **Oraciones** Combina los elementos para formar oraciones completas. Utiliza el pretérito perfecto y añade elementos cuando sea necesario.

MODELO yo / siempre / querer / un GPS
Yo siempre he querido un GPS.

1. nosotros / comprar / cámara digital más innovadora
2. tú / nunca / pensar / en hacer buceo
3. los turistas / ya / llegar / a la isla.
4. el profesor / escribir / fórmulas en la pizarra
5. mis padres / siempre / preferir / los hoteles de lujo

3 **Experiencias** Indica si has hecho lo siguiente y añade información adicional.

MODELO ir al Polo Sur
No he ido al Polo Sur, pero he viajado a Latinoamérica.

1. viajar a la Luna
2. ganar la lotería
3. ver a un extraterrestre
4. inventar algo
5. conocer al presidente del país
6. estar más de dos días sin dormir
7. hacer algo revolucionario
8. soñar con ser astronauta

4 **Discurso** Jorge Báez, un médico dedicado a las enfermedades tropicales, ha recibido un premio por su trabajo en África y América Latina. Completa su discurso de agradecimiento con el pluscuamperfecto.

Muchas gracias por este premio. Recuerdo que antes de cumplir 12 años ya (1) _____ (decidir) ser médico. Desde pequeño, mi madre siempre me (2) _____ (llevar) al hospital donde ella trabajaba y recuerdo que desde la primera vez me (3) _____ (fascinar) esos médicos vestidos de blanco. Luego, cuando cumplí 26 años, ya (4) _____ (pasar) tres años estudiando las enfermedades tropicales, en especial desde que (5) _____ (leer) un informe de la Organización Panamericana de la Salud. Cuando terminé mis estudios de posgrado, ya se (6) _____ (hacer) grandes adelantos científicos…

S Practice more at **vhlcentral.com**.

Comunicación

5 **Preguntas personales** Busca un(a) compañero/a de clase a quien no conozcas bien y hazle preguntas sobre su vida usando el pretérito perfecto.

> **MODELO** —¿Has tomado clases de informática?
> —Sí, he tomado muchas clases de informática. ¡Siempre me ha fascinado la tecnología!

conocer a una persona famosa	ganar algún premio
escribir poemas	visitar un país hispano
estar enamorado/a	vivir en el extranjero

6 **Celebridades** En grupos de tres, cada miembro debe pensar en una persona famosa, sin decir quién es. Las otras dos personas deben hacer preguntas. Utilicen el pretérito perfecto para dar pistas hasta que adivinen el nombre de cada celebridad.

> **MODELO** **ESTUDIANTE 1** Este hombre ha ganado muchísimo dinero.
> **ESTUDIANTE 2** ¿Es Donald Trump?

7 **Síntesis** En grupos de tres, imaginen que son policías y deben preparar un informe sobre un accidente ocurrido en una ciudad muy turística. Entrevisten a las personas involucradas en el accidente para determinar lo que ha ocurrido y qué habían hecho inmediatamente antes del accidente. Utilicen la gramática de esta lección.

> **MODELO** **POLICÍA** ¿Qué ha sucedido aquí?
> **LINDA** ¡No es mi culpa! ¡El carro verde venía rapidísimo! Yo había frenado en la intersección, cuando de repente...

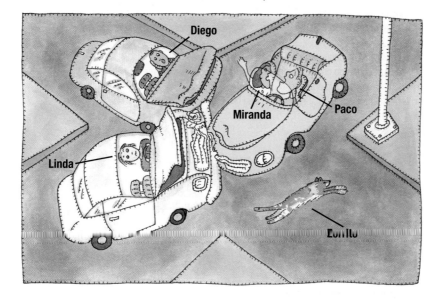

Antes de ver el corto

VOLAMOS HACIA MIAMI

país España

directores María Giráldez y Miguel Provencio

duración 18 minutos

protagonistas Mauro, niño, Luisa

Vocabulario

el arma *(f.) weapon*

la cabina *cockpit*

la cobertura *(cell phone) service*

correr a cargo de *to be paid by*

cretino/a *idiot*

la espuma *foam*

el expediente *investigation*

meterse en un lío *to get into a mess*

molar *to be cool (Esp.)*

molestar *to bother*

morder *to bite*

la rabia *rabies*

el secuestro *hijacking*

los sudores *sweats*

la tripa *belly*

la tripulación *crew*

---

1 **Correo** Completa el correo electrónico con las palabras del vocabulario.

De:	Claudia <claudia01@micorreo.com>
Para:	Andrés <andres.1982@sucorreo.com>
Asunto:	Saludos desde Cancún

Hola, Andrés:

¿Cómo estás? Marta y yo acabamos de llegar a Cancún. Estamos contentas porque el viaje
(1) _____ de nuestro jefe . La compañía aérea mexicana es fenomenal. Los miembros de la
(2) _____ han sido muy amables. Lo peor del viaje ha sido que el señor de atrás no me dejaba
de (3) _____, dando golpes continuamente al asiento. Y, cuando por fin le pedí que parara,
me insultó; me dijo que yo era una (4) _____. En fin, me voy a cuidar a Marta, que le duele
muchísimo la (5) _____. ¿Será el pollo que ha comido en el avión?
Cuéntame, ¿cómo estás tú?
Saludos,
Claudia
P.D.: No te puedo llamar por teléfono porque no tengo (6) _____.

---

2 **Comentar** En parejas, túrnense para hacerse las preguntas.

1. ¿Cuál ha sido tu viaje más extraño? ¿Adónde ibas? ¿Qué medio de transporte usaste?

2. ¿Qué te gusta más de viajar en avión? ¿Qué te gusta menos?

3. ¿Te gusta la comida que ofrecen en los aviones? ¿Por qué?

4. ¿Qué opinas de las medidas de seguridad en los aeropuertos?

5. ¿Te gusta que tus viajes vayan según el plan o prefieres que haya sorpresas? ¿Por qué?

6. Observa el cartel de la página siguiente. ¿De qué crees que va a tratar el cortometraje?

 Practice more at **vhlcentral.com**.

fran PEREA
silvia ESPIGADO

un cortometraje de GIRÁLDEZ & PROVENCIO

VOLAMOS HACIA MIAMI

(Mejor Cortometraje
de Comedia
Thanatos (2012))

Dirección: **María Giráldez / Miguel Provencio** • Intérpretes: **Fran Perea / Silvia Espigado / José Luis Torrijo**
Guión: **María Giráldez / Lidia Provencio /Miguel Provencio** • Música: **Pony Bravo**
Producción: **María Giráldez and Miguel Provencio** • Jefe de producción: **Paul Mateos Verdejo**
Dirección de fotografía: **Josu Ubiria** • Jefe de sonido: **Néstor Luz**
Dirección artística: **Mercedes García Navas** • Montaje: **Charly Prada**

Escenas

ARGUMENTO Las exigencias de un pasajero alteran el curso de un vuelo Madrid-Miami.

NIÑO ¡Quiero ver a Mickey Mouse! ¡Quiero ver a Mickey Mouse! ¡Quiero ver a Mickey Mouse! ¡Quiero ver a Mickey Mouse!

LUISA Caballero°, ¿pasta o pollo?
MAURO Para mí que sean las dos.
LUISA Perdone, es pasta o pollo, no pasta y pollo.
MAURO ¿Y no podríamos hacer una excepción?

LUISA Tenemos un problema; un pasajero ha agredido° a un menor.
PILOTO ¿A su hijo?
LUISA No, no se conocían. Un niño de cinco años. Iba a Disney World, con su madre.

MAURO ¿Qué es eso de que regresamos por motivos de seguridad y que el responsable pagará no sé qué?
LUISA Ha sido decisión del piloto.
MAURO Y usted no ha tenido nada que ver, ¿no? ¡Exijo hablar con el piloto de inmediato!

PASAJERO 1 ¿Has oído a los de atrás?
PASAJERO 2 No sé, he oído gritos pero...
PASAJERO 1 Una banda°, una banda que nos tiene en sus manos.
PASAJERA 6 ¿Cómo que una banda? ¿De música?

MAURO La salida de emergencia está entre las puertas diez y once. ¿Es que ya no te acuerdas, azafata?

Caballero *Sir* **ha agredido** *has hit* **banda** *gang*

Después de ver el corto

1 **Comprensión** Contesta las preguntas con oraciones completas.

1. ¿Por qué Mauro le intenta dar miedo al niño? ¿Por qué le habla de Mickey?
2. ¿Qué hace la azafata después del incidente con el niño?
3. ¿Por qué anuncia el piloto que el avión regresará a Madrid? ¿Quién debe correr a cargo de los gastos de los pasajeros?
4. ¿Cómo se extiende en el avión el rumor de que han sido secuestrados por una banda?
5. ¿Qué hace Mauro cuando escucha el rumor de que el avión ha sido secuestrado?
6. ¿Por qué hay interferencias en el avión?
7. ¿Por qué están todos los pasajeros agrupados al final del avión y capturan a la azafata?
8. ¿Por qué entra Mauro en la cabina? ¿Qué les dice a los pilotos?

2 **Ampliación** En parejas, contesten las preguntas.

1. ¿Qué tipo de persona es Mauro?
2. ¿Qué piensas de la opinión de Mauro acerca de la comida del avión?
3. ¿Por qué crees que la azafata les cuenta a los pilotos lo que ha pasado?
4. ¿Cuál te parece el momento más divertido del cortometraje? ¿Por qué?
5. ¿Te parece realista el argumento de este cortometraje? ¿Por qué?

3 **Histeria colectiva** En grupos, lean las citas extraídas del cortometraje y contesten las preguntas.

> Estamos en manos de una banda de cretinos.
> —Mauro

> Una banda que nos tiene en sus manos.
> —Pasajero 1

> ¡Esto es un secuestro!
> —Pasajero 9

> La tripulación, ellos son los secuestradores...
> —Mauro

1. ¿Cómo surge la idea de que la tripulación ha secuestrado el avión?
2. ¿Cómo beneficia a Mauro este caso de histeria colectiva?
3. ¿Cómo consigue Mauro manipular a los pasajeros y a la tripulación?
4. ¿Conocen otros casos, reales o de ficción, de histeria colectiva? ¿Cuáles?

4 **Justicia poética** Escribe una versión de lo que podría pasarle a Mauro en una hipotética continuación de *Volamos hacia Miami*.

S Practice more at **vhlcentral.com**.

"Viajar, dormir, enamorarse son tres invitaciones a lo mismo. Tres modos de irse a lugares que no siempre entendemos."

Ángeles Mastretta

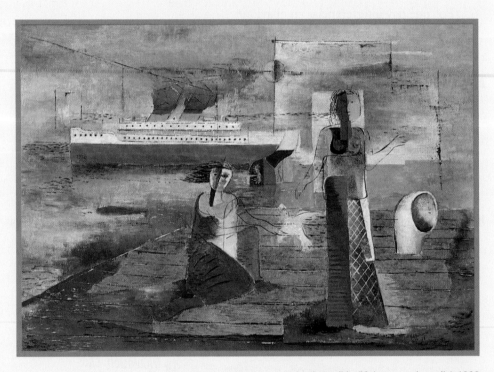

La despedida (Mujeres en el muelle), 1938
Francisco Ángel Gutiérrez Carreola, México

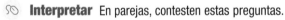

Interpretar En parejas, contesten estas preguntas.

1. ¿Qué ven en este cuadro?
2. ¿Dónde creen que se encuentran los personajes de la pintura y por qué están allí?
3. ¿Qué momento del día retrató el pintor? Expliquen su respuesta.
4. ¿Identifican el animal en el centro de la pintura? ¿Qué importancia tiene en el cuadro y por qué creen que lo incluyó el artista?
5. ¿Les parece que el cuadro cuenta una historia? ¿Qué historia se imaginan a partir de él?

 Practice more at **vhlcentral.com**.

Antes de leer

Equipaje

Sobre el autor

Pablo De Santis nació en 1963 en Buenos Aires, Argentina. Es escritor, periodista y guionista de historietas. Estudió Letras en la Universidad de Buenos Aires y fue jefe de redacción de la revista *Fierro*. Desde 2016, es miembro de la Academia Argentina de Letras. En 2007, ganó el Premio Planeta-Casa de América por su novela *El enigma de París*, que narra la historia del aprendiz de detective Sigmundo Salvatrio, quien durante un viaje a París debe ayudar a resolver el misterio del asesinato de otro detective. HBO produjo y estrenó en 2015 la serie *El hipnotizador*, basada en la novela gráfica homónima escrita por De Santis. El cuento "Equipaje" hace parte de su libro *Rey secreto* (2005), ilustrado por Juan Pablo González, más conocido como Max Cachimba.

Vocabulario

la aduana *customs*	**la navaja de afeitar** *razor blade*
afincarse *to settle down*	**el pasillo** *hallway*
el ascensor *elevator*	**la ropa** *clothing*
el desasosiego *(feeling of) unease*	**el sótano** *basement*
el equipaje *luggage*	**la traba** *suitcase lock*
la manija *handle*	**la valija** *suitcase*

1 Practicar Completa las oraciones con palabras del vocabulario.

1. Felipe bajó al _____ en busca del viejo televisor.
2. Sentí un profundo _____ la noche que volvieron tarde a casa.
3. Después de viajar por América Latina, decidió _____ en Colombia.
4. Esta valija tiene _____ y no puedo abrirla.
5. Estas mercancías deben pasar por la _____ antes de entrar al país.
6. Necesito una _____ más grande para llevar mi ropa.

2 Conexión personal Responde estas preguntas: ¿Qué es lo que más te gusta y te disgusta de viajar? ¿Qué llevas en tu equipaje? ¿Te quedas en hoteles o en otro tipo de alojamiento?

3 Análisis literario: el cuento de terror

El objetivo de los cuentos de terror es producir ansiedad, inquietud (*worry*) y miedo en el lector. Además de las figuras sobrenaturales, tres componentes caracterizan los cuentos de terror: un escenario inquietante (*disturbing*), que puede incluir noches de tormenta y lugares como bosques oscuros, castillos medievales y casas abandonadas; una trama (*plot*) de ritmo progresivo y sin elementos accesorios que distraigan al lector; y un final sorprendente que revele una segunda historia secreta. Identifica estos elementos en el cuento "Equipaje", de Pablo De Santis.

Practice more at **vhlcentral.com**.

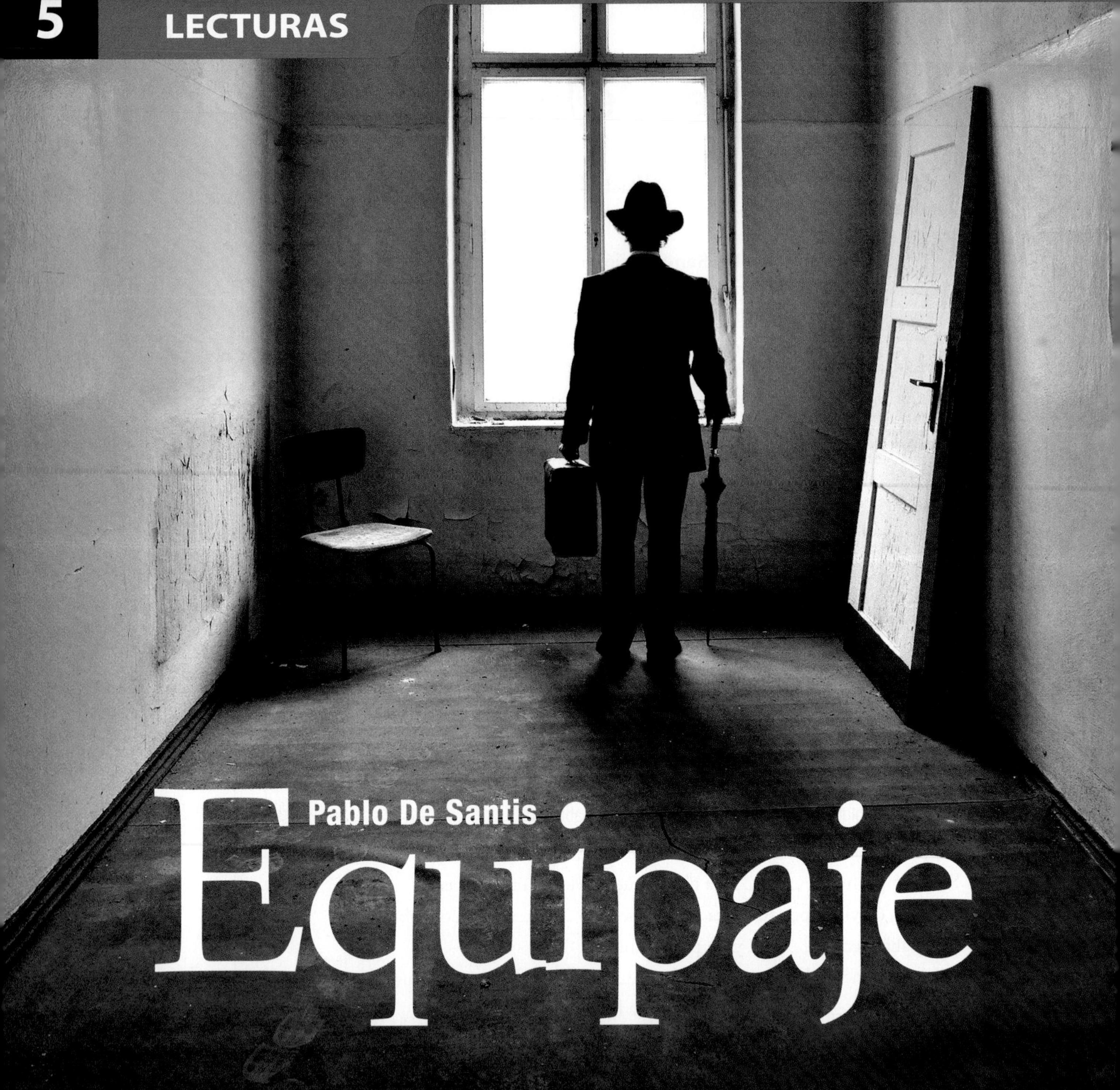

Equipaje

Pablo De Santis

Se había acostumbrado al ritmo del hotel. En esa época del año las noches eran tranquilas, porque no había turismo y los viajantes° llegaban 5 siempre durante el día. A la mañana, en cambio, prefería refugiarse° en una de las habitaciones vacías, para no oír las voces de los clientes, que entre medialuna° y medialuna comentaban el estado de los caminos° o el éxito° de sus negocios. 10 Se sentía muy alejado de la vida de los viajantes, siempre en camino, siempre con la ilusión de que en la próxima ciudad o en el próximo pueblo°

travelers

to take shelter

croissant

roads/success

town

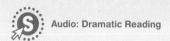

los esperaba la suerte que hasta ahora se
les había negado. A él ya no le interesaba
viajar; quería un lugar donde afincarse.

Aprovechaba las noches para
pasear por el hotel. Recorría los pasillos
desiertos, subía y bajaba en el ascensor.
Si algún cliente se había mostrado
impaciente o maleducado°, él se
encargaba de perturbar su sueño a través
de ligeros golpes° a su puerta.

Pero la tranquilidad se interrumpió
cuando apareció la valija. Ya la primera
vez que la vio —sola, en medio de un
pasillo— le produjo un inexplicable
desasosiego. Esa vez pensó que
alguien la había dejado olvidada. Dos
semanas después volvió a encontrarla,
abajo, en el hall, junto a uno de los
sillones verdes. Estuvo tentado de abrirla,
pero se contuvo.

Era una valija de cuero, algo ajada°.
La manija se había roto, y la habían
reparado con hilo sisal°. No sabía si
estaba llena o vacía, porque ni siquiera
la había tocado. Como la mayoría de los
pasajeros del hotel eran hombres, supuso
que era la valija de un hombre.

Mientras miraba, por la ventana del
hotel, el camino que llevaba a la ciudad,
pensaba en la valija. Tal vez la había
olvidado alguien mucho tiempo atrás, y
los muchachos del hotel la habían sacado
del sótano para hacer una broma. No
encontraba otra explicación. A veces se
sorprendía pensando en el dueño. Le
imaginaba una cara, un oficio°, algunas
circunstancias. Quizás bastaba abrir la
valija para saber cómo era. Las cosas

que uno pone en una valija son como el
resumen de una vida. Ahí está todo lo que
uno puede decir de sí mismo. Ahí está
todo lo que uno puede esconder°.

Una noche oyó el ascensor que
bajaba hacia él. Cuando abrió la puerta,
no había nadie, pero allí estaba, por
tercera vez, la valija. Volvió a sentir
el desasosiego, el temor. Ya era hora
de abrirla. No sentía curiosidad; pero
quería sacarse de encima el peso° de la
duda. Soltó las dos trabas y la abrió.

Revisó con cuidado su contenido,
como un empleado de aduana
que busca en los repliegues° una
mercancía prohibida.

Había una navaja de afeitar, una
novela policial, un frasco azul, vacío.
Entre la ropa, encontró una bolsita°
de lavanda. Fue ese olor lo que le hizo
recordar. Entonces reconoció la navaja
con la que se había afeitado por última
vez, la novela que no había terminado
de leer, sus tres camisas°, que siempre
doblaba con esmero°. Reconoció su
nombre al pie de una carta° en la que
se despedía de una mujer que ya, por su
cuenta, se había despedido. Reconoció el
frasco azul, y recordó el sabor del veneno°
que había tomado de un trago°, por
motivos que ahora le parecían ajenos°.

Los hoteles son lugares de paso°
y él necesitaba un lugar definitivo.
Salió a la madrugada°, a la hora que
eligen los viajantes cuando tienen
mucho camino por recorrer. Y aunque
le pareció que no lo iba a necesitar, llevó
consigo el equipaje.

Marginal glosses:
- rude
- knocks
- worn out
- sisal thread
- occupation
- hide
- burden
- foldings
- sachet
- shirts
- great care
- letter
- poison
- in one gulp
- somebody else's
- temporary places
- daybreak

Después de leer

Equipaje
Pablo De Santis

(1) Comprensión Indica si las oraciones son **ciertas** o **falsas**. Corrige las falsas.

1. La historia ocurre en una época del año en la que no hay muchos turistas.
2. El protagonista quiere seguir viajando.
3. El protagonista se alegra cada vez que ve la valija.
4. La mayoría de los huéspedes del hotel son hombres.
5. La última vez que la valija apareció fue en el ascensor.
6. El protagonista encuentra en la valija un frasco verde.
7. La navaja de afeitar hizo recuperar la memoria al protagonista.
8. El protagonista no abandona el hotel.

(2) Análisis En parejas, vuelvan a leer las características de un "cuento de terror" y, luego, respondan estas preguntas.

1. ¿Qué formas de lo desconocido o sobrenatural aparecen en el cuento?
2. En el cuento se lee al final: "Los hoteles son lugares de paso y él necesitaba un lugar definitivo." ¿Cuál es ese lugar definitivo que necesita el protagonista?
3. ¿Qué palabras o expresiones permiten al autor crear un escenario o una atmósfera inquietante en el cuento?
4. El personaje piensa que "Las cosas que uno pone en una valija son como el resumen de una vida." ¿Cómo se puede resumir la vida del personaje con base en los objetos que contenía su valija?
5. Si el final sorprendente ocurre en el penúltimo párrafo del cuento, ¿cuál crees que es la función del último párrafo?

(3) Interpretación En parejas, respondan estas preguntas.

1. ¿Cuánto tiempo creen que estuvo el personaje en el hotel? Expliquen sus respuestas.
2. ¿Cómo se imaginan a los demás huéspedes del hotel?
3. Al revisar el contenido de la valija, el protagonista "reconoció su nombre al pie de una carta en la que se despedía de una mujer que ya, por su cuenta, se había despedido". ¿Quién creen que es esta mujer? ¿Cuál sería la historia de ambos personajes?
4. ¿Piensan que el protagonista está muerto desde el principio del cuento? ¿Por qué?

(4) Diario de viaje En grupos de tres, imaginen que son huéspedes del hotel del cuento. Describan cómo sería una noche en ese hotel teniendo en cuenta las características del cuento de terror. Uno va a describir los lugares, otro a las personas y el último, lo que les pasó.

MODELO
ESTUDIANTE 1 La habitación era oscura y fría…
ESTUDIANTE 2 El recepcionista era un hombre alto, serio y poco amable…
ESTUDIANTE 3 En la habitación, encontramos un cuadro con un cuchillo clavado, de un hombre…

 Practice more at **vhlcentral.com**.

Antes de leer

Vocabulario

el apogeo *peak*	**el mito** *myth*
el artefacto *artifact*	**la pared** *wall*
el campo *ball field*	**la piedra** *stone*
el/la dios(a) *god/goddess*	**la pirámide** *pyramid*
el juego de pelota *ball game*	**la ruta maya** *the Mayan Trail*
la leyenda *legend*	

1 Tikal Completa las oraciones con palabras del vocabulario.

1. Tikal, antiguamente una gran ciudad, es ahora una impresionante colección de ruinas que se encuentra en la _____ de Guatemala.

2. Hay seis _____ en el centro de la ciudad. Son los edificios más grandes de Tikal.

3. En la misma zona hay varios _____ donde se jugaba al _____,

4. Durante sus excavaciones, los arqueólogos han encontrado _____ fascinantes y también esculturas y monumentos de _____.

2 Conexión personal Responde estas preguntas: ¿Cuál es la ruta más interesante que has recorrido? ¿Fue un viaje organizado o lo planeaste por tu cuenta?

Contexto cultural

Campo de pelota en Chichén Itzá

En la cultura maya, el deporte era a veces cuestión de vida o muerte. El juego de pelota se jugó durante más de 3.000 años en un campo entre muros (*walls*) con una pelota muy dura y muy pesada: podía llegar a pesar hasta nueve libras, aproximadamente. Este juego se celebraba en la vida cotidiana, pero a veces se jugaba como parte de una ceremonia. Entonces era un juego muy violento que acababa a veces con un sacrificio ritual: posiblemente la decapitación de algunos de los jugadores.

Cuenta la leyenda que los hermanos gemelos Ixbalanqué y Hunahpú eran tan aficionados al juego que enojaron a los dioses de la muerte, los señores de Xibalbá, con el ruido (*noise*) que hacían con las pelotas. Los señores de Xibalbá controlaban un mundo subterráneo, al que se llegaba por una cueva (*cave*). Todo individuo que entraba en Xibalbá pasaba por una serie de pruebas terribles, como cruzar un río de escorpiones, entrar en una casa llena de cuchillos en movimiento y participar en un juego mortal de pelota.

Los gemelos usaron su habilidad atlética, su inteligencia y la magia para vencer a los dioses y transformarse en el sol y la luna. Por eso, entre los mayas, el juego era una competencia entre fuerzas opuestas, como el bien y el mal, o la luz y la oscuridad.

 Practice more at **vhlcentral.com**.

APOGEO MAYA

Chichén Itzá
967-987 d.C.

Uxmal
600-900 d.C.

MÉXICO   BELICE

Tikal
250-800 d.C.

GUATEMALA

HONDURAS
Copán
300-900 d.C.

EL SALVADOR

Audio: Reading

Chichén Itzá

La ruta maya

Los mayas, investigadores de ciencias y matemáticas, y destacados° renowned
arquitectos de espacios monumentales, han dejado evidencia de
un mundo ilustre e intelectual que todavía brilla hoy día. En su
momento de mayor extensión, el territorio maya incluía partes
5 de lo que ahora es México, Guatemala, Belice, El Salvador y
Honduras. Una imaginaria ruta maya une estos lugares dispersos,
atravesando° siglos y países, y revela restos de una gran civilización. crossing
La ruta pasa por selva y ciudad, por vegetación exuberante y por

ruinas que resisten y también muestran el
paso del tiempo. El viajero puede elegir entre
múltiples lugares y numerosos caminos. Sin
embargo, hay un itinerario particular que
conecta la arquitectura, la cultura y el deporte
a través del tiempo y el espacio: la ruta de los
campos de pelota. Debido al° enorme valor
cultural del juego, se construyeron canchas
en casi todas las poblaciones importantes,
incluyendo las espléndidas construcciones
de Copán y Chichén Itzá. La ruta, que pasa
por algunos de los 700 campos de pelota,
desentierra° maravillas arqueológicas.

En la densa selva en el oeste de Honduras,
cerca de la frontera con Guatemala, surge°
Copán, donde gobernaron varias dinastías
de reyes. Entre las ruinas, permanece° un
elegantísimo campo de pelota, una cancha
que tenía hasta vestuarios° para los jugadores.
Grandes paredes, adornadas de esculturas
de loros°, rodean° el campo más artístico
de Mesoamérica. En Copán vivía una élite
de artesanos y nobles que esculpían° y
escribían en piedra. Por eso, se concentran
en Copán la mayor cantidad de esculturas° y
estelas° —monumentos de figuras y lápidas°

Mesoamérica

La región de Mesoamérica empieza en el centro de
México y llega hasta la frontera entre Nicaragua y
Costa Rica. Aquí vivían sociedades agrarias que se
destacaron por sus avances en la arquitectura, el arte y
la tecnología en los 3.000 años anteriores a la llegada
de Cristóbal Colón al continente americano. Entre
las culturas de Mesoamérica se incluyen la maya, la
azteca, la olmeca y la tolteca. Los mayas tomaron
la escritura y el calendario mesoamericanos y los
desarrollaron hasta su mayor grado de sofisticación.

con jeroglíficos— de la ruta maya. En las
famosas escalinatas° de la ciudad se pueden
examinar jeroglíficos que contienen todo un
árbol genealógico y que cuentan la historia
de los reyes de Copán. Estas inscripciones
forman el texto maya más largo que se
preserva hoy día.

Margin glosses (left column):
Due to the 15
unearths
emerges
lies 25
dressing rooms
parrots/ surround
sculpted
sculptures/ steles stone tables
stairways 35

Campo de pelota en Copán

El más impresionante de los campos
de pelota se encuentra en Chichén Itzá
en Yucatán, México. En su período de
esplendor, Chichén Itzá era el centro de
poder de Mesoamérica. Actualmente es uno
de los sitios arqueológicos más importantes
del mundo. La gran pirámide, conocida con
el nombre *El Castillo*, era un rascacielos°
en su época. Con escaleras que suben a la
cumbre° por los cuatro lados, El Castillo
sirvió de templo del dios Kukulcán. Hay
varias canchas de pelota en Chichén Itzá,
pero la más grandiosa y espectacular se llama
el Gran Juego de Pelota. A pesar de medir°
166 por 68 metros (181 por 74 yardas), la
acústica es tan magnífica que sirve de modelo
para teatros: un susurro° se puede oír de un
extremo al otro. Mientras competían, los
jugadores sentían la presión de las esculturas
que adornaban las paredes, las cuales
muestran a unos jugadores decapitando a
otros. El peligro era un recordatorio° de que
el juego era también una ceremonia solemne
y el campo, un templo.

Esta ruta maya continúa por campos
como el de Uxmal en Yucatán, México,
donde se pueden apreciar grandes logros°
arquitectónicos. En todos ellos, se oyen las
voces lejanas de la civilización maya, ecos que
nos hacen viajar por el tiempo y despiertan
la imaginación. ■

Margin glosses (right column):
45
skyscraper
50 peak
measuring
55
whisper
60
reminder
65
achievements
70

Después de leer

La ruta maya

(1) Comprensión Decide si las oraciones son **ciertas** o **falsas**. Corrige las falsas.

1. En su momento de mayor extensión, el territorio maya empezaba en lo que hoy se llama México y terminaba en lo que hoy se llama Guatemala.
2. Los mayas construyeron muy pocas canchas de pelota.
3. En Copán vivía una élite de artesanos y nobles que escribían en piedra.
4. Los jeroglíficos de Copán cuentan la leyenda de los gemelos Ixbalanqué y Hunahpú.
5. Chichén Itzá fue el centro de poder de Mesoamérica.
6. El Castillo es la cancha de pelota más grande.

(2) Preguntas Contesta las preguntas con oraciones completas.

1. ¿Qué significado tenía el juego de pelota en la cultura maya?
2. ¿Cuáles eran algunos de los peligros del juego?
3. ¿Qué tienen de extraordinario las ruinas de Copán?
4. ¿Qué detalles indican que Chichén Itzá había sido una ciudad importantísima?
5. ¿Cuál es un ejemplo de la importancia de los dioses para los mayas?

(3) Itinerarios En grupos, preparen el itinerario para un recorrido por una de estas rutas. Luego, compartan el itinerario con el resto de la clase.

- la ruta de los campos de béisbol
- Norteamérica de punta a punta
- las mansiones de los famosos en Hollywood

(4) Jeroglíficos

A. En parejas, inventen un mensaje jeroglífico. Pueden usar letras, números, dibujos, figuras geométricas, etc. Después, intercambien el mensaje con otra pareja para descifrarlo. Pueden dar pistas si es necesario.

MODELO ≋ & PP : ♪ 100 🏠 2
(Mar y Pepe: Recién casados)

B. Presenten los mensajes descifrados a la clase. ¿Qué pareja usó el sistema de escritura más original?

 Practice more at vhlcentral.com.

Atando cabos

¡A conversar!

La luna de miel Trabajen en grupos de cuatro. Imaginen cómo fue la luna de miel de dos de estas parejas.

a   b   c   d

A. Primero, hablen acerca de la luna de miel de cada pareja: ¿Cómo es la pareja? ¿Adónde fueron? ¿Por qué eligieron ese lugar? ¿Qué cosas empacaron?

B. Luego, comparen las dos lunas de miel. Escriban por lo menos seis oraciones usando comparativos y superlativos, y expresiones negativas, afirmativas e indefinidas.

C. Por último, compartan sus comparaciones con la clase y escuchen las comparaciones de sus compañeros/as. Entre todos, resuman en una lista las comparaciones más destacadas.

¡A escribir!

Consejos de viaje Sigue el **Plan de redacción** para escribir unos consejos de viaje. Imagina que trabajas en una agencia de viajes y tienes que organizar una excursión para unos/as amigos/as. Haz una lista de los lugares y cosas que les recomiendas que hagan. Ten en cuenta la personalidad de tus amigos/as y elige bien qué sitios crees que les van a gustar más.

> ### Plan de redacción
>
> **Contenido:** Ten en cuenta el clima del lugar, la ropa que deben llevar, el hotel donde pueden alojarse y los espectáculos culturales a los que pueden asistir. También es importante que les recomiendes algún restaurante o alguna comida típica del lugar. No olvides utilizar oraciones con subjuntivo en todas tus recomendaciones. Puedes usar estas expresiones:
>
> * Es importante que...
> * Les recomiendo que...
>   Busquen un hotel que...
> * Es probable que...
> * Es mejor que...
> * Visiten lugares que...
>
> **Conclusión:** Termina la lista de consejos deseándoles a tus amigos/as un buen viaje.

Vocabulary Tools

De viaje

la bienvenida	welcome
la despedida	farewell
el destino	destination
el itinerario	itinerary
la llegada	arrival
el pasaje (de ida y vuelta)	(round-trip) ticket
el pasaporte	passport
la tarjeta de embarque	boarding pass
la temporada alta/baja	high/low season
el/la viajero/a	traveler
hacer las maletas	to pack
hacer transbordo	to transfer (planes/trains)
hacer un viaje	to take a trip
ir(se) de vacaciones	to go on vacation
perder (e:ie) (el vuelo)	to miss (the flight)
regresar	to return
a bordo	on board
retrasado/a	delayed
vencido/a	expired
vigente	valid

El alojamiento

el albergue	hostel
el alojamiento	lodging
la habitación individual/doble	single/double room
la recepción	front desk
el servicio de habitación	room service
alojarse	to stay
cancelar	to cancel
estar lleno/a	to be full
quedarse	to stay
reservar	to reserve
de (buena) categoría	first-rate
incluido/a	included
recomendable	advisable

La seguridad y los accidentes

el accidente (automovilístico)	(car) accident
el/la agente de aduanas	customs agent
el aviso	notice; warning
el cinturón de seguridad	seat belt
el congestionamiento	traffic jam
las medidas de seguridad	security measures
la seguridad	safety; security
el seguro	insurance
aterrizar	to land
despegar	to take off
ponerse/quitarse el cinturón	to fasten/to unfasten the seat belt
reducir (la velocidad)	to reduce (speed)
peligroso/a	dangerous
prohibido/a	prohibited

Las excursiones

la aventura	adventure
el/la aventurero/a	adventurer
la brújula	compass
el buceo	scuba diving
el campamento	campground
el crucero	cruise (ship)
el (eco)turismo	(eco)tourism
la excursión	outing; tour
la frontera	border
el/la guía turístico/a	tour guide
la isla	island
las olas	waves
el puerto	port
las ruinas	ruins
la selva	jungle
el/la turista	tourist
navegar	to sail
recorrer	to tour
lejano/a	distant
turístico/a	tourist (adj.)

Más vocabulario

Expresiones útiles	Ver p. 169
Estructura	Ver pp. 176-177, 180-181, 184-185 y 188-189

Cinemateca

el arma	weapon
la cabina	cockpit
la cobertura	(cell phone) service
la espuma	foam
el expediente	investigation
la rabia	rabies
el secuestro	hijacking
los sudores	sweats
la tripa	belly
la tripulación	crew
correr a cargo de	to be paid by
meterse en un lío	to get into a mess
molar	to be cool
molestar	to bother
morder	to bite
cretino/a	idiot

Literatura

la aduana	customs
el ascensor	elevator
el desasosiego	(feeling of) unease
el equipaje	luggage
la manija	handle
la navaja de afeitar	razor blade
el pasillo	hallway
la ropa	clothing
el sótano	basement
la traba	suitcase lock
la valija	suitcase
afincarse	to settle down

Cultura

el apogeo	peak
el artefacto	artifact
el campo	ball field
el/la dios(a)	god/goddess
el juego de pelota	ball game
la leyenda	legend
el mito	myth
la pared	wall
la piedra	stone
la pirámide	pyramid
la ruta maya	the Mayan Trail

La naturaleza

6

Communicative Goals

You will expand your ability to...
- describe and narrate in the future
- express what you or others would do
- express purpose, condition, and intent
- express will, emotion, doubt, or denial in the past
- discuss hypothetical situations and events that depend on other events

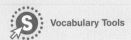
Vocabulary Tools

La naturaleza

La naturaleza

El Caribe presenta **costas** infinitas con palmeras **a orillas del mar**, aguas cristalinas y extensos **arrecifes** de coral con un **paisaje** submarino sin igual.

el árbol *tree*
el arrecife *reef*
el bosque (lluvioso) *(rain) forest*
el campo *countryside; field*
la cordillera *mountain range*

la costa *coast*
el desierto *desert*
el mar *sea*
la montaña *mountain*
el paisaje *landscape*
la tierra *land*

húmedo/a *damp*
seco/a *dry*

a orillas de *on the shore of*
al aire libre *outdoors*

Los animales

el ave (f.) / el pájaro *bird*
el cerdo *pig*
el conejo *rabbit*
el león *lion*
el mono *monkey*
la oveja *sheep*
el pez *fish*
la rana *frog*

la serpiente *snake*
el tigre *tiger*
la vaca *cow*

atrapar *to trap; to catch*
cazar *to hunt*
dar de comer *to feed*

extinguirse *to become extinct*
morder (o:ue) *to bite*

en peligro de extinción *endangered*
salvaje *wild*
venenoso/a *poisonous*

Los fenómenos naturales

el huracán *hurricane*
el incendio *fire*
la inundación *flood*
el relámpago *lightning*
la sequía *drought*
el terremoto *earthquake*
la tormenta (tropical) *(tropical) storm*
el trueno *thunder*

El medio ambiente

El **reciclaje** de botellas es muy importante para **proteger** el **medio ambiente** y no **malgastar** plástico.

el calentamiento global *global warming*
la capa de ozono *ozone layer*
el combustible *fuel*
la contaminación *pollution*

la deforestación *deforestation*
el desarrollo *development*
la erosión *erosion*
la fuente de energía *energy source*
el medio ambiente *environment*
los recursos naturales *natural resources*

agotar *to use up*
conservar *to preserve*
contaminar *to pollute*
contribuir (a) *to contribute*
desaparecer *to disappear*
destruir *to destroy*
malgastar *to waste*
proteger *to protect*
reciclar *to recycle*

resolver (o:ue) *to solve*

dañino/a *harmful*
desechable *disposable*
renovable *renewable*
tóxico/a *toxic*

Práctica

1 Escuchar

A. Escucha el informativo de la noche y, después, completa las oraciones con la opción correcta.

1. Hay ____.
   a. una inundación   b. un incendio

2. Las causas de lo que ha ocurrido ____.
   a. se conocen   b. se desconocen

3. En los últimos meses, ha habido ____.
   a. mucha sequía   b. muchas tormentas

4. Las autoridades temen que ____.
   a. los animales salvajes vayan a los pueblos
   b. el incendio se extienda

5. Los pueblos de los alrededores ____.
   a. están en peligro   b. están contaminados

B. Escucha la conversación entre Pilar y Juan, y después contesta las preguntas con oraciones completas.

1. ¿Dónde hay un incendio?
2. Según lo que escuchó Pilar, ¿qué puede suceder?
3. ¿Qué animales tenían los abuelos de Juan?
4. ¿Dónde pasaba los veranos Pilar?
5. ¿Qué hacía Pilar con los peces que veía?
6. ¿Qué ha pasado con los peces que había antes en la costa?

C. En parejas, hablen de los cambios que han visto ustedes en la naturaleza a lo largo de los años. Hagan una lista y compártanla con la clase.

2 Emparejar Conecta las palabras de forma lógica.

MODELO fenómeno natural: terremoto

____ 1. proteger   a. león
____ 2. tormenta   b. serpiente
____ 3. destrucción   c. incendio
____ 4. campo   d. conservar
____ 5. salvaje   e. trueno
____ 6. venenosa   f. aire libre

Práctica

3 **Definiciones**

A. Escribe la palabra adecuada para cada definición.

1. fenómeno natural en el que se ilumina el cielo cuando hay tormenta: _____

2. reptil de cuerpo largo y estrecho (*narrow*) que muchas veces es venenoso: _____

3. largo período de tiempo sin lluvias: _____

4. extensión de tierra donde no suele llover: _____

5. fenómeno natural que se produce cuando se mueve la tierra bruscamente (*abruptly*): _____

6. animal feroz considerado el rey de la selva: _____

7. contrario de "húmedo": _____

8. ruido producido en las nubes por una descarga eléctrica: _____

9. serie de montañas: _____

10. fuego grande que puede destruir casas y campos: _____

B. Ahora, escribe tres definiciones de otras palabras del vocabulario. Tu compañero/a tendrá que adivinar a qué palabra corresponde cada definición.

4 **¿Qué es la biodiversidad?** Completa el artículo de la revista *Naturaleza* con la palabra o expresión correspondiente.

animal	costas	paisaje
arrecifes de coral	mar	proteger
bosques	medio ambiente	recursos naturales
conservar	montañas	tierra

La biodiversidad se refiere a la gran variedad de formas de vida —(1) _____, vegetal y humana— que conviven en el (2) _____, no sólo en la tierra, sino también en el (3) _____. Esta interdependencia significa que ninguna especie está aislada o puede vivir por sí sola. A pesar de que el Caribe comprende menos del once por ciento de la superficie total del planeta, su territorio contiene una vasta riqueza de vida silvestre (*wild*) que se encuentra a lo largo de sus (4) _____ tropicales húmedos, (5) _____ altas, extensas costas, y del increíble (6) _____ submarino de los (7) _____. Se estima que en la actualidad hay más de sesenta y cinco organizaciones ecologistas que trabajan para (8) _____ y (9) _____ los valiosos (10) _____ de las islas caribeñas.

Comunicación

5 **Preguntas** En parejas, túrnense para contestar las preguntas.

1. ¿A dónde prefieres ir de vacaciones, al campo, a la costa o a la montaña? ¿Por qué?

2. ¿Tienes un animal preferido? ¿Cuál es? ¿Por qué te gusta? ¿Qué animales no te gustan? ¿Por qué?

3. ¿Qué opinas de la práctica de cazar animales? ¿Es cruel? ¿Es necesario controlar la población para el bien de la especie?

4. ¿Hay alguna diferencia entre cazar un animal para comerlo y comprar carne?

5. ¿Hay huracanes, sequías o algún otro fenómeno natural donde tú vives? ¿Qué efectos o consecuencias tienen para el medio ambiente?

6. En tu opinión, ¿cuál es el problema más grave que afecta al medio ambiente? ¿Qué podemos hacer para mejorar la situación?

6 **¿Qué es mejor?** En parejas, hablen sobre las ventajas y las desventajas de las alternativas de la lista. Consideren el punto de vista práctico y el punto de vista ambiental. Utilicen el vocabulario de **Contextos**.

- usar servilletas de papel o de tela (*cloth*)
- tirar restos de comida a la basura o en el triturador del fregadero (*garbage disposal*)
- acampar en un parque nacional o alojarse en un hotel
- imprimir el papel por los dos lados o simplemente imprimir menos

7 **Asociaciones** En parejas, comparen sus personalidades con las cualidades de estos animales, elementos y fuerzas de la naturaleza. ¿Con cuáles te identificas? ¿Con cuáles crees que se identifica tu compañero/a? ¿Por qué? Comparen sus respuestas.

MODELO pájaro
Yo me identifico con los pájaros, porque soy libre y soñador(a).

árbol	fuente de energía	mar	relámpago
bosque	huracán	montaña	serpiente
conejo	incendio	pájaro	terremoto
desierto	león	pez	trueno

Hasta ahora, en el video...

Video

Lupita se escapa del hospital porque se quiere ir de vacaciones. Por suerte, Marcela y Ricardo encuentran a Lupita y entre toda la familia la convencen para volver al hospital. Luego, Marcela y Ricardo comienzan su viaje a Hierve el Agua. En este episodio verás cómo termina la historia.

Ricardo se dispone a ir a Hierve el Agua.

MARCELA ¿A dónde vas con tanta prisa? Sube. Mi trabajo no es sólo traerte, sino también explicarte sobre Hierve el Agua.

RICARDO (a la defensiva) ¿En serio?

MARCELA Hierve el Agua es uno de los paisajes naturales más bellos de Oaxaca y de México. Sus cascadas petrificadas...

Ricardo se está bajando de la Kombi.

MARCELA ¡Espera! (Marcela saca el regalo.) ¿Pensabas que lo había olvidado?

Marcela comienza a llorar.

RICARDO No llores, Marcela. ¡Si no te gusta, en cuanto regresemos a la ciudad lo cambiamos!

Marcela pilota el dron.

RICARDO ¡Cuidado! ¡Vas hacia el agua!

MARCELA ¡Está completamente fuera de control!

El dron cae al agua.

MARCELA ¡Se quedó sin gasolina!

RICARDO No, más bien sin baterías.

MARCELA Eso.

MARCELA ¡Pensaba que era resistente al agua!

RICARDO ¡Lo es! ¡Pero no si termina en el fondo de una piscina!

MARCELA Ya. Pero lo podrás arreglar, ¿no?

RICARDO ¡Claro que lo voy a arreglar!

MARCELA Si lo arreglaras... ¿podría volarlo otra vez?

RICARDO ¿Lo dices en serio?

Personajes

MARCELA

RICARDO

3

MARCELA No lo quiero cambiar.

RICARDO ¿No quieres?

MARCELA ¡No! Este alebrije lo hizo mi mamá. Ella murió hace un año.

RICARDO Yo, yo, no. Yo no sabía que tú...

Marcela lo abraza.

RICARDO ¿Te gustaría aprender a volar mi dron?

6

RICARDO ¡A mí me encantaría que lo volaras! Con tal de que pasaras más tiempo conmigo.

MARCELA ¿Quieres pasar más tiempo conmigo a pesar de que estrellé tu dron?

RICARDO ¡El resto de mi vida, quizás!

MARCELA Bueno, ¿por qué no comenzamos dando un paseo por este hermoso lugar?

Expresiones útiles

Talking about the future

Pero lo podrás arreglar, ¿no? ¿Y funcionará perfectamente?
But you'll be able to fix it, right? And it will work perfectly?

¡Claro que lo voy a arreglar!
Of course I am going to fix it!

Talking about what someone would or wouldn't do

¿Te gustaría aprender a volar mi dron?
Would you like to learn how to fly my drone?

Expressing purpose, condition, or intent

En caso de que no te guste, lo cambiaremos.
In case you don't like it, we'll exchange it.

En cuanto regresemos a la ciudad, lo cambiamos.
As soon as we go back to the city, we'll exchange it.

Expressing will, influence, and emotion in the past

¡Esperaba que estuvieras enojado!
I expected you to be mad!

¡No creí que tu dron se fuera a estrellar!
I didn't think your drone was going to crash!

Expressing condition

¡Si caminamos, te secarás al sol!
If we walk, you'll dry off in the sun!

Si lo arreglaras... ¿podría volarlo otra vez?
If you fix it… could I fly it again?

Additional vocabulary

la cascada *waterfall*
un detallito *a little something*
estrellar *to crash*
el fondo *bottom*
la prisa *rush*
el reino animal *animal kingdom*

La naturaleza

Comprensión

1 **Opciones** Completa cada oración con la opción correcta.

1. Marcela llora porque el alebrije _____.
   a. no le gusta   b. lo hizo su mamá   c. está roto

2. Ricardo le ofrece a Marcela _____.
   a. ir a la piscina   b. otro regalo   c. volar su dron

3. Marcela maneja _____ el dron.
   a. mal   b. fatal   c. muy bien

4. Marcela _____ el dron.
   a. estrella   b. seca   c. pierde

5. Ricardo quiere _____ con Marcela.
   a. ir a la piscina   b. pasar más tiempo   c. comprar otro alebrije

2 **Preguntas** Contesta las preguntas sobre el episodio con oraciones completas.

1. ¿Qué pensó Marcela del regalo de Ricardo?

2. ¿Qué pasó con el dron cuando Marcela lo manejaba? ¿Por qué?

3. ¿Qué hace Ricardo cuando el dron cae a la piscina?

4. ¿Qué contesta Ricardo cuando Marcela le pregunta si podrá arreglar el dron?

5. ¿Por qué le gustaría a Ricardo que Marcela volara otra vez el dron?

6. ¿Qué sugiere Marcela al final del episodio?

3 **¿Quién lo hará?**

A. Escribe qué personaje podría decir cada una de las oraciones, de acuerdo con lo que sabes de ellos.

MARCELA

ROCÍO

LORENZO

RICARDO

1. Dentro de unos años, tendré una compañía de servicios turísticos muy exitosa.

2. Dentro de dos años, mi hija se graduará en Historia.

3. Cuando termine la carrera de Medicina, querré trabajar en un hospital.

4. En el futuro, mi dron podrá volar sin batería.

5. Para impresionar a Marcela, buscaré en Google todo sobre las cascadas petrificadas.

B. Ahora, en parejas, túrnense para hacerse preguntas sobre las oraciones. Sigan el modelo.

MODELO   ESTUDIANTE 1 ¿Quién tendrá una compañía de servicios turísticos muy exitosa?
ESTUDIANTE 2 Marcela tendrá una compañía de servicios turísticos muy exitosa.

 Practice more at **vhlcentral.com**.

Ampliación

4 ¿Te gusta la naturaleza? En grupos pequeños, conversen sobre estas preguntas.

- ¿Cómo preferirías pasar el día: haciendo una excursión a Hierve el Agua o visitando museos y esculturas en una gran ciudad? Explica tu respuesta.
- ¿Pasarías un mes entero rodeado/a de naturaleza para un *reality show*? ¿Por qué?
- Si tuvieras que pasar tres días en Hierve el Agua, ¿con quién irías y qué actividades te gustaría hacer? ¿Por qué?
- Si tuvieras que ir a una isla desierta, ¿qué tres objetos llevarías contigo? Explica por qué te gustaría tener cada uno de esos objetos.

5 El futuro de los Solís Elige tres personajes de la **Fotonovela** y escribe cómo imaginas que serán sus vidas dentro de diez años.

> **MODELO** Creo que Marcela y Ricardo se casarán y formarán una compañía de drones mundialmente famosa. Tendrán tres hijos y visitarán Hierve el Agua cada verano…

6 Apuntes culturales En parejas, lean los párrafos y contesten las preguntas

Hierve el Agua, Oaxaca

Marcela y Ricardo hacen una excursión a Hierve el Agua, Oaxaca. Como bien sabe Marcela, Hierve el Agua es un sistema de cascadas petrificadas que miden entre 40 y 100 pies de alto; estas cascadas se formaron de manera natural hace miles de años debido al alto contenido de minerales. El visitante puede disfrutar de las aguas termales de la piscina que se creó a partir de su manantial (*spring*) o, bien, contemplar las cascadas desde pozas (*pools*) naturales.

Los desiertos mexicanos

Marcela y Ricardo están rodeados de agua, pero no todas las partes de México son así. En este país, las zonas desérticas son las más extensas y ocupan más de la mitad de su territorio. Los principales desiertos mexicanos son los de Sonora y Chihuahua. El sonorense ocupa el noroeste de México y el suroeste de los Estados Unidos. Entre sus cactus, habita una gran variedad de especies como coyotes, pumas o tarántulas. El chihuahuense abarca varios estados del sur de los Estados Unidos y gran parte del estado mexicano de Chihuahua. En este desierto de inviernos fríos y veranos lluviosos existen más de 350 especies de cactáceas.

Desierto de Chihuahua

1. ¿Has visitado alguna cascada? ¿Cómo fue la experiencia? ¿Qué cascadas te gustaría visitar en el futuro?
2. ¿A dónde preferirías hacer una excursión: a Hierve el Agua o a uno de los desiertos mencionados? ¿Por qué?
3. ¿Te gustaría pasar una semana en un desierto mexicano? ¿Por qué?

EL CARIBE

En detalle

Los bosques
DEL MAR

¿Te sumergiste alguna vez en el más absoluto de los silencios para contemplar los majestuosos arrecifes de coral? En el Caribe hay más de 26 mil kilómetros cuadrados (16 mil millas cuadradas) de arrecifes, también llamados *bosques tropicales del mar* por la inmensa biodiversidad que se encuentra en ellos. Sus extravagantes formas de intensos colores proporcionan° el ecosistema ideal para las más de 4.000 especies de peces y miles de especies de plantas que en ellos habitan.

Nuestras vidas también dependen de estas formaciones: los arrecifes del Caribe protegen de los huracanes las costas de Florida y de los países caribeños. Sus inmensas estructuras aplacan° la fuerza de las tormentas antes de que lleguen a las costas, cumpliendo la función de barreras° naturales.

3.200 km de arrecifes

Cuba

María la Gorda

166 km de arrecifes

República Dominicana

237 especies de coral

Puerto Rico

Parque Nacional Submarino La Caleta

También protegen las playas de la erosión y son un refugio para muchas especies animales en peligro de extinción.

En Cuba se destacan° los arrecifes de María la Gorda, en el extremo occidental de la isla. En esta área altamente protegida, más de veinte especies de corales forman verdaderas cordilleras, grutas° y túneles subterráneos.

Lamentablemente, los arrecifes están en peligro por culpa de la mano del hombre. La construcción desmedida° en las costas y la contaminación de las aguas por los desechos° de las alcantarillas° provocan la sedimentación. Esto enturbia° el agua y mata el coral, porque le quita la luz que necesita. La pesca descontrolada, el exceso de turismo y la recolección de coral por parte de los buceadores son otros de sus grandes enemigos. De hecho, algunos expertos dicen que el 70% del coral desaparecerá en unos 40 años. Así que, si eres uno de los afortunados que pueden visitarlos, cuídalos. Su futuro depende de todos nosotros. ■

> Los **arrecifes de coral** son uno de los hábitats más antiguos de la Tierra; algunos de ellos tienen más de 10.000 años. Muchos los confunden con plantas o con rocas, pero los arrecifes de coral son, en realidad, estructuras formadas por pólipos de coral, unos animales diminutos° que al morir dejan unos residuos de piedra caliza°. Los arrecifes son el refugio ideal para muchos tipos de animales, tales como esponjas, peces y tortugas.

proporcionan *provide* aplacan *diminish* barreras *barriers* se destacan *stand out* grutas *caves* desmedida *excessive*
desechos *waste* alcantarillas *sewers* enturbia *clouds* diminutos *tiny* piedra caliza *limestone*

Frases de animales

andar como perro sin pulga° (Méx.) *to be carefree*

comer como un chancho *to eat like a pig; to pig out*

¡El mono está chiflando!° (Cu.) *How windy!*

estar como una cabra° (Esp.) *to be as mad as a hatter*

marca perro (Arg., Chi. y Uru.) *(of an object) by an unknown brand*

¡Me pica el bagre!° (Arg.) *I'm getting hungry!*

¡Qué búfalo/a! (Nic.) *Fantastic!*

¡Qué tortuga! (Col.) *(of a person) How slow!*

ser (una) rata
ser un(a) rata (Esp.) *to be stingy*

Organizaciones ambientales

Protección de la biosfera El Parque Nacional Yasuní, declarado Reserva Mundial de la Biosfera por la UNESCO en 1989, está ubicado en la Amazonia ecuatoriana. En la actualidad, varias organizaciones ambientales intentan frenar° el avance de compañías petroleras que operan en el 60% del territorio del parque.

Patagonia sin represas En 2011, este movimiento formado por varias asociaciones ecologistas chilenas frenó el plan para la construcción de cinco represas hidroeléctricas° en el sur de Chile. Este plan habría inundado 5.900 hectáreas de reservas naturales.

Protección de aves amenazadas Gracias al Fondo Peregrino de Panamá y a instituciones como el Smithsonian Institute, las águilas arpías° están siendo rescatadas y protegidas. Al parecer, Panamá es el único país de Latinoamérica que protege esta ave. El águila arpía es la segunda águila más grande del mundo, después del águila de Filipinas, y es el ave nacional de Panamá.

PARQUE NACIONAL SUBMARINO LA CALETA

En 1984, por obra y gracia del Grupo de Investigadores Submarinos, el buque° de rescate *Hickory* se hundió en el Parque Nacional Submarino La Caleta, a unos 17 kilómetros de Santo Domingo. No fue un accidente; el objetivo de los especialistas fue sumergir el buque intacto para que sirviera de arrecife artificial a las especies en peligro de extinción. Con el paso de los años, el barco se cubrió de esponjas y corales, y por él pasan miles de peces. El *Hickory*, que está a unos 20 metros de profundidad, es hoy día una de las mayores atracciones del parque. Pero el *Hickory* no es el único atractivo del parque nacional, también cuenta con otro barco-museo hundido para el buceo. En las aguas del parque, que alcanzan una profundidad de 180 metros (590 pies), se pueden contemplar tres terrazas de arrecifes. Los corales forman verdaderas alfombras de tonos rojos, amarillos y anaranjados que impresionan al buceador más exigente. No obstante, los visitantes también pueden disfrutar de fauna no acuática: pelícanos, colibríes°, buitres°, murciélagos°, sapos°, arañas° y diversos tipos de lagartijas°. De igual forma, puede observarse flora característica de una llanura° costera: plantas como la orquídea y árboles como la ceiba°, la palma, el roble°, el almendro° o el higüero° conforman una de las vegetaciones más diversas de las Antillas.

> **"El hombre no sólo es un problema para sí, sino también para la biosfera en que le ha tocado vivir."**
> (Ramón Margalef, ecólogo español)

---

andar como… *(lit.) to be like a dog without a flea* **El mono…** *(lit.) The monkey is whistling* **estar como…** *(lit.) to be like a goat* **Me pica…** *(lit.) My catfish is itching me* **buque** *ship* **frenar** *to slow down* **represas…** *hydroelectric dams* **águilas arpías** *harpy eagles*

colibríes *hummingbirds* **buitres** *vultures* **murciélagos** *bats* **sapos** *toads* **arañas** *spiders* **lagartijas** *lizards* **llanura** *plain* **ceiba** *ceiba tree* **roble** *oak tree* **almendro** *almond tree* **higüero** *calabash tree*

¿Qué aprendiste?

1 **¿Cierto o falso?** Indica si estas afirmaciones son **ciertas** o **falsas**. Corrige las falsas.

1. Los arrecifes de coral son unas plantas de intensos colores.

2. Los arrecifes de coral también son conocidos como los *bosques tropicales del mar*.

3. Los huracanes se hacen más fuertes cuando pasan por los arrecifes.

4. Estas estructuras son un ecosistema ideal para las especies en peligro de extinción.

5. Las formaciones de coral necesitan luz.

6. Está permitido que los turistas tomen un poco de coral para llevárselo.

7. María la Gorda se encuentra en el extremo occidental de Puerto Rico.

8. En María la Gorda, los arrecifes forman túneles y cordilleras.

9. La construcción de casas cerca de las playas no afecta al desarrollo de los arrecifes.

10. Los arrecifes de coral son uno de los hábitats más antiguos del planeta.

11. En los arrecifes no viven tortugas porque no encuentran su alimento.

12. Los expertos están preocupados por el futuro de los arrecifes.

S Practice more at **vhlcentral.com**.

2 **Oraciones** Elige la opción correcta.

1. El Grupo de Investigadores Submarinos hundieron el *Hickory* para crear (un parque nacional/un arrecife artificial).

2. En el Parque Nacional Submarino La Caleta los turistas pueden ver (sólo fauna acuática. /tanto fauna acuática como no acuática.)

3. ¿No quieres contribuir para el regalo de Juan? ¡Eres (una rata/un chancho)!

4. Si estás en Argentina y tienes hambre, dices que (te pica el bagre/estás como una cabra).

3 **Preguntas** Contesta las preguntas.

1. ¿Qué quieren frenar las organizaciones ambientales en el Parque Nacional Yasuní?

2. ¿Qué animales protege el Fondo Peregrino de Panamá?

3. ¿Qué busca la organización Patagonia sin represas?

4. En tu opinión, ¿a qué se refiere Ramón Margalef cuando dice que el hombre es un problema para la biosfera?

4 **Opiniones** En parejas, respondan las preguntas y compartan su opinión con la clase.

- ¿Les preocupa la contaminación de las aguas?

- ¿Tienen hábitos que perjudican los mares? ¿Cuáles?

- ¿Qué aspectos de su vida diaria cambiarían para evitar el aumento de contaminación?

PROYECTO **Arrecifes del Caribe**

Busquen información sobre los arrecifes de coral de Cuba, Puerto Rico y la República Dominicana. Elijan una zona de arrecifes y preparen una presentación para la clase. La presentación debe incluir:

- datos sobre la ubicación y la extensión

- datos sobre turismo

- datos sobre las especies de coral y otras especies de los arrecifes

- información sobre el estado de los arrecifes: ¿Están en peligro? ¿Alguna organización los protege?

¡No olviden incluir un mapa con la ubicación exacta para presentarlo en la clase!

Un bosque tropical

 Video

Ahora que ya has leído sobre la riqueza del mar del Caribe, mira este episodio de **Flash cultura** para conocer las maravillas del bosque tropical lluvioso de Puerto Rico, con su sorprendente variedad de árboles milenarios.

VOCABULARIO ÚTIL

la brújula *compass*	**estar en forma** *to be fit*
la caminata *hike*	**el/la nene/a** *kid*
la cascada *waterfall*	**la lupa** *magnifying glass*
el chapuzón *dip*	**subir** *to climb*
la cima *peak*	**la torre** *tower*

---

1 Preparación ¿Te gusta estar en contacto con la naturaleza? ¿De qué manera? ¿Has visitado alguno de los bosques nacionales de tu país? ¿Cuál(es)?

2 Comprensión Indica si estas afirmaciones son **ciertas** o **falsas**. Después, en parejas, corrijan las falsas.

1. El nombre *Yunque* proviene del español y significa "dios de la montaña".
2. El Yunque es la reserva forestal más antigua del hemisferio occidental.
3. El símbolo de Puerto Rico es la iguana.
4. Para llegar a la cima del Yunque es necesario estar en forma y llevar brújula, agua, mapa, etc.
5. Una caminata hasta la cima puede llevar hasta dos días.
6. Como la cima está rodeada de nubes, allí arriba los árboles no pueden crecer mucho.

3 Expansión En parejas, contesten estas preguntas.

- Imagina que sólo puedes llevar tres de los objetos del equipo para llegar a la cima del Yunque. ¿Cuáles llevarías? ¿Por qué?
- ¿Alguno de los atractivos del Yunque te anima (*encourages you*) a visitar este bosque en tus próximas vacaciones? ¿Cuál? ¿Por qué?
- ¿Qué tipo de comida llevas cuando vas de excursión? ¿Qué otras cosas llevas en la mochila?

Corresponsal: Diego Palacios
País: Puerto Rico

En el Yunque hay más especies de árboles que en ningún otro de los bosques nacionales, muchos de los cuales son cientos de veces más grandes, como el Parque Yellowstone o el Yosemite.

Nadar en los ríos del Yunque es uno de los pasatiempos favoritos de los puertorriqueños, como lo es meterse debajo de las cascadas.

El Yunque es el único bosque tropical lluvioso del Sistema Nacional de Bosques de los Estados Unidos.

6.1 The future and the conditional

The future

● The future tense (**el futuro**) uses the same endings for all **-ar**, **-er**, and **-ir** verbs. For regular verbs, the endings are added to the infinitive.

Infinitive	future forms
hablar	hablaré, hablarás, hablará, hablaremos, hablaréis, hablarán
deber	deberé, deberás, deberá, deberemos, deberéis, deberán
abrir	abriré, abrirás, abrirá, abriremos, abriréis, abrirán

● For irregular verbs, the same future endings are added to the irregular stem.

Infinitive	stem	future forms
caber	cabr-	cabré, cabrás, cabrá, cabremos, cabréis, cabrán
haber	habr-	habré, habrás, habrá, habremos, habréis, habrán
poder	podr-	podré, podrás, podrá, podremos, podréis, podrán
querer	querr-	querré, querrás, querrá, querremos, querréis, querrán
saber	sabr-	sabré, sabrás, sabrá, sabremos, sabréis, sabrán
poner	pondr-	pondré, pondrás, pondrá, pondremos, pondréis, pondrán
salir	saldr-	saldré, saldrás, saldrá, saldremos, saldréis, saldrán
tener	tendr-	tendré, tendrás, tendrá, tendremos, tendréis, tendrán
valer	valdr-	valdré, valdrás, valdrá, valdremos, valdréis, valdrán
venir	vendr-	vendré, vendrás, vendrá, vendremos, vendréis, vendrán
decir	dir-	diré, dirás, dirá, diremos, diréis, dirán
hacer	har-	haré, harás, hará, haremos, haréis, harán
satisfacer	satisfar-	satisfaré, satisfarás, satisfará, satisfaremos, satisfaréis, satisfarán

TALLER DE CONSULTA

MANUAL DE GRAMÁTICA
Más práctica

6.1 The future and the conditional, p. A34

6.2 The subjunctive in adverbial clauses, p. A35

6.3 The past subjunctive, p. A36

6.4 **Si** clauses with simple tenses, p. A37

Más gramática

6.5 Adverbs, p. A38

¡ATENCIÓN!

Note that all of the future tense endings carry a written accent mark, except the **nosotros/as** form.

● The future tense is just one way to express actions or conditions that will happen in the future.

PRESENT INDICATIVE

conveys a sense of certainty that the action will occur

Llegan mañana.
They arrive tomorrow.

ir a + [*infinitive*]

expresses the near future; is commonly used in everyday speech

Van a llegar mañana.
They are going to arrive tomorrow.

PRESENT SUBJUNCTIVE

refers to an action that has yet to occur: used after verbs of will and influence

Prefiero que **lleguen** mañana.
I prefer that they arrive tomorrow.

FUTURE TENSE

expresses an action that will occur; often implies more certainty than **ir a** + [*infinitive*]

Llegarán mañana.
They will arrive tomorrow.

- The English word *will* can refer either to future time or to someone's willingness to do something. To express willingness, Spanish uses the verb **querer** + [*infinitive*].

  ¿Quieres contribuir a la protección del medio ambiente?
  Will you contribute to the protection of the environment?

  Quiero ayudar, pero no sé por dónde empezar.
  I'll help, but I don't know where to begin.

- In Spanish, the future tense may be used to express conjecture or probability.

  ¿Qué hora **será**?
  I wonder what time it is.

  Ya **serán** las dos de la mañana.
  It must be two a.m. by now.

  ¿Estará lloviendo en San Juan?
  Do you think it's raining in San Juan?

  Hará un poco de sol y un poco de viento.
  It's probably a bit sunny and windy.

- When the present subjunctive follows a conjunction of time like **cuando**, **después (de) que**, **en cuanto**, **hasta que**, and **tan pronto como**, the future tense is often used in the main clause of the sentence.

  En cuanto salga el sol, **iré** a la playa a tomar fotos.
  When the sun comes up, I'll go to the beach to take photos.

TALLER DE CONSULTA

For a detailed explanation of the subjunctive with conjunctions of time, see **6.2**.

The conditional

- To express the idea of what *would* happen, use the conditional tense. The conditional tense (**el condicional**) uses the same endings for all **-ar**, **-er**, and **-ir** verbs. For regular verbs, the endings are added to the infinitive.

dar	**daría, darías, daría, daríamos, daríais, darían**
ser	**sería, serías, sería, seríamos, seríais, serían**
vivir	**viviría, vivirías, viviría, viviríamos, viviríais, vivirían**

  Yo **viviría** en Puerto Rico toda la vida.
  I would live in Puerto Rico all my life.

- Verbs with irregular future stems have the same irregular stem in the conditional.

caber	cabría	poner	pondría	decir	diría
haber	habría	salir	saldría	hacer	haría
poder	podría	tener	tendría	satisfacer	satisfaría
querer	querría	valer	valdría		
saber	sabría	venir	vendría		

- The conditional is used to express what *would* occur under certain circumstances.

  En tu lugar, yo **haría** ecoturismo.
  If I were you, I'd do ecotourism.

- The conditional is also used to make polite requests.

  ¿Te **importaría** cuidar de mis plantas?
  Would you mind taking care of my plants?

¡ATENCIÓN!

In Spanish, the conditional may be used to express conjecture or probability about a past condition or event. English expresses this sense with expressions such as *wondered*, *must have been*, and *was probably*.

— ¿Cuánta gente había en el congreso sobre el medio ambiente?
— No sé. *Había* unas 500 personas.

¡ATENCIÓN!

The conditional is also used to report statements made in the future tense.

Compraré sólo productos orgánicos. → Dijo que *compraría* sólo productos orgánicos.

Práctica

TALLER DE CONSULTA

MANUAL DE GRAMÁTICA
Más práctica

6.1 The future and the
conditional, p. A34

1 **Horóscopo chino** En el horóscopo chino, cada signo es un animal. Lee las predicciones del horóscopo chino para la serpiente. Conjuga los verbos entre paréntesis usando el futuro.

Trabajo: Esta semana (tú) (1) _____ (tener) que trabajar duro. (2) _____ (salir) poco y no (3) _____ (poder) divertirte, pero (4) _____ (valer) la pena. Muy pronto (5) _____ (conseguir) el puesto que esperas.

Dinero: (6) _____ (venir) tormentas económicas. No malgastes tus ahorros.

Salud: (7) _____ (resolver) tus problemas respiratorios, pero (8) _____ (deber) cuidarte la garganta.

Amor: (9) _____ (recibir) una noticia muy buena. Una persona especial te (10) _____ (decir) que te ama. (11) _____ (venir) días felices.

2 **Trabajo de verano** Utiliza el condicional de los verbos entre paréntesis para completar la entrevista.

ALBERTO Si yo pudiera formar parte de esta organización, (1) _____ (estar) dispuesto (*ready*) a ayudar en todo lo posible.

ELENA Sí, lo sé, pero tú no (2) _____ (poder) hacer mucho. No tienes la preparación necesaria. Tú (3) _____ (necesitar) aprender a usar el software para reservar vuelos.

ALBERTO Bueno, yo (4) _____ (ayudar) con las cosas menos difíciles. Por ejemplo, (5) _____ (contestar) el teléfono y (6) _____ (hacer) tareas administrativas e (7) _____ (investigar) nuevos destinos.

ELENA Estoy segura de que todos (8) _____ (agradecer) tu colaboración. Les preguntaré para ver si necesitan ayuda.

3 **El primer día** Utiliza el condicional para cambiar estos mandatos informales por los mandatos formales que la directora le dio a Alberto. Sigue el modelo.

> **MODELO** **Hazme un café.** ¿Me harías un café, por favor?

1. Saca estas fotocopias.
2. Pon los mensajes en mi escritorio.
3. Manda este fax.
4. Diles a los voluntarios que vengan.
5. Sal a almorzar con nosotros.
6. Llama al encargado

4 **El futuro** En parejas, imaginen que uno/a de ustedes es un(a) investigador(a). La otra persona es un(a) estudiante que quiere saber qué sucederá en el futuro. El/La investigador(a) deberá contestar preguntas relacionadas con estos temas.

> **MODELO** **ESTUDIANTE** ¿Existirán las bibliotecas en el futuro?
> **INVESTIGADOR(A)** Sí, pero habrá menos debido al desarrollo de la tecnología.

| trabajo | estudios | naturaleza | política |

 Practice more at vhlcentral.com.

Comunicación

5 **Viaje ecológico** Tú y tu compañero/a tienen que planear un viaje ecológico. Decidan a qué país irán, en qué fechas y qué harán allí. Usen ocho verbos en futuro.

ECOTURISMO

Puerto Rico	República Dominicana
● acampar en la costa y disfrutar de las playas	● ir en kayak por los ríos tropicales
● visitar el Viejo San Juan	● bucear por los arrecifes
● montar a caballo por la Cordillera Central	● ir de safari por La Descubierta y ver los cocodrilos del lago Enriquillo
● ir en bicicleta por la costa	● disfrutar del paisaje de Barahona
● viajar en barco por la isla Culebra	● observar las aves en el Parque Nacional del Este

6 **¿Qué será de...?** En parejas, conversen sobre lo que sucederá en el futuro en relación con estos temas y lugares.

- las ballenas (*whales*) en 2200
- Venecia en 2065
- los libros tradicionales en 2105
- la televisión en 2056
- Internet en 2050
- las hamburguesas en 2080
- los Polos Norte y Sur en 2300
- el Amazonas en 2100
- Los Ángeles en 2245
- el petróleo en 2090

7 **¿Dónde estarán en 20 años?** La fama es, en muchas ocasiones, pasajera (*fleeting*). En grupos de tres, hagan una lista de cinco personas famosas y anticipen lo que será de ellas dentro de veinte años. Utilicen el futuro y el condicional.

8 **Situaciones**

A. En parejas, seleccionen uno de estos temas e inventen una conversación usando el tiempo futuro o el condicional.

1. Dos jóvenes han terminado sus estudios universitarios y hablan sobre lo que harán o lo que harían para convertirse en millonarios.

2. Dos ladrones acaban de robar todo el dinero de un banco internacional. Piensen en lo que hará la policía para atraparlos.

3. La familia Rondón ha decidido convertir su granja (*farm*) en un centro de ecoturismo. Debe planear algunas atracciones para los turistas.

4. Dos jóvenes que están por viajar a Europa hablan de lo que les gustaría hacer y ver durante el viaje.

B. Ahora, interpreten su conversación ante la clase. La clase votará por la conversación más creativa.

6.2 The subjunctive in adverbial clauses

- In Spanish, adverbial clauses are commonly introduced by conjunctions. Certain conjunctions require the subjunctive, while others can be followed by the subjunctive or the indicative, depending on the context in which they are used.

Si no te gusta, en cuanto regresemos a la ciudad, lo cambiamos.

¡Lo haremos! Tan pronto como sepa salir de aquí!

Conjunctions that require the subjunctive

- Certain conjunctions are always followed by the subjunctive because they introduce actions or states that are uncertain or have not yet happened. These conjunctions commonly express purpose, condition, or intent.

MAIN CLAUSE	CONNECTOR	SUBORDINATE CLAUSE
Se acabará el petróleo en pocos años	a menos que	encontremos energías alternativas.

Conjunctions that require the subjunctive

a menos que *unless*	**en caso (de) que** *in case*
antes (de) que *before*	**para que** *so that*
con tal (de) que *provided that*	**sin que** *without; unless*

El gobierno se prepara **en caso de que haya** una gran sequía el verano que viene.
The government is getting ready in case there is a big drought next summer.

A menos que haga mal tiempo, iremos a la montaña el próximo miércoles.
We will go to the mountains next Wednesday unless the weather is bad.

Debemos proteger a los animales salvajes **antes de que se extingan**.
We should protect wild animals before they become extinct.

- If there is no change of subject in the sentence, a subordinate clause is not necessary. Instead, the prepositions **antes de, con tal de, en caso de, para**, and **sin** can be used, followed by the infinitive. Note that the connector **que** is not necessary in this case.

Las organizaciones ecologistas trabajan **para proteger** los arrecifes de coral.
Environmental organizations work to protect coral reefs.

Tienes que pedir permiso **antes de darles de comer** a los monos del zoológico.
You need to get permission before feeding the monkeys at the zoo.

¡ATENCIÓN!

An adverbial clause (**cláusula adverbial**) is one that modifies or describes verbs, adjectives, or other adverbs. It describes how, why, when, or where an action takes place.

To review the use of adverbs, see **Manual de gramática 6.5**, p. A38

¡ATENCIÓN!

Adverbial clauses can also go before the main clause. Note that a comma is used in that case.

No iré a la fiesta a menos que me inviten.

A menos que me inviten, no iré a la fiesta.

Conjunctions followed by the subjunctive or the indicative

¡ATENCIÓN!

A pesar de, después de, and hasta can also be followed by an infinitive, instead of que + [*subjunctive*], when there is no change of subject.

Voy a acostarme después de ver las noticias.

- If the action in the main clause has not yet occurred, then the subjunctive is used after conjunctions of time or concession.

Conjunctions of time or concession

a pesar de que *despite*	**hasta que** *until*
apenas *as soon as*	**luego que** *as soon as*
aunque *although; even if*	**mientras que** *while*
cuando *when*	**ni/no bien** *as soon as*
después (de) que *after*	**siempre que** *as long as*
en cuanto *as soon as*	**tan pronto como** *as soon as*

La excursión no saldrá **hasta que estemos** todos.
The tour will not leave until we all are here.

Dejaremos libre al pájaro **en cuanto** el veterinario nos **diga** que puede volar.
We will set the bird free as soon as the vet tells us it can fly.

Aunque me **digan** que es inofensivo, no me acercaré al perro.
Even if they tell me he's harmless, I'm not going near the dog.

Cuando Pedro vaya a cazar, tendrá cuidado con las serpientes venenosas.
When Pedro goes hunting, he will watch out for the poisonous snakes.

Te mando un mensaje de texto **apenas lleguemos** al aeropuerto.
I'll text you as soon as we get to the airport.

- If the action in the main clause has already happened, or happens habitually, then the indicative is used in the adverbial clause.

Tan pronto como empezó a llover, Matías salió a jugar al parque.
As soon as it started to rain, Matías went out to play in the park.

Mi padre y yo siempre nos lo pasamos bien **cuando estamos** juntos.
My father and I always have fun when we are together.

Práctica

TALLER DE CONSULTA

MANUAL DE GRAMÁTICA
Más práctica

6.2 The subjunctive in
adverbial clauses, p. A35

1 **Reunión** Completa las oraciones con el indicativo (presente o pretérito) o el subjuntivo de los verbos entre paréntesis.

1. Los ecologistas no apoyarán al alcalde (*mayor*) a menos que éste _____ (cambiar) su política de medio ambiente.

2. El alcalde va a hablar con su asesor (*advisor*) antes de que _____ (llegar) los ecologistas.

3. Los ecologistas entraron en la oficina del alcalde tan pronto como _____ (saber) que los esperaban.

4. El alcalde les asegura que siempre piensa en el medio ambiente cuando _____ (dar) permisos para construir edificios nuevos.

5. Los ecologistas no se van a ir hasta que el alcalde _____ (responder) todas sus preguntas.

2 **¿Infinitivo o subjuntivo?** Completa las oraciones con el verbo en infinitivo o en subjuntivo.

1. Compraré un carro híbrido con tal de que no _____ (ser) muy caro. Compraré un carro híbrido con tal de _____ (conservar) los recursos naturales.

2. Los biólogos investigan para _____ (estudiar) la biodiversidad. Los biólogos investigan para que la biodiversidad se _____ (conocer).

3. Él se preocupará por el calentamiento global después de que los científicos le _____ (demostrar) que es una realidad. Él se preocupará por el calentamiento global después de _____ (ver) con sus propios ojos lo que ocurre.

4. No podremos continuar sin _____ (mirar) un mapa. No podremos continuar sin que alguien nos _____ (dar) un mapa.

3 **Declaraciones** Elige la conjunción adecuada para completar la conversación entre un periodista y la señora Corbo, encargada de relaciones públicas de un zoológico.

PERIODISTA ¿Qué puede decir del artículo que se ha publicado sobre el maltrato (*abuse*) de los animales del zoológico?

SRA. CORBO Lo he leído, y (1) _____ (aunque / cuando) yo no estoy de acuerdo con el artículo, hemos iniciado una investigación. (2) _____ (Hasta que / Tan pronto como) terminemos la investigación, se lo comunicaremos a la prensa. Queremos hablar con todos los empleados (3) _____ (en cuanto / para que) no haya ninguna duda.

PERIODISTA ¿Es verdad que limpian las jaulas (*cages*) sólo cuando va a haber una inspección (4) _____ (para que / sin que) el zoológico no tenga problemas con las autoridades?

SRA. CORBO Le aseguro que todo se limpia diariamente. Y si no me cree, lo invito a que nos visite mañana mismo.

PERIODISTA ¿Cuándo cree que sabrán lo que ha ocurrido?

SRA. CORBO (5) _____ (En cuanto / Aunque) termine la investigación.

Practice more at **vhlcentral.com**.

Comunicación

4 **Instrucciones** Javier va a salir de viaje, así que le ha dejado una lista de instrucciones a su compañero de casa. En parejas, túrnense para preparar las instrucciones usando oraciones adverbiales con subjuntivo y las conjunciones de la lista.

MODELO No uses mi computadora a menos que sea una emergencia.

a menos que
a pesar de que
con tal de que
cuando
en caso de que
en cuanto
para que
siempre que
tan pronto como

Instrucciones
- *Darles de comer a los peces*
- *Comprar productos ecológicos*
- *No pasear al perro si hay tormenta*
- *Usar sólo papel reciclado*
- *No usar mucha agua excepto para regar (to water) las plantas*
- *Llamarme por cualquier problema*

5 **Situaciones** En parejas, túrnense para completar las oraciones.

1. Terminaré mis estudios a tiempo, a menos que…
2. Me iré a vivir a otro país en caso de que…
3. Ahorraré (*I will save*) mucho dinero para que…
4. Cambiaré de carrera en cuanto…
5. Me jubilaré (*I will retire*) cuando…

6 **Huracán** Imaginen que son compañeros/as de apartamento y que se acerca un huracán. En grupos de cuatro, escriban qué harían en cada situación. Usen el subjuntivo y las conjunciones adverbiales.

MODELO **el agua se corta**
Llenaremos muchas botellas en caso de que el agua se corte.

- las bombillas de luz se queman
- las ventanas se rompen
- las líneas de teléfono se cortan
- el sótano se inunda (*floods*)
- los vecinos ya se han ido
- no hay suficiente alimento
- no hay conexión a Internet

Tutorial

6.3 The past subjunctive

Forms of the past subjunctive

- The past subjunctive (**el imperfecto del subjuntivo**) of all verbs is formed by dropping the **-ron** ending from the **ustedes/ellos/ellas** form of the preterite and adding the past subjunctive endings.

TALLER DE CONSULTA

See **3.1**, pp. 94–95 for the preterite forms of regular, irregular, and stem-changing verbs.

The past subjunctive		
caminar	**perder**	**vivir**
caminara	perdiera	viviera
caminaras	perdieras	vivieras
caminara	perdiera	viviera
camináramos	perdiéramos	viviéramos
caminarais	perdierais	vivierais
caminaron	perdieran	vivieran

¡ATENCIÓN!

The **nosotros/as** form of the past subjunctive always has a written accent.

Estela dudaba de que su madre la **ayudara** a pagar un carro nuevo.
Estela doubted that her mother would help her pay for a new car.

Me extrañó que Ana **renunciara** después de tantos años.
I was surprised that Ana quit after so many years.

El asesor nos recomendó que **financiáramos** la deuda a largo plazo
The consultant recommended that we financed the loan long-term.

- Verbs that have stem changes, spelling changes, or irregularities in the **ustedes/ellos/ellas** form of the preterite also have them in all forms of the past subjunctive.

infinitive	preterite form	past subjunctive forms
pedir	pidieron	pidiera, pidieras, pidiera, pidiéramos, pidierais, pidieran
sentir	sintieron	sintiera, sintieras, sintiera, sintiéramos, sintierais, sintieran
dormir	durmieron	durmiera, durmieras, durmiera, durmiéramos, durmierais, durmieran
influir	influyeron	influyera, influyeras, influyera, influyéramos, influyerais, influyeran
saber	supieron	supiera, supieras, supiera, supiéramos, supierais, supieran
ir/ser	fueron	fuera, fueras, fuera, fuéramos, fuerais, fueran

- In Spain and some other parts of the Spanish-speaking world, the past subjunctive is commonly used with another set of endings (**-se**, **-ses**, **-se**, **-semos**, **-seis**, **-sen**). You will also see these forms in literary selections.

La señora Medina exigió que le **mandásemos** el contrato para el viernes.
Ms. Medina demanded that we send her the contract by Friday.

La señora Medina exigió que le **mandáramos** el contrato para el viernes.
Ms. Medina demanded that we send her the contract by Friday.

Uses of the past subjunctive

- The past subjunctive is required in the same situations as the present subjunctive, except that the point of reference is always in the past. When the verb in the main clause is in the past, the verb in the subordinate clause is in the past subjunctive.

Esperaba que tuviera más experiencia vendiendo ropa.

PRESENT SUBJUNCTIVE	PAST SUBJUNCTIVE
El jefe sugiere que **vayas** a la reunión. *The boss suggests that you go to the meeting.*	El jefe sugirió que **fueras** a la reunión. *The boss suggested that you go to the meeting.*
Espero que ustedes no **tengan** problemas con el nuevo sistema. *I hope you won't have any problems with the new system.*	Esperaba que no **tuvieran** problemas con el nuevo sistema. *I was hoping you wouldn't have any problems with the new system.*
Buscamos a alguien que **conozca** bien la bolsa. *We are looking for someone who knows the stock market well.*	Buscábamos a alguien que **conociera** bien la bolsa. *We were looking for someone who knew the stock market well.*
Les mando mi currículum en caso de que **haya** un puesto disponible. *I'm sending them my résumé in case there is a position available.*	Les mandé mi currículum en caso de que **hubiera** un puesto disponible. *I sent them my résumé, in case there was a position available.*

- Use the past subjunctive after the expression **como si** (*as if*).

  Alfredo gasta dinero **como si fuera** millonario.
  Alfredo spends money as if he were a millionaire.

  El presidente habló de la economía **como si** no **hubiera** una recesión.
  The president talked about the economy as if there were no recession.

  Ella rechazó mi opinión **como si** no **importara**.
  She rejected my opinion as if it didn't matter.

- The past subjunctive is also commonly used with **querer** to make polite requests or to soften statements.

  Quisiera que me llames hoy.
  I would like you to call me today.

  Quisiera hablar con usted.
  I would like to speak with you.

TALLER DE CONSULTA

The past subjunctive is also frequently used in **si** clauses. See **6.4**, pp. 232-233.

Si pudiera, compraría más acciones.
If I could, I would buy more shares.

Práctica

TALLER DE CONSULTA

MANUAL DE GRAMÁTICA
Más práctica

6.3 The past subjunctive,
p. A36

1 **El peor día** Completa el mensaje que Jessica le mandó a su hermano después de su primer día como pasante (*intern*) de verano. Utiliza el imperfecto del subjuntivo.

De:	jessica8@email.com
Para:	luismiguel@email.com
Asunto:	el peor día de mi vida

Luis Miguel:

Sé que te pedí el otro día que no me (1) _____ (dar) más consejos sobre qué hacer este verano, pero ¡ahora sí los necesito! Hoy fue el peor día de mi vida, ¡te lo juro! Me aconsejaste que no (2) _____ (solicitar) un puesto en esta empresa, pero a mí no me importaba que ellos me (3) _____ (pagar) el sueldo mínimo. No creía que (4) _____ (existir) ninguna oportunidad mejor que ésta. ¡Pero hoy el jefe me trató como si yo (5) _____ (ser) su esclava! Primero exigió que yo (6) _____ (preparar) el café para toda la oficina. Después me dijo que (7) _____ (salir) a comprar más papel para la impresora. Luego, como si eso (8) _____ (ser) poco, insistió en que yo (9) _____ (ordenar) su escritorio. ¡Como si toda mi experiencia del verano pasado no (10) _____ (valer) ni un centavo! Hablando de dinero... cuando le pedí que (11) _____ (depositar) el sueldo en mi cuenta corriente, él me dijo: "¿Qué sueldo? Nuestros pasantes trabajan gratis". ¡Renuncié y punto!

2 **¿Qué le pidieron?** María Luisa Rodríguez es presidenta de una universidad. En parejas, usen la tabla y preparen una conversación entre María Luisa y un amigo sobre el primer día de clase.

MODELO
— ¿Qué te pidió tu secretaria?
— Mi secretaria me pidió que le diera menos trabajo.

Personajes	Verbo	Actividad
los profesores		construir un estadio nuevo
los estudiantes	me pidió que	hacer menos ruido
el club que protege el medio ambiente	me pidieron que	plantar más árboles
los vecinos de la universidad		dar más días de vacaciones
el entrenador del equipo de fútbol		comprar más computadoras

3 **Dueño** El dueño del apartamento donde vivías con tu compañero/a era muy estricto. Túrnense para comentar las reglas que tenían que seguir, usando el imperfecto del subjuntivo.

MODELO El dueño nos pidió que no cocináramos coliflor.

1. no usar la calefacción en marzo
2. limpiar los pisos dos veces al día
3. no tener visitas en el apartamento después de las 7 de la tarde
4. hacer la cama todos los días
5. sacar la basura todos los días
6. no encender las luces antes de las 8 de la noche

S Practice more at **vhlcentral.com**.

Comunicación

4 **De niño** En parejas, háganse estas preguntas y contesten usando el imperfecto del subjuntivo. Luego, háganse cinco preguntas más sobre su niñez.

MODELO
— ¿Esperabas que tus padres te compraran videojuegos?
— Sí, y también esperaba que me dieran más independencia./
No, pero esperaba que me llevaran al cine todos los sábados.

La imaginación ✳	Las relaciones ♡	⚐ La escuela ⚐
¿Esperabas que tus padres te compraran videojuegos?	¿Querías que tu primer amor durara toda la vida?	¿Soñabas con que el/la maestro/a cancelara la clase todos los días?
¿Dudabas que los superhéroes existieran?	¿Querías que tus padres te compraran todo lo que pedías?	¿Esperabas que tus amigos de la infancia siguieran siendo tus amigos para toda la vida?
¿Esperabas que Santa Claus te trajera los regalos que le pedías?	¿Querías que tus familiares pasaran menos o más tiempo contigo?	¿Deseabas que las vacaciones de verano se alargaran (*were longer*)?
¿Qué más esperabas?	¿Qué más querías?	¿Qué más deseabas?

5 **¡No soporto a mi compañero de cuarto!** Tu compañero/a de cuarto y tú no se llevaban bien. Por eso, la semana pasada se reunieron con el/la decano/a (*dean*) para pedir un cambio de compañero/a. El/La decano/a escuchó las quejas de ambos/as (*both*), les dio consejos y les pidió que volvieran la semana siguiente con ideas para resolver sus problemas.

A. Primero, escribe cinco oraciones para describir lo que le pediste a tu compañero/a de cuarto durante la reunión con el/la decano/a. Utiliza el imperfecto del subjuntivo.

B. Ahora, en grupos de tres, preparen una conversación entre el/la decano/a y los/las dos estudiantes. Cada persona debe utilizar por lo menos tres verbos en el imperfecto del subjuntivo. Luego, representen la conversación para la clase. ¿Habrá solución?

MODELO

DECANO/A Bueno, les pedí que trataran de resolver los problemas. ¿Cómo les fue?

ESTUDIANTE 1 Le dije a Isabel que no se pusiera mi ropa sin pedir permiso. ¡Pero llegó a una fiesta con mi mejor vestido!

ESTUDIANTE 2 Y yo le pedí a Celia que no escuchara música cuando estoy durmiendo. ¡Pero sigue poniendo la radio a todo volumen!

6.4 *Si* clauses with simple tenses

- **Si** (*if*) clauses express a condition or event upon which another condition or event depends. Sentences with **si** clauses are often hypothetical statements. They contain a subordinate clause (**si** clause) and a main clause (result clause).

Si no cuidamos los recursos naturales, se agotarán.
If we don't take care of our natural resources, they will run out.

Por favor, llámame **si** tienes algún problema.
Please, call me if you have any problems.

- The **si** clause may be the first or second clause in a sentence. Note that a comma is used only when the **si** clause comes first.

Si tienes tiempo, ven con nosotros.
If you have time, come with us.

Iré con ustedes **si** no llueve.
I'll go with you if it doesn't rain.

Hypothetical statements about possible events

- In hypothetical statements about conditions or events that are possible or likely to occur, the **si** clause uses the present indicative. The main clause may use the present indicative, the future indicative, **ir a** + [*infinitive*], or a command.

Si clause: PRESENT INDICATIVE		Main clause
Si salgo temprano del trabajo, *If I finish work early,*	PRESENT TENSE	**voy** al festival ecológico. *I'm going to the ecology festival.*
Si usted no deja de fumar *If you don't stop smoking,*	FUTURE TENSE	**tendrá** problemas de salud graves. *you'll have serious health problems.*
Si el doctor me pregunta, *If the doctor asks me,*	IR A + [INFINITIVE]	no le **voy a mentir**. *I'm not going to lie to him.*
Si puede comprar productos orgánicos, *If you can buy organic products,*	COMMAND	**hágalo**. *do it.*

SUPERMERCADO NATURAL
ESPECIALIZADO EN PRODUCTOS ECOLÓGICOS

Tenemos todo tipo de productos orgánicos; vegetales, frutas, lácteos, etc. Son 100% naturales, sin conservantes ni colorantes.

Si le preocupan su salud y la del planeta, visítenos hoy mismo.

Hypothetical statements about improbable situations

- In hypothetical statements about current conditions or events that are improbable or contrary-to-fact, the **si** clause uses the past subjunctive. The main clause uses the conditional. A contrary-to-fact situation is one that is possible, but will probably not happen and/or has not occurred.

Si clause: PAST SUBJUNCTIVE	Main clause: CONDITIONAL
¡**Si** ustedes no **malgastaran** tanta electricidad, *If you all didn't waste so much electricity,*	**pagaríamos** menos! *we would pay less!*
Si compraras un carro híbrido, *If you bought a hybrid car,*	**consumirías** menos combustible. *you'd consume less fuel.*
Si no **estuviera** tan cansada, *If I weren't so tired,*	**iría** a la manifestación ecologista. *I'd go to the environmental protest.*

¡Si todos **reciclaran** la basura, **ahorraríamos** muchos recursos naturales!
If everyone recycled their garbage, we'd save a lot of natural resources!

Habitual conditions and actions in the past

- In statements that express habitual past actions that are not contrary-to-fact, both the **si** clause and the main clause use the imperfect.

Si clause: IMPERFECT	Main clause: IMPERFECT
Si Milena **tenía** tiempo libre, *If Milena had free time,*	siempre **iba** a la playa. *she would always go to the beach.*
Si mi papá **salía** de viaje de negocios, *If my dad went on a business trip,*	siempre me **traía** un regalito. *he always brought me back a little present.*

Práctica

TALLER DE CONSULTA

MANUAL DE GRAMÁTICA
Más práctica

6.4 **Si** clauses with simple tenses, p. A37

1 **Situaciones** Completa las oraciones con el tiempo verbal adecuado.

A. Situaciones probables o posibles

1. Si Teresa no viene pronto, nosotros _____ (tener) que ir sin ella.
2. Si tú no _____ (trabajar) hoy, vamos a la montaña.

B. Situaciones hipotéticas sobre eventos improbables

3. Si Carla tuviera más experiencia, yo la _____ (contratar).
4. Si Gabriel _____ (ganar) más, podría comprar un carro híbrido.

C. Situaciones habituales sobre el pasado

5. Si no reciclaba, mi compañero de cuarto _____ (enojarse).
6. Si nosotros no _____ (hacer) la tarea, el profesor Cortijo nos daba una prueba sorpresa.

2 **Si trabajara menos horas** Completa la conversación con el condicional o el imperfecto del subjuntivo.

CAROLINA Estoy todo el día en la oficina, pero si (1) _____ (trabajar) menos, tendría más tiempo para hacer actividades al aire libre. Si sólo viniera a la oficina algunas horas por semana, (2) _____ (pasar) más tiempo en nuestra casa de campo.

LETICIA ¿Casa de campo? ¡Qué aburrido! Si yo tuviera más tiempo libre, (3) _____ (hacer) todas las noches lo mismo: (4) _____ (ir) al cine, luego (5) _____ (salir) a cenar y, para terminar la noche, (6) _____ (hacer) una fiesta para celebrar que ya no tengo que ir a trabajar por la mañana. Si nosotras (7) _____ (tener) la suerte de no tener que trabajar nunca más, nos pasaríamos todo el día sin hacer absolutamente nada.

CAROLINA ¿En serio (8) _____ (gastar) todo tu tiempo libre en la ciudad? ¡Si yo (9) _____ menos pero (10) _____ (estar) todo el tiempo en la ciudad, (11) _____ (terminar) todavía más estresada!

3 **Situaciones** Completa las oraciones.

1. Si salimos esta noche, …
2. Si quieres reciclar, …
3. Iré contigo al parque nacional si…
4. Si mis padres no me prestan dinero, …
5. Si tuviera un carro híbrido, …
6. Tendría más dinero si…
7. Si íbamos de vacaciones, …
8. Si peleaba con mis hermanos, …
9. Te prestaría el libro si…
10. Si mis amigos no tienen otros planes, …

Practice more at **vhlcentral.com**.

Comunicación

4 **Si yo fuera...** En parejas, háganse preguntas sobre quiénes serían ustedes y cómo serían sus vidas si fueran estas personas.

> **MODELO** un(a) cantante famoso/a
>
> — Si fueras una cantante famosa, ¿quién serías?
> — Si fuera una cantante famosa, sería Christina Aguilera. Pasaría el tiempo haciendo videos, dando conciertos...

1. un(a) cantante famoso/a
2. un(a) activista ambiental
3. un personaje de un libro
4. un(a) actor/actriz famoso/a
5. un animal en vías de extinción
6. un(a) deportista exitoso/a

5 **¿Qué harías?** En parejas, miren los dibujos y túrnense para preguntarse qué harían si les ocurriera lo que muestra cada dibujo. Sigan el modelo y sean creativos/as.

> **MODELO** — ¿Qué harías si alguien te invitara a bailar tango?
> — Si alguien me invitara a bailar tango, seguramente yo me pondría muy nervioso/a y saldría corriendo.

1. Tu suegro viene de visita sin avisar.

2. Ves un tiburón mientras nadas en el mar.

3. Tu carro se rompe en el desierto.

4. Te quedas atrapado/a en un ascensor.

6 **Síntesis** En grupos de cuatro, conversen sobre lo que harían en estas situaciones. Luego, cada persona debe inventar una situación más y preguntarlo al grupo qué haría. Utilicen la gramática que han aprendido en esta lección.

1. ver a alguien intentando robar un carro
2. quedar atrapado/a en una tormenta de nieve
3. tener ocho hijos
4. despertarse tarde la mañana del examen final
5. descubrir que tienes el poder de ser invisible
6. enamorarse de alguien a primera vista

Antes de ver el corto

EL DORADO DE FORD

país Argentina

director Juan Fernández Gebauer

duración 15 minutos

protagonistas hermana, Sebastián, Horacio, policía

Vocabulario

la aceituna *olive*	el pique *bite*
envolver *to wrap*	el precinto *security seal*
el familiar *relative*	la rodaja *slice*
el/la ganador/a *winner*	el señuelo *lure*
el gorro de lana *wool cap*	tejer *to knit*
hundir *to sink*	el testimonio de defunción *death certificate*
el pejerrey *kingfish*	la ventaja *advantage*

1 **Oraciones incompletas** Completa las oraciones con las palabras apropiadas del vocabulario.

1. El chef decoró el plato con _____ de tomate.
2. A los diez minutos, el equipo contrario ya tenía una _____ de dos goles.
3. Claudia fue la _____ del concurso de poesía.
4. Cierra el cajón con un _____ de metal para mayor seguridad.
5. El _____ que me regaló mi abuela es ideal para el invierno.
6. El pescador puso carne en el _____ para pescar el _____ .
7. A la fiesta de fin de año vinieron muchos _____ lejanos.
8. El barco se _____ después de chocar con el iceberg.

2 **Preguntas** En parejas, contesten las preguntas.

1. ¿Por qué algunas personas eligen vivir cerca de un río o a orillas del mar?
2. ¿Qué animales acuáticos peligrosos conocen?
3. ¿Han pescado alguna vez? ¿Qué objetos son necesarios para pescar?
4. Observen los fotogramas. ¿Qué está sucediendo en cada uno?
5. El cortometraje se titula *El dorado de Ford*. ¿Con qué relacionan la palabra *Ford*? ¿Qué relación tendrá con la pesca?

 Practice more at **vhlcentral.com**.

Escenas

ARGUMENTO Sebastián y Horacio tratan de encontrar un pez legendario. No será una tarea fácil.

SEBASTIÁN ¿Hay pique, jefe? Hablo de peces, porque a las bolsitas° las pesco en el súper. Era un chlste.
HORACIO Para que pique hay que saber, ¿eh? ¿Te explico? Mirá, yo soy Horacio Cabalganti. En el año 73, en un día, pesqué 274 pejerreyes, papá.

HORACIO Vos no habías nacido y yo limpiaba dorados con los dientes.
SEBASTIAN Qué bueno, porque… porque yo estoy buscando un dorado muy particular.
HORACIO El dorado de Ford.
SEBASTIÁN Sí.

SEBASTIÁN Necesito la ayuda de un profesional, un pejerrecord.
HORACIO Conmigo no contés que yo estoy con una racha°.
SEBASTIÁN Si me acompañás, te consigo unos lentes° con descuento.

HORACIO Cambiá, cambiale el señuelo.
SEBASTIÁN ¿Qué?
HORACIO Metele eso.
SEBASTIÁN Hace cuatro horas que estamos acá. Ni un dorado sacamos. ¿No serán vegetarianos?

SEBASTIÁN Tres mil pesos me costaron los lentes. Y vos me dejaste solo.
HORACIO ¡¿Qué te pasa?!
SEBASTIÁN ¡Traidor!
HORACIO ¡¿Yo soy traidor?! ¡Vos me tiraste al río el gorro que me tejió mi señora!

SEBASTIÁN ¿Y Horacio había pescado algo?
POLICÍA Un dorado. ¡Rico dorado, eh! Semejante bicho°. Trece, catorce kilos, mínimo.

bolsitas *little bags* **racha** *losing streak* **lentes** *glasses*
bicho *(Arg.) animal*

Después de ver el corto

1 **Comprensión** Contesta las preguntas con oraciones completas.

1. ¿Qué hereda Sebastián de su padre?
2. ¿Qué encuentra Sebastián en lo que hereda de su padre?
3. ¿Por qué a Horacio le llamaban "El rey del pejerrey"?
4. ¿Qué tipo de pez buscan Sebastián y Horacio?
5. ¿Por qué Sebastián termina (*ends up*) en el hospital?
6. ¿Qué le pasa a Horacio después de atrapar el pez?
7. ¿Qué ocurre con el pez que atrapa Horacio?
8. ¿Qué hace Sebastián después de salir del hospital?

2 **Ampliación** Contesta las preguntas.

1. ¿Cuál crees que es el trabajo de Sebastián?
2. ¿Cómo piensas que era la relación entre Sebastián y su padre?
3. ¿Cómo te imaginas a la esposa de Horacio?
4. ¿Crees que el pez que atrapa Horacio es el dorado de Ford? ¿Por qué?
5. ¿Qué tipo de riesgos correrías para ganar un concurso? Explica tu respuesta.
6. ¿Hacia dónde piensas que se va Sebastián al final del cortometraje?
7. ¿Crees que Sebastián va a comprar pronto un nuevo vehículo? ¿Por qué?

3 **Historias de pesca** En parejas, compartan historias de pesca personales, de sus familiares o de sus amigos. ¿Dónde ocurrieron, en el mar, en un lago, en un río, en la costa? ¿Cómo era el lugar? ¿Quiénes fueron los protagonistas? ¿Qué pescaron? ¿Les gusta salir de pesca? Al final, cuenten ante la clase lo que más les gustó de la historia de su compañero/a.

4 **Concurso de pesca** En parejas, escriban las bases de un concurso de pesca o de observación de aves. Propongan un nombre para el concurso, unas fechas de inicio y de cierre, y tres normas: ¿qué pez/ave tendría que atrapar/observar el ganador? ¿En qué lugar? ¿Cuál sería el premio? Pueden basarse en el anuncio que Sebastián lee al principio del cortometraje.

5 **¡Inventen!** En grupos de tres, escriban una leyenda de un animal acuático como la del dorado de Ford. Piensen en un espacio natural y en una comunidad real. Pueden mezclar hechos o elementos reales con otros ficticios.

"Quien rompe una tela de araña, a ella y a sí mismo daña."

Anónimo

Autorretrato con mono, 1938
Frida Kahlo, México

 Interpretar En parejas, respondan estas preguntas.

1. ¿Qué se ve en este cuadro?

2. ¿Reconocen a la mujer? Si no, ¿quién puede ser según la imagen?

3. ¿Qué hace el mono en la escena? ¿Será amigable, peligroso, gracioso?

4. ¿Cómo es el escenario y dónde te parece que está ubicada la escena?

5. ¿Crees que la artista se siente cómoda en medio de la naturaleza? ¿Por qué?

 Practice more at **vhlcentral.com**.

Antes de leer

El eclipse

Sobre el autor

Augusto Monterroso (1921-2003) nació en Honduras, pero pasó su infancia y juventud en Guatemala. En 1944 se radicó (*settled*) en México tras dejar Guatemala por motivos políticos. A pesar de su origen y de haber vivido su vida adulta en México, siempre se consideró guatemalteco. Monterroso tuvo acceso desde pequeño al mundo intelectual de los adultos. Fue prácticamente autodidacta: abandonó la escuela a los once años y con sólo quince fundó una asociación de artistas y escritores. Considerado padre y maestro del microcuento latinoamericano, Monterroso recurre (*resorts to*) en su prosa al humor inteligente con el que presenta su visión de la realidad. Entre sus obras, destacan *La oveja negra y demás fábulas* (1969) y la novela *Lo demás es silencio* (1978). Recibió numerosos premios, entre los que destaca el Príncipe de Asturias en 2000.

Vocabulario

aislado/a *isolated*	**florecer** *to blossom*	**sacrificar** *to sacrifice*
digno/a *worthy*	**oscurecer** *to darken*	
disponerse a *to be about to*	**prever** *to foresee*	**salvar** *to save*
la esperanza *hope*	**la prisa** *hurry*	**valioso/a** *valuable*

(1) Exploradores Completa esta introducción de un cuento con las palabras apropiadas.

Los exploradores salieron rumbo a la ciudad perdida sin (1) _____ ninguno de los peligros de la selva. El viejo mapa indicaba que la ciudad escondía un (2) _____ tesoro. Cuando (3) _____ a iniciar la marcha, se dieron cuenta de que iba a (4) _____ antes de que llegaran, por lo que decidieron avanzar con (5) _____. Tenían la (6) _____ de llegar antes de la medianoche.

(2) Conexión personal Responde estas preguntas: ¿Alguna vez viste un eclipse? ¿Cómo fue la experiencia? ¿Hay algún fenómeno natural al que le tengas miedo? ¿Cuál? ¿Por qué?

(3) Análisis literario: el microcuento

El microcuento es un relato breve, pero no por eso se trata de un relato simple. En estos cuentos, el lector participa activamente porque debe compensar los recursos utilizados (economía lingüística, insinuación, elipsis) a través de la especulación o haciendo uso de sus conocimientos previos. Este género nació en Argentina en los años cincuenta con el escritor Jorge Luis Borges (ver lección 12, **p. 469**). A medida que lees *El eclipse*, haz una lista de los conocimientos previos y de las especulaciones que sean necesarios para comprender el relato. Después, compara tu lista con la de tus compañeros/as. ¿Qué elementos de sus listas coinciden?

Practice more at **vhlcentral.com**.

EL ECLIPSE

Augusto Monterroso

friar Cuando fray° Bartolomé Arrazola se sintió perdido,
aceptó que ya nada podría salvarlo. La selva
powerful/captured poderosa° de Guatemala lo había apresado°,
implacable y definitiva. Ante su ignorancia topográfica se
5 sentó con tranquilidad a esperar la muerte. Quiso morir allí,
sin ninguna esperanza, aislado, con el pensamiento fijo en
la España distante, particularmente en el convento de Los
Abrojos, donde Carlos Quinto condescendiera una vez a
zeal bajar de su eminencia para decirle que confiaba en el celo°
redemptive 10 religioso de su labor redentora°.

surrounded Al despertar se encontró rodeado° por un grupo de indígenas
face de rostro° impasible que se disponían a sacrificarlo ante un
bed altar, un altar que a Bartolomé le pareció como el lecho° en que
fears descansaría, al fin, de sus temores°, de su destino, de sí mismo.

15 Tres años en el país le habían conferido un mediano
command (of a language) dominio° de las lenguas nativas. Intentó algo. Dijo algunas
palabras que fueron comprendidas.

Entonces floreció en él una idea que tuvo por digna de su
talento y de su cultura universal y de su arduo conocimiento
20 de Aristóteles. Recordó que para ese día se esperaba un eclipse
deepest recesses/ total de sol. Y dispuso, en lo más íntimo°, valerse de° aquel
to make use of conocimiento para engañar° a sus opresores y salvar la vida.
to trick

—Si me matáis —les dijo— puedo hacer que el sol se
oscurezca en su altura.

25 Los indígenas lo miraron fijamente y Bartolomé sorprendió
la incredulidad en sus ojos. Vio que se produjo un pequeño
counsel/disdain consejo°, y esperó confiado, no sin cierto desdén°.

Dos horas después el corazón de fray Bartolomé Arrazola
was gushing chorreaba° su sangre vehemente sobre la piedra de los
30 sacrificios (brillante bajo la opaca luz de un sol eclipsado),
mientras uno de los indígenas recitaba sin ninguna inflexión
de voz, sin prisa, una por una, las infinitas fechas en que se
producirían eclipses solares y lunares, que los astrónomos de
la comunidad maya habían previsto y anotado en sus códices
35 sin la valiosa ayuda de Aristóteles. ∎

Después de leer

El eclipse
Augusto Monterroso

(1) Comprensión Contesta las preguntas con oraciones completas.

1. ¿Dónde se encontraba fray Bartolomé?
2. ¿Conocía el protagonista la lengua de los indígenas?
3. ¿Qué querían hacer los indígenas con fray Bartolomé?
4. ¿Qué les advirtió fray Bartolomé a los indígenas?
5. ¿Qué quería fray Bartolomé que los indígenas creyeran?
6. ¿Qué recitaba un indígena mientras el corazón del fraile sangraba?

(2) Interpretación Contesta las siguientes preguntas.

1. ¿Por qué crees que fray Bartolomé pensaba en el convento de Los Abrojos antes de morir?
2. ¿Cuál había sido la misión de fray Bartolomé en Guatemala?
3. ¿Quién le había encomendado esa misión?
4. ¿Por qué no le sirvieron a fray Bartolomé sus conocimientos sobre Aristóteles?

(3) Fenómenos naturales En grupos de tres, investiguen acerca de un fenómeno o desastre natural, o un acontecimiento que haya despertado grandes temores o supersticiones.

A. Investiguen qué predicciones se hicieron de estos eventos y cuáles fueron sus consecuencias reales. Si lo desean, pueden elegir un evento que no esté en la lista. Presenten la investigación ante la clase.

- el cometa Halley
- la llegada del año 2000
- la amenaza nuclear durante la guerra fría
- la erupción del volcán Vesubio en Pompeya

B. Escriban un microcuento sobre uno de los fenómenos o acontecimientos presentados. Lean el microcuento al resto de la clase. Sus compañeros/as deben adivinar de qué fenómeno o acontecimiento se trata.

(4) Escribir Investiga acerca de la flora y la fauna de la selva guatemalteca. Luego, imagina que eres fray Bartolomé y tienes que escribirle una carta al rey Carlos V contándole lo que observaste en la selva. Usa el vocabulario de la lección.

> **MODELO** Estimado rey Carlos V: Como Su Majestad sabe, le escribo desde la selva de Guatemala, adonde llegué hace ya tres años. En esta carta, quiero contarle...

 Practice more at **vhlcentral.com**.

Antes de leer

Vocabulario

ambiental *environmental*	**el monte** *mountain*
el bombardeo *bombing*	**la pureza** *purity*
el ecosistema *ecosystem*	**el refugio** *refuge*
la especie *species*	**el terreno** *land*
el/la manifestante *protester*	**el veneno** *poison*

1 **El Yunque** Completa las oraciones con el vocabulario de la tabla.

1. Puerto Rico es una isla de _____ muy variado: hay montañas, playas y hasta un bosque tropical, el Bosque Nacional del Caribe, también llamado El Yunque.

2. El Yunque tiene una diversidad de vegetación impresionante, que incluye casi 250 _____ de árboles.

3. También es un _____ natural para los animales, ya que en el bosque están protegidos de la caza.

4. El _____ más alto de El Yunque es El Toro, con una altura de 1.077 metros (3.533 pies).

5. Hay grupos dedicados a la protección _____ de El Yunque. Buscan preservar la _____ de este paraíso tropical.

2 **Conexión personal** Responde estas preguntas: ¿Qué significado tiene la naturaleza para ti? ¿Es una fuente de trabajo o de alimento (*food*)? ¿O es un lugar de diversión y belleza? ¿Qué haces para proteger la naturaleza? ¿Cómo crees que será el mundo natural dentro de cien años? ¿Y dentro de quinientos?

Contexto cultural

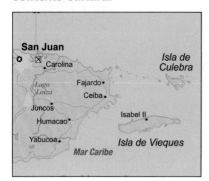

Situada en el agua transparente del mar Caribe, la pequeña **isla de Vieques** es un refugio de lagunas, bahías y playas que forman un hábitat ideal para varias clases de tortugas marinas (*sea turtles*), el manatí y arrecifes de coral. La gente de Vieques comparte los pequeños montes y las aguas cristalinas (*crystal clear*) de la isla con una rica variedad de flora y fauna, entre ellas cinco especies de plantas y diez especies de animales en peligro de extinción. La isla de Vieques, de 33 kilómetros de largo por 7,2 de ancho (20,5 por 4,3 millas), es un municipio de Puerto Rico que tiene nueve mil habitantes. Puerto Rico es un Estado Libre Asociado de los Estados Unidos. Los habitantes de Puerto Rico, también llamados *boricuas*, son ciudadanos estadounidenses.

 Practice more at **vhlcentral.com**.

La conservación de Vieques

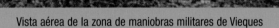

Vista aérea de la zona de maniobras militares de Vieques

"**¡Vieques renace!**"° anuncia el gobierno de este municipio *Vieques is reborn!*
puertorriqueño, que busca estimular el turismo de una isla rica
en naturaleza, pero golpeada° por devastadores huracanes y *hit*
pobre en economía. Vieques dispone de° sitios arqueológicos *boasts*
5 importantes, playas espectaculares, un fuerte° histórico y una *fort*
bahía bioluminiscente, la Bahía Mosquito, que es una maravilla
de la naturaleza. Sus arrecifes de coral contienen un ecosistema de
enorme productividad y diversidad biológica. Forman un pequeño
paraíso que alberga y protege una inmensa variedad de especies de
plantas y animales acuáticos.

Sin embargo, en vez de tener una tradición de alto turismo, la isla ha padecido° graves problemas. Vieques fue utilizada para prácticas de bombardeo desde 1941. En esa época muchas personas fueron desalojadas° cuando la Armada° de los Estados Unidos ocupó dos áreas en los extremos de la isla. Las prácticas continuaron por varias décadas, pero en abril de 1999 un guardia de seguridad murió cuando una bomba cayó fuera de la zona de tiro°. La muerte de David Sanes encolerizó° a los viequenses° y dio origen a° una campaña de desobediencia civil. El presidente Clinton prometió cesar el entrenamiento° de bombardeo en Vieques, pero éste continuó con bombas inertes a pesar de que los viequenses habían exigido "¡Ni una bomba más!". Los manifestantes entraban en la zona de tiro y establecían campamentos; otros se manifestaban° en Puerto Rico y en los Estados Unidos, y pronto captaron° la atención internacional. Robert Kennedy, Jr., Jesse Jackson, Rigoberta Menchú y el Dalai Lama, entre otros, hicieron declaraciones a favor de Vieques y muchas personas fueron a la cárcel° después de ser arrestadas en la zona de tiro.

La protesta se centró en gran parte en los problemas que las bombas habían causado al medio ambiente, a la economía de Vieques y a la salud de los viequenses. Las décadas de prácticas de bombardeo dejaron un nivel muy alto de contaminación, que incluye la presencia de uranio reducido (un veneno muy peligroso).

Después de una persistente campaña de protesta y lucha°, las prácticas de bombardeo terminaron en 2003 y la Agencia de Protección Ambiental (EPA) declaró en 2005 que la limpieza ambiental de Vieques sería una de las prioridades nacionales. Hoy por hoy esta agencia ejecuta un programa para limpiar y descontaminar completamente, antes del año 2028, las tierras y las áreas marinas afectadas.

En la actualidad, los extremos este y oeste de la isla se convirtieron en uno de los refugios de vida silvestre más grandes del Caribe. Los viequenses esperan que la isla pueda renacer de entre los escombros° dejados por los huracanes Irma y María en 2017, limpiar y descontaminar sus costas después de más de sesenta años de ejercicios de bombardeo y, al mismo tiempo, desarrollar su economía. Vieques sigue siendo un símbolo de resistencia y es un lugar cada vez más popular para el turismo local y extranjero. ∎

Marginal glosses (left): 10 suffered · evicted · Navy 15 · 20 · live-fire range 25 · angered inhabitants of Vieques gave rise to · 30 · training · 35

Marginal glosses (right): demonstrated · captured 40 · jail 45 · 50 · 55 · struggle 60 · 65 · 70 · debris 75 · 80

> **La protesta se centró en gran parte en los problemas que las bombas habían causado al medio ambiente, a la economía de Vieques y a la salud de los viequenses.**

¿Qué es la bioluminiscencia?

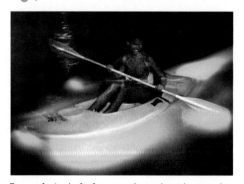

Es un efecto de fosforescencia verdeazul, causado por unos microorganismos que, al agitarse, dan un brillo extraordinario a las aguas durante la noche. El pez o bañista que se mueve bajo el agua emite una luz radiante. Para que se produzca este fenómeno extraordinario, se requiere una serie de condiciones muy especiales de temperatura, ambiente y poca contaminación.

Después de leer

La conservación de Vieques

(1) Comprensión Elige la respuesta correcta para completar cada oración.

1. Vieques es un municipio de (la República Dominicana/Puerto Rico).

2. Entre los atractivos de la isla se encuentra
(un pico altísimo/una bahía bioluminiscente).

3. Los arrecifes de coral son importantes para la biodiversidad porque
(albergan una inmensa variedad de especies/protegen la capa de ozono).

4. La protesta en contra de la presencia de la Armada se produjo después
(de la muerte de un guardia de seguridad/de que hablara el Dalai Lama).

5. La Agencia de Protección Ambiental realiza en la actualidad un (programa
de turismo ecológico/plan para descontaminar tierras y áreas marinas de Vieques).

6. Muchas personas fueron arrestadas (por robar uranio reducido/
por ingresar en la zona de prácticas de bombardeo).

7. Los extremos de la isla ahora contienen (una zona de tiro/
una reserva ambiental).

8. La bioluminiscencia es un efecto causado por (microorganismos/
la contaminación).

(2) Interpretación Responde a las preguntas.

1. ¿Qué potencial turístico tiene Vieques? Da ejemplos.

2. ¿Qué hacía la Armada en Vieques?

3. ¿Cuál era el deseo de los manifestantes de Vieques?

4. ¿Por qué creen que la Armada de los Estados Unidos estaba autorizada a hacer
prácticas de bombardeo en Vieques?

5. ¿Qué ocurre cuando una persona o un pez nada en la bahía bioluminiscente?

(3) Ampliación En parejas, contesten las preguntas.

1. ¿Por qué es importante conservar una isla como Vieques?

2. ¿Qué efectos puede tener la declaración de la EPA? ¿Cómo puede mejorar la vida
de los vícquenses si se limpia la contaminación?

(4) Reunión con el presidente En grupos de cuatro, inventen una conversación sobre las prácticas de
la Armada de Estados Unidos. Por una parte, hablan dos manifestantes, y por otra, el presidente y un(a)
representante de la Armada. Utilicen los tiempos verbales que conocen, incluyendo el futuro. Después,
representen la conversación delante de la clase.

(5) El futuro de Vieques Imagina que vives en Vieques. Escribe una carta a un(a) amigo/a contándole
cómo crees que cambiarán las cosas en tu isla. Explica cómo se resolverán los problemas de contaminación
y cómo se va a promover el turismo.

Practice more at **vhlcentral.com**.

Atando cabos

¡A conversar!

Mascotas exóticas

A. En parejas, preparen una conversación. Imaginen que uno/a de ustedes se va de vacaciones y le pide a un(a) amigo/a que le cuide la mascota (*pet*) exótica. Utilicen las formas del futuro y las preposiciones aprendidas en esta lección.

B. Hablen sobre las preguntas y luego compartan sus opiniones con el resto de la clase. Usen las frases y expresiones del recuadro para expresar sus opiniones.

- ¿Creen que está bien tener mascotas exóticas? ¿Por qué?
- ¿Creen que está bien exhibir animales en los zoológicos? ¿Por qué?

No estoy (muy) de acuerdo.	Para mí, ...
No es así.	En mi opinión, ...
No comparto esa opinión.	(Yo) creo que...
No coincido.	Estoy convencido/a de que...

¡A escribir!

Patrimonio de la humanidad Investiga sobre uno de estos lugares de Cuba declarados Patrimonio de la Humanidad por la UNESCO. Luego, escribe un artículo de viajes.

> **Valle de Viñales**
> **Parque Nacional Alejandro de Humboldt**
> **Parque Nacional Desembarco del Granma**

A. Usa estas preguntas como guía. ¿Dónde está el lugar que eligieron? ¿Por qué se caracteriza? ¿Por qué fue declarado Patrimonio de la humanidad? ¿Tiene sólo valor natural o es importante por su cultura e historia?

B. Empieza con una oración expresiva sobre el aspecto principal del lugar. Luego añade detalles en orden de importancia.

C. Cuando hayas terminado, intercambia tu artículo con el de tu compañero/a para corregirlo.

Vocabulary Tools

La naturaleza

el árbol	tree
el arrecife	reef
el bosque (lluvioso)	(rain) forest
el campo	countryside; field
la cordillera	mountain range
la costa	coast
el desierto	desert
el mar	sea
la montaña	mountain
el paisaje	landscape
la tierra	land
húmedo/a	damp
seco/a	dry
a orillas de	on the shore of
al aire libre	outdoors

Los animales

el ave (f.)/ el pájaro	bird
el cerdo	pig
el conejo	rabbit
el león	lion
el mono	monkey
la oveja	sheep
el pez	fish
la rana	frog
la serpiente	snake
el tigre	tiger
la vaca	cow
atrapar	to trap; to catch
cazar	to hunt
dar de comer	to feed
extinguirse	to become extinct
morder (o:ue)	to bite
en peligro de extinción	endangered
salvaje	wild
venenoso/a	poisonous

Los fenómenos naturales

el huracán	hurricane
el incendio	fire
la inundación	flood
el relámpago	lightning
la sequía	drought
el terremoto	earthquake
la tormenta (tropical)	(tropical) storm
el trueno	thunder

El medio ambiente

el calentamiento global	global warming
la capa de ozono	ozone layer
el combustible	fuel
la contaminación	pollution
la deforestación	deforestation
el desarrollo	development
la erosión	erosion
la fuente de energía	energy source
el medio ambiente	environment
los recursos naturales	natural resources
agotar	to use up
conservar	to preserve
contaminar	to pollute
contribuir (a)	to contribute
desaparecer	to disappear
destruir	to destroy
malgastar	to waste
proteger	to protect
reciclar	to recycle
resolver (o:ue)	to solve
dañino/a	harmful
desechable	disposable
renovable	renewable
tóxico/a	toxic

Más vocabulario

Expresiones útiles	Ver p. 213
Estructura	Ver pp. 220-221, 224-225, 228-229 y 232-233

Cinemateca

la aceituna	olive
el familiar	relative
el/la ganador/a	winner
el gorro de lana	wool cap
el pejerrey	kingfish
el pique	bite
el precinto	security seal
la rodaja	slice
el señuelo	lure
el testimonio de defunción	death certificate
la ventaja	advantage
envolver	to wrap
hundir	to sink
tejer	to knit

Literatura

la esperanza	hope
la prisa	hurry
disponerse a	to be about to
florecer	to blossom
oscurecer	to darken
prever	to foresee
sacrificar	to sacrifice
salvar	to save
aislado/a	isolated
digno/a	worthy
valioso/a	valuable

Cultura

el bombardeo	bombing
el ecosistema	ecosystem
la especie	species
el/la manifestante	protester
el monte	mountain
la pureza	purity
el refugio	refuge
el terreno	land
el veneno	poison
ambiental	environmental

Manual de gramática

Supplementary Grammar Coverage

The **Manual de gramática** is an invaluable tool for both students and instructors of Intermediate Spanish. For each lesson of **FACETAS**, the **Manual** provides additional practice of the three core grammar concepts, as well as supplementary grammar instruction and practice.

The **Más práctica** pages of the **Manual** contain additional practice activities for every grammar point in **FACETAS**. The **Más gramática** pages present supplementary grammar concepts and practice. Both sections of the **Manual** are correlated to the core grammar points in **Estructura** by means of notes at the bottom of the page, which provide the exact page numbers for additional practice and supplementary coverage.

This special supplement allows for great flexibility in planning and tailoring courses to suit the needs of whole classes and/or individual students. It also serves as a useful and convenient reference tool for students who wish to review previously learned material.

Contenido

Más práctica

1.1 The present tense*

1 **Mi nuevo compañero de cuarto** Completa el párrafo con la forma apropiada de los verbos entre paréntesis.

¿Cómo es mi nuevo compañero de cuarto? (1) _____ (Ser) muy simpático. Siempre que (2) _____ (salir), me invita a salir con él, por lo que yo ya (3) _____ (conocer) a mucha gente en la universidad. Él siempre (4) _____ (parecer) pasarlo bien, hasta cuando nosotros (5) _____ (estar) en la clase de matemáticas. Por la tarde, después de clase, él (6) _____ (proponer) actividades —por ejemplo, a veces (7) _____ (ir) al parque a jugar al fútbol— así que nunca nos aburrimos. Yo ya (8) _____ (saber) que nos vamos a llevar bien durante todo el año. (9) _____ (Pensar) invitarlo a mi casa para las fiestas, así mis padres lo (10) _____ (poder) conocer también.

2 **Tus actividades** Escribe cuatro actividades que realizas normalmente en cada uno de estos momentos del día: la mañana, la tarde y la noche.

	Mañana:
○	
	Tarde:
	Noche:
○	

3 **Diez preguntas** Trabaja con un(a) compañero/a a quien no conozcas muy bien. Primero, cada persona debe escribir diez preguntas para conocer a su compañero/a. Luego, háganse las preguntas. Por último, intercambien sus listas y háganse las preguntas de la otra persona. Compartan sus respuestas con la clase.

*To see the explanation corresponding to this additional practice, see p. 14.

Más práctica

1.2 *Ser* and *estar**

1 Correo Completa el mensaje de correo electrónico con la forma adecuada de **ser** o **estar**.

De:	Susana <susana_cruz@estudiantil.es>
Para:	Carlos <carlos_cano@estudiantil.es>
Asunto:	Novedades

¡Hola, Carlos!

Yo (1) _____ muy preocupada porque mañana tenemos un examen en la clase de español y el profesor (2) _____ muy exigente. Ahora mismo mi amiga Ana (3) _____ estudiando en la biblioteca y voy a encontrarme con ella para que me ayude. Ella (4) _____ una estudiante muy buena y sus notas siempre (5) _____ excelentes.

Este fin de semana hay un concierto en la universidad. Mis amigos y yo (6) _____ muy contentos porque el grupo que toca (7) _____ muy famoso. Elena también quería ir al concierto, pero no puede porque (8) _____ enferma y debe quedarse en cama.

Bueno, antes de ir a la biblioteca voy a almorzar en la cafetería porque (9) _____ muerta de hambre.

¡Hasta pronto!

Susana

2 En el parque Mira la ilustración y contesta las preguntas usando **ser** y **estar**. Puedes inventar las respuestas para algunas de las preguntas.

1. ¿Quién es cada una de estas personas?
2. ¿Qué están haciendo?
3. ¿Cómo están?
4. ¿Cómo son?

3 Una cita Mañana vas a tener una cita con una persona maravillosa. Quieres contárselo a tu mejor amigo/a y pedirle consejos. Tu amigo/a es muy curioso/a y te va a hacer muchas preguntas. En parejas, representen la conversación. Éstos son algunos de los aspectos que pueden incluir.

Tu amigo/a quiere saber:
- cómo te sientes antes de la cita
- qué crees que va a pasar
- cómo es el lugar adonde van a ir
- cómo es la persona con quien vas a tener la cita

Tú quieres consejos sobre:
- qué ropa ponerte
- los temas de los que hablar
- adónde ir
- quién debe pagar la cuenta

*To see the explanation corresponding to this additional practice, see p. 18.

Más práctica

1.3 Progressive forms*

1 **¿Qué están haciendo?** Escribe cinco oraciones explicando qué está haciendo cada persona. Usa elementos de las tres columnas.

> **MODELO** David Ortiz está jugando al béisbol.

tú		divertirse
el presidente de los EE.UU.		viajar en avión
tus padres		comer en un restaurante
tu mejor amigo/a	(no) estar	asistir a un estreno (*premiere*)
Penélope Cruz		bailar en una discoteca
nosotros		hablar por teléfono
yo		estudiar física

2 **Seguimos escribiendo** Vuelve a escribir las oraciones usando los verbos **andar, continuar, ir, llevar, seguir** o **venir**. La oración resultante debe expresar la misma idea.

1. José siempre dice que es tímido, pero no deja de coquetear con las chicas del trabajo.

   _____

2. Mi esposa y yo llevamos diez años de casados, pero nuestro amor es tan intenso como siempre.

   _____

3. Hace cinco meses que Carlos se pelea con su novia todos los días y todavía habla de ella como si fuera la única mujer del planeta.

   _____

4. Daniel siempre se queja de que los estudios lo agobian y hace meses que su mamá le dice que tiene que relajarse.

   _____

5. Mis padres repiten todos los días que pronto van a mudarse a una casa más pequeña que han visto en otro pueblo.

   _____

6. Conversamos todo el tiempo mientras ellos se marchaban.

   _____

3 **Adivina qué estoy haciendo** En grupos de cuatro, jueguen a las adivinanzas con mímica (*charades*). Túrnense para hacer gestos que representen una acción sencilla. Adivinen cada acción usando el presente progresivo. Sigan el modelo.

> **MODELO** **ESTUDIANTE 1** *(Sin decir nada, hace gestos para mostrar que está manejando un carro.)*
> **ESTUDIANTE 2** ¿Estás peleando con alguien?
> **ESTUDIANTE 3** ¿Estás manejando un carro?
> **ESTUDIANTE 1** ¡Sí! Estoy manejando un carro.

*To see the explanation corresponding to this additional practice, see p. 22.

 Presentation

(1.4) Nouns and articles*

Nouns

- In Spanish, nouns (**sustantivos**) ending in **-o, -or, -l,** and **-s** are usually masculine, and nouns ending in **-a, -ora, -ión, -d,** and **-z** are usually feminine.

Masculine nouns	Feminine nouns
el amigo, el cuaderno	la amiga, la palabra
el escritor, el color	la escritora, la computadora
el control, el papel	la relación, la ilusión
el autobús, el paraguas	la amistad, la fidelidad
el problema, el tema	la luz, la paz

- Most nouns form the plural by adding **-s** to nouns ending in a vowel, and **-es** to nouns ending in a consonant. Nouns that end in **-z** change to **-c** before adding **-es**.

  el hombre → los hombres   la mujer → las mujeres

  la novia → las novias   el lápiz → los lápices

- If a singular noun ends in a stressed vowel, the plural form ends in **-es.** If the last syllable of a singular noun ending in **-s** is unstressed, the plural form does not change.

  el tabú → los tabúes   el lunes → los lunes

  el israelí → los israelíes   la crisis → las crisis

Articles

- Spanish definite and indefinite articles (**artículos definidos** e **indefinidos**) agree in gender and number with the nouns they modify.

	Definite articles		Indefinite articles	
	singular	**plural**	**singular**	**plural**
MASCULINE	el compañero	los compañeros	un compañero	unos compañeros
FEMININE	la compañera	las compañeras	una compañera	unas compañeras

- When an abstract noun is the subject of a sentence, a definite article is always used.

  El amor es eterno.   but   Para ser modelo, necesitas belleza y altura.
  Love is eternal.   *In order to be a model, you need beauty and height.*

- An indefinite article is not used before nouns that indicate profession or place of origin, unless they are followed by an adjective.

  Juan García es profesor.   Juan García es **un** profesor excelente.
  Juan García is a professor.   *Juan García is an excellent professor.*

  Ana María es neoyorquina.   Ana María es **una** neoyorquina orgullosa.
  Ana María is a New Yorker.   *Ana María is a proud New Yorker.*

*This is an additional grammar point for Lección 1 Estructura. You may use it for review or as required by your instructor.

¡ATENCIÓN!

Some nouns ending in **-ma** are masculine.

el problema *problem*
el tema *topic*

¡ATENCIÓN!

Some nouns may be either masculine or feminine, depending on whether they refer to a male or a female.

el/la artista *artist*
el/la estudiante *student*

Occasionally, the masculine and feminine forms have different meanings.

el capital *capital (money)*
la capital *capital (city)*

¡ATENCIÓN!

Accent marks are sometimes dropped or added to maintain the stress in the singular and plural forms.

canción → canciones
margen → márgenes

¡ATENCIÓN!

The prepositions **de** and **a** contract with the article **el.**

de + el = del
a + el = al

¡ATENCIÓN!

Singular feminine nouns that begin with a stressed **a** take **el.**

el alma → las almas
el área → las áreas

Práctica

1 **Cambiar** Escribe en plural las palabras que están en singular y viceversa.

1. la compañera _____
2. unos amigos _____
3. el novio _____
4. una crisis _____
5. unas parejas _____
6. un corazón _____
7. las amistades _____
8. el tabú _____

2 **Un chiste** Completa el chiste con los artículos apropiados. Recuerda que en algunos casos no debes poner ningún artículo.

(1) ____ pareja se va a casar. Él tiene 90 años. Ella tiene 85. Entran en (2) ____ farmacia y (3) ____ novio le pregunta al farmacéutico (*pharmacist*):
—¿Tiene (4) ____ remedios para (5) ____ corazón?
—Sí —contesta (6) ____ farmacéutico.
—¿Tiene (7) ____ remedios para (8) ____ presión y (9) ____ colesterol?
—Sí —contesta nuevamente (10) ____ farmacéutico.
—¿Y (11) ____ remedios para (12) ____ artritis? y (13) ____ reumatismo?
—Sí. Ésta es (14) ____ farmacia completa. Tenemos de todo.
Entonces (15) ____ novio mira a (16) ____ novia y le dice:
—Querida, ¿qué te parece si hacemos aquí (17) ____ lista de regalos para (18) ____ boda?

3 **La cita** Completa el párrafo con la forma correcta de los artículos definidos e indefinidos.

Ayer tuve (1) _____ cita con Leonardo. Fuimos a (2) _____ restaurante muy romántico que está junto a (3) _____ bonito lago. Desde nuestra mesa, podíamos ver (4) _____ lago y (5) _____ barcos que navegaban por allí. Comimos (6) _____ platos muy originales. (7) _____ pescado que yo pedí estaba delicioso. Nos divertimos mucho, pero al salir tuvimos (8) _____ problema. Una de (9) _____ ruedas (*tires*) del carro estaba pinchada (*flat*). ¿Puedes creer que tuve que cambiar (10) _____ rueda yo porque Leonardo no sabía hacerlo?

4 **Escribir** Escribe oraciones completas con las siguientes palabras; utiliza los artículos definidos e indefinidos que correspondan y haz los cambios necesarios.

MODELO Elisa - ser - buena periodista
Elisa es una buena periodista.

1. revistas del corazón - afirmar - amor -ser - eterno
2. ayer - astrólogo - predecir - desgracia
3. lunes pasado - comprar - flores - tía juanita
4. capital - venezuela - ser - caracas
5. personas optimistas - soñar - mundo mejor
6. Rodrigo - ser - alma - fiesta

 Presentation

(1.5) Adjectives*

- Spanish adjectives (**adjetivos**) agree in gender and number with the nouns they modify. Most adjectives ending in **-e** or a consonant have the same masculine and feminine forms.

Adjectives						
	singular	plural	singular	plural	singular	plural
MASCULINE	rojo	rojos	inteligente	inteligentes	difícil	difíciles
FEMININE	roja	rojas	inteligente	inteligentes	difícil	difíciles

- Descriptive adjectives generally follow the noun they modify. If a single adjective modifies more than one noun, the plural form is used. If at least one of the nouns is masculine, then the adjective is masculine.

un libro **apasionante**
a great book

un carro y una casa **nuevos**
a new car and house

las parejas **contentas**
the happy couples

la literatura y la cultura **ecuatorianas**
Ecuadorean literature and culture

- A few adjectives have shortened forms when they precede a masculine singular noun.

bueno → buen   alguno → algún   primero → primer

malo → mal   ninguno → ningún   tercero → tercer

- Some adjectives change their meaning depending on their position. When the adjective follows the noun, the meaning is more literal. When it precedes the noun, the meaning is more figurative.

	after the noun	**before the noun**
antiguo/a	el edificio **antiguo** *the ancient building*	mi **antiguo** novio *my old/former boyfriend*
cierto/a	una respuesta **cierta** *a right answer*	una **cierta** actitud *a certain attitude*
grande	una ciudad **grande** *a big city*	un **gran** país *a great country*
mismo/a	el artículo **mismo** *the article itself*	el **mismo** problema *the same problem*
nuevo/a	un carro **nuevo** *a (brand) new car*	un **nuevo** profesor *a new/different professor*
pobre	los estudiantes **pobres** *the students who are poor*	los **pobres** estudiantes *the unfortunate students*
viejo/a	un libro **viejo** *an old book*	una **vieja** amiga *a long-time friend*

¡ATENCIÓN!

Adjectives ending in **-án**, **-ín**, **-ón**, and **-or**, like most others, vary in both gender and number.

dormilón → dormilona

dormilones → dormilonas

Adjectives ending in **-ior** and the comparatives **mayor, menor, mejor**, and **peor** do not vary in gender.

el **niño** mayor
la **niña** mayor

Adjectives indicating nationality vary in both gender and number (except those ending in **-a**, **-í**, and **-e**, which vary only in number).

español → española
españoles → españolas
marroquí → marroquí
marroquíes → marroquíes

¡ATENCIÓN!

Before any singular noun (masculine or feminine), **grande** changes to **gran**.

un gran esfuerzo
a great effort

una gran autora
a great author

*This is an additional grammar point for Lección 1 Estructura. You may use it for review or as required by your instructor.

Práctica

1 **Descripciones** Completa cada oración con la forma correcta de los adjetivos.

1. Mi mejor amiga es _____ (guapo) y muy _____ (gracioso).

2. Los novios de mis hermanas son _____ (alto) y _____ (moreno).

3. Javier es _____ (bueno) compañero, pero es bastante _____ (antipático).

4. Mi prima Susana es _____ (sincero), pero mi primo Luis es _____ (falso).

5. Sandra es una _____ (grande) amiga, pero ayer tuvimos una pelea muy _____ (fuerte).

6. No sé por qué Marcos y María son tan _____ (inseguro) y _____ (tímido).

2 **La vida de Marina** Completa cada oración con los cuatro adjetivos.

1. Marina busca una compañera de cuarto _____.
   (tranquilo, ordenado, honesto, puntual)

2. Se lleva bien con las personas _____.
   (sincero, serio, alegre, trabajador)

3. Los padres de Marina son _____.
   (maduro, simpático, inteligente, conservador)

4. Marina quiere ver programas de televisión más _____.
   (emocionante, divertido, dramático, didáctico)

5. Marina tiene un novio _____.
   (talentoso, simpático, creativo, sensible)

Marina

3 **Correo sentimental** La revista *Ellas y ellos* tiene una sección de anuncios personales. Completa este anuncio con la forma corta o larga de los adjetivos de la lista. Puedes usar los adjetivos más de una vez.

buen	gran	mal	ningún	tercer
bueno/a	grande	malo/a	ninguno/a	tercero/a

Mi perrito y yo buscamos amor

Tengo 43 años y estoy viudo desde hace tres años. Soy un (1) _____ hombre: tranquilo y trabajador. Me gustan las plantas y no tengo (2) _____ problema con mis vecinos. Cocino y plancho. Me gusta ir al cine y no me gusta el fútbol. Tengo (3) _____ humor por las mañanas y mejor humor por las noches. Vivo en un apartamento (4) _____ en el (5) _____ piso de un edificio de Montevideo. Sólo tengo un pequeño problema: mi perro. Algunos dicen que tiene (6) _____ carácter. Otros dicen que es un (7) _____ animal. Yo creo que es (8) _____, pero se siente solo, como su dueño, y nos hacemos compañía. Busco una señora viuda o soltera que también se sienta sola. ¡Si tiene un perrito, mejor!

Más práctica

2.1 **Object pronouns***

1 **La televisión** Completa la conversación con el pronombre adecuado.

JUANITO Mamá, ¿puedo ver televisión?

MAMÁ ¿Y la tarea? ¿Ya (1) _____ hiciste?

JUANITO Ya casi (2) _____ termino. ¿Puedo ver el programa de dibujos animados (*cartoons*)?

MAMÁ (3) _____ puedes ver hasta las siete.

JUANITO De acuerdo.

MAMÁ Pero antes de que te pongas a ver televisión, tengo algunas preguntas. ¿(4) _____ vas a entregar mi carta a tu profesora?

JUANITO Sí mamá, (5) _____ (6) _____ voy a entregar mañana.

MAMÁ ¿Quién va a trabajar contigo en el proyecto de historia?

JUANITO No sé; nadie (7) _____ quiere hacer conmigo.

MAMÁ Bueno, y antes de ver la tele, ¿me puedes ayudar a poner la mesa?

JUANITO ¡Cómo no, mamá! (8) _____ ayudo ahora mismo.

2 **Confundido** Tu compañero/a de cuarto y tú van a dar una fiesta este fin de semana, pero él/ella no recuerda bien algunos detalles. Contesta sus preguntas con la información que está entre paréntesis. Utiliza pronombres en tus respuestas.

> **MODELO** ¿Quién va a traer las sillas? (Carlos y Pedro)
> Carlos y Pedro las van a traer.

1. ¿Cuándo vamos a comprar la comida? (mañana)

   _____

2. ¿Quién nos prepara el pastel (*cake*)? (la pastelería de la Plaza Mayor)

   _____

3. ¿Ya enviamos todas las invitaciones? (sí)

   _____

4. ¿Quién trae los discos compactos de música latina? (Lourdes y Sara)

   _____

5. ¿Vamos a decorar la sala? (sí)

   _____

3 **Tres deseos** En parejas, imaginen que encuentran a un genio (*genie*) en una botella. Él les va a hacer realidad tres deseos a cada uno. Haz una lista de los deseos que le vas a pedir. Después, díselos a tu compañero/a. Háganse preguntas sobre por qué quieren estos deseos. Utilicen por lo menos seis pronombres de complemento directo e indirecto.

> **MODELO** —Yo quiero un jeep cuatro por cuatro.
> —¿Para qué lo quieres?
> —Lo quiero para manejar en cualquier tipo de terreno.

---

*To see the explanation corresponding to this additional practice, see p. 54.

Más práctica

2.2 *Gustar* and similar verbs*

1 **En otras palabras** Vuelve a escribir las frases subrayadas usando los verbos de la lista.

MODELO Mis padres adoran las novelas de García Márquez, especialmente *Cien años de soledad*.

A mis padres les encantan las novelas de García Márquez, especialmente *Cien años de soledad*.

aburrir	(no) gustar
caer bien/mal	(no) interesar
(no) doler	molestar
encantar	quedar
faltar	

1. Estoy muy interesado en el cine y por eso veo el programa de espectáculos todas las noches.
2. Necesito ir al médico porque tengo dolor de cabeza desde hace dos días.
3. Pablo y Roberto son muy antipáticos. No soporto hablar con ellos.
4. Nos aburrimos cuando vemos películas románticas.
5. Detesto el boliche.
6. Has gastado casi todo tu dinero. Sólo tienes diez dólares.
7. Carlos está a punto de completar su colección de monedas españolas anteriores al euro. Necesita conseguir tres más.
8. No soporto escuchar música cuando estudio. No puedo concentrarme.

2 **El fin de semana** Escribe ocho oraciones sobre qué te gusta y qué te molesta hacer el fin de semana. Utiliza **gustar** y otros verbos parecidos, como **interesar, importar** y **molestar**.

estar en casa	hacer ejercicio	ir al circo
festejar	hacer un picnic	jugar al billar
hacer cola	ir al cine	salir a comer

3 **Gustos** Utiliza la información suministrada y los verbos parecidos a **gustar** para investigar los gustos de tus compañeros/as de clase. Toma nota de las respuestas de cada compañero/a que entrevistes y comparte la información con la clase.

MODELO molestar / tener clase a las ocho de la mañana

—A Juan y a Marcela no les molesta tener clase a las ocho de la mañana. En cambio, a Carlos le molesta porque...

1. encantar / fiestas de cumpleaños
2. fascinar / el mundo de Hollywood
3. disgustar / leer las noticias
4. molestar / conocer a personas nuevas
5. interesar / saber lo que mis amigos piensan de mí
6. aburrir / escuchar música todo el día

*To see the explanation corresponding to this additional practice, see p. 58.

Más práctica

2.3 Reflexive verbs*

1 **¿Qué hacen estas personas?** Escribe cinco oraciones combinando elementos de las tres columnas.

MODELO Yo me acuesto a las once de la noche.

mis padres	aburrirse	a las 6 de la mañana
yo	acostarse	a las 9 de la mañana
mis amigos y yo	afeitarse	a las 3 de la tarde
tú	divertirse	por la tarde
mi compañero/a de cuarto	dormirse	el viernes por la noche
ustedes	levantarse	a las once de la noche
mi hermano/a	maquillarse	todos los días

2 **Reflexivos** Algunos verbos cambian de significado cuando se usan en forma reflexiva. Completa las oraciones con la forma adecuada del verbo indicado.

MODELO Yo me acuesto a las once de la noche.

1. Yo siempre _____ (dormir/dormirse) bien cuando estoy en mi casa de verano.
2. Carlos, ¿_____ (acordar/acordarse) de cuando fuimos de vacaciones a Cancún hace dos años?
3. Si estamos tan cansados de la ciudad, ¿por qué no _____ (mudar/mudarse) a una casa junto al lago?
4. No me gusta esta fiesta. Quiero _____ (ir/irse) cuanto antes.
5. Cristina y Miguel _____ (llevar/llevarse) tortillas a la fiesta.
6. Mi abuela va a _____ (poner/ponerse) una foto de todos sus nietos en el salón.

3 **Los sábados** Sigue los pasos para determinar si tú y tus compañeros/as participan en actividades parecidas (*similar*) los sábados. Comparte tus conclusiones con el resto de la clase. Usa verbos reflexivos en las preguntas y respuestas.

- **Paso 1** Haz una lista detallada de las cosas que normalmente haces los sábados.
- **Paso 2** Entrevista a un(a) compañero/a para ver si comparten alguna actividad.
- **Paso 3** Compara la información con el resto de la clase. ¿Siguen los estudiantes la misma rutina durante los fines de semana?

*To see the explanation corresponding to this additional practice, see p. 62.

 Presentation

(2.4) Demonstrative adjectives and pronouns*

- Demonstrative adjectives (**adjetivos demostrativos**) specify to which noun a speaker is referring. They precede the nouns they modify and agree in gender and number.

este torneo
this tournament

esa entrenadora
that coach

aquellos deportistas
those athletes (over there)

Demonstrative adjectives				
singular		**plural**		
masculine	**feminine**	**masculine**	**feminine**	
este	esta	estos	estas	*this; these*
ese	esa	esos	esas	*that; those*
aquel	aquella	aquellos	aquellas	*that; those (over there)*

- Spanish has three sets of demonstrative adjectives. Forms of **este** are used to point out nouns that are close to the speaker and the listener. Forms of **ese** modify nouns that are not close to the speaker, though they may be close to the listener. Forms of **aquel** refer to nouns that are far away from both the speaker and the listener.

No me gustan **estos** zapatos.   Prefiero **esos** zapatos.   **Aquel** carro es de Ana.

- Demonstrative pronouns (**pronombres demostrativos**) are identical to demonstrative adjectives, except that they traditionally carry an accent mark on the stressed vowel. They agree in gender and number with the nouns they replace.

¿Quieres comprar esta **radio**?
Do you want to buy this radio?

No, no quiero **ésta**. Quiero **ésa**.
No, I don't want this one. I want that one.

¿Leíste estos **libros**?
Did you read these books?

No leí **éstos**, pero sí leí **aquéllos**.
I didn't read these, but I did read those (over there).

- There are three neuter demonstrative pronouns: **esto, eso,** and **aquello**. These forms refer to unidentified or unspecified things, situations, or ideas. They do not vary in gender or number and they never carry an accent mark.

¿Qué es **esto**?
What is this?

Eso es interesante.
That's interesting.

Aquello es bonito.
That's pretty.

*This is an additional grammar point for Lección 2 Estructura. You may use it for review or as required by your instructor.

Práctica

1 **En el centro comercial** Completa las oraciones con la forma correcta de los adjetivos entre paréntesis.

1. Quiero comprar _____ (*that*) videojuego.

2. Nosotros queremos comprar _____ (*that over there*) computadora.

3. _____ (*These*) pantalones son muy baratos.

4. Yo voy a escoger _____ (*this*) falda que está a mitad de precio.

5. También quiero comprar alguna de _____ (*those*) películas en DVD.

6. Antes de irnos, vamos a comer algo en _____ (*that over there*) restaurante.

2 **Pronombres** Completa cada oración con la forma correcta de los pronombres demostrativos de acuerdo con la traducción que aparece entre paréntesis.

1. Esta campeona es muy humilde, pero _____ (*that one*) es muy arrogante.

2. Este deportista juega bien, no como _____ (*those*) del otro equipo.

3. Esos dardos no tienen punta; usa _____ (*the ones over there*).

4. No conozco a esta entrenadora, pero sí conozco a _____ (*that one over there*).

5. Aquellos asientos son muy buenos, pero de todas formas, yo prefiero sentarme en _____ (*this one*).

6. Esta cancha de fútbol está muy mojada. ¿Podemos jugar en _____ (*that one*)?

3 **¿Adjetivos o pronombres?**

A. Elige los adjetivos o los pronombres apropiados.

A mi hermano Esteban no le gustan las películas de acción y a mí, sí. (1) _____ (Ese / Ése) es el problema que siempre tenemos cuando queremos ir al cine. (2) _____ (Este / Éste) fin de semana, por ejemplo, estrenan la película *Persecución sin fin* en (3) _____ (ese / ése) cine nuevo que abrió enfrente de (4) _____ (ese / ése) restaurante que tanto me gusta. Cuando le mandé un mensaje por correo electrónico a mi hermano, enseguida respondió: "(5) _____ (Esa / Ésa) no la veo ni loco. (6) _____ (Esas / Ésas) películas de acción son siempre iguales. El bueno y el malo pelean y el bueno siempre gana. Por (7) _____ (ese / ése / eso), yo prefiero las películas históricas o los dramas. Por lo menos en (8) _____ (esas / ésas) suele haber diálogos inteligentes y no persecuciones tontas y peleas exageradas". ¡Cómo cambiaron los gustos de mi hermano desde (9) _____ (aquella / aquélla) época en la que íbamos a ver todas las películas de superhéroes!

B. En parejas, imaginen que los dos hermanos hablan por teléfono. El hermano de Esteban todavía tiene esperanzas de convencerlo para ir a ver *Persecución sin fin*. Improvisen la conversación entre los dos hermanos. Usen por lo menos cinco adjetivos o pronombres demostrativos.

 Presentation

(2.5) Possessive adjectives and pronouns*

- Possessive adjectives (**adjetivos posesivos**) are used to express ownership or possession. Spanish has two types: the short, or unstressed, forms and the long, or stressed, forms. Both forms agree in gender, when applicable, and number with the object owned, and not with the owner.

Possessive adjectives			
short forms (unstressed)		long forms (stressed)	
mi(s)	my	mío/a(s)	my; (of) mine
tu(s)	your	tuyo/a(s)	your; (of) yours
su(s)	your; his; her; its	suyo/a(s)	your; (of) yours; his; (of) his; hers; (of) hers; its; (of) its
nuestro/a(s)	our	nuestro/a(s)	our; (of) ours
vuestro/a(s)	your	vuestro/a(s)	your; (of) yours
su(s)	your; their	suyo/a(s)	your; (of) yours; their; (of) theirs

- Short possessive adjectives precede the nouns they modify.

En **mi** opinión, esa película
es pésima.
*In my opinion, that movie
is awful.*

Nuestras revistas favoritas son
Vanidades y *Latina*.
Our favorite magazines are
Vanidades *and* Latina.

- Stressed possessive adjectives follow the nouns they modify. They are used for emphasis or to express the phrases of mine, of yours, etc. The nouns are usually preceded by a definite or indefinite article.

mi amigo → **el** amigo **mío**
my friend   friend of mine

tus amigas → **las** amigas **tuyas**
your friends   friends of yours

- Because **su(s)** and **suyo/a(s)** have multiple meanings (your, his, her, its, their), the construction [article] + [noun] + **de** + [subject pronoun] is commonly used to clarify meaning.

su casa		la casa de él/ella	his/her house
la casa suya	▶	la casa de usted/ustedes	your house
		la casa de ellos/ellas	their house

- Possessive pronouns (**pronombres posesivos**) have the same forms as stressed possessive adjectives and are preceded by a definite article. Possessive pronouns agree in gender and number with the nouns they replace.

No encuentro mi **libro**.
¿Me prestas **el tuyo**?
I can't find my book.
Can I borrow yours?

Si la **fotógrafa** suya no llega,
la nuestra está disponible.
If your photographer doesn't arrive,
ours is available.

*This is an additional grammar point for Lección 2 Estructura. You may use it for review or as required by your instructor.

¡ATENCIÓN!

After the verb **ser**, stressed possessives are used without articles.

¿Es tuya la calculadora?
Is the calculator yours?

No, no es mía.
No, it is not mine.

¡ATENCIÓN!

The neuter form **lo** + [*singular stressed possessive*] is used to refer to abstract ideas or concepts such as *what is mine* and *what belongs to you.*

Quiero lo mío.
I want what is mine.

Práctica

1 **¿De quién hablan?** Completa los espacios con adjetivos posesivos.

1. La actriz Fernanda Lora habla sobre su esposo: "_____ esposo siempre me acompaña a los estrenos, aunque _____ trabajo le exija estar en otro sitio".

2. Los integrantes del famoso dúo Maite y Antonio hablan sobre su hijo: "_____ hijo empezó a cantar a los dos años".

3. El actor Saúl Mar habla de su ex esposa, la modelo Serafina: "_____ ex ya no es tan guapa como antes, aunque _____ *fans* piensen lo contrario".

2 **¿Es tuyo...?** Escribe preguntas con **ser** y contéstalas usando el pronombre posesivo que corresponde a la(s) persona(s) indicada(s). Sigue el modelo.

> **MODELO** **tú / libro / yo**
> —¿Es tuyo este libro?
> —Sí, es mío.

1. ustedes / cartas / nosotros
_____
_____

2. ella / bicicleta / ella
_____
_____

3. yo / café / tú
_____
_____

4. nosotros / periódicos / yo
_____
_____

5. tú / disco compacto / ellos
_____
_____

6. él / ideas / nosotros
_____
_____

3 **Durante el almuerzo** Completa la conversación con los posesivos adecuados. Cuando sea necesario, añade también el artículo definido correspondiente.

MANUEL (1) _____ películas favoritas son las de acción. ¿Y (2) _____?

JUAN A mí no me gusta el cine.

AGUSTÍN A mí tampoco, pero a (3) _____ esposa le gustan las películas clásicas. Lo mío es el deporte.

JUAN Yo detesto el deporte. (4) _____ pasatiempo favorito es la música.

MANUEL ¡Ahh! ¿Es (5) _____ la guitarra que vi en la oficina?

JUAN Sí, es (6) _____. Después del trabajo, nos reunimos en la casa de un amigo (7) _____ y tocamos un poco. A (8) _____ amigos y a mí nos gusta el rock. (9) _____ músicos preferidos son...

AGUSTÍN ¡No te molestes en nombrarlos! No sé nada de música.

MANUEL Parece que (10) _____ gustos son muy distintos.

Más práctica

3.1 **The preterite***

1 **Conversación telefónica** La mamá de Andrés lo llama para saber cómo fue su semana. Completa la conversación con el pretérito de los verbos de la lista. Algunos verbos se repiten.

andar	dar	ir	ser
barrer	hacer	quitar	tener

MAMÁ Hola, Andrés, ¿cómo te va?

ANDRÉS Bien, mamá. ¿Y a ti?

MAMÁ También estoy bien. ¿Qué tal las clases?

ANDRÉS En la clase de historia (1) _____ un examen el lunes. En la clase de química, el profesor nos (2) _____ una demostración en el laboratorio.

MAMÁ ¿Y el resto de las clases?

ANDRÉS (3) _____ muy fáciles, pero los profesores nos (4) _____ mucha tarea.

MAMÁ ¿Cómo está tu apartamento? ¿Está muy sucio (*dirty*)?

ANDRÉS ¡Está perfecto! Ayer (5) _____ la limpieza: (6) _____ el piso y (7) _____ el polvo de los muebles.

MAMÁ ¿Qué hiciste con tus amigos el sábado por la noche?

ANDRÉS Nosotros (8) _____ por el centro de la ciudad y (9) _____ a un restaurante. (10) _____ una noche muy divertida.

2 **Vienen los abuelitos** Tus abuelos vienen a tu casa para pasar el fin de semana. Tu mamá quiere saber si ya hiciste todo lo que te pidió, pero tú ya sabes lo que te va a preguntar. Completa sus preguntas y después contéstalas.

MODELO ¿Ya... (conseguir las entradas para el concierto)?
—¿Ya conseguiste las entradas para el concierto?
—Sí, mamá, ya conseguí las entradas para el concierto.

1. ¿Ya... (lavar los platos)? _____

2. ¿Ya... (ir al supermercado)? _____

3. ¿Ya... (pasar la aspiradora)? _____

4. ¿Ya... (quitar tus cosas de la mesa)? _____

5. ¿Ya... (hacer las reservaciones en el restaurante)? _____

6. ¿Ya... (limpiar el baño)? _____

3 **Un problema** Quieres devolver unos zapatos que te compraste hace dos semanas y pedir un reembolso, pero la zapatería no acepta cambios después de una semana. En parejas, improvisen una conversación en la que el/la cliente trata de convencer al/a la gerente (*manager*) de que le devuelva el dinero.

*To see the explanation corresponding to this additional practice, see p. 94.

Más práctica

3.2 The imperfect*

1 **Antes** Forma oraciones con estos elementos para explicar qué hacían antes estas personas.

> **MODELO**   mi tía / siempre / cocinar / una sopa deliciosa
> Antes, mi tía siempre cocinaba una sopa deliciosa.

1. yo / barrer / la escalera de mi casa / a menudo

   _____

2. mi hermano pequeño / casi nunca / apagar / la luz de su habitación

   _____

3. la ropa / ser / más barata

   _____

4. mis amigas / apenas / ir / al centro comercial.

   _____

5. tú / quitar / el polvo de los muebles / a veces

   _____

2 **Oraciones incompletas** Termina las oraciones con el imperfecto.

1. Cuando yo era niño/a, _____.
2. Todos los veranos mi familia y yo _____.
3. En la escuela primaria mis maestros nunca _____.
4. Mis hermanos y yo siempre _____.
5. Mi abuela siempre _____.

3 **Un robo** El sábado unos jóvenes le robaron el bolso a una anciana en el parque. Tú eres uno de los testigos. Contesta las preguntas de la policía usando el imperfecto.

1. ¿Dónde estabas alrededor de las dos de la tarde?

   _____

2. ¿Qué llevabas puesto (*were you wearing*)?

   _____

3. ¿Qué hacías en el parque?

   _____

4. ¿Quiénes estaban contigo?

   _____

5. ¿Qué otras personas había en el parque? ¿Qué hacían estas personas?

   _____

4 **¿Cómo ha cambiado tu vida?** En parejas, comparen la escuela secundaria con la universidad. Escriban una lista de las responsabilidades que tienen ahora y las que tenían antes.

> **MODELO**   Cuando estaba en la escuela secundaria no tenía mucha tarea, pero ahora tengo muchísima. Me paso el día entero en la biblioteca.

*To see the explanation corresponding to this additional practice, see p. 98.

Más práctica

3.3 The preterite vs. the imperfect*

1 **¿Pretérito o imperfecto?** Indica si normalmente debes usar el pretérito (P) o el imperfecto (I) con estas expresiones de tiempo. Después, escribe cinco oraciones completas que contengan estas expresiones.

___ el año pasado   ___ ayer por la noche

___ todos los días   ___ el domingo pasado

___ siempre   ___ todas las tardes

___ mientras   ___ una vez

2 **Distintos significados** Completa las oraciones con el pretérito o el imperfecto de los verbos entre paréntesis. Recuerda que cuando se usan estos verbos en el pretérito tienen un significado distinto al del imperfecto.

1. Cuando yo era niño, nunca _____ (querer) limpiar mi habitación, pero mis padres me obligaban a hacerlo.

2. Mi amigo ya _____ (poder) hablar chino y japonés cuando tenía siete años.

3. Finalmente, después de preguntar por todos lados, Ana _____ (saber) cómo solicitar una tarjeta de crédito.

4. Mis padres _____ (querer) comprarse una aspiradora. Estaban cansados de barrer.

5. Se rompió el timbre. Por suerte, mi amigo Juan Carlos _____ (poder) venir enseguida a arreglarlo.

6. Mi hermano _____ (conocer) a su novia en el centro comercial.

7. Mi abuela _____ (saber) cocinar muy bien.

8. Miguel y Roberto completaron el formulario, pero no _____ (querer) contestar la última pregunta.

3 **Mi mejor año** ¿Cuál fue tu mejor año en la escuela? Escribe una historia breve sobre ese año especial. Recuerda que para narrar series de acciones completas debes usar el pretérito y para describir el contexto o acciones habituales en el pasado debes usar el imperfecto. Comparte tu historia con la clase.

> **MODELO** Creo que mi mejor año fue el segundo grado. Yo vivía con mi familia en Toronto, pero ese año nos mudamos a Vancouver.

4 **Cuentos populares** En grupos de tres, escojan un cuento popular que conozcan. Escríbanlo cambiando completamente el papel (*role*) de los personajes y los hechos. Utilicen el pretérito y el imperfecto. Después, representen una escena de su cuento para la clase.

> **MODELO** Había una vez tres cerditos muy malos que querían atacar a un lobito muy bueno…

*To see the explanation corresponding to this additional practice, see p. 102.

 Presentation

(3.4) Telling time*

- The verb **ser** is used to tell time in Spanish. The construction **es + la** is used with **una,** and **son + las** is used with all other hours.

¿Qué hora es?	**Es la una.**
What time is it?	*It is one o'clock.*
	Son las tres.
	It is three o'clock.

- The phrase **y** + [*minutes*] is used to tell time from the hour to the half-hour. The phrase **menos** + [*minutes*] is used to tell time from the half-hour to the hour, and is expressed by subtracting minutes from the next hour.

Son las once **y veinte.**   Es la una **menos cuarto.**   Son las doce **menos diez.**

- To ask at what time an event takes place, the phrase **¿A qué hora (...)?** is used. To state at what time something takes place, use the construction **a la(s) +** [*time*].

¿A qué hora es la fiesta?	La fiesta es **a las ocho.**
(At) what time is the party?	*The party is at eight.*

- The following expressions are used frequently for telling time.

Son las siete **en punto.**	Son las nueve **de la mañana.**
It's seven o'clock on the dot/sharp.	*It's 9 a.m./in the morning.*
Son **las doce del mediodía./Es (el) mediodía.**	Son las cuatro y cuarto **de la tarde.**
It's 12 p.m./It's noon.	*It's 4:15 p.m./in the afternoon.*
Son **las doce de la noche.** /Es **(la) medianoche.**	Son las once y media **de la noche.**
It's 12 a.m./It's midnight.	*It's 11:30 p.m./at night.*

- The imperfect is generally used to tell time in the past. However, the preterite may be used to describe an action that occurred at a particular time.

¿Qué hora **era** cuando llegaste?	**Eran** las cuatro de la mañana.
What time was it when you arrived?	*It was four o'clock in the morning.*
¿A qué hora **fueron** al cine?	**Fuimos** a las nueve.
At what time did you go to the movies?	*We went at nine o'clock.*

*This is an additional grammar point for Lección 3 Estructura. You may use it for review or as required by your instructor.

Práctica

1 **La hora** Escribe la hora que aparece en cada reloj usando oraciones completas.

1. _____ 2. _____ 3. _____

4. _____ 5. _____ 6. _____

2 **¿Qué hora es?** Da la hora usando oraciones completas.

1. 1:10 p.m. _____

2. 6:30 a.m. _____

3. 8:45 p.m. _____

4. 11:00 a.m. _____

5. 2:55 p.m. _____

6. 12:00 a.m. _____

3 **Retraso** Hoy tienes un mal día y estás atrasado/a en todo. Usa la información para explicar a qué hora hiciste cada cosa y por qué te retrasaste. Sigue el modelo.

MODELO ir al centro comercial – 9 a.m. (15 minutos)
Tenía que ir al centro comercial a las nueve de la mañana, pero llegué a las nueve y cuarto porque el autobús se retrasó.

1. levantarme – 7 a.m. (30 minutos)

2. desayunar – 8 a.m. (2 horas y media)

3. reunirme con la profesora de química – 11 a.m. (1 hora)

4. escribir el ensayo para la clase de literatura – 3 p.m. (2 horas y cuarto)

5. llamar a mis padres – 5 p.m. (3 horas y media)

6. limpiar mi casa – 3 p.m. (¡Todavía no has empezado!)

Más práctica

4.1 The subjunctive in noun clauses*

1 El doctor El doctor González escribe informes con el diagnóstico y las recomendaciones para cada paciente. Completa los informes con el indicativo o el subjuntivo de los verbos entre paréntesis.

Informe 1

Don José, creo que usted (1) _____ (sufrir) de mucho estrés. Usted (2) _____ (trabajar) demasiado y no (3) _____ (cuidarse) lo suficiente. Es necesario que usted (4) _____ (dormir) más horas. No creo que usted (5) _____ (necesitar) tomar medicinas, pero es importante que (6) _____ (controlar) su alimentación y (7) _____ (mantener) una dieta más equilibrada.

Informe 2

Carlitos, no hay duda de que tú (8) _____ (tener) varicela (*chicken pox*). Es una enfermedad muy contagiosa y por eso es necesario que (9) _____ (quedarse) en casa una semana. Como no podrás asistir a la escuela, te recomiendo que (10) _____ (hablar) con uno de tus compañeros y que (11) _____ (hacer) la tarea regularmente. Quiero que (12) _____ (aplicarse) (*to apply*) esta crema si te pica (*itches*) mucho la piel.

Informe 3

Susana y Pedro, es obvio que ustedes (13) _____ (tener) gripe. Para aliviar la tos, les recomiendo que (14) _____ (tomar) este jarabe por la mañana y estas pastillas por la noche. No creo que (15) _____ (necesitar) quedarse en cama. Les recomiendo que (16) _____ (beber) mucho líquido y que (17) _____ (comer) muchas frutas y verduras. Estoy seguro de que en unos días (18) _____ (ir) a sentirse mejor.

2 ¿Cómo terminan? Escribe un final original para cada oración. Recuerda usar el subjuntivo cuando sea necesario.

1. Es imposible que hoy...
2. Dudo mucho que el profesor...
3. No es cierto que mis amigos y yo...
4. Es muy probable que yo...
5. Es evidente que en el hospital...
6. Los médicos recomiendan que...

3 Reacciones En grupos de cinco, digan cómo reaccionarían ante estas situaciones. Deben usar el subjuntivo en sus respuestas para mostrar emoción, incredulidad, alegría, rechazo, insatisfacción, etc.

> **MODELO** Acabas de ganar un millón de dólares.
> ¡Es imposible que sea verdad! No puedo creer que...

1. Un día vas al banco y te dicen que ya no te queda ni un centavo. No vas a poder comer esta semana.
2. Oyes que el agua que tomas del grifo (*tap*) está contaminada y que todos los habitantes de la ciudad se van a enfermar.
3. Llegas a la universidad el primer día y te dicen que no hay espacio para ti en la residencia estudiantil. Vas a tener que dormir en un hotel.
4. Tu novio/a te declara su amor e insiste en que se casen este mismo mes.
5. Tu nuevo/a compañero/a de cuarto te dice que tiene la gripe aviar (*bird flu*). Es muy contagiosa.
6. Acabas de ver a tu ex hablando mal de ti enfrente de millones de televidentes.

*To see the explanation corresponding to this additional practice, see p. 134.

Más práctica

4.2 Commands*

1 **Las indicaciones del médico** Lee los problemas de estos pacientes. Luego, completa las órdenes y recomendaciones que su médico les da.

Don Mariano y doña Teresa no duermen bien y sufren de mucha presión en el trabajo.	1. _____ (tomar) té de manzanilla y _____ (acostarse) siempre a la misma hora. 2. No _____ (trabajar) los domingos.
Juan come muchos dulces y tiene caries (*cavities*).	3. (Tú) _____ (cepillarse) los dientes dos veces por día. 4. No _____ (comer) más dulces.
La señora Ortenzo se lastimó jugando al tenis. Le duele el pie derecho.	5. (Usted) _____ (quedarse) en cama dos días. 6. No _____ (mover) el pie y no _____ (caminar) sin muletas (*crutches*).
Carlos y Antonio trasnochan con frecuencia y no llevan una dieta sana.	7. _____ (dormir) por lo menos ocho horas cada noche. 8. No _____ (ir) a clase sin antes comer un desayuno saludable.

2 **Antes y ahora** ¿Te daban órdenes tus padres cuando eras niño/a? ¿Te siguen dando órdenes? Escribe cinco mandatos que te daban cuando eras niño/a y cinco que te dan ahora. Utiliza mandatos informales afirmativos y negativos.

Los mandatos de antes

Los mandatos de ahora

_____ _____

_____ _____

_____ _____

_____ _____

_____ _____

3 **El viernes por la noche** Tú y tus amigos están pensando en qué hacer este viernes. Tú sugieres actividades (usa mandatos con **nosotros/as**), pero tus compañeros/as rechazan (*reject*) tus ideas y sugieren otras. En grupos de tres, representen la conversación.

MODELO **ESTUDIANTE 1** Vayamos al cine esta noche.
ESTUDIANTE 2 No quiero porque no tengo dinero. Quedémonos en casa y veamos la tele.
ESTUDIANTE 3 Pues, alquilemos una película entonces...

*To see the explanation corresponding to this additional practice, see p. 140.

Más práctica

4.3 *Por* and *para**

1 **El viaje de Carla** Carla está planeando pasar el verano en Bogotá para tomar cursos en la Universidad Nacional de Colombia. Une las frases para completar sus comentarios sobre el viaje.

_____ 1. Este verano viajaré a Bogotá

_____ 2. Es un programa de intercambio organizado

_____ 3. Estudiantes de varias universidades nos reuniremos en Miami y de allí saldremos

_____ 4. Extrañaré a mi familia, pero prometen llamarme

_____ 5. Quisiera pasar un año allá, pero sólo puedo ir

_____ 6. Antes de volver a Nueva York, espero viajar

_____ 7. Quiero perfeccionar el español

_____ 8. En el futuro, espero trabajar

a. para Bogotá.

b. para estudiar español.

c. para la embajada (*embassy*).

d. para trabajar en Latinoamérica después de graduarme.

e. por mi universidad en Nueva York.

f. por teléfono una vez por semana.

g. por todo el país.

h. por tres meses.

2 **Instrucciones para cuidar al perro** Este fin de semana te toca cuidar al perro de tus vecinos y ellos están muy preocupados. Completa su lista de instrucciones con **por** o **para**.

1. Si el perro está muy deprimido, llama al veterinario _____ teléfono.

2. Si está un poco triste, haz todo lo que puedas _____ darle ánimo.

3. Últimamente tiene problemas de digestión y debe tomar una medicina _____ el estómago.

4. _____ ver si el perro tiene fiebre, usa este termómetro.

5. No es _____ tanto si no te saluda cuando entras en la casa; cuando te conozca mejor y te tenga más confianza comenzará a saludarte.

6. Sácalo a pasear todos los días de la semana: el ejercicio es bueno _____ los perros.

7. Nuestra rutina es caminar media hora _____ el parque.

8. Dale su medicina tres veces _____ día.

3 **Un acontecimiento increíble** ¿Alguna vez te ha ocurrido algo inusual o difícil de creer? Cuéntale a tu compañero/a un acontecimiento increíble que te haya ocurrido, o inventa uno. Incluye al menos cuatro expresiones de la lista.

para colmo	no estar para bromas	por casualidad	por más/mucho que
para que sepas	no ser para tanto	por fin	por supuesto

*To see the explanation corresponding to this additional practice, see p. 144.

(4.4) The subjunctive with impersonal expressions*

- The subjunctive is frequently used in subordinate clauses following impersonal expressions.

IMPERSONAL EXPRESSION	CONNECTOR	SUBORDINATE CLAUSE
Es urgente	**que**	**vayas** al hospital.

- Impersonal expressions that indicate will, desire, or emotion are usually followed by the subjunctive.

es bueno *it's good*	**es necesario** *it's necessary*
es extraño *it's strange*	**es ridículo** *it's ridiculous*
es importante *it's important*	**es terrible** *it's terrible*
es imposible *it's impossible*	**es una lástima** *it's a shame*
es malo *it's bad*	**es una pena** *it's a pity*
es mejor *it's better*	**es urgente** *it's urgent*

Es una lástima que **estés** con gripe.
It's a shame you have the flu.

Es mejor que te **acompañen.**
It's better that they go with you.

- Impersonal expressions that indicate certainty trigger the indicative in the subordinate clause. When they express doubt about the action or condition in the subordinate clause, the subjunctive is used.

indicative	subjunctive
es cierto *it's true*	**no es cierto** *it's untrue*
es obvio *it's obvious*	**no es obvio** *it's not obvious*
es seguro *it's certain*	**no es seguro** *it's not certain*
es verdad *it's true*	**no es verdad** *it's not true*

Es verdad que Juan está triste, pero **no es cierto** que **esté** deprimido.
It's true that Juan is sad, but it's not true that he is depressed.

Es obvio que usted tiene una infección, pero **es improbable** que **sea** contagiosa.
It's obvious that you have an infection, but it's unlikely that it's contagious.

- When an impersonal expression is used to make a general statement or suggestion, the infinitive is used in the subordinate clause. When a new subject is introduced, the subjunctive is used instead.

Es importante hacer ejercicio.
It's important to exercise.

Es importante que los niños **hagan** ejercicio.
It's important for children to exercise.

No es seguro caminar solo por la noche.
It's not safe to walk around alone at night.

No es seguro que **camines** solo por la noche.
It's not safe for you to walk around alone at night.

*This is an additional grammar point for Lección 4 Estructura. You may use it for review or as required by your instructor.

Práctica

1 **Pórtate bien** Los padres de Álvaro se van de viaje y le dejan una nota a su hijo con algunas cosas que tiene que hacer. Completa la nota con el presente del subjuntivo de los verbos entre paréntesis.

> ¡No te olvides!
>
> Sabemos que es imposible que (1) _____ (acostarse) temprano, pero es importante que (2) _____ (levantarse) antes de las 8:00 y que (3) _____ (llevar) el carro al mecánico. El martes es necesario que (4) _____ (ir) a casa de tu tía Julia y le (5) _____ (llevar) nuestro regalo. Como la pastelería queda cerca del mecánico, es mejor que (6) _____ (pasar) a recoger el pastel de cumpleaños cuando vayas a recoger el carro el lunes por la tarde. Y, bueno, hijo, es una lástima que no (7) _____ (poder) venir con nosotros.
>
> ¡Cuídate mucho!
> Mamá y papá

2 **Obligaciones** Piensa en las obligaciones de los padres para con los hijos y viceversa. Completa el cuadro con frases impersonales que requieran el subjuntivo.

Las obligaciones de los padres y de los hijos

padres	hijos
Es importante que los padres escuchen a sus hijos.	

3 **Pareja ideal** En grupos de cuatro, piensen en su pareja ideal y comenten cómo debe ser. Cada uno/a de ustedes debe escribir por lo menos cinco oraciones con frases impersonales.

es bueno	es mejor
es importante	es necesario
es malo	es ridículo

Más práctica

5.1 Comparatives and superlatives*

1 **Los medios de transporte** Escribe seis oraciones completas para comparar los medios de transporte de la lista. Utiliza por lo menos tres comparativos y tres superlativos. Debes hacer comparaciones con respecto a estos aspectos:

- la rapidez
- la diversión
- la comodidad
- el precio

medios de transporte
autobús, avión, bicicleta, carro, metro, taxi, tren

MODELO Para viajar por la ciudad, el taxi es más caro que el autobús. /
El avión es el medio más rápido de todos.

2 **El absoluto** Utiliza el superlativo absoluto (**-ísimo/a**) para escribir oraciones completas. Sigue el modelo.

MODELO elefantes / animales / grande
Los elefantes son unos animales grandísimos.

1. diamantes / joyas / caro
2. avión / medio de transporte / rápido
3. Bill Gates / persona / rico
4. el puente de Brooklyn / largo
5. la clase de inglés / fácil
6. Elle Fanning / actriz / joven
7. El F.C. Barcelona / equipo de fútbol español / famoso
8. el Río de la Plata / ancho

3 **Un pariente especial** ¿Hay alguien en tu familia que consideras especial? ¿Te pareces a esa persona? ¿Es mayor o menor que tú? ¿Qué similitudes y diferencias tienen? Trabaja con un(a) compañero/a: dile quién es tu pariente favorito y cuéntale en qué se parecen y en qué se diferencian. Usa comparativos en tu descripción. Incluye algunos de estos aspectos:

altura	gustos
apariencia física	personalidad
edad	vida académica

MODELO Mi primo Juan es mi primo favorito. Es mayor que yo, pero yo soy mucho más alto que él...

*To see the explanation corresponding to this additional practice, see p. 176

Más práctica

5.2 **Negative, affirmative, and indefinite expressions***

1 **De compras** Has desembarcado de un crucero en una isla remota. Quieres comprar algo típico para tus amigos, pero el empleado te hace mil preguntas sobre lo que quieres. Elige las opciones correctas para completar la conversación.

EMPLEADO ¡Hola! ¿Quieres (1) _____ (algo / nada) extraordinario para tus amigos?

TÚ No, no quiero (2) _____ (algo / nada) extraordinario, quiero (3) _____ (algo / nada) típico de la isla.

EMPLEADO Tenemos unos recuerdos muy especiales por aquí. (4) _____ (Siempre / Nunca) es mejor regalar (5) _____ (algo / nada) que llegar con las manos vacías (empty)…

TÚ Sí, pero (6) _____ (también / tampoco) es bueno comprar cosas que no quepan en la maleta. Necesito un recuerdo que no sea muy grande, pero (7) _____ (también / tampoco) muy pequeño, por favor.

EMPLEADO Es que no tenemos (8) _____ (algo / nada) así. Todo lo que tenemos (9) _____ (o / ni) es muy chiquito (10) _____ (o / ni) es muy grande. No tenemos (11) _____ (algo / nada) de tamaño mediano.

TÚ Bueno, señor, el barco ya se va… Si usted no tiene (12) _____ (algo / nada) que yo pueda comprar ahora mismo, me tendré que ir.

EMPLEADO Lo siento. (13) _____ (Alguien / Nadie) compra recuerdos aquí (14) _____ (siempre / jamás). No entiendo por qué será.

2 **En el avión** Marcos, un viajero, es un poco caprichoso; nada le viene bien. Escribe o… o, ni… ni, o ni siquiera para completar sus quejas.

1. Le pedí una bebida al asistente de vuelo, pero no me trajo _____ café _____ agua.

2. ¡Qué día fatal! No pude _____ empacar la última maleta _____ despedirme de mis amigos.

3. Por favor, _____ sean puntuales _____ avisen si van a llegar tarde.

4. Hoy me siento enfermo. No puedo _____ dormir _____ hablar. _____ puedo moverme.

5. Me duele la cabeza. No quiero _____ escuchar música _____ ver la tele.

3 **Opiniones** En grupos de cuatro, hablen sobre estas opiniones y digan si están de acuerdo. Por turnos, expliquen sus razones. Usen expresiones negativas, afirmativas e indefinidas.

1. Es más costoso viajar en primera clase, pero vale la pena.

2. Conocer otros países y culturas es más importante que aprender de un libro.

3. Hacer un intercambio te abre más a otras maneras de pensar.

4. Es mejor ir de vacaciones durante el verano que durante el invierno.

5. Ir de viaje es la mejor manera de gastar los ahorros.

6. Es más peligroso viajar hoy en día. Antes era muchísimo más seguro.

*To see the explanation corresponding to this additional practice, see p. 180.

Más práctica

5.3 The subjunctive in adjective clauses*

1 Unir los elementos Escribe cinco oraciones lógicas combinando elementos de las tres columnas.

> **MODELO** Juan busca un libro que esté escrito en español.

Juan (estudiante de español)	buscar un tutor	pagar bien
Pedro (tiene un carro viejo)	buscar un libro	ser divertida
Ana (tiene muy poco dinero)	necesitar un carro	ayudarme
mis amigos (están aburridos)	tener que ir a una fiesta	ser nuevo y rápido
yo (tengo problemas con la clase de cálculo)	querer un trabajo	poder ayudarnos
nosotros (no sabemos qué clases tomar el próximo semestre)	necesitar hablar con un consejero	estar escrito en español

2 En el aeropuerto Mientras esperas en el aeropuerto, escuchas todo lo que dicen los empleados de la aerolínea y los agentes de seguridad. Usa el subjuntivo para completar las oraciones de manera lógica.

1. Deben pasar por aquí las personas que _____.
2. ¿Tiene usted algo en su bolsa que _____?
3. Debe sacar del bolsillo todo lo que _____.
4. No cuente chistes que _____.
5. Pueden pasar los viajeros que _____.
6. No se pueden llevar maletas que _____.

3 Anuncios personales En grupos de tres, escriban anuncios personales para una persona que busca novio/a. Los anuncios deben ser detallados y creativos, y deben usar el subjuntivo y el indicativo. Después, compartan el anuncio con la clase para ver si encuentran a alguien que se parezca a la persona de su anuncio.

*To see the explanation corresponding to this additional practice, see p. 184.

Más práctica

5.4 **The present perfect and the past perfect***

1 **Oraciones** Cambia las oraciones del pretérito al pretérito perfecto.

1. Juan y yo vimos el atardecer en la playa.
2. Yo hice las reservas.
3. El guía turístico les dijo una mentira a los turistas.
4. Mi hermano volvió de su viaje.
5. Ustedes encontraron tirado un pasaporte.
6. Nosotros hicimos las maletas.

2 **Primer día** Es el primer día de un viaje de intercambio y la profesora explica las reglas del viaje. Contéstale usando el pretérito perfecto.

> **MODELO** Consulten el horario de las clases.
> Ya lo hemos consultado.

1. Compren el libro de texto.
2. Denles a sus familias el teléfono del albergue.
3. Guarden los pasaportes en la caja de seguridad.
4. Estudien el mapa de la ciudad.
5. Denle su dirección de email al profesor de español.

3 **Viaje** Imaginen que uno/a de ustedes es un(a) explorador(a) que acaba de volver de su primer viaje al Amazonas. El/La otro/a es reportero/a y hace preguntas sobre lo que ha visto y lo que ha hecho el/la explorador(a) en el viaje. Utilicen el pretérito perfecto de los verbos del recuadro.

> **MODELO** **REPORTERO/A** ¿Qué ha aprendido de las culturas indígenas?
> **EXPLORADOR(A)** He aprendido que…

aprender	descubrir	hacer
comer	explorar	ver

4 **¿Qué hiciste ayer?** Escribe oraciones completas para contar lo que ya habías hecho ayer antes de las situaciones indicadas. Usa el pluscuamperfecto.

> **MODELO** antes del desayuno
> Antes del desayuno, ya me había afeitado.

1. antes del desayuno
2. antes de ir a clase
3. antes del almuerzo
4. antes de ir al gimnasio
5. antes de la cena
6. antes de acostarte

5 **Tus logros** Piensa en cuatro cosas que ya habías logrado antes de ir a la universidad y cuéntaselas a tu compañero/a. También debes preguntarle por sus logros (*achievements*).

> **MODELO** Antes de ir a la universidad, ya había conseguido mi licencia de conducir. ¿Y tú?

*To see the explanation corresponding to this additional practice, see p. 54.

5.5 *Pero* and *sino**

Estoy bien, pero, ¿no es recomendable ir un poco más despacio?

No sólo eres un pesado, sino que también eres un llorón!

- In Spanish, both **pero** and **sino** are used to introduce a contrast or a clarification, but the two words are not interchangeable.

- **Pero** means *but* (in the sense of *however*). It may be used after either affirmative or negative clauses.

  Iré contigo a ver las ruinas, **pero** mañana quiero pasar el día entero en la playa.
  I'll go with you to see the ruins, but tomorrow I want to spend the whole day on the beach.

  La habitación del hotel es pequeña, **pero** cómoda.
  The hotel room is small, but comfortable.

- **Sino** also means *but* (in the sense of *but rather* or *on the contrary*). It is used only after negative clauses. **Sino** introduces an idea that clarifies, corrects, or excludes the previous information.

  No me gustan estos zapatos, **sino** los de la otra tienda.
  I don't like these shoes, but rather the ones from the other store.

  La casa **no** está en el centro de la ciudad, **sino** en las afueras.
  The house is not in the center of the city, but rather in the outskirts.

- When **sino** is used before a conjugated verb, the conjunction **que** is added.

  No quiero que vayas a la fiesta, **sino que** hagas tu tarea.
  I want you to do your homework rather than go to the party.

  No iba a casa, **sino que** se quedaba en la capital.
  She was not going home, but instead staying in the capital.

- *Not only... but also* is expressed with the phrase **no sólo... sino (que) también/además**.

  Quiero **no sólo** pastel, **sino también** helado.
  I want not only cake but also icecream.

  No sólo disfruté del viaje, **sino que además** hice nuevos amigos.
  Not only did I enjoy the trip; I also made new friends.

- The phrase **pero tampoco** means *but neither* or *but not either*.

  A Celia no le interesaba la excursión, **pero tampoco** quería quedarse en el crucero.
  Celia wasn't interested in the excursion, but she didn't want to stay on the cruise ship either.

*This is an additional grammar point for Lección 5 Estructura. You may use it for review or as required by your instructor.

Práctica

(1) Columnas Completa cada oración con la opción correcta.

1. Sofía no quiere viajar mañana y Marta, _____.
2. Mi compañero de cuarto no es de Madrid, _____ de Barcelona.
3. Mis padres quieren que yo trabaje este verano, _____ yo prefiero irme de viaje a Europa.
4. No fui al partido de fútbol, _____ fui al concierto de rock. Tuve que estudiar para un examen.
5. No queremos que usted nos cancele la reservación, _____ nos cambie la fecha de salida.

   a. pero
   b. pero tampoco
   c. sino
   d. sino que
   e. tampoco

(2) Completar Completa cada oración con **no sólo, pero, sino (que)** o **tampoco**.

1. Las cartas no llegaron el miércoles, _____ el jueves.
2. Mis amigos no quieren alojarse en el albergue y yo _____.
3. No me gusta manejar por la noche, _____ iré a la fiesta si tú manejas.
4. Carlos no me llamaba por teléfono, _____ me enviaba mensajes de texto.
5. Yo _____ esperaba aprobar el examen, _____ también sacar una A.
6. Quiero aclarar que Juan no llegó temprano, _____ muy tarde.

(3) Oraciones incompletas Cuando tú y tu familia llegan al lugar donde pasarán sus vacaciones, se dan cuenta de que han dejado en casa a Juan José, tu hermano menor. Utiliza frases con **pero** y **sino** para completar las oraciones.

1. Yo no hablé con Juan José esta mañana _____.
2. No vamos a poder regresar para buscarlo _____.
3. No es aconsejable que regresemos _____.
4. Me gusta la idea de llamar a un vecino _____.
5. Creo que no debemos _____.
6. Juan José no tiene cinco años _____.
7. Si tiene algún problema no va a poder avisarnos _____.
8. Está claro que Juan José _____.

(4) Opiniones contrarias En parejas, imaginen que son dos personas totalmente diferentes. Nunca están de acuerdo en nada. Túrnense para hacer afirmaciones. Uno/a de ustedes debe usar **pero, sino, sino que** y **no sólo... sino** para contradecir lo que dice el/la otro/a. Sigan el modelo.

> **MODELO** — Creo que hoy hace un día estupendo.
> — ¡Estás equivocado! No hace un día estupendo, sino que hace mucho frío. Y no sólo hace frío, sino que también...

Más práctica

6.1 The future and the conditional*

1 **¿Qué pasará?** Usa el futuro para explicar qué puede estar ocurriendo en cada una de las situaciones. Puedes utilizar las ideas de la lista o inventar otras.

> **MODELO** **Hoy tu carro no arranca (*doesn't start*). Hay algo que no funciona.**
> El carro no tendrá gasolina. / La batería estará descargada.

(su gato/su conejo) estar perdido	tener otros planes
(él/ella/su perro) estar enfermo/a	no tener ganas
haber un huracán	doler la pierna

1. María siempre llega a la clase de espanol puntualmente, pero la clase ya empezó y ella no está.
2. Carlos es el presidente del club ecologista, pero hoy no vino a la reunión.
3. Sara y María son dos personas muy alegres y optimistas, pero hoy están tristes y no quieren hablar con nadie.
4. He invitado a Juan a ir al cine con nosotros, pero no quiere ir.
5. Mañana vas a viajar a una zona tropical. Te acaban de avisar que se canceló tu vuelo.
6. Cristina tiene un partido de fútbol hoy, pero todavía no está aquí.

2 **Oraciones incompletas** Completa las oraciones con el condicional del verbo entre paréntesis.

1. Iván _____ (ir) a la playa si estuviera limpia.
2. ¿No crees que _____ (valer) la pena cuidar la selva amazónica?
3. Por nuestra salud y la del planeta, todos _____ (deber) consumir productos orgánicos.
4. ¡Claro que me _____ (encantar) ir a acampar!
5. Juan, ¿_____ (poder) poner la basura en su lugar?

3 **El futuro en el pasado** Usa el condicional para expresar el pasado de cada oración. Usa el pretérito o el imperfecto en las cláusulas principales. Sigue el modelo.

> **MODELO** **Los científicos saben que el aire de la ciudad enfermará a la gente.**
> Los científicos sabían que el aire de la ciudad enfermaría a la gente.

1. Los pescadores piensan que los tiburones no se extinguirán nunca.
2. Los gobernantes creen que los bosques durarán para siempre.
3. Todos pensamos que las botellas de plástico no contaminarán los océanos.
4. Isabel está segura de que ahorrará energía con bombillas de bajo consumo.
5. Miguel dice que no usará su carro para ir al trabajo; irá caminando.
6. Daniel y yo queremos ir a la montaña porque respiraremos un aire más limpio.

*To see the explanation corresponding to this additional practice, see p. 216.

Más práctica

6.2 **The subjunctive in adverbial clauses***

1 **En el parque** Javier quiere leer los carteles (*signs*) del parque nacional, pero Sol no cree que sean importantes. Completa la conversación con el subjuntivo del verbo indicado.

JAVIER Espera, Sol, quiero leer los carteles.

SOL Es que son muy obvios. No dicen nada que yo no (1) _____ (saber). "Tan pronto como usted (2) _____ (escuchar) un trueno, aléjese de las zonas altas." ¡Qué tontería! ¡Eso es obvio!

JAVIER Sí, pero son importantes para que los visitantes (3) _____ (ser) conscientes de la seguridad.

SOL ¿Y qué tiene que ver este otro cartel con la seguridad? "Para que no (4) _____ (haber) erosión, camine sólo por el sendero."

JAVIER Bueno, es que algunos carteles son para que la gente (5) _____ (ayudar) a cuidar el parque. Por ejemplo, este otro,,,

SOL Basta, Javier, estoy harta de estos carteles tan obvios. Si realmente quieren cuidar el parque, ¿por qué no ponen cestos (*bins*) para la basura?

JAVIER Bueno, justamente el cartel dice: "No tenemos cestos para la basura para que los visitantes nos (6) _____ (ayudar) llevándose su propia basura del parque."

SOL Bueno, yo no he dicho que todos los carteles (7) _____ (ser) inútiles.

2 **En casa** Tu hermana insiste en que tu familia colabore para proteger el medio ambiente. Tiene una lista de órdenes que quiere que ustedes cumplan. Escribe cada orden de otra forma, usando el subjuntivo y las palabras que están entre paréntesis. Haz los cambios necesarios.

> **MODELO** Usen el aire acondicionado lo mínimo posible. (siempre que)
> Siempre que sea posible, no usen el aire acondicionado.

1. Cierren bien el grifo (*faucet*) y no dejen escapar ni una gota de agua. (para que)
2. Apaguen las luces al salir de un cuarto. (tan pronto como)
3. No boten las botellas. Hay que averiguar primero si se pueden reciclar. (antes de que)
4. Vayan a la escuela en bicicleta. Usen el carro sólo si hace mal tiempo. (a menos que)
5. En lugar de encender la calefacción (*heating*), pónganse otro suéter. (siempre que)

3 **Conversaciones** En parejas, representen estas dos conversaciones. Usen conjunciones de la lista y recuerden que algunas de estas construcciones exigen un verbo en subjuntivo.

a menos que	aunque	cuando	hasta que	sin (que)
antes de (que)	con tal de (que)	en caso de (que)	para (que)	tan pronto como

1. Una pareja de recién casados está planeando su luna de miel (*honeymoon*): Ella quiere ir a una isla remota. Él quiere ir a París.
2. Una madre y su hijo: Él tiene su licencia de conducir y quiere una motocicleta.

*To see the explanation corresponding to this additional practice, see p. 220.

Más práctica

6.3 The past subjunctive*

1 Cambios Manuela y Julián fueron a un curso muy interesante. Completa el párrafo con el imperfecto del subjuntivo de los verbos entre paréntesis.

Este fin de semana estuvimos en un curso para convertir nuestra casa en una más amigable con el medio ambiente. Nos dijeron que (1) _____ (usar) bombillas de bajo consumo y que (2) _____ (apagar) el aire acondicionado cuando no (3) _____ (estar) en casa. Nos enseñaron que, para cuidar el agua, sólo (4) _____ (encender) el lavavajillas cuando (5) _____ (ser) necesario, que (6) _____ (regar) las plantas en la noche y que (7) _____ (cambiar) el sanitario común, por uno que gaste menos. También mencionaron que (8) _____ (comprar) detergentes biodegradables y que para limpiar la casa, (9) _____ (utilizar) productos en envases reutilizables o reciclables. Como último consejo, nos pidieron que (10) _____ (llevar) bolsas de tela al supermercado, así usaremos menos bolsas plásticas.

2 Oraciones Completa las oraciones de manera lógica. En algunos casos, tendrás que usar el imperfecto del subjuntivo.

1. Yo quería que en casa _____.
2. Era imposible que yo _____.
3. María y Laura hicieron todo para que la reunión _____.
4. Le pedí a Edgar que no _____.
5. El guardabosques estaba seguro de que los turistas _____.
6. En la conferencia sobre el medio ambiente, conociste a alguien que _____ _____.
7. Sentí mucho que ustedes _____.
8. El zoológico prohibió que los visitantes _____.

3 Los bosques En parejas, imaginen que fueron a un parque natural a acampar. Uno de sus amigos no pudo ir con ustedes. Túrnense para contarle lo que el guardabosques les dijo antes de entrar. Utilicen los verbos de la lista y el imperfecto del subjuntivo.

aconsejar	pedir
estar seguro/a	proponer
exigir	recomendar
insistir en	sugerir

MODELO Nos aconsejó que permaneciéramos en los senderos marcados.

*To see the explanation corresponding to this additional practice, see p. 224.

Más práctica

 Presentation

6.4 *Si* clauses with simple tenses*

1 **Elige** Elige el tiempo verbal correcto para completar estas oraciones.

1. Si tú _____ (eligieras / elegirías) ser vegetariano, respetaría tu decisión.

2. Si ustedes apagan las luces de la oficina en la noche, _____ (ahorrarán / ahorrarían) mucha energía.

3. Si _____ (cuidamos / cuidaramos) el aire que respiramos, no nos enfermaremos de los pulmones.

4. Si _____ (continúen / continúan) con la pesca indiscriminada (*unregulated*), desaparecerán muchas especies de peces.

5. Si fueras a acampar, _____ (entrarás / entrarías) en contacto con la naturaleza.

6. No dejes la computadora encendida si _____ (sales / salgas) de casa, por favor.

2 **Volver a vivir** Imagina que puedes crear o cambiar las leyes de tu país. Piensa cómo podrías ayudar al planeta con las decisiones que tomes. Contesta las preguntas con oraciones completas.

1. Si pudieras crear una ley que ayude al medio ambiente, ¿qué ley crearías?

2. Si pudieras prohibir algo, ¿qué prohibirías?

3. Si tuvieras que explicar el por qué de estas leyes, ¿qué razones darías?

4. Si pudieras hacer cambios en las políticas con otros países, ¿qué cambios harías?

3 **Viejos hábitos** A pesar de todas las campañas para cuidar el medio ambiente, mucha gente todavía conserva malos hábitos que dañan la naturaleza. En grupos de cuatro lean estas situaciones. Cada uno debe elegir una situación y dar razones de por qué hay que cambiar esos hábitos. Utilicen oraciones con **si**.

> **"Me encanta tomar duchas largas de 45 minutos sin cerrar la llave nunca. La factura (*utility bill*) llega muy alta cada mes, pero no me importa."**

> **"En casa, nunca separamos la basura ni reciclamos. Me da mucha pereza y me parece inútil tener dos recipientes (*containers*) distintos para la basura."**

> **"En la oficina dejamos las computadoras y las luces encendidas toda la noche. Nadie se encarga de apagarlas y a nadie parece importarle."**

> **"Me encanta comprar abrigos de piel. No me importan ni el origen ni el precio, sólo me importa tener el abrigo."**

*To see the explanation corresponding to this additional practice, see p. 232.

6.5 Adverbs*

- Adverbs (**adverbios**) describe *how, when,* and *where* actions take place. They usually follow the verbs they modify and precede adjectives or other adverbs.

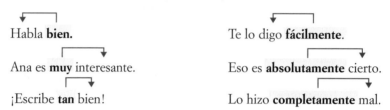

Habla **bien.**

Ana es **muy** interesante.

¡Escribe **tan** bien!

Te lo digo **fácilmente**.

Eso es **absolutamente** cierto.

Lo hizo **completamente** mal.

- Many Spanish adverbs are formed by adding the suffix **-mente** to the feminine singular form of an adjective. The **-mente** ending is equivalent to the English *-ly.*

ADJECTIVE	FEMININE FORM	SUFFIX	ADVERB
básico	básica	-mente	básicamente *basically*
cuidadoso	cuidadosa	-mente	cuidadosamente *carefully*
enorme	enorme	-mente	enormemente *enormously*
hábil	hábil	-mente	hábilmente *cleverly; skillfully*

- If two or more adverbs modify the same verb, only the final adverb uses the suffix **-mente**.

  Se marchó **lenta** y **silenciosamente**.
  He left slowly and silently.

- The construction **con** + [*noun*] is often used instead of long adverbs that end in **-mente**.

  cuidadosamente → **con cuidado**   frecuentemente → **con frecuencia**

- Here are some common adverbs and adverbial phrases:

a menudo *frequently; often*	**así** *like this; so*	**mañana** *tomorrow*
a tiempo *on time*	**ayer** *yesterday*	**más** *more*
a veces *sometimes*	**casi** *almost*	**menos** *less*
adentro *inside*	**de costumbre** *usually*	**muy** *very*
afuera *outside*	**de repente** *suddenly*	**por fin** *finally*
apenas *hardly; scarcely*	**de vez en cuando** *now and then*	**pronto** *soon*
aquí *here*		**tan** *so*

A veces salimos a tomar un café.
Sometimes we go out for coffee.

Casi terminé el libro.
I almost finished the book.

- The adverbs **poco** and **bien** frequently modify adjectives. In these cases, **poco** is often the equivalent of the English prefix *un-,* while **bien** means *well, very, rather,* or *quite.*

  La situación está **poco** clara.
  The situation is unclear.

  La cena estuvo **bien** rica.
  Dinner was very tasty.

*This is an additional grammar point for Lección 6 Estructura. You may use it for review or as required by your instructor.

Práctica

1 **Adverbios** Escribe el adverbio que deriva de cada adjetivo.

1. básico _____
2. feliz _____
3. fácil _____
4. inteligente _____
5. alegre _____

6. común _____
7. injusto _____
8. asombroso _____
9. insistente _____
10. silencioso _____

2 **Instrucciones para ser feliz** Elige el adjetivo apropiado para cada ocasión y después completa la oración, convirtiendo ese adjetivo en el adverbio correspondiente. Hay tres adjetivos que no se usan.

claro	frecuente	malo	triste
cuidadoso	inmediato	tranquilo	último

1. Expresa tus opiniones _____.
2. Tienes que salir por la noche _____.
3. Debes gastar el dinero _____.
4. Si eres injusto/a con alguien, debes pedir perdón _____.
5. Después de almorzar, disfruta _____ de la siesta.

3 **Recomendaciones** Los padres de Mario y Paola salieron de viaje por dos semanas. Completa las instrucciones que les dejaron pegadas en el refrigerador.

a menudo	adentro	así	mañana
a tiempo	afuera	de vez en cuando	tan

lunes, 19 de octubre

1. Pasar la aspiradora _____. (¡Todos los días!)
2. Llegar a la escuela _____.
3. _____, llevar a Botitas al veterinario para su cita.
4. Dejar que el gato juegue _____ todos los días si no llueve.
5. Si llueve, meter los muebles del jardín _____.
6. Sólo ir _____ al centro comercial.

Glossary of Grammatical Terms

ADJECTIVE A word that modifies, or describes, a noun or pronoun.

muchos libros
many books

un hombre **rico**
*a **rich** man*

Demonstrative adjective An adjective that specifies which noun a speaker is referring to.

esta fiesta
this party

ese chico
that boy

aquellas flores
those flowers

Possessive adjective An adjective that indicates ownership or possession.

su mejor vestido
her best dress

Éste es **mi** hermano.
*This is **my** brother.*

Stressed possessive adjective A possessive adjective that emphasizes the owner or possessor.

un libro **mío**
*a **book of mine***

una amiga **tuya**
*a friend **of yours***

ADVERB A word that modifies, or describes, a verb, adjective, or other adverb.

Pancho escribe **rápidamente**.
*Pancho writes **quickly**.*

Este cuadro es **muy** bonito.
*This picture is **very** pretty.*

ANTECEDENT The noun to which a pronoun or dependent clause refers.

El **libro** que compré es interesante.
The book that I bought is interesting.

Le presté cinco dólares a **Diego**.
I loaned Diego five dollars.

ARTICLE A word that points out a noun in either a specific or a non-specific way.

Definite article An article that points out a noun in a specific way.

el libro
the book

la maleta
the suitcase

los diccionarios
the dictionaries

las palabras
the words

Indefinite article An article that points out a noun in a general, non-specific way.

un lápiz
a pencil

una computadora
a computer

unos pájaros
some birds

unas escuelas
some schools

CLAUSE A group of words that contains both a conjugated verb and a subject, either expressed or implied.

Main (or Independent) clause A clause that can stand alone as a complete sentence.

Pienso ir a cenar pronto.
I plan to go to dinner soon.

Subordinate (or Dependent) clause A clause that does not express a complete thought and therefore cannot stand alone as a sentence.

Trabajo en la cafetería **porque necesito dinero para la escuela.**
*I work in the cafeteria **because I need money for school.***

Adjective clause A dependent clause that functions to modify or describe the noun or direct object in the main clause. When the antecedent is uncertain or indefinite, the verb in the adjective clause is in the subjunctive.

Queremos contratar al candidato **que mandó su currículum ayer.**
*We want to hire the candidate **who sent his résumé yesterday.***

¿Conoce un buen restaurante **que esté cerca del teatro?**
*Do you know of a good restaurant **that's near the theater?***

Adverbial clause A dependent clause that functions to modify or describe a verb, an adjective, or another adverb. When the adverbial clause describes an action that has not yet happened or is uncertain, the verb in the adverbial clause is usually in the subjunctive.

Llamé a mi mamá **cuando me dieron la noticia.**
*I called my mom **when they gave me the news.***

El ejército está preparado **en caso de que haya un ataque.**
*The army is prepared **in case there is an attack.***

Noun clause A dependent clause that functions as a noun, often as the object of the main clause. When the main clause expresses will, emotion, doubt, or uncertainty, the verb in the noun clause is in the subjunctive (unless there is no change of subject).

José sabe **que mañana habrá un examen.**
*José knows **that tomorrow there will be an exam.***

Luisa dudaba **que la acompañáramos.**
*Luisa doubted **that we would go with her.***

COMPARATIVE A grammatical construction used with nouns, adjectives, verbs, or adverbs to compare people, objects, actions, or characteristics.

Tus clases son **menos interesantes** que las mías.
*Your classes are **less interesting** than mine.*

Como **más frutas** que verduras.
*I eat **more fruits** than vegetables.*

CONJUGATION A set of the forms of a verb for a specific tense or mood or the process by which these verb forms are presented.

PRETERITE CONJUGATION OF **CANTAR:**

cant**é**	cant**amos**
cant**aste**	cant**asteis**
cant**ó**	cant**aron**

CONJUNCTION A word used to connect words, clauses, or phrases.

Susana es de Cuba **y** Pedro es de España.
*Susana is from Cuba **and** Pedro is from Spain.*

No quiero estudiar, **pero** tengo que hacerlo.
*I don't want to study, **but** I have to.*

CONTRACTION The joining of two words into one. The only contractions in Spanish are **al** and **del**.

Mi hermano fue **al** concierto ayer.
*My brother went **to the** concert yesterday.*

Saqué dinero **del** banco.
*I took money **from the** bank.*

DIRECT OBJECT A noun or pronoun that directly receives the action of the verb.

Tomás lee **el libro**.   **La** pagó ayer.
*Tomás reads **the book**.   She paid **it** yesterday.*

GENDER The grammatical categorizing of certain kinds of words, such as nouns and pronouns, as masculine, feminine, or neuter.

MASCULINE
articles **el, un**
pronouns **él, lo, mío, éste, ése, aquél**
adjective **simpático**

FEMININE
articles **la, una**
pronouns **ella, la, mía, ésta, ésa, aquélla**
adjective **simpática**

IMPERSONAL EXPRESSION A third-person expression with no expressed or specific subject.

Es muy importante.   **Llueve** mucho.
It's very important.   *It's raining hard.*

Aquí **se habla** español.
*Spanish **is spoken** here.*

INDIRECT OBJECT A noun or pronoun that receives the action of the verb indirectly; the object, often a living being, to or for whom an action is performed.

Eduardo **le** dio un libro **a Linda**.
*Eduardo gave a book **to Linda**.*

La profesora **me** puso una C en el examen.
*The professor gave **me** a C on the test.*

INFINITIVE The basic form of a verb. Infinitives in Spanish end in **-ar**, **-er**, or **-ir**.

hablar	correr	abrir
to speak	*to run*	*to open*

INTERROGATIVE An adjective or pronoun used to ask a question.

¿**Quién** habla?   ¿**Cuántos** compraste?
Who is speaking?   *How many did you buy?*

¿**Qué** piensas hacer hoy?
What do you plan to do today?

MOOD A grammatical distinction of verbs that indicates whether the verb is intended to make a statement or command, or to express doubt, emotion, or condition contrary to fact.

Imperative mood Verb forms used to make commands.

Di la verdad.   **Caminen** ustedes conmigo.
Tell the truth.   *Walk with me.*

¡**Comamos** ahora!   ¡No lo **hagas**!
Let's eat now!   *Don't do it!*

Indicative mood Verb forms used to state facts, actions, and states considered to be real.

Sé que **tienes** el dinero.
I know that you have the money.

Subjunctive mood Verb forms used principally in subordinate (dependent) clauses to express wishes, desires, emotions, doubts, and certain conditions, such as contrary-to-fact situations.

Prefieren que **hables** en español.
*They prefer that **you speak** in Spanish.*

NOUN A word that identifies people, animals, places, things, and ideas.

hombre	gato
man	*cat*
México	casa
Mexico	*house*
libertad	libro
freedom	*book*

Glossary of Grammatical Terms

NUMBER A grammatical term that refers to singular or plural. Nouns in Spanish and English have number. Other parts of a sentence, such as adjectives, articles, and verbs, can also have number.

SINGULAR	PLURAL
una cosa	**unas** cosas
a thing	*some things*
el profesor	**los** profesores
the professor	*the professors*

PASSIVE VOICE A sentence construction in which the recipient of the action becomes the subject of the sentence. Passive statements emphasize the thing that was done or the person that was acted upon. They follow the pattern [*recipient*] + **ser** + [*past participle*] + **por** + [*agent*].

ACTIVE VOICE:

Juan **entregó** la tarea.
*Juan **turned in** the assignment.*

PASSIVE VOICE:

La tarea **fue entregada por** Juan.
*The assignment **was turned in by** Juan.*

PAST PARTICIPLE A past form of the verb used in compound tenses. The past participle may also be used as an adjective, but it must then agree in number and gender with the word it modifies.

Han **buscado** por todas partes.
*They have **searched** everywhere.*

Yo no había **estudiado** para el examen.
*I hadn't **studied** for the exam.*

Hay una ventana **abierta** en la sala.
*There is an **open** window in the living room.*

PERSON The form of the verb or pronoun that indicates the speaker, the one spoken to, or the one spoken about. In Spanish, as in English, there are three persons: first, second, and third.

PERSON	SINGULAR	PLURAL
1st	**yo** *I*	**nosotros/as** *we*
2nd	**tú, Ud.** *you*	**vosotros/as, Uds.** *you*
3rd	**él, ella** *he, she*	**ellos, ellas** *they*

PREPOSITION A word or words that describe(s) the relationship, most often in time or space, between two other words.

Anita es **de** California.
*Anita is **from** California.*

La chaqueta está **en** el carro.
*The jacket is **in** the car.*

PRESENT PARTICIPLE In English, a verb form that ends in *-ing*. In Spanish, the present participle ends in **-ndo**, and is often used with **estar** to form a progressive tense.

Está **hablando** por teléfono ahora mismo.
*He is **talking** on the phone right now.*

PRONOUN A word that takes the place of a noun or nouns.

Demonstrative pronoun A pronoun that takes the place of a specific noun.

Quiero **ésta**.
*I want **this one**.*

¿Vas a comprar **ése**?
*Are you going to buy **that one**?*

Juan prefirió **aquéllos**.
*Juan preferred **those** (over there).*

Object pronoun A pronoun that functions as a direct or indirect object of the verb.

Te digo la verdad.
*I'm telling **you** the truth.*

Me lo trajo Juan.
*Juan brought **it to me**.*

Possessive pronoun A pronoun that functions to show ownership or possession. Possessive pronouns are preceded by a definite article and agree in gender and number with the nouns they replace.

Perdí mi libro. ¿Me prestas el **tuyo**?
*I lost my book. Will you loan me **yours**?*

Las clases suyas son aburridas, pero **las nuestras** son buenísimas.
*Their classes are boring, but **ours** are great.*

Prepositional pronoun A pronoun that functions as the object of a preposition. Except for **mí, ti,** and **sí**, these pronouns are the same as subject pronouns. The adjective **mismo/a** may be added to express *myself, himself*, etc. After the preposition **con**, the forms **conmigo, contigo,** and **consigo** are used.

¿Es **para mí**?
*Is this **for me**?*

Iré **contigo**.
*I will go **with you**.*

Juan habló **de ella**.
*Juan spoke **about her**.*

Se lo regaló **a sí mismo**.
*He gave it **to himself**.*

Reflexive pronoun A pronoun that indicates that the action of a verb is performed by the subject on itself. These pronouns are often expressed in English with *-self: myself, yourself*, etc.

Yo **me** bañé.
*I **took a bath**.*

Elena **se** acostó.
*Elena **went to bed**.*

Relative pronoun A pronoun that connects a subordinate clause to a main clause.

El edificio **en el cual** vivimos es antiguo.
*The building **that** we live in is ancient.*

La mujer **de quien** te hablé acaba de renunciar.
*The woman **(whom)** I told you about just quit.*

Subject pronoun A pronoun that replaces the name or title of a person or thing, and acts as the subject of a verb.

Tú debes estudiar más.
***You** should study more.*

Él llegó primero.
***He** arrived first.*

SUBJECT A noun or pronoun that performs the action of a verb and is often implied by the verb.

María va al supermercado.
***María** goes to the supermarket.*

(Ellos) Trabajan mucho.
***They** work hard.*

Esos libros son muy caros.
***Those books** are very expensive.*

SUPERLATIVE A grammatical construction used to describe the most or the least of a quality when comparing a group of people, places, or objects.

Tina es **la menos simpática** de las chicas.
*Tina is **the least pleasant** of the girls.*

Tu coche es **el más rápido** de todos.
*Your car is **the fastest** one of all.*

Los restaurantes en Calle Ocho son **los mejores** de todo Miami.
*The restaurants on Calle Ocho are **the best** in all of Miami.*

Absolute superlatives Adjectives or adverbs combined with forms of the suffix **ísimo/a** in order to express the idea of extremely or very.

¡Lo hice **facilísimo**!
*I did it **so easily**!*

Ella es **jovencísima**.
*She is **very, very young**.*

TENSE A set of verb forms that indicates the time of an action or state: past, present, or future.

Compound tense A two-word tense made up of an auxiliary verb and a present or past participle. In Spanish, there are two auxiliary verbs: **estar** and **haber**.

En este momento, **estoy estudiando**.
*At this time, **I am studying**.*

El paquete no **ha llegado** todavía.
*The package **has** not **arrived** yet.*

Simple tense A tense expressed by a single verb form.

María **estaba** mal anoche.
*María **was** ill last night.*

Juana **hablará** con su mamá mañana.
*Juana **will speak** with her mom tomorrow.*

VERB A word that expresses actions or states of being.

Auxiliary verb A verb used with a present or past participle to form a compound tense. **Haber** is the most commonly used auxiliary verb in Spanish.

Los chicos **han** visto los elefantes.
*The children **have** seen the elephants.*

Espero que **hayas** comido.
*I hope you **have** eaten.*

Reflexive verb A verb that describes an action performed by the subject on itself and is always used with a reflexive pronoun.

Me compré un carro nuevo.
***I bought myself** a new car.*

Pedro y Adela **se levantan** muy temprano.
*Pedro and Adela **get (themselves) up** very early.*

Spelling-change verb A verb that undergoes a predictable change in spelling, in order to reflect its actual pronunciation in the various conjugations.

practicar	c→qu	practico	practiqué
dirigir	g→j	dirigí	dirijo
almorzar	z→c	almorzó	almorcé

Stem-changing verb A verb whose stem vowel undergoes one or more predictable changes in the various conjugations.

entender	(e:ie)	entiendo
pedir	(e:i)	piden
dormir	(o:ue, u)	duermo, durmieron

Verb conjugation tables

Guide to the Verb List and Tables

Below you will find the infinitive of the verbs introduced as active vocabulary in **Facetas**, as well as other common verbs. Each verb is followed by a model verb conjugated on the same pattern. The number in parentheses indicates where in the verb tables, pages A46–A53, you can find the conjugated forms of the model verb.

abrazar (z:c) like cruzar (37)

abrochar like hablar (1)

aburrir like vivir (3)

acabar like hablar (1)

acariciar like hablar (1)

acercar (c:qu) like tocar (43)

aclarar like hablar (1)

acompañar like hablar (1)

aconsejar like hablar (1)

acordar (o:ue) like contar (24)

acostar (o:ue) like contar (24)

acostumbrar like hablar (1)

actualizar (z:c) like cruzar (37)

adelgazar (z:c) like cruzar (37)

adjuntar like hablar (1)

adorar like hablar (1)

afeitar like hablar (1)

afincar (c:qu) like tocar (43)

agotar like hablar (1)

ahorrar like hablar (1)

aislar (aíslo) like enviar (39)

alargar (g:gu) like llegar (41)

alojar like hablar (1)

amar like hablar (1)

amenazar (z:c) like cruzar (37)

ampliar (amplío) like enviar (39)

anotar like hablar (1)

apagar (g:gu) like llegar (41)

aparecer (c:zc) like conocer (35)

aplaudir like vivir (3)

apoyar like hablar (1)

apreciar like hablar (1)

apuntar like hablar (1)

arrancar (c:qu) like tocar (43)

arreglar like hablar (1)

arrepentir (e:ie) like sentir (33)

arruinar like hablar (1)

ascender (e:ie) like entender (27)

asustar like hablar (1)

aterrizar (z:c) like cruzar (37)

atraer like traer (21)

atrapar like hablar (1)

atrever like comer (2)

aumentar like hablar (1)

averiguar like hablar (1)

bailar like hablar (1)

bajar like hablar (1)

bañar like hablar (1)

barrer like comer (2)

beber like comer (2)

bendecir (e:i) like decir (8)

besar like hablar (1)

borrar like hablar (1)

botar like hablar (1)

brindar like hablar (1)

burlar like hablar (1)

caber (4)

caer (y) (5)

calentar (e:ie) like pensar (30)

cancelar like hablar (1)

cazar (z:c) like cruzar (37)

celebrar like hablar (1)

cepillar like hablar (1)

clonar like hablar (1)

cobrar like hablar (1)

cocinar like hablar (1)

coger (g:j) like proteger (42)

colocar (c:qu) like tocar (43)

colonizar (z:c) like cruzar (37)

comer (2)

comerciar like hablar (1)

componer like poner (15)

comprobar (o:ue) like contar (24)

conducir (c:zc) (6)

conocer (c:zc) (35)

conquistar like hablar (1)

conseguir (e:i) like seguir (32)

conservar like hablar (1)

construir (y) like destruir (38)

contagiar like hablar (1)

contaminar like hablar (1)

contar (o:ue) (24)

contentar like hablar (1)

contraer like traer (21)

contratar like hablar (1)

contribuir (y) like destruir (38)

convertir (e:ie) like sentir (33)

coquetear like hablar (1)

correr like comer (2)

crear like hablar (1)

crecer (c:zc) like conocer (35)

creer (y) (36)

cruzar (z:c) (37)

cubrir like vivir (3) *except* past participle is cubierto

cuidar like hablar (1)

cumplir like vivir (3)

curar like hablar (1)

dar (7)

deber like comer (2)

decir (e:i) (8)

delatar like hablar (1)

denunciar like hablar (1)

depositar like hablar (1)

derribar like hablar (1)

derrocar (c:qu) like tocar (43)

derrotar like hablar (1)

desafiar (desafío) like enviar (39)

desaparecer (c:zc) like conocer (35)

desarrollar like hablar (1)

descansar like hablar (1)

descargar (g:gu) like llegar (41)

descubrir like vivir (3) *except* past participle is descubierto

desear like hablar (1)

deshacer like hacer (11)

deshojar like hablar (1)

despedir (e:i) like pedir (29)

despegar (g:gu) like llegar (41)

despertar (e:ie) like pensar (30)

destruir (y) (38)

detener (e:ie) like tener (20)

devolver (o:ue) like volver (34)

dibujar like hablar (1)

dirigir (g:j) like proteger (42) for endings only

disculpar like hablar (1)

discutir like vivir (3)

diseñar like hablar (1)

disfrutar like hablar (1)

disgustar like hablar (1)

disparar like hablar (1)

disponer like poner (15)

disputar like hablar (1)

distinguir (gu:g) like seguir (32) for endings only

distraer like traer (21)

divertir (e:ie) like sentir (33)

doler (o:ue) like volver (34) *except* past participle is regular

dormir (o:ue) (25)

duchar like hablar (1)

echar like hablar (1)

educar (c:qu) like tocar (43)

ejercer (c:z) like vencer (44)

elegir (e:i) (g:j) like proteger (42) for endings only

embalar like hablar (1)

emigrar like hablar (1)

empatar like hablar (1)

empeorar like hablar (1)

empezar (e:ie) (z:c) (26)

enamorar like hablar (1)

encabezar (z:c) like cruzar (37)

encantar like hablar (1)

encargar (g:gu) like llegar (41)

encender (e:ie) like entender (27)

enfermar like hablar (1)

engañar like hablar (1)

engordar like hablar (1)

ensayar like hablar (1)

entender (e:ie) (27)

enterar like hablar (1)

enterrar (e:ie) like pensar (30)

entregar (g:gu) like llegar (41)

entretener (e:ie) like tener (20)

enviar (envío) (39)

envolver (o:ue) like volver (34)

equivocar like tocar (43)

esclavizar (z:c) like cruzar (37)
escoger (g:j) like proteger (42)
esculpir like vivir (3)
espiar (espío) like enviar (39)
establecer (c:zc) like conocer (35)
estar (9)
estrellar like hablar (1)
exigir (g:j) like proteger (42)
  for endings only
explotar like hablar (1)
exportar like hablar (1)
expulsar like hablar (1)
extinguir like destruir (38)
fabricar (c:qu) like tocar (43)
faltar like hablar (1)
fascinar like hablar (1)
festejar like hablar (1)
fijar like hablar (1)
financiar like hablar (1)
florecer (o:zo) like conocer (35)
formular like hablar (1)
freír (e:i) (frío) like reír (31)
funcionar like hablar (1)
fusilar like hablar (1)
gastar like hablar (1)
gobernar (e:ie) like pensar (30)
grabar like hablar (1)
graduar (gradúo) (40)
guardar like hablar (1)
gustar like hablar (1)
haber (10)
habitar like hablar (1)
hablar (1)
hacer (11)
herir (e: ie) like sentir (33)
hervir (e:ie) like sentir (33)
hojear like hablar (1)
huir (y) like destruir (38)
humillar like hablar (1)
hundir like vivir (3)
importar like hablar (1)
impresionar like hablar (1)
imprimir like vivir (3)
inscribir like vivir (3)
insistir like vivir (3)
integrar like hablar (1)
interesar like hablar (1)
invadir like vivir (3)
inventar like hablar (1)
invertir (e:ie) like sentir (33)
investigar (g:gu) like llegar (41)
ir (12)

jubilar like hablar (1)
jugar (u:ue) (g:gu) (28)
jurar like hablar (1)
lastimar like hablar (1)
latir like vivir (3)
lavar like hablar (1)
levantar like hablar (1)
liberar like hablar (1)
lidiar like hablar (1)
limpiar like hablar (1)
llegar (g:gu) (41)
llevar like hablar (1)
llorar like hablar (1)
lograr like hablar (1)
luchar like hablar (1)
lucir (c:sz) like conducir (6)
malgastar like hablar (1)
manipular like hablar (1)
maquillar like hablar (1)
medir (e:i) like pedir (29)
meditar like hablar (1)
mejorar like hablar (1)
merecer (c:zc) like conocer (35)
meter like comer (2)
molar like hablar (1)
molestar like hablar (1)
morder (o:ue) like volver (34)
morir (o:ue) like dormir (25) *except*
  past participle is muerto
mudar like hablar (1)
narrar like hablar (1)
navegar (g:gu) like llegar (41)
necesitar like hablar (1)
obedecer (c:zc) like conocer (35)
ocultar like hablar (1)
odiar like hablar (1)
oír (y) (13)
olvidar like hablar (1)
opinar like hablar (1)
oponer like poner (15)
oprimir like vivir (3)
oscurecer (c:zc) like conocer (35)
parar like hablar (1)
parecer (c:zc) like conocer (35)
parpadear like hablar (1)
pedir (e:i) (29)
peinar like hablar (1)
pensar (e:ie) (30)
permanecer (c:zc) like conocer (35)
pertenecer (c:zc) like conocer (35)
pillar like hablar (1)
pintar like hablar (1)

poblar (o:ue) like contar (24)
poder (o:ue) (14)
poner (15)
preferir (e:ie) like sentir (33)
pregonar like hablar (1)
preocupar like hablar (1)
prestar like hablar (1)
prevenir (e:ie) like venir (22)
prever like ver (23)
probar (o:ue) like contar (24)
producir (c:sz) like conducir (6)
prohibir (prohíbo) like enviar (39)
  for endings only
proponer like poner (15)
proteger (g:j) (42)
protestar like hablar (1)
publicar (c:qu) like tocar (43)
quedar like hablar (1)
quejar like hablar (1)
querer (e:ie) (16)
quitar like hablar (1)
rascar like hablar (1)
recetar like hablar (1)
rechazar (z:c) like cruzar (37)
reciclar like hablar (1)
reclamar like hablar (1)
recomendar (e:ie) like pensar (30)
reconocer (c:zc) like conocer (35)
recorrer like comer (2)
recuperar like hablar (1)
reducir (c:zc) like conducir (6)
reflejar like hablar (1)
regalar like hablar (1)
regañar like hablar (1)
regresar like hablar (1)
rehacer like hacer (11)
reír (e:i) (31)
relajar like hablar (1)
rendir (e:i) like pedir (29)
renunciar like hablar (1)
reservar like hablar (1)
resolver (o:ue) like volver (34)
respirar like hablar (1)
retar like hablar (1)
retrasar like hablar (1)
retratar like hablar (1)
reunir like vivir (3)
rezar (z:c) like cruzar (37)
rodar (o:ue) like contar (24)
rogar (o:ue) like contar (24) for
  stem changes; (g:gu) like llegar
  (41) for endings

romper like comer (2) except past
  participle is roto
saber (17)
sacrificar (c:qu) like tocar (43)
salir (18)
salvar like hablar (1)
sanar like hablar (1)
secar (c:qu) like tocar (43)
seguir (e:i) (gu:g) (32)
seleccionar like hablar (1)
sentir (e:ie) (33)
señalar like hablar (1)
sepultar like hablar (1)
ser (19)
soler (o:ue) like volver (34)
solicitar like hablar (1)
sonar (o:ue) like contar (24)
soñar (o:ue) like contar (24)
sorprender like comer (2)
sostener (e:ie) like tener (20)
subir like vivir (3)
suceder like comer (2)
sufrir like vivir (3)
sugerir (e:ie) like sentir (33)
superar like hablar (1)
suponer like poner (15)
suprimir like vivir (3)
suscribir like vivir (3)
tardar like hablar (1)
tejer like comer (2)
tener (e:ie) (20)
tirar like hablar (1)
titular like hablar (1)
tocar (c:qu) (43)
tomar like hablar (1)
torear like hablar (1)
toser like comer (2)
traducir (c:zc) like conducir (6)
traer (21)
transmitir like vivir (3)
trasnochar like hablar (1)
tratar like hablar (1)
unir like vivir (3)
vacunar like hablar (1)
valer like salir (18) only for
  endings; imperative is vale
vencer (c:z) (44)
venir (e:ie) (22)
ver (23)
vestir (e:i) like pedir (29)
vivir (3)
volar (o:ue) like contar (24)
volver (o:ue) (34)
votar like hablar (1)

Verb conjugation tables

Regular verbs: simple tenses

Infinitive	INDICATIVE					SUBJUNCTIVE		IMPERATIVE
	Present	Imperfect	Preterite	Future	Conditional	Present	Past	
1 hablar **Participles:** hablando hablado	hablo hablas habla hablamos habláis hablan	hablaba hablabas hablaba hablábamos hablabais hablaban	hablé hablaste habló hablamos hablasteis hablaron	hablaré hablarás hablará hablaremos hablaréis hablarán	hablaría hablarías hablaría hablaríamos hablaríais hablarían	hable hables hable hablemos habléis hablen	hablara hablaras hablara habláramos hablarais hablaran	habla tú (no hables) hable Ud. hablemos hablad (no habléis) hablen Uds.
2 comer **Participles:** comiendo comido	como comes come comemos coméis comen	comía comías comía comíamos comíais comían	comí comiste comió comimos comisteis comieron	comeré comerás comerá comeremos comeréis comerán	comería comerías comería comeríamos comeríais comerían	coma comas coma comamos comáis coman	comiera comieras comiera comiéramos comierais comieran	come tú (no comas) coma Ud. comamos comed (no comáis) coman Uds.
3 vivir **Participles:** viviendo vivido	vivo vives vive vivimos vivís viven	vivía vivías vivía vivíamos vivíais vivían	viví viviste vivió vivimos vivisteis vivieron	viviré vivirás vivirá viviremos viviréis vivirán	viviría vivirías viviría viviríamos viviríais vivirían	viva vivas viva vivamos viváis vivan	viviera vivieras viviera viviéramos vivierais vivieran	vive tú (no vivas) viva Ud. vivamos vivid (no viváis) vivan Uds.

All verbs: compound tenses

PERFECT TENSES

INDICATIVE								SUBJUNCTIVE		
Present Perfect		Past Perfect		Future Perfect		Conditional Perfect		Present Perfect		Past Perfect
he has ha hemos habéis han	hablado comido vivido	había habías había habíamos habíais habían	hablado comido vivido	habré habrás habrá habremos habréis habrán	hablado comido vivido	habría habrías habría habríamos habríais habrían	hablado comido vivido	haya hayas haya hayamos hayáis hayan	hablado comido vivido	hubiera hubieras hubiera hubiéramos hubierais hubieran	hablado comido vivido

PROGRESSIVE TENSES

INDICATIVE				SUBJUNCTIVE	
Present Progressive	Past Progressive	Future Progressive	Conditional Progressive	Present Progressive	Past Progressive
estoy estás está estamos estáis están	estaba estabas estaba estábamos estabais estaban	estaré estarás estará estaremos estaréis estarán	estaría estarías estaría estaríamos estaríais estarían	esté estés esté estemos estéis estén	estuviera estuvieras estuviera estuviéramos estuvierais estuvieran

(each followed by: hablando / comiendo / viviendo)

Irregular verbs

Infinitive	INDICATIVE Present	Imperfect	Preterite	Future	Conditional	SUBJUNCTIVE Present	Past	IMPERATIVE
4 caber	**quepo** cabes cabe cabemos cabéis caben	cabía cabías cabía cabíamos cabíais cabían	**cupe** **cupiste** **cupo** **cupimos** **cupisteis** **cupieron**	**cabré** **cabrás** **cabrá** **cabremos** **cabréis** **cabrán**	**cabría** **cabrías** **cabría** **cabríamos** **cabríais** **cabrían**	**quepa** **quepas** **quepa** **quepamos** **quepáis** **quepan**	**cupiera** **cupieras** **cupiera** **cupiéramos** **cupierais** **cupieran**	cabe tú (no **quepas**) **quepa** Ud. **quepamos** cabed (no **quepáis**) **quepan** Uds.
Participles: cabiendo cabido								
5 caer	**caigo** caes cae caemos caéis caen	caía caías caía caíamos caíais caían	caí **caíste** **cayó** **caímos** **caísteis** **cayeron**	caeré caerás caerá caeremos caeréis caerán	caería caerías caería caeríamos caeríais caerían	**caiga** **caigas** **caiga** **caigamos** **caigáis** **caigan**	**cayera** **cayeras** **cayera** **cayéramos** **cayerais** **cayeran**	cae tú (no **caigas**) **caiga** Ud. (no **caiga**) **caigamos** caed (no **caigáis**) **caigan** Uds.
Participles: **cayendo** **caído**								
6 conducir (c:zc) **Participles:** conduciendo conducido	**conduzco** conduces conduce conducimos conducís conducen	conducía conducías conducía conducíamos conducíais conducían	**conduje** **condujiste** **condujo** **condujimos** **condujisteis** **condujeron**	conduciré conducirás conducirá conduciremos conduciréis conducirán	conduciría conducirías conduciría conduciríamos conduciríais conducirían	**conduzca** **conduzcas** **conduzca** **conduzcamos** **conduzcáis** **conduzcan**	**condujera** **condujeras** **condujera** **condujéramos** **condujerais** **condujeran**	conduce tú (no **conduzcas**) **conduzca** Ud. (no **conduzca**) **conduzcamos** conducid (no **conduzcáis**) **conduzcan** Uds.

7. dar
Participles: dando, dado

	INDICATIVE					SUBJUNCTIVE		IMPERATIVE
	Present	Imperfect	Preterite	Future	Conditional	Present	Past	
	doy	daba	di	daré	daría	dé	diera	
	das	dabas	diste	darás	darías	des	dieras	da tú (no des)
	da	daba	dio	dará	daría	dé	diera	dé Ud.
	damos	dábamos	dimos	daremos	daríamos	demos	diéramos	demos
	dais	dabais	disteis	daréis	daríais	deis	dierais	dad (no deis)
	dan	daban	dieron	darán	darían	den	dieran	den Uds.

8. decir (e:i)
Participles: diciendo, dicho

	INDICATIVE					SUBJUNCTIVE		IMPERATIVE
	Present	Imperfect	Preterite	Future	Conditional	Present	Past	
	digo	decía	dije	diré	diría	diga	dijera	
	dices	decías	dijiste	dirás	dirías	digas	dijeras	di tú (no digas)
	dice	decía	dijo	dirá	diría	diga	dijera	diga Ud.
	decimos	decíamos	dijimos	diremos	diríamos	digamos	dijéramos	digamos
	decís	decíais	dijisteis	diréis	diríais	digáis	dijerais	decid (no digáis)
	dicen	decían	dijeron	dirán	dirían	digan	dijeran	digan Uds.

9. estar
Participles: estando, estado

	INDICATIVE					SUBJUNCTIVE		IMPERATIVE
	Present	Imperfect	Preterite	Future	Conditional	Present	Past	
	estoy	estaba	estuve	estaré	estaría	esté	estuviera	
	estás	estabas	estuviste	estarás	estarías	estés	estuvieras	está tú (no estés)
	está	estaba	estuvo	estará	estaría	esté	estuviera	esté Ud.
	estamos	estábamos	estuvimos	estaremos	estaríamos	estemos	estuviéramos	estemos
	estáis	estabais	estuvisteis	estaréis	estaríais	estéis	estuvierais	estad (no estéis)
	están	estaban	estuvieron	estarán	estarían	estén	estuvieran	estén Uds.

10. haber
Participles: habiendo, habido

	INDICATIVE					SUBJUNCTIVE		IMPERATIVE
	Present	Imperfect	Preterite	Future	Conditional	Present	Past	
	he	había	hube	habré	habría	haya	hubiera	
	has	habías	hubiste	habrás	habrías	hayas	hubieras	
	ha	había	hubo	habrá	habría	haya	hubiera	
	hemos	habíamos	hubimos	habremos	habríamos	hayamos	hubiéramos	
	habéis	habíais	hubisteis	habréis	habríais	hayáis	hubierais	
	han	habían	hubieron	habrán	habrían	hayan	hubieran	

11. hacer
Participles: haciendo, hecho

	INDICATIVE					SUBJUNCTIVE		IMPERATIVE
	Present	Imperfect	Preterite	Future	Conditional	Present	Past	
	hago	hacía	hice	haré	haría	haga	hiciera	
	haces	hacías	hiciste	harás	harías	hagas	hicieras	haz tú (no hagas)
	hace	hacía	hizo	hará	haría	haga	hiciera	haga Ud.
	hacemos	hacíamos	hicimos	haremos	haríamos	hagamos	hiciéramos	hagamos
	hacéis	hacíais	hicisteis	haréis	haríais	hagáis	hicierais	haced (no hagáis)
	hacen	hacían	hicieron	harán	harían	hagan	hicieran	hagan Uds.

12. ir
Participles: yendo, ido

	INDICATIVE					SUBJUNCTIVE		IMPERATIVE
	Present	Imperfect	Preterite	Future	Conditional	Present	Past	
	voy	iba	fui	iré	iría	vaya	fuera	
	vas	ibas	fuiste	irás	irías	vayas	fueras	ve tú (no vayas)
	va	iba	fue	irá	iría	vaya	fuera	vaya Ud.
	vamos	íbamos	fuimos	iremos	iríamos	vayamos	fuéramos	vamos (no vayamos)
	vais	ibais	fuisteis	iréis	iríais	vayáis	fuerais	id (no vayáis)
	van	iban	fueron	irán	irían	vayan	fueran	vayan Uds.

13. oír (y)
Participles: oyendo, oído

	INDICATIVE					SUBJUNCTIVE		IMPERATIVE
	Present	Imperfect	Preterite	Future	Conditional	Present	Past	
	oigo	oía	oí	oiré	oiría	oiga	oyera	
	oyes	oías	oíste	oirás	oirías	oigas	oyeras	oye tú (no oigas)
	oye	oía	oyó	oirá	oiría	oiga	oyera	oiga Ud.
	oímos	oíamos	oímos	oiremos	oiríamos	oigamos	oyéramos	oigamos
	oís	oíais	oísteis	oiréis	oiríais	oigáis	oyerais	oíd (no oigáis)
	oyen	oían	oyeron	oirán	oirían	oigan	oyeran	oigan Uds.

Infinitive	Present	Imperfect	Preterite	Future	Conditional	Present	Past	IMPERATIVE
	INDICATIVE					**SUBJUNCTIVE**		

14 poder (o:ue)
Participles: **pudiendo**, podido

	Present	Imperfect	Preterite	Future	Conditional	Present	Past	IMPERATIVE
	puedo	podía	**pude**	**podré**	**podría**	**pueda**	**pudiera**	
	puedes	podías	**pudiste**	**podrás**	**podrías**	**puedas**	**pudieras**	**puede** tú (no **puedas**)
	puede	podía	**pudo**	**podrá**	**podría**	**pueda**	**pudiera**	**pueda** Ud.
	podemos	podíamos	**pudimos**	**podremos**	**podríamos**	podamos	**pudiéramos**	podamos
	podéis	podíais	**pudisteis**	**podréis**	**podríais**	podáis	**pudierais**	poded (no podáis)
	pueden	podían	**pudieron**	**podrán**	**podrían**	**puedan**	**pudieran**	**puedan** Uds.

15 poner
Participles: poniendo, **puesto**

	pongo	ponía	**puse**	**pondré**	**pondría**	**ponga**	**pusiera**	
	pones	ponías	**pusiste**	**pondrás**	**pondrías**	**pongas**	**pusieras**	**pon** tú (no **pongas**)
	pone	ponía	**puso**	**pondrá**	**pondría**	**ponga**	**pusiera**	**ponga** Ud.
	ponemos	poníamos	**pusimos**	**pondremos**	**pondríamos**	**pongamos**	**pusiéramos**	**pongamos**
	ponéis	poníais	**pusisteis**	**pondréis**	**pondríais**	**pongáis**	**pusierais**	poned (no **pongáis**)
	ponen	ponían	**pusieron**	**pondrán**	**pondrían**	**pongan**	**pusieran**	**pongan** Uds.

16 querer (e:ie)
Participles: queriendo, querido

	quiero	quería	**quise**	**querré**	**querría**	**quiera**	**quisiera**	
	quieres	querías	**quisiste**	**querrás**	**querrías**	**quieras**	**quisieras**	**quiere** tú (no **quieras**)
	quiere	quería	**quiso**	**querrá**	**querría**	**quiera**	**quisiera**	**quiera** Ud.
	queremos	queríamos	**quisimos**	**querremos**	**querríamos**	queramos	**quisiéramos**	queramos
	queréis	queríais	**quisisteis**	**querréis**	**querríais**	queráis	**quisierais**	quered (no queráis)
	quieren	querían	**quisieron**	**querrán**	**querrían**	**quieran**	**quisieran**	**quieran** Uds.

17 saber
Participles: sabiendo, sabido

	sé	sabía	**supe**	**sabré**	**sabría**	**sepa**	**supiera**	
	sabes	sabías	**supiste**	**sabrás**	**sabrías**	**sepas**	**supieras**	sabe tú (no **sepas**)
	sabe	sabía	**supo**	**sabrá**	**sabría**	**sepa**	**supiera**	**sepa** Ud.
	sabemos	sabíamos	**supimos**	**sabremos**	**sabríamos**	**sepamos**	**supiéramos**	**sepamos**
	sabéis	sabíais	**supisteis**	**sabréis**	**sabríais**	**sepáis**	**supierais**	sabed (no **sepáis**)
	saben	sabían	**supieron**	**sabrán**	**sabrían**	**sepan**	**supieran**	**sepan** Uds.

18 salir
Participles: saliendo, salido

	salgo	salía	salí	**saldré**	**saldría**	**salga**	saliera	
	sales	salías	saliste	**saldrás**	**saldrías**	**salgas**	salieras	**sal** tú (no **salgas**)
	sale	salía	salió	**saldrá**	**saldría**	**salga**	saliera	**salga** Ud.
	salimos	salíamos	salimos	**saldremos**	**saldríamos**	**salgamos**	saliéramos	**salgamos**
	salís	salíais	salisteis	**saldréis**	**saldríais**	**salgáis**	salierais	salid (no **salgáis**)
	salen	salían	salieron	**saldrán**	**saldrían**	**salgan**	salieran	**salgan** Uds.

19 ser
Participles: siendo, sido

	soy	**era**	**fui**	seré	sería	**sea**	**fuera**	
	eres	**eras**	**fuiste**	serás	serías	**seas**	**fueras**	**sé** tú (no **seas**)
	es	**era**	**fue**	será	sería	**sea**	**fuera**	**sea** Ud.
	somos	**éramos**	**fuimos**	seremos	seríamos	**seamos**	**fuéramos**	**seamos**
	sois	**erais**	**fuisteis**	seréis	seríais	**seáis**	**fuerais**	sed (no **seáis**)
	son	**eran**	**fueron**	serán	serían	**sean**	**fueran**	**sean** Uds.

20 tener (e:ie)
Participles: teniendo, tenido

	tengo	tenía	**tuve**	**tendré**	**tendría**	**tenga**	**tuviera**	
	tienes	tenías	**tuviste**	**tendrás**	**tendrías**	**tengas**	**tuvieras**	**ten** tú (no **tengas**)
	tiene	tenía	**tuvo**	**tendrá**	**tendría**	**tenga**	**tuviera**	**tenga** Ud.
	tanemos	teníamos	**tuvimos**	**tendremos**	**tendríamos**	**tengamos**	**tuviéramos**	**tengamos**
	tenéis	teníais	**tuvisteis**	**tendréis**	**tendríais**	**tengáis**	**tuvierais**	tened (no **tengáis**)
	tienen	tenían	**tuvieron**	**tendrán**	**tendrían**	**tengan**	**tuvieran**	**tengan** Uds.

Verb conjugation tables

Table 21–23

| Infinitive | INDICATIVE | | | | | SUBJUNCTIVE | | IMPERATIVE |
	Present	Imperfect	Preterite	Future	Conditional	Present	Past	
21 traer	traigo	traía	traje	traeré	traería	traiga	trajera	
	traes	traías	trajiste	traerás	traerías	traigas	trajeras	trae tú (no traigas)
	trae	traía	trajo	traerá	traería	traiga	trajera	traiga Ud.
	traemos	traíamos	trajimos	traeremos	traeríamos	traigamos	trajéramos	traigamos
Participles:	traéis	traíais	trajisteis	traeréis	traeríais	traigáis	trajerais	traed (no traigáis)
trayendo	traen	traían	trajeron	traerán	traerían	traigan	trajeran	traigan Uds.
traído								
22 venir (e:ie)	vengo	venía	vine	vendré	vendría	venga	viniera	
	vienes	venías	viniste	vendrás	vendrías	vengas	vinieras	ven tú (no vengas)
	viene	venía	vino	vendrá	vendría	venga	viniera	venga Ud.
Participles:	venimos	veníamos	vinimos	vendremos	vendríamos	vengamos	viniéramos	vengamos
viniendo	venís	veníais	vinisteis	vendréis	vendríais	vengáis	vinierais	venid (no vengáis)
venido	vienen	venían	vinieron	vendrán	vendrían	vengan	vinieran	vengan Uds.
23 ver	veo	veía	vi	veré	vería	vea	viera	
	ves	veías	viste	verás	verías	veas	vieras	ve tú (no veas)
	ve	veía	vio	verá	vería	vea	viera	vea Ud.
Participles:	vemos	veíamos	vimos	veremos	veríamos	veamos	viéramos	veamos
viendo	veis	veíais	visteis	veréis	veríais	veáis	vierais	ved (no veáis)
visto	ven	veían	vieron	verán	verían	vean	vieran	vean Uds.

Stem-changing verbs

Table 24–26

| Infinitive | INDICATIVE | | | | | SUBJUNCTIVE | | IMPERATIVE |
	Present	Imperfect	Preterite	Future	Conditional	Present	Past	
24 contar (o:ue)	cuento	contaba	conté	contaré	contaría	cuente	contara	
	cuentas	contabas	contaste	contarás	contarías	cuentes	contaras	cuenta tú (no cuentes)
	cuenta	contaba	contó	contará	contaría	cuente	contara	cuente Ud.
Participles:	contamos	contábamos	contamos	contaremos	contaríamos	contemos	contáramos	contemos
contando	contáis	contabais	contasteis	contaréis	contaríais	contéis	contarais	contad (no contéis)
contado	cuentan	contaban	contaron	contarán	contarían	cuenten	contaran	cuenten Uds.
25 dormir (o:ue)	duermo	dormía	dormí	dormiré	dormiría	duerma	durmiera	
	duermes	dormías	dormiste	dormirás	dormirías	duermas	durmieras	duerme tú (no duermas)
	duerme	dormía	durmió	dormirá	dormiría	duerma	durmiera	duerma Ud.
Participles:	dormimos	dormíamos	dormimos	dormiremos	dormiríamos	durmamos	durmiéramos	durmamos
durmiendo	dormís	dormíais	dormisteis	dormiréis	dormiríais	durmáis	durmierais	dormid (no durmáis)
dormido	duermen	dormían	durmieron	dormirán	dormirían	duerman	durmieran	duerman Uds.
26 empezar (e:ie) (z:c)	empiezo	empezaba	empecé	empezaré	empezaría	empiece	empezara	
	empiezas	empezabas	empezaste	empezarás	empezarías	empieces	empezaras	empieza tú (no empieces)
	empieza	empezaba	empezó	empezará	empezaría	empiece	empezara	empiece Ud.
	empezamos	empezábamos	empezamos	empezaremos	empezaríamos	empecemos	empezáramos	empecemos
Participles:	empezáis	empezabais	empezasteis	empezaréis	empezaríais	empecéis	empezarais	empezad (no empecéis)
empezando	empiezan	empezaban	empezaron	empezarán	empezarían	empiecen	empezaran	empiecen Uds.
empezado								

	Infinitive	INDICATIVE					SUBJUNCTIVE		IMPERATIVE
		Present	Imperfect	Preterite	Future	Conditional	Present	Past	
27	entender (e:ie)	entiendo	entendía	entendí	entenderé	entendería	entienda	entendiera	
		entiendes	entendías	entendiste	entenderás	entenderías	entiendas	entendieras	entiende tú (no entiendas)
		entiende	entendía	entendió	entenderá	entendería	entienda	entendiera	entienda Ud.
	Participles:	entendemos	entendíamos	entendimos	entenderemos	entenderíamos	entendamos	entendiéramos	entendamos
	entendiendo	entendéis	entendíais	entendisteis	entenderéis	entenderíais	entendáis	entendierais	entended (no entendáis)
	entendido	entienden	entendían	entendieron	entenderán	entenderían	entiendan	entendieran	entiendan Uds.
28	jugar (u:ue) (g:gu)	juego	jugaba	jugué	jugaré	jugaría	juegue	jugara	
		juegas	jugabas	jugaste	jugarás	jugarías	juegues	jugaras	juega tú (no juegues)
		juega	jugaba	jugó	jugará	jugaría	juegue	jugara	juegue Ud.
	Participles:	jugamos	jugábamos	jugamos	jugaremos	jugaríamos	juguemos	jugáramos	juguemos
	jugando	jugáis	jugabais	jugasteis	jugaréis	jugaríais	juguéis	jugarais	jugad (no juguéis)
	jugado	juegan	jugaban	jugaron	jugarán	jugarían	jueguen	jugaran	jueguen Uds.
29	pedir (e:i)	pido	pedía	pedí	pediré	pediría	pida	pidiera	
		pides	pedías	pediste	pedirás	pedirías	pidas	pidieras	pide tú (no pidas)
		pide	pedía	pidió	pedirá	pediría	pida	pidiera	pida Ud.
	Participles:	pedimos	pedíamos	pedimos	pediremos	pediríamos	pidamos	pidiéramos	pidamos
	pidiendo	pedís	pedíais	pedisteis	pediréis	pediríais	pidáis	pidierais	pedid (no pidáis)
	pedido	piden	pedían	pidieron	pedirán	pedirían	pidan	pidieran	pidan Uds.
30	pensar (e:ie)	pienso	pensaba	pensé	pensaré	pensaría	piense	pensara	
		piensas	pensabas	pensaste	pensarás	pensarías	pienses	pensaras	piensa tú (no pienses)
		piensa	pensaba	pensó	pensará	pensaría	piense	pensara	piense Ud.
	Participles:	pensamos	pensábamos	pensamos	pensaremos	pensaríamos	pensemos	pensáramos	pensemos
	pensando	pensáis	pensabais	pensasteis	pensaréis	pensaríais	penséis	pensarais	pensad (no penséis)
	pensado	piensan	pensaban	pensaron	pensarán	pensarían	piensen	pensaran	piensen Uds.
31	reír (e:i)	río	reía	reí	reiré	reiría	ría	riera	
		ríes	reías	reíste	reirás	reirías	rías	rieras	ríe tú (no rías)
		ríe	reía	rio	reirá	reiría	ría	riera	ría Ud.
	Participles:	reímos	reíamos	reímos	reiremos	reiríamos	riamos	riéramos	riamos
	riendo	reís	reíais	reísteis	reiréis	reiríais	riáis	rierais	reíd (no riáis)
	reído	ríen	reían	rieron	reirán	reirían	rían	rieran	rían Uds.
32	seguir (e:i) (gu:g)	sigo	seguía	seguí	seguiré	seguiría	siga	siguiera	
		sigues	seguías	seguiste	seguirás	seguirías	sigas	siguieras	sigue tú (no sigas)
		sigue	seguía	siguió	seguirá	seguiría	siga	siguiera	siga Ud.
	Participles:	seguimos	seguíamos	seguimos	seguiremos	seguiríamos	sigamos	siguiéramos	sigamos
	siguiendo	seguís	seguíais	seguisteis	seguiréis	seguiríais	sigáis	siguierais	seguid (no sigáis)
	seguido	siguen	seguían	siguieron	seguirán	seguirían	sigan	siguieran	sigan Uds.
33	sentir (e:ie)	siento	sentía	sentí	sentiré	sentiría	sienta	sintiera	
		sientes	sentías	sentiste	sentirás	sentirías	sientas	sintieras	siente tú (no sientas)
		siente	sentía	sintió	sentirá	sentiría	sienta	sintiera	sienta Ud.
	Participles:	sentimos	sentíamos	sentimos	sentiremos	sentiríamos	sintamos	sintiéramos	sintamos
	sintiendo	sentís	sentíais	sentisteis	sentiréis	sentiríais	sintáis	sintierais	sentid (no sintáis)
	sentido	sienten	sentían	sintieron	sentirán	sentirían	sientan	sintieran	sientan Uds.

Verb conjugation tables

34 volver (o:ue)
Participles: volviendo, vuelto

	INDICATIVE					SUBJUNCTIVE		IMPERATIVE
	Present	Imperfect	Preterite	Future	Conditional	Present	Past	
	vuelvo	volvía	volví	volveré	volvería	vuelva	volviera	
	vuelves	volvías	volviste	volverás	volverías	vuelvas	volvieras	vuelve tú (no vuelvas)
	vuelve	volvía	volvió	volverá	volvería	vuelva	volviera	vuelva Ud.
	volvemos	volvíamos	volvimos	volveremos	volveríamos	volvamos	volviéramos	volvamos
	volvéis	volvíais	volvisteis	volveréis	volveríais	volváis	volvierais	volved (no volváis)
	vuelven	volvían	volvieron	volverán	volverían	vuelvan	volvieran	vuelvan Uds.

Verbs with spelling changes only

35 conocer (c:zc)
Participles: conociendo, conocido

	INDICATIVE					SUBJUNCTIVE		IMPERATIVE
	Present	Imperfect	Preterite	Future	Conditional	Present	Past	
	conozco	conocía	conocí	conoceré	conocería	conozca	conociera	
	conoces	conocías	conociste	conocerás	conocerías	conozcas	conocieras	conoce tú (no conozcas)
	conoce	conocía	conoció	conocerá	conocería	conozca	conociera	conozca Ud.
	conocemos	conocíamos	conocimos	conoceremos	conoceríamos	conozcamos	conociéramos	conozcamos
	conocéis	conocíais	conocisteis	conoceréis	conoceríais	conozcáis	conocierais	conoced (no conozcáis)
	conocen	conocían	conocieron	conocerán	conocerían	conozcan	conocieran	conozcan Uds.

36 creer (y)
Participles: creyendo, creído

	INDICATIVE					SUBJUNCTIVE		IMPERATIVE
	Present	Imperfect	Preterite	Future	Conditional	Present	Past	
	creo	creía	creí	creeré	creería	crea	creyera	
	crees	creías	creíste	creerás	creerías	creas	creyeras	cree tú (no creas)
	cree	creía	creyó	creerá	creería	crea	creyera	crea Ud.
	creemos	creíamos	creímos	creeremos	creeríamos	creamos	creyéramos	creamos
	creéis	creíais	creísteis	creeréis	creeríais	creáis	creyerais	creed (no creáis)
	creen	creían	creyeron	creerán	creerían	crean	creyeran	crean Uds.

37 cruzar (z:c)
Participles: cruzando, cruzado

	INDICATIVE					SUBJUNCTIVE		IMPERATIVE
	Present	Imperfect	Preterite	Future	Conditional	Present	Past	
	cruzo	cruzaba	crucé	cruzaré	cruzaría	cruce	cruzara	
	cruzas	cruzabas	cruzaste	cruzarás	cruzarías	cruces	cruzaras	cruza tú (no cruces)
	cruza	cruzaba	cruzó	cruzará	cruzaría	cruce	cruzara	cruce Ud.
	cruzamos	cruzábamos	cruzamos	cruzaremos	cruzaríamos	crucemos	cruzáramos	crucemos
	cruzáis	cruzabais	cruzasteis	cruzaréis	cruzaríais	crucéis	cruzarais	cruzad (no crucéis)
	cruzan	cruzaban	cruzaron	cruzarán	cruzarían	crucen	cruzaran	crucen Uds.

38 destruir (y)
Participles: destruyendo, destruido

	INDICATIVE					SUBJUNCTIVE		IMPERATIVE
	Present	Imperfect	Preterite	Future	Conditional	Present	Past	
	destruyo	destruía	destruí	destruiré	destruiría	destruya	destruyera	
	destruyes	destruías	destruiste	destruirás	destruirías	destruyas	destruyeras	destruye tú (no destruyas)
	destruye	destruía	destruyó	destruirá	destruiría	destruya	destruyera	destruya Ud.
	destruimos	destruíamos	destruimos	destruiremos	destruiríamos	destruyamos	destruyéramos	destruyamos
	destruís	destruíais	destruisteis	destruiréis	destruiríais	destruyáis	destruyerais	destruid (no destruyáis)
	destruyen	destruían	destruyeron	destruirán	destruirían	destruyan	destruyeran	destruyan Uds.

39 enviar
Participles: enviando, enviado

	INDICATIVE					SUBJUNCTIVE		IMPERATIVE
	Present	Imperfect	Preterite	Future	Conditional	Present	Past	
	envío	enviaba	envié	enviaré	enviaría	envíe	enviara	
	envías	enviabas	enviaste	enviarás	enviarías	envíes	enviaras	envía tú (no envíes)
	envía	enviaba	envió	enviará	enviaría	envíe	enviara	envíe Ud.
	enviamos	enviábamos	enviamos	enviaremos	enviaríamos	enviemos	enviáramos	enviemos
	enviáis	enviabais	enviasteis	enviaréis	enviaríais	enviéis	enviarais	enviad (no enviéis)
	envían	enviaban	enviaron	enviarán	enviarían	envíen	enviaran	envíen Uds.

Verb Conjugation Tables

	INDICATIVE					SUBJUNCTIVE		IMPERATIVE
Infinitive	Present	Imperfect	Preterite	Future	Conditional	Present	Past	

40 graduar
Participles: graduando, graduado

Present	Imperfect	Preterite	Future	Conditional	Subj. Present	Subj. Past	Imperative
gradúo	graduaba	gradué	graduaré	graduaría	gradúe	graduara	
gradúas	graduabas	graduaste	graduarás	graduarías	gradúes	graduaras	gradúa tú (no gradúes)
gradúa	graduaba	graduó	graduará	graduaría	gradúe	graduara	gradúe Ud.
graduamos	graduábamos	graduamos	graduaremos	graduaríamos	graduemos	graduáramos	graduemos
graduáis	graduabais	graduasteis	graduaréis	graduaríais	graduéis	graduarais	graduad (no graduéis)
gradúan	graduaban	graduaron	graduarán	graduarían	gradúen	graduaran	gradúen Uds.

41 llegar (g:gu)
Participles: llegando, llegado

Present	Imperfect	Preterite	Future	Conditional	Subj. Present	Subj. Past	Imperative
llego	llegaba	llegué	llegaré	llegaría	llegue	llegara	
llegas	llegabas	llegaste	llegarás	llegarías	llegues	llegaras	llega tú (no llegues)
llega	llegaba	llegó	llegará	llegaría	llegue	llegara	llegue Ud.
llegamos	llegábamos	llegamos	llegaremos	llegaríamos	lleguemos	llegáramos	lleguemos
llegáis	llegabais	llegasteis	llegaréis	llegaríais	lleguéis	llegarais	llegad (no lleguéis)
llegan	llegaban	llegaron	llegarán	llegarían	lleguen	llegaran	lleguen Uds.

42 proteger (g:j)
Participles: protegiendo, protegido

Present	Imperfect	Preterite	Future	Conditional	Subj. Present	Subj. Past	Imperative
protejo	protegía	protegí	protegeré	protegería	proteja	protegiera	
proteges	protegías	protegiste	protegerás	protegerías	protejas	protegieras	protege tú (no protejas)
protege	protegía	protegió	protegerá	protegería	proteja	protegiera	proteja Ud.
protegemos	protegíamos	protegimos	protegeremos	protegeríamos	protejamos	protegiéramos	protejamos
protegéis	protegíais	protegisteis	protegeréis	protegeríais	protejáis	protegierais	proteged (no protejáis)
protegen	protegían	protegieron	protegerán	protegerían	protejan	protegieran	protejan Uds.

43 tocar (c:qu)
Participles: tocando, tocado

Present	Imperfect	Preterite	Future	Conditional	Subj. Present	Subj. Past	Imperative
toco	tocaba	toqué	tocaré	tocaría	toque	tocara	
tocas	tocabas	tocaste	tocarás	tocarías	toques	tocaras	toca tú (no toques)
toca	tocaba	tocó	tocará	tocaría	toque	tocara	toque Ud.
tocamos	tocábamos	tocamos	tocaremos	tocaríamos	toquemos	tocáramos	toquemos
tocáis	tocabais	tocasteis	tocaréis	tocaríais	toquéis	tocarais	tocad (no toquéis)
tocan	tocaban	tocaron	tocarán	tocarían	toquen	tocaran	toquen Uds.

44 vencer (c:z)
Participles: venciendo, vencido

Present	Imperfect	Preterite	Future	Conditional	Subj. Present	Subj. Past	Imperative
venzo	vencía	vencí	venceré	vencería	venza	venciera	
vences	vencías	venciste	vencerás	vencerías	venzas	vencieras	vence tú (no venzas)
vence	vencía	venció	vencerá	vencería	venza	venciera	venza Ud.
vencemos	vencíamos	vencimos	venceremos	venceríamos	venzamos	venciéramos	venzamos
vencéis	vencíais	vencisteis	venceréis	venceríais	venzáis	vencierais	venced (no venzáis)
vencen	vencían	vencieron	vencerán	vencerían	venzan	vencieran	venzan Uds.

45 esparcir (c:z)
Participles: esparciendo, esparcido

Present	Imperfect	Preterite	Future	Conditional	Subj. Present	Subj. Past	Imperative
esparzo	esparcía	esparcí	esparciré	esparciría	esparza	esparciera	
esparces	esparcías	esparciste	esparcirás	esparcirías	esparzas	esparcieras	esparce tú (no esparzas)
esparce	esparcía	esparció	esparcirá	esparciría	esparza	esparciera	esparza Ud.
esparcimos	esparcíamos	esparcimos	esparciremos	esparciríamos	esparzamos	esparciéramos	esparzamos
esparcís	esparcíais	esparcisteis	esparciréis	esparciríais	esparzáis	esparcierais	esparcid (no esparzáis)
esparcen	esparcían	esparcieron	esparcirán	esparcirían	esparzan	esparcieran	esparzan Uds.

46 extinguir (gu:g)
Participles: extinguiendo, extinguido

Present	Imperfect	Preterite	Future	Conditional	Subj. Present	Subj. Past	Imperative
extingo	extinguía	extinguí	extinguiré	extinguiría	extinga	extinguiera	
extingues	extinguías	extinguiste	extinguirás	extinguirías	extingas	extinguieras	extingue tú (no extingas)
extingue	extinguía	extinguió	extinguirá	extinguiría	extinga	extinguiera	extinga Ud.
extinguimos	extinguíamos	extinguimos	extinguiremos	extinguiríamos	extingamos	extinguiéramos	extingamos
extinguís	extinguíais	extinguisteis	extinguiréis	extinguiríais	extingáis	extinguierais	extinguid (no extingáis)
extinguen	extinguían	extinguieron	extinguirán	extinguirían	extingan	extinguieran	extingan Uds.

Guide to Vocabulary

This glossary contains the words and expressions listed on the **Vocabulario** page found at the end of each lesson in **Facetas**, as well as other useful vocabulary. A numeral following an entry indicates the lesson where the word or expression was introduced. Check the **Estructura** sections of each lesson for words and expressions related to those grammar topics.

Abbreviations used in this glossary

adj.	adjective	*f.*	feminine	*interj.*	interjection	*p.p.*	past participle	*sing.*	singular
adv.	adverb	*fam.*	familiar	*m.*	masculine	*prep.*	preposition	*v.*	verb
conj.	conjunction	*form.*	formal	*pl.*	plural	*pron.*	pronoun		

Note on alphabetization

For purposes of alphabetization, **ch** and **ll** are not treated as separate letters, but **ñ** follows **n**.

Español-Inglés

A

abogado/a *m., f.* lawyer
abrazar *v.* to hug; to hold **1**
abrir(se) *v.* to open; **abrirse paso** to make one's way
abrocharse *v.* to fasten; **abrocharse el cinturón de seguridad** to fasten one's seatbelt **5**
abstracto/a *adj.* abstract
aburrir *v.* to bore **2**
aburrirse *v.* to get bored **2**
acantilado *m.* cliff
acariciar *v.* to caress
acaso *adv.* perhaps
accidente *m.* accident; **accidente automovilístico** *m.* car accident **5**
aceituna *f.* olive **6**
acercarse (a) *v.* to approach **2**
aclarar *v.* to clarify
acoger *v.* to welcome; to take in; to receive
acompañar *v.* to come with
aconsejar *v.* to advise; to suggest **4**
acontecimiento *m.* event
acordar (o:ue) *v.* to agree **2**
acordarse (o:ue) (de) *v.* to remember **2**
acostarse (o:ue) *v.* to go to bed **2**
acostumbrado/a *adj.* accustomed to; **estar acostumbrado/a a** *v.* to be used to
acostumbrarse (a) *v.* to get used to; to grow accustomed (to) **3**
activista *m., f.* activist
acto: en el acto immediately; on the spot **3**
actual *adj.* current
actualidad *f.* current events
actualizado/a *adj.* up-to-date
actualizar *v.* to update
actualmente *adv.* currently
acuarela *f.* watercolor
adelantado/a *adj.* advanced
adelanto *m.* improvement **4**
adelgazar *v.* to lose weight **4**
adinerado/a *adj.* wealthy
adivinar *v.* to guess
adjuntar *v.* to attach; **adjuntar un archivo** to attach a file
administrar *v.* to manage; to run

ADN (ácido desoxirribonucleico) *m.* DNA
adorar *v.* to adore **1**
adornado/a *adj.* embellished
aduana *f.* customs; **agente de aduanas** customs agent **5**
advertencia *f.* warning
afeitarse *v.* to shave **2**
aficionado/a (a) *adj.* fond of; a fan (of) **2**; **ser aficionado/a de** to be a fan of
afincarse *v.* to settle down **5**
afligirse *v.* to get upset **3**
afortunado/a *adj.* lucky
agenda *f.* datebook **3**
agente *m., f.* agent; officer; **agente de aduanas** *m., f.* customs agent **5**
agnóstico/a *adj.* agnostic
agobiado/a *adj.* overwhelmed **1**
agotado/a *adj.* exhausted **4**
agotar *v.* to use up **6**
agradecimiento *m.* gratitude
¡Aguas! *interj.* Watch out! (*Méx.*)
aguja *f.* needle **4**
agujero *m.* hole; **agujero en la capa de ozono** *m.* hole in the ozone layer; **agujero negro** *m.* black hole
ahogarse *v.* to smother; to drown
ahorrar *v.* to save
ahorrarse *v.* to save oneself
ahorro *m.* savings
aislado/a *adj.* isolated **6**
aislar *v.* to isolate
ajedrez *m.* chess **2**
ala *m.* wing
alargar *v.* to drag out **1**
alba *f.* dawn; daybreak
albergue *m.* hostel **5**
álbum *m.* album **2**
alcalde/alcaldesa *m., f.* mayor
alcaldía *f.* mayorship
alcance *m.* reach; **al alcance** within reach; **al alcance de la mano** within reach
alcanzar *v.* to reach; to achieve; to succeed in
aldea *f.* village **4**
alegría *f.* joy
alimentación *f.* diet (nutrition) **4**
allá *adv.* there
alma (el) *f.* soul **1**
almohada *f.* pillow **5**
alojamiento *m.* lodging **5**

alojarse *v.* to stay **5**
alquilar *v.* to rent; **alquilar una película** to rent a movie **2**
alterar *v.* to modify; to alter
alternativas *f. pl.* options **3**
altiplano *m.* high plateau
altoparlante *m.* loudspeaker
amable *adj.* nice; kind
amado/a *m., f.* loved one; sweetheart **1**
amanecer *m.* sunrise; morning
amante *m., f.* lover, fan
amar *v.* to love **1**
ambiental *adj.* environmental **6**
ambos/as *pron., adj.* both
amenaza *f.* threat
amenazar *v.* to threaten **3**
amor *m.* love; **amor (no) correspondido** (un)requited love
ampliar *v.* to enlarge
amueblado/a *adj.* furnished
analgésico *m.* painkiller **2**
anciano/a *adj.* elderly
anciano/a *m., f.* elderly gentleman/lady
anfitrión/anfitriona *m., f.* host(ess)
anillo *m.* ring
animado/a *adj.* lively **2**
animar *v.* to cheer up; to encourage; **¡Anímate!** Cheer up! (*sing.*) **2**; **¡Anímense!** Cheer up! (*pl.*) **2**
ánimo *m.* spirit **1**
anotar (un gol/un punto) *v.* to score (a goal/a point) **2**
ansia *f.* anxiety **1**
ansioso/a *adj.* anxious **1**
antemano: de antemano *beforehand*
antena *f.* antenna; **antena parabólica** satellite dish
antes que nada first and foremost
antigüedad *f.* antiquity
antiguo/a *adj.* ancient
antipático/a *adj.* mean; unpleasant
anuncio *m.* advertisement; commercial
añadir *v.* to add
apagado/a *adj.* turned off
apagar *v.* to turn off **3**
aparecer *v.* to appear **1**
apenas *adv.* hardly; scarcely **3**
aplaudir *v.* to applaud **2**
apogeo *m.* height; highest level **5**
aportación *f.* contribution

apostar (o:ue) *v.* to bet
apoyar *v.* to support
apoyarse (en) *v.* to lean (on)
apuntar *v.* to aim
apreciado/a *adj.* appreciated
apreciar *v.* to appreciate **1**
aprendizaje *m.* learning
aprobación *f.* approval
aprobar (o:ue) *v.* to approve; to pass (*a class*); **aprobar una ley** to pass a law
aprovechar *v.* to make good use of; to take advantage of
apuesta *f.* bet
apuro: tener apuro to be in a hurry; to be in a rush
árbitro/a *m., f.* referee **2**
árbol *m.* tree **6**
archivo *m.* file; **bajar un archivo** to download a file
arduo *adj.* hard
arepa *f.* cornmeal cake
argumento *m.* plot
árido/a *adj.* arid
aristocrático/a *adj.* aristocratic
arma *f.* weapon **5**
armada *f.* navy
armado/a *adj.* armed
arqueología *f.* archaeology
arqueólogo/a *m., f.* archaeologist
arrancar *v.* to start (*a car/race*)
arrastrar *v.* to drag
arrecife *m.* reef **6**
arreglar *v.* to fix
arreglarse *v.* to get ready **3**
arreglárselas (para) *v.* to manage to **4**
arrepentirse (de) (e:ie) *v.* to repent **2**
arriesgar *v.* to risk
arriesgarse *v.* to risk; to take a risk
arroba *f.* @ symbol
arroyo *m.* stream
arruga *f.* wrinkle
arruinar *v.* to ruin **3**
artefacto *m.* artifact **5**
artesanía *f.* handicraft **3**
artesano/a *m., f.* artisan
asaltar *v.* to rob
ascender (e:ie) *v.* to rise; to be promoted
ascensor *m.* elevator **5**
asco *m.* revulsion; **dar asco** to be disgusting
asegurar *v.* to assure; to guarantee
asegurarse *v.* to make sure
aseo *m.* cleanliness; hygiene; **aseo personal** *m.* personal care
asesor(a) *m., f.* consultant; advisor
así *adv.* like this; so **3**
asiento *m.* seat **2**
asombrar *v.* to amaze
asombrarse *v.* to be astonished
asombro *m.* amazement; astonishment
asombroso/a *adj.* astonishing
aspecto *m.* appearance; look; **tener buen/mal aspecto** to look healthy/sick **4**
aspirina *f.* aspirin **4**
astronauta *m., f.* astronaut
astrónomo/a *m., f.* astronomer
asunto *m.* matter; topic
asustado/a *adj.* frightened; scared
asustar *v.* to scare
ataque cardiaco *m.* heart attack **4**
atar *v.* to tie (up)

ataúd *m.* casket
ateísmo *m.* atheism
ateo/a *adj.* atheist
aterrizar *v.* to land (an airplane) **5**
atletismo *m.* track-and-field events
atónito/a *adj.* astonished
atracción *f.* attraction
atraer *v.* to attract **1**
atrapar *v.* to trap; to catch **6**
atrasado/a *adj.* late **3**
atrasar *v.* to delay
atreverse (a) *v.* to dare (to) **2**
atropellar *v.* to run over
audiencia *f.* audience
aumentar *v.* to increase
aumento *m.* increase; raise; **aumento de sueldo** *m.* raise in salary
auricular *m.* telephone receiver
ausente *adj.* absent
auténtico/a *adj.* real; genuine **3**
autobiografía *f.* autobiography
autoestima *f.* self-esteem **4**
autoritario/a *adj.* strict; authoritarian **1**
autorretrato *m.* self-portrait
auxiliar de vuelo *m., f.* flight attendant
auxilio *m.* help; aid; **primeros auxilios** *m. pl.* first aid **4**
avance *m.* advance; breakthrough
avanzado/a *adj.* advanced
avaro/a *m., f.* miser
ave *f.* bird **6**
aventura *f.* adventure **5**
aventurero/a *m., f.* adventurer **5**
avergonzado/a *adj.* ashamed; embarrassed
avergonzar *v.* to embarrass
averiguar *v.* to find out **1**
avisar *v.* to inform; to warn
aviso *m.* notice; warning **5**
ayer (el) *m.* past **3**
azar *m.* chance

B

bailar *v.* to dance **1**
bailarín/bailarina *m., f.* dancer
bajar *v.* to lower
bajarse *v.* to get down/out **5**
bajos recursos *m., pl.* low-income
balcón *m.* balcony **3**
balón *m.* ball
bancario/a *adj.* banking
bancarrota *f.* bankruptcy
banda sonora *f.* soundtrack
bandera *f.* flag
bañarse *v.* to take a bath **2**
barato/a *adj.* cheap; inexpensive **3**
barbaridad *f.* outrageous thing
barrer *v.* to sweep **3**
barrio *m.* neighborhood
barro *m.* mud, clay
bastante *adv.* quite; enough **3**
basura *f.* trash
batalla *f.* battle **4**
bautismo *m.* baptism
beber *v.* to drink **1**
bellas artes *f., pl* fine arts
belleza *f.* beauty
bendecir (e:i) *v.* to bless
bendito/a *adj.* blessed **2**
beneficios *m. pl.* benefits

besar *v.* to kiss **1**
biblioteca *f.* library
bienestar *m.* well-being **4**
bienvenida *f.* welcome **5**
bilingüe *adj.* bilingual
billar *m.* billiards **2**
biografía *f.* biography
biólogo/a *m., f.* biologist
bioquímico/a *adj.* biochemical
bitácora *f.* travel log; weblog
blog *m.* blog
blogonovela *f.* blognovel
blogosfera *f.* blogosphere
bobo/a *m., f.* silly, stupid person
boleto *m.* ticket
boliche *m.* bowling **2**
bolsa *f.* bag; sack; stock market; **bolsa de valores** *f.* stock market
bombardeo *m.* bombing **6**
bondad *f.* goodness; **¿Tendría usted la bondad de +** *inf.*...**?** Could you please ...? (*form.*)
boquiabierto/a *adj.* openmouthed
bordo: a bordo *adv.* on board **5**
borrar *v.* to erase
bosque *m.* forest; **bosque lluvioso** *m.* rain forest **6**
bostezar *v.* to yawn
botar *v.* to throw... out
botarse *v.* to outdo oneself (*P. Rico; Cuba*)
brindar *v.* to make a toast **2**
brindis *m.* toast **3**
broma *f.* joke
bromear *v* to joke
brújula *f.* compass **5**
buceo *m.* scuba diving **5**
budista *adj.* Buddhist
bueno/a *adj.* good; **estar bueno/a** *v.* to (still) be good (i.e., *fresh*); **ser bueno/a** *v.* to be good (*by nature*); **¡Buen fin de semana!** Have a nice weekend!
búfalo *m.* buffalo
burla *f.* mockery
burlar *v.* to outsmart
burlarse (de) *v.* to make fun (of)
burocracia *f.* bureaucracy
buscador *m.* search engine
búsqueda *f.* search
buzón *m.* mailbox

C

caber *v.* to fit; **no caber duda** to be no doubt
cabina *f.* cockpit **5**
cabo *m.* cape; end (*rope, string*); **al fin y al cabo** sooner or later; after all; **llevar a cabo** to carry out (*an activity*)
cabra *f.* goat
cacique *m.* tribal chief
cadena *f.* network; **cadena de televisión** *f.* television network
caducar *v* to expire
caer(se) *v.* to fall **1**; **caer bien/mal** to get along well/badly with **2**
caja *f.* box
cajero/a *m., f.* cashier; **cajero automático** *m.* ATM
calentamiento global *m.* global warming **6**
calentar (e:ie) *v.* to warm up **3**
calidad *f.* quality

callado/a *adj.* quiet/silent
callarse *v.* to be quiet, silent
calmante *m.* tranquilizer 4
calmarse *v.* to calm down; to relax
calzoncillos *m. pl.* underwear (men's)
camarero/a *m., f.* waiter; waitress
cambiar *v* to change
cambio *m.* change; **a cambio de** in exchange for
camilla *f.* stretcher 4
camino de vuelta *m.* way back 5
camioneta *f.* pickup truck
campamento *m.* campground 5
campaña *f.* campaign
campeón/campeona *m., f.* champion 2
campeonato *m.* championship
campo *m.* ball field 5
campo *m.* countryside; field 6
canal *m.* channel; **canal de televisión** *m.* television channel
cancelar *v.* to cancel 5
cáncer *m.* cancer
cancha *f.* field
candidato/a *m., f.* candidate
cansancio *m.* exhaustion 3
cansarse *v.* to become tired
cantante *m., f.* singer 2
canto *m.* singing
capa *f.* layer; **capa de ozono** *f.* ozone layer 6
capaz *adj.* competent; capable
capilla *f.* chapel
capitán *m.* captain
capítulo *m.* chapter
caracterización *f.* characterization
cargo *m.* position; **estar a cargo de** to be in charge of 1
cariño *m.* affection 1
cariñoso/a *adj.* affectionate 1
carne *f.* meat; flesh
carné de conducir *m.* driver's license
carrera *f.* race 2
caro/a *adj.* expensive 3
cartas *f. pl.* (playing) cards 2
casado/a *adj.* married 1
cascada *f.* waterfall 6
casi *adv.* almost 3
  casi nunca *adv.* rarely 3
castigo *m.* punishment
casualidad *f.* chance; coincidence; **por casualidad** by chance 3
catástrofe *f.* catastrophe; disaster; **catástrofe natural** *f.* natural disaster
categoría *f.* category 5; **de buena categoría** *adj.* high quality 5
católico/a *adj.* Catholic
cazar *v.* to hunt 6
ceder *v.* give up
ceguera *f.* blindness 4
celda *f.* cell
celebrar *v.* to celebrate 2
celebridad *f.* celebrity
celos *m. pl.* jealousy; **tener celos de** to be jealous of 1
celoso/a *adj.* jealous 1
célula *f.* cell
cementerio *m.* cemetery
censura *f.* censorship
centavo *m.* cent
centro comercial *m.* mall 3

cepillarse *v.* to brush 2
cerdo *m.* pig 6
cerro *m.* hill
certeza *f.* certainty
certidumbre *f.* certainty
chiripazo *m.* coincidence (*Col.*) 4
chisme *m.* gossip
chiste *m.* joke 1
choque *m.* crash 3
choza *f.* hut
cicatriz *f.* scar
ciclo vital *m.* life cycle 4
cielorraso *m.* ceiling 4
ciencia ficción *f.* science fiction
científico/a *adj.* scientific
científico/a *m., f.* scientist
cierto/a *adj.* certain, sure; **¡Cierto!** Sure!; **No es cierto.** That's not so.
cima *f.* height 1
cine *m.* movie theater; cinema 2
cinta *f.* tape 1
cinturón *m.* belt; **cinturón de seguridad** *m.* seatbelt 5; **abrocharse el cinturón de seguridad** *v.* to fasten one's seatbelt; **ponerse (el cinturón)** *v.* to fasten (the seatbelt) 5; **quitarse (el cinturón)** *v.* to unfasten (the seatbelt) 5
circo *m.* circus 2
cirugía *f.* surgery 4
cirujano/a *m., f.* surgeon 4
cita *f.* date; quotation; **cita a ciegas** *f.* blind date 1
ciudadano/a *m., f.* citizen
civilización *f.* civilization
civilizado/a *adj.* civilized
claro *interj.* of course 3; **¡Claro que no!** *interj.* Of course not! 5
clásico/a *adj.* classic
claustro *m.* cloister
clave *f.* key
clima *m.* climate
clonar *v.* to clone
club *m.* club; **club deportivo** *m.* sports club 2
coartada *f.* alibi
cobertura *f.* (cell phone) service 5
cobrador(a) *m., f.* debt collector
cobrar *v.* to charge; to receive
cochinillo *m.* suckling pig
cocinar *v.* to cook 3
cocinero/a *m., f.* chef; cook
codo *m.* elbow
coger la caña *v.* to accept (*Col.*) 2
cohete *m.* rocket
cola *f.* line; tail; **hacer cola** to wait in line 2
coleccionar *v.* to collect
coleccionista *m., f.* collector
colgar (o:ue) *v.* to hang (up)
colina *f.* hill
colmena *f.* beehive
colocar *v.* to place (*an object*) 2
colonia *f.* colony
colonizar *v.* to colonize
columnista *m., f.* columnist
combatiente *m., f.* combatant
combustible *m.* fuel 6
comediante *m., f.* comedian 1
comensal *m., f.* dinner guest

comer *v.* to eat 1, 2
comerciar *v.* to trade
comerciante *m., f.* storekeeper; trader
comercio *m.* commerce; trade
comerse *v.* to eat up 2
comestible *adj.* edible; **planta comestible** *f.* edible plant
cometa *m.* comet
cómo *adv.* how; **¿Cómo así?** *expr.* How come? 2; **¡Cómo no!** Of course!; **¿Cómo que son...?** What do you mean they are...?
compañía *f.* company
competencia *f.* competition
completo/a *adj.* complete; filled up; **El hotel está completo.** The hotel is filled.
componer *v.* to compose 1
compositor(a) *m., f.* composer
comprobar (o:ue) *v.* to prove
compromiso *m.* awkward situation
compromiso *m.* commitment; responsibility 1
computación *f.* computer science
computadora portátil *f.* laptop
comunidad *f.* community 4
conciencia *f.* conscience
concierto *m.* concert 2
concursante *m., f.* contestant
conducir *v.* to drive 1
conductor(a) *m., f.* announcer
conejo *m.* rabbit 6
conferencia *f.* conference
confesar (e:ie) *v.* to confess
confianza *f.* trust; confidence 1
confundido/a *adj.* confused
confundir (con) *v.* to confuse (with)
confuso/a *adj.* blurred 1
congelado/a *adj.* frozen
congeniar *v.* to get along
congestionado/a *adj.* congested
congestionamiento *m.* traffic jam 5
conjunto *m.* collection; **conjunto (musical)** *m.* (musical) group, band
conmovedor(a) *adj.* moving
conocer *v.* to know 1
conocimiento *m.* knowledge
conquista *f.* conquest
conquistador(a) *m., f.* conquistador; conqueror
conquistar *v.* to conquer
conseguir (e:) *v.* to obtain; **conseguir boletos/entradas** *v.* to get tickets 2
conservador(a) *adj.* conservative
conservador(a) *m., f.* curator
conservar *v.* to conserve; to preserve 6
considerar *v.* to consider; **Considero que...** In my opinion, ...
consiguiente *adj.* resulting; consequent; **por consiguiente** consequently; as a result
construir *v.* to build
consulado *m.* consulate
consulta *f.* doctor's appointment 4
consultorio *m.* doctor's office 4
consumo *m.* consumption; **consumo de energía** *m.* energy consumption
contador(a) *m., f.* accountant
contagiarse *v.* to become infected 4
contaminación *f.* pollution; contamination 6
contaminar *v.* to pollute; to contaminate 6
contemporáneo/a *adj.* contemporary

contentarse con *v.* to be contented/ satisfied with **1**

continuación *f.* sequel

contra *prep.* against; **en contra** *prep.* against

contraer *v.* to contract **1**

contraseña *f.* password

contratar *v.* to hire **5**

contrato *m.* contract

contribuir (a) *v.* to contribute **6**

control remoto *m.* remote control

controvertido/a *adj.* controversial

contundente *adj.* filling; heavy

convertirse (en) (e:ie) *v.* to become **2**

copa *f.* (drinking) glass **3; Copa del mundo** World Cup

coquetear *v.* to flirt **1**

coraje *m.* courage

corazón *m.* heart **1**

cordillera *f.* mountain range **6**

cordura *f.* sanity **4**

coro *m.* choir; chorus

corrector ortográfico *m.* spell-checker

correr a cargo de *v.* to be paid by **5**

corresponsal *m., f.* correspondent

corrida *f.* bullfight **2**

corrido (de) *adv.* non-stop

corriente *f.* movement

corrupción *f.* corruption

corte *m.* cut; **de corte ejecutivo** of an executive nature

corto *m.* short film

cortometraje *m.* short film

cosecha *f.* harvest

costa *f.* coast **6**

costoso/a *adj.* costly; expensive

costumbre *f.* custom; habit **3**

cotidiano/a *adj.* everyday **3; vida cotidiana** *f.* everyday life

crear *v.* to create

creatividad *f.* creativity

crecer *v.* to grow **1**

crecimiento *m.* growth

creencia *f.* belief

creer (en) *v.* to believe (in); **No creas.** Don't you believe it.

cretino/a *adj.* idiot **5**

creyente *m., f.* believer

cristiano/a *adj.* Christian

crítico/a *m., f.* critic; *adj.* critical **crítico/a de cine** movie critic

crucero *m.* cruise (ship) **5**

cruzar *v.* to cross

cuadro *m.* painting **3**

cubismo *m.* cubism

cubrirse *v.* to cover

cuenta *f.* calculation, sum; bill; account; **a final de cuentas** after all; **cuenta corriente** *f.* checking account; **cuenta de ahorros** savings account; **tener en cuenta** to keep in mind

cuento *m.* short story

cuerpo *m.* body, **cuerpo y alma** heart and soul

cueva *f.* cave

cuidado *m.* care **1; bien cuidado/a** well-kept

cuidadoso/a *adj.* careful **1**

cuidar *v.* to take care of **1**

cuidarse *v.* to take care of oneself

culpa *f.* guilt/fault

culpable *adj.* guilty

cultivar *v.* to grow

culto *m.* worship

culto/a *adj.* cultured; educated; refined

cultura *f.* culture; **cultura popular** *f.* pop culture

cumbre *f.* summit; peak

cumpleañero/a *m., f.* birthday boy/girl **1**

cumplir *v.* to carry out, to fulfill

cura *m.* priest

curarse *v.* to heal; to be cured **4**

curativo/a *adj.* healing **4**

currículum vitae *m.* résumé

D

dañino/a *adj.* harmful **6 dar** *v.* to give; **dar a** to look out upon; **dar asco** to be disgusting; **dar de comer** to feed **6; dar el alta** to discharge (from the hospital) **5; dar el primer paso** to take the first step; **dar la gana** to feel like; **dar la vuelta (al mundo)** to go around (the world); **dar paso a** to give way to; **dar un paseo** to take a stroll/walk **2; dar una vuelta** to take a walk/stroll; **darse cuenta** to realize **2; darse por aludido/a** to realize/ assume that one is being referred to; **darse por vencido** to give up; **dar(le) vueltas a un asunto** to beat around the bush **4**

dardos *m. pl.* darts **2**

dato *m.* piece of data

de repente *adv.* suddenly **3**

de terror *adj.* horror (*story/novel*)

deber *m.* duty

deber *v.* to owe **2; deber dinero** to owe money

deber + inf. *v.* ought + *inf.*

década *f.* decade

decir (e:i) *v.* to say **1; ¡No me diga!** You must be kidding!

deforestación *f.* deforestation **6**

dejar *v.* to leave; to allow; **dejar a alguien** to leave someone **1; dejar de fumar** quit smoking **4; dejar en paz** to leave alone

delatar *v.* to denounce **3**

demás: los/las demás *pron.* others; other people

demasiado/a *adj., adv.* too; too much

demora *f.* delay

demorar *v.* to delay

denunciar *v.* to denounce

deportista *m., f.* athlete **2**

depositar *v.* to deposit

depresión *f.* depression **4**

deprimido/a *adj.* depressed **1**

derecho *m.* law; right; **derechos civiles** *m.* civil rights; **derechos humanos** *m.* human rights

derramar *v.* to spill

derribar *v.* to bring down; to overthrow

derrocar *v.* to overthrow

derrota *f.* defeat

derrotado/a *adj.* defeated

derrotar *v.* to defeat

desafiante *adj.* challenging **4**

desafiar *v.* to challenge **2**

desafío *m.* challenge

desanimado/a *adj.* discouraged

desanimarse *v.* to get discouraged

desánimo *m.* the state of being discouraged **1**

desaparecer *v.* to disappear **1, 6**

desarrollado/a *adj.* developed

desarrollarse *v.* to take place

desarrollo *m.* development **6; país en vías de desarrollo** *m.* developing country

desasosiego *m.* (feeling of) unease **5**

desatar *v.* to untie

descansar *v.* to rest **4**

descanso *m.* rest

descarado/a *adj.* rude

descargar *v.* to download; to unload

descendiente *m., f.* descendent

desconocido/a *m., f.* stranger; *adj.* unknown

descubridor(a) *m., f.* discoverer

descubrimiento *m.* discovery

descubrir *v.* discover

desear *v.* to desire; to wish **4**

desechable *adj.* disposable **6**

desempleado/a *adj.* unemployed

desempleo *m.* unemployment

desenlace *m.* ending

deseo *m.* wish **1**

deshacer *v.* to undo **1**

deshecho/a *adj.* devastated

deshojar *v.* to pull out petals **3**

desierto *m.* desert **6**

desigual *adj.* unequal

desilusión *f.* disappointment

desmayarse *v.* to faint **4**

despacho *m.* office

despedida *f.* farewell **5**

despedido/a *adj.* fired

despedir (e:i) *v.* to fire

despedirse (e:i) *v.* to say goodbye **3**

despegar *v.* to take off **5**

despertarse (e:ie) *v.* to wake up **2**

despreocupado/a *adj.* carefree

destacado/a *adj.* prominent

destacar *v.* to emphasize; to point out

destino *m.* destination **5**

destrozar *v.* to destroy

destruir *v.* to destroy **6**

detallito *m.* a little something **6**

detener(se) *v.* to stop **4**

detestar *v.* to detest

deuda *f.* debt

devolver (o:ue) *v.* to return (*items*) **3**

devoto/a *adj.* pious

de ninguna manera *expr.* No way!

día *m.* day; **estar al día con las noticias** to keep up with the news

diamante *m.* diamond

diario *m.* newspaper

diario/a *adj.* daily **3**

dibujar *v.* to draw

dictador(a) *m., f.* dictator

dictadura *f.* dictatorship

didáctico/a *adj.* educational

dieta *f.* diet; **estar a dieta** to be on a diet **4**

digestión *f.* digestion

digital *adj.* digital

digno/a *adj.* worthy **6**

diluvio *m.* heavy rain

dinero *m.* money; **dinero en efectivo** cash **3**

Dios *m.* God; **¡Por Dios!** For God's sake! **4**

Vocabulary

dios(a) *m., f.* god/goddess **5**
diputado/a *m., f.* representative
disculpa *f.* apology **3**
disparar *v.* to shoot
disputar *v.* to play
dirección de correo electrónico *f.* e-mail address
directo/a *adj.* direct; **en directo** *adj.* live
director(a) *m., f.* director
dirigir *v.* to direct; to manage **1**
discoteca *f.* discotheque; dance club **2**
discriminación *f.* discrimination
discriminado/a *adj.* discriminated
disculpar *v.* to excuse
discurso *m.* speech; **pronunciar un discurso** to give a speech
discutir *v.* to argue **1**
diseñar *v.* to design
disfraz *m.* costume
disfrazado/a *adj.* disguised; in costume
disfrutar (de) *v.* to enjoy **2**
disgustado/a *adj.* upset **1**
disgustar *v.* to upset **2**
disminuir *v* to decrease
disponer (de) *v.* to have; to make use of **3**
disponerse a *v.* to be about to **6**
disponible *adj.* available
distinguido/a *adj.* honored
distinguir *v.* to distinguish **1**
distraer *v.* to distract **1**
distraído/a *adj.* distracted
disturbio *m.* riot
diversidad *f.* diversity **4**
divertido/a *adj.* fun **2**
divertirse (e:ie) *v.* to have fun **2**
divorciado/a *adj.* divorced **1**
divorcio *m.* divorce **1**
doblado/a *adj.* dubbed
doblaje *m.* dubbing (film)
doblar *v.* to dub (film); to fold; to turn (*a corner*)
documental *m.* documentary
dolencia *f.* illness; condition
doler (o:ue) *v.* to hurt; to ache **2**
dominio *m.* rule
dominó *m.* dominoes
dormir (o:ue) *v.* to sleep **2**
dormirse (o:ue) *v.* to go to sleep, to fall asleep **2**
dramaturgo/a *m., f.* playwright
ducharse *v.* to take a shower **2**
duda *f.* doubt; **¡Sin duda!** Definitely!
dueño/a *m., f.* owner
duro/a *adj.* hard; difficult

E

echar *v.* to throw away; **echar un vistazo** to take a look; **echar a correr** to take off running
ecosistema *m.* ecosystem **6**
ecoturismo *m.* ecotourism **5**
Edad Media *f.* Middle Ages
educar *v.* to raise; to bring up **1**
efectivo *m.* cash
efectos especiales *m., pl.* special effects
efectos secundarios *m., pl.* side effects **4**
eficiente *adj.* efficient
ejecutivo/a *m., f.* executive; **de corte ejecutivo** of an executive nature

ejercer *v.* to exercise
ejército *m.* army
electoral *adj.* electoral
electrónico/a *adj.* electronic
elegido/a *adj.* chosen; elected
elegir (e:i) *v.* to elect; to choose
embajada *f.* embassy
embajador(a) *m., f.* ambassador
embalarse *v.* to go too fast
embarazo *m.* pregnancy **4**
embarcar *v.* to board
emigrar *v.* to emigrate
emisión *f.* broadcast; **emisión en vivo/directo** *f.* live broadcast
emisora *f.* (radio) station
emocionado/a *adj.* excited **1**
empatar *v.* to tie (*games*) **2**
empate *m.* tie (*game*) **2**
empeorar *v.* to deteriorate; to get worse **4**
emperador *m* emperor
emperatriz *f.* empress
empezar (e:ie) *v.* to begin
empleado/a *adj.* employed
empleado/a *m., f.* employee
empleo *m.* employment; job
empresa *f.* company; **empresa multinacional** *f.* multinational company
empresario/a *m., f.* entrepeneur
empujar *v.* to push
en línea *adj.* online
enamorado/a (de) *adj.* in love (with) **1**
enamorarse (de) *v.* to fall in love (with) **1**
encabezar *v.* to lead
encantar *v.* to like very much **2**
encarcelado/a *adj.* imprisoned/incarcerated
encargado/a *m., f.* person in charge; **estar encargado/a de** to be in charge of **1**
encargar *v.* to commission; **encargarse de** to be in charge of **1**
encender (e:ie) *v.* to turn on **3**
encogerse *v.* shrink; **encogerse de hombros** to shrug
energía *f.* energy; **energía eólica** *f.* wind energy; wind power; **energía nuclear** *f.* nuclear energy
enérgico/a *adj.* energetic
enfermarse *v.* to get sick **4**
enfermedad *f.* disease; illness **4**
enfermero/a *m., f.* nurse **4**
engañar *v.* to betray
engordar *v.* to gain weight **4**
enlace *m.* link
enojo *m.* anger
enrojecer *v.* to turn red; to blush
ensayar *v.* to rehearse
ensayista *m., f.* essayist
ensayo *m.* essay; rehearsal
enseguida *adv.* right away **3**
enseñanza *f.* teaching; lesson
entender (e:ie) *v.* to understand
enterarse (de) *v.* to become informed (about)
enterrado/a *adj.* buried
enterrar (e:ie) *v.* to bury
entonces *adv.* then; **en aquel entonces** at that time **3**
entrada *f.* admission ticket
entrega *f.* delivery
entregar un premio *v.* to award
entrenador(a) *m., f.* coach; trainer **2**

entretener(se) (e:ie) *v.* to entertain, to amuse (oneself); to be held up **1, 2**
entretenido/a *adj.* entertaining **2**
entrevista *f.* interview; **entrevista de trabajo** *f.* job interview
enviar *v.* to send
envolver *v.* to wrap **6**
eólico/a *adj.* related to the wind; **energía eólica** *f.* wind energy; wind power
episodio *m.* episode; **episodio final** *m.* final episode
época *f.* era; epoch; historical period
equipaje *m.* luggage **5**
equipo *m.* team **2**
equivocarse *v.* to be mistaken; to make a mistake **2**
erosión *f.* erosion **6**
erudito/a *adj.* learned
esbozar *v.* to sketch
esbozo *m.* outline; sketch
escalada *f.* climb (*mountain*)
escalador(a) *m., f.* climber
escalera *f.* staircase **3**
escena *f.* scene
escenario *m.* scenery; stage **2**
esclavitud *f.* slavery
esclavizar *v.* enslave
esclavo/a *m., f.* slave
escoba *f.* broom
escoger *v.* to choose **1**
escritura *f.* writing
esculpir *v.* to sculpt
escultor(a) *m., f.* sculptor
escultura *f.* sculpture
esfuerzo *m.* effort
espacial *adj.* related to space; **transbordador espacial** *m.* space shuttle
espacio *m.* space
espacioso/a *adj.* spacious
espalda *f.* back; **a mis espaldas** behind my back; **estar de espaldas a** to have one's back to
espantar *v.* to scare
especialista *m., f.* specialist
especializado/a *adj.* specialized
especie *f.* species **6**; **especie en peligro de extinción** *f.* endangered species
espectáculo *m.* show **2**
espectador(a) *m., f.* spectator **2**
espejo retrovisor *m.* rearview mirror
espera *f.* wait
esperanza *f.* hope **6**
espía *m., f.* spy **1**
espiar *v.* to spy **1**
espuma *f.* foam **5**
espiritual *adj.* spiritual
estabilidad *f.* stability
establecer(se) *v.* to establish (oneself)
estado de ánimo *m.* mood **4**
estallido *m.* explosion
estar *v.* to be; **estar al día** to be up-to-date; **estar bajo presión** to be under stress/pressure; **estar bueno/a** to be good (i.e., *fresh*); **estar a cargo de** to be in charge of; **estar harto/a (de)** to be fed up (with); to be sick (of) **1**; **estar lleno** to be full **5**; **estar al tanto** to be informed; **estar resfriado/a** to have a cold **4**
estatal *adj.* public; pertaining to the state
estibador de puerto *m.* longshoreman **4**

estilo *m.* style; **al estilo de...** in the style of ...

estrecho/a *adj.* narrow

estrella *f.* star; **estrella fugaz** *f.* shooting star; **estrella** *f.* (movie) star [*m/f*]; **estrella pop** [*m/f*]

estrellar(se) *v.* to crash **1**

estreno *m.* premiere; debut **2**

estrofa *f.* stanza

estudio *m.* studio; **estudio de grabación** *m.* recording studio

etapa *f.* stage; phase

eterno/a *adj.* eternal

ético/a *adj.* ethical; **poco ético/a** unethical

etiqueta *f.* label; tag

excitante *adj.* exciting

excursión *f.* excursion; tour **5**

exigir *v.* to demand **1, 4**

exilio político *m.* political exile

éxito *m.* success

exitoso/a *adj.* successful

exótico/a *adj.* exotic

expediente *m.* investigation **5**

experiencia *f.* experience

experimentar *v.* to experience; to feel

experimento *m.* experiment

exploración *f.* exploration

explorar *v.* to explore

explotación *f.* exploitation

explotar *v.* to exploit

exportaciones *f., pl.* exports

exportar *v.* to export

exposición *f.* exhibition

expresionismo *m.* expressionism

expulsar *v.* to expel

extinguir *v.* to extinguish

extinguirse *v.* to become extinct **6**

extrañar *v.* to miss; **extrañar a (alguien)** to miss (someone); **extrañarse de algo** to be surprised about something

extraterrestre *m., f.* alien

F

fábrica *f.* factory

fabricar *v.* to manufacture; to make

facciones *f.* facial features **3**

factor *m.* factor; **factores de riesgo** *m. pl.* risk factors

factura *f.* bill

falda *f.* skirt

fallecer *v* to die

falso/a *adj.* insincere **1**

faltar *v.* to lack; to need **2**

fama *f.* fame; **tener buena/mala fama** to have a good/bad reputation

familiar *m., f.* relative **6**

famoso/a *adj.* famous; **hacerse famoso** *v.* to become famous

fascinar *v.* to fascinate; to like very much **2**

fatiga *f.* fatigue; weariness

fatigado/a *adj.* exhausted **3**

favor *m.* favor; **hacer el favor** to do someone the favor

fe *f.* faith

fecha *f.* date

felicidad *f.* happiness; **¡Felicidades a todos!** Congratulations to all!

feliz *adj.* happy

feria *f.* fair **2**

festejar *v.* to celebrate **2**

festival *m.* festival **2**

fiabilidad *f.* reliability

fiebre *f.* fever **4**

fijarse *v.* to notice; **fijarse en** to take notice of **2**

fijo/a *adj.* permanent; fixed

fin *m.* end; **al fin y al cabo** sooner or later; after all

final: al final de cuentas after all

financiar *v.* to finance

financiero/a *adj.* financial

finanza(s) *f.* finance(s)

firma *f.* signature

firmar *v.* to sign

físico/a *m., f.* physicist

flexible *adj.* flexible

florecer *v.* to flower **6**

fondo *m.* bottom; **a fondo** *adv.* thoroughly

forma *f.* form; shape; **mala forma física** *f.* bad physical shape

formular *v.* to formulate

fortaleza *f.* strength

forzado/a *adj.* forced

fraile *m.* friar

frasco *m.* flask

freír (e:i) *v.* to fry **3**

frontera *f.* border **5**

fuente *f.* fountain; source; **fuente de energía** energy source **6**

fuerza *f.* force; **fuerza laboral** labor force; **fuerzas armadas** *f., pl.* armed forces

fulano/a *m., f.* so-and-so

función *f.* performance (*theater/movie*) **2**

funcionar *v.* to work

fusil *m.* rifle

fusilar *v.* shoot, execute by firing squad

futurístico/a *adj.* futuristic

G

gana *f.* desire; **sentir/tener ganas de** to want to; to feel like

ganador/a *m., f.* winner **6**

ganar *v.* to win; **ganarse la vida** to earn a living; **ganar bien/mal** to be well/poorly paid; **ganar las elecciones** to win an election; **ganar un partido** to win a game **1**

ganga *f.* bargain **3**

gastar *v.* to spend

gen *m.* gene

generar *v.* to produce; to generate

generoso/a *adj.* generous

genética *f.* genetics

gerente *m, f.* manager

gesto *m.* gesture

gimnasio *m.* gymnasium

globalización *f.* globalization

gobernador(a) *m., f.* governor

gobernante *m., f.* ruler

gobernar (e:ie) *v.* to govern

gorro de lana *m.* wool cap **6**

grabar *v.* to record

gracioso/a *adj.* funny; pleasant **1**

graduarse *v.* to graduate

gravedad *f.* gravity

gripe *f.* flu **4**

gritar *v.* to shout

grupo *m.* group; **grupo musical** *m.* musical group, band

guaraní *m.* Guarani

guardar *v.* to save

guardarse (algo) *v.* to keep (something) to yourself **1**

guerra *f.* war; **guerra civil** civil war; **guerra mundial** world war

guerrero/a *m., f.* warrior

guía turístico *m., f.* tour guide **5**

guita *f.* cash; dough (*Arg.*)

gusanos *m. pl.* worms **4** **gustar** *v.* to like **2, 4**; **¡No me gusta nada...!** I don't like ... at all!

gusto *m.* taste **con mucho gusto** gladly; **de buen/mal gusto** in good/bad taste

H

habilidad *f.* skill

hábilmente *adv.* skillfully

habitación *f.* room **5**; **habitación individual/ doble** *f.* single/double room **5**

habitante *m., f.* inhabitant

habitar *v.* to inhabit

hablante *m., f.* speaker

hablar *v.* to speak **1**; **Hablando de esto, ...** Speaking of that, ...

hacer *v.* to do; to make **1, 4**; **hacer algo a propósito** to do something on purpose; **hacer clic** to click; **hacer cola** to wait in line **2**; **hacerle caso a alguien** to pay attention to someone **1**; **hacerle daño a alguien** to hurt someone; **No hace falta.** There is no need.; **hacer el favor** do someone the favor; **hacerle gracia a alguien** to be funny to someone; **hacerse daño** to hurt oneself; **hacer las maletas** to pack **5**; **hacer mandados** to run errands **3**; **hacer trampa** to cheat **2**; **hacer transbordo** *v.* to change (pains, trains) **5**; **hacer un viaje** to take a trip **5**

hallazgo *m.* finding; discovery **4**

hambriento/a *adj.* hungry

haragán/haragana *adj.* lazy; idle

harto/a *adj.* tired; fed up (with); **estar harto/a (de)** to be fed up (with); to be sick (of) **1**

hasta *adv.* until; **hasta la fecha** up until now

hecho *m.* fact **3**; **de hecho** in fact **4**

helar (e:ie) *v.* to freeze

heredar *v.* to inherit

herencia *f.* heritage; **herencia cultural** cultural heritage

herida *f.* injury **4**

herido/a *adj.* injured

herir (e:ie) *v.* to hurt **1**

heroico/a *adj.* heroic

herramienta *f.* tool

hervir (e:ie) *v.* to boil **3**

hierba *f.* grass

higiénico/a *adj.* hygienic

hindú *adj.* Hindu

hipoteca *f.* mortgage

historia *f.* history

historiador(a) *m., f.* historian

histórico/a *adj.* historic

histórico/a *adj.* historical

hogar *m.* home; fireplace **3**

hojear *v.* to skim

hombre de negocios *m.* businessman

hombro *m.* shoulder; **encogerse de hombros** to shrug

hondo/a *adj.* deep **2**

hora f. hour; **horas de visita** f., pl. visiting hours
horario m. schedule 3
hospedarse v. to stay; to lodge
huelga f. strike (labor)
huella f. trace; mark
huerto m. orchard
huerteado m. produce (Col.) 2
huir v. to flee; to run away 3
humanidad f. humankind
húmedo/a adj. humid; damp 6
humilde adj. humble 3
humillar v. to humiliate
humorístico/a adj. humorous
hundir v. to sink 6
huracán m. hurricane 6

I

ideología f. ideology
idioma m. language
iglesia f. church
igual adj. equal
igualdad f. equality
ilusión f. illusion; hope
imagen f. image; picture 2
imaginación f. imagination
imparcial adj. unbiased
imperio m. empire
importaciones f., pl. imports
importante adj. important 4
importar v. to be important (to); to matter 2, 4; to import
impostergable adj. impossible to put off
impresionar v. to impress 1
impresionismo m. impressionism
imprevisto/a adj. unexpected 3
imprimir v. to print
improviso: de improviso adv. unexpectedly
impuesto m. tax; **impuesto de ventas** m. sales tax
inalámbrico/a adj. wireless
incapaz adj. incompetent; incapable
incendio m. fire 6
incertidumbre f. uncertainty
incluido/a adj. included 5
inconcluso/a adj. unfinished
independencia f. independence
índice m. index; **índice de audiencia** m. ratings
indígena adj. indigenous; m., f. indigenous person
industria f. industry
inesperado/a adj. unexpected 3
inestabilidad f. instability
infancia f. childhood
inflamado/a adj. inflamed 4
inflamarse v. to become inflamed
inflexible adj. inflexible
influyente adj. influential
informarse v. to get information
informática f. computer science
informativo m. news bulletin
ingeniero/a m., f. engineer
ingresar v. to enter; to enroll in; to become a member of; **ingresar datos** to enter data
injusto/a adj. unjust
inmaduro/a adj. immature 1
inmigración f. immigration

inmoral adj. immoral
innovador(a) adj. innovative
inquietante adj. disturbing; unsettling
inscribirse v. to register
inseguro/a adj. insecure 1
insensatez f. folly 4
insistir en v. to insist on 4
inspirado/a adj. inspired
instrucción f. education
integrarse (a) v. to become part (of)
inteligente adj. intelligent
intenciones f. pl. intentions
interesar v. to be interesting to; to interest 2
Internet m., f. Internet
interrogante f. question; doubt
intrigante adj. intriguing
inundación f. flood 6
inundar v. to flood
invadir v. to invade
inventar v. to invent
invento m. invention
inversión f. investment; **inversión extranjera** f. foreign investment
inversor(a) m., f. investor
invertir (e:ie) v. to invest
investigador(a) m., f. researcher
investigar v. to investigate; to research
ir v. to go 1, 2; **¡Qué va!** Of course not!; **ir de compras** to go shopping 3; **ir de la mano (de)** to go hand in hand (with); **ir en serio** to mean it; **irse (de)** to go away (from) 2; **ir(se) de vacaciones** to take a vacation 5
irresponsable adj. irresponsible
isla f. island 5
itinerario m. itinerary 5

J

jabalí m. wild boar
jarabe m. syrup 4
jaula f. cage
jornada f. (work) day
jubilación f. retirement
jubilarse v. to retire
judío/a adj. Jewish
juego m. game 2; **juego de mesa** board game 2; **juego de pelota** m. ball game 5
juez(a) m., f. judge
jugada f. move
jugar (u:ue) v. to play
juicio m. trial; judgment
jurar v. to swear; to promise
justo/a adj. just

L

laboratorio m. laboratory; **laboratorio espacial** m. space lab
ladrillo m. brick
lágrimas f. pl. tears
lanzar v. to throw; to launch
largo/a adj. long; **a lo largo de** along; beside; **a largo plazo** long-term
largometraje m. full length film
lastimar v. to injure
lastimarse v. to get hurt 4
latir v. to beat 4
lavar v. to wash 3

lavarse v. to wash (oneself) 2
lealtad f. loyalty
lector(a) m., f. reader
lejano/a adj. distant 5
lengua f. language; tongue
león m. lion 6
lesión f. wound
levantar v. to pick up
levantarse v. to get up 2
ley f. law; **aprobar una ley** to approve a law; to pass a law; **proyecto de ley** m. bill
leyenda f. legend 5
liberal adj. liberal
liberar v. to liberate
libertad f. freedom; **libertad de prensa** freedom of the press
libre adj. free; **al aire libre** outdoors 6
líder m., f. leader
lidiar v. to fight bulls 2
límite m. border
limpiar v. to clean 3
limpieza f. cleaning 3
literatura f. literature; **literatura infantil/ juvenil** f. children's literature
llamativo/a adj. striking
llanto m. weeping; crying
llegada f. arrival 5
llegar v. to arrive
llevar v. to carry 2; **llevar a cabo** to carry out (an activity); **llevar... años de (casados)** to be (married) for... years 1; **llevarse** to carry away 2; **llevarse bien/ mal** to get along well/poorly 1
llorar v. to cry
locura f. madness; insanity
locutor(a) m., f. announcer
locutor(a) de radio m., f. radio announcer
loro m. parrot
lotería f. lottery
lucha f. struggle; fight
luchar v. to fight; to struggle; **luchar por** to fight (for)
lucir v. to wear, to display
lugar m. place
lujo m. luxury; **de lujo** luxurious
luminoso/a adj. bright
luna f. moon; **luna llena** f. full moon
luz f. light 1

M

macho m. male
madera f. wood
madre soltera f. single mother
madriguera f. burrow; den 3
maduro/a adj. mature 1
magia f. magic
maldición f. curse
malestar m. discomfort 4
maleta f. suitcase 5; **hacer las maletas** to pack 5
maletero m. trunk
malgastar v. to waste 6
malhumorado/a adj. ill tempered; in a bad mood
manantial m. spring
mancha f. stain
manchar v. to stain
manejar v. to drive
manga f. sleeve

manifestación *f.* protest; demonstration

manifestante *m., f.* protester **6**

manija *f.* handle **5**

manipular *v.* to manipulate

mano de obra *f.* labor

manta *f.* blanket

mantener *v.* to maintain; to keep; **mantenerse en contacto** to keep in touch **1**

manuscrito *m.* manuscript

mañana (el) *m.* future **3**

maquillaje *m.* make-up

maquillarse *v* to put on makeup **2**

mar *m.* sea **6**

maratón *m.* marathon

marca *f.* brand

marcar *v.* to mark; **marcar (un gol/punto)** to score (a goal/point) **2**

marcharse *v* to leave

mareado/a *adj.* dizzy **4**

marido *m.* husband

marinero *m.* sailor

mariposa *f.* butterfly

marítimo/a *adj.* maritime

más *adj., adv.* more; **más allá de** beyond; **más bien** rather

masticar *v.* to chew

matador/a *m., f.* bullfighter who kills the bull **2**

matemático/a *m., f.* mathematician

matiz *m.* subtlety

matrimonio *m.* marriage

mayor *m.* elder

mayor de edad *adj.* of age

mayoría *f.* majority

mazorca *f.* ear of corn **2**

mecánico/a *adj.* mechanical

mecanismo *m.* mechanism

medicina alternativa *f.* alternative medicine

medida *f.* means; measure; **medidas de seguridad** *f. pl.* security measures **5**

medio *m.* half; middle; means; **medio ambiente** *m.* environment **6**; **medios de comunicación** *m. pl.* media

medir (e:i) *v.* to measure

meditar *v.* to meditate

mejilla *f.* cheek

mejor *adj.* better, best; **a lo mejor** *adv.* maybe

mejorar *v.* to improve **4**

mejorarse *v.* to get better **2**

mendigo/a *m., f.* beggar

mensaje *m.* message; **mensaje de texto** *m.* text message

¡Menuda paliza! (*Esp.*) What a beating!

menudo: a menudo *adv.* frequently; often **3**

¿Me permite? May I?

mercado *m.* market

mercado al aire libre *m.* open-air market

mercancía *f.* merchandise

merced (su) *f., form.* you **2**

merecer *v.* to deserve **6**

mesa de noche *f.* nightstand **4**

mesero/a *m., f.* waiter; waitress

mestizo/a *m., f.* person of mixed ethnicity (part indigenous)

meta *f.* finish line

meterse *v.* to break in (*to a conversation*) **1**; **meterse en un lío** to get into a mess **5**; **¡No te metas!** Don't get involved! **5**

mezcla *f.* mixture

mezquita *f.* mosque

miel *f.* honey

milagro *m.* miracle

mina *f.* mine

ministro/a *m., f.* minister; **ministro/a protestante** *m., f.* Protestant minister

minoría *f.* minority

mirada *f.* gaze **1**

misa *f.* mass

mismo/a *adj.* same; **Lo mismo digo yo.** The same here.; **él/ella mismo/a** himself; herself

mito *m.* myth **5**

moda *f.* fashion; trend; **de moda** *adj.* popular; in fashion; **moda pasajera** *f.* fad

modelo *m., f.* model (*fashion*)

moderno/a *adj.* modern

modificar *v.* to modify; to reform

modo *m.* means; manner

mojar *v.* to moisten

mojarse *v.* to get wet

molar *v.* to be cool (*Esp.*) **5**

molestar *v.* to bother; to annoy **2, 5**

momento *m.* moment; **de último momento** *adj.* up-to-the-minute; **noticia de último momento** *f.* last-minute news

monarca *m., f.* monarch

monja *f.* nun

mono *m.* monkey **6**

monolingüe *adj.* monolingual

montaña *f.* mountain **6**

monte *m.* mountain **6**

montón *m.* a lot

moral *adj.* moral

morder (o:ue) *v.* to bite **5, 6**

morirse (o:ue) **de** *v.* to die of **2**

moroso/a *m., f.* debtor

mosca *f.* fly **4**

motosierra *f.* power saw

móvil *m.* cell phone

movimiento *m.* movement

mudar *v.* to change **2**

mudarse *v.* to move (*change residence*) **2**

mueble *m.* furniture **3**

muerte *f.* death **1**

muestra *f.* sample; example

mujer *f.* woman; wife; **mujer de negocios** *f.* businesswoman

mujeriego *m.* womanizer

multa *f.* fine

multinacional *f.* multinational company

multitud *f.* crowd

Mundial *m.* World Cup

muralista *m., f.* muralist

museo *m.* museum

músico/a *m., f.* musician **2**

musulmán/musulmana *adj.* Muslim

naipes *m. pl.* playing cards **2**

narrador(a) *m., f.* narrator

narrar *v.* to narrate

nativo/a *adj.* native

naturaleza muerta *f.* still life

navaja de afeitar *f.* razor blade **5**

nave espacial *f.* spaceship

navegante *m., f.* navigator

navegar *v.* to sail **5**; **navegar en Internet** to surf the web; **navegar en la red** to surf the web

necesario *adj.* necessary **4**

necesidad *f.* need **5**; **de primerísima necesidad** of utmost necessity **5**

necesitar *v.* to need **4**

necio/a *adj.* stupid

negocio *m.* business

nervioso/a *adj.* nervous

ni... ni... *conj.* neither... nor... **ni se le ocurra** *expr.* don't you even think about it

nido *m.* nest

niebla *f.* fog

nítido/a *adj.* sharp

nivel *m.* level; **nivel del mar** sea level

nombrar *v.* to name

nombre artístico *m.* stage name **1**

nominado/a *m., f.* nominee

noticia *f.* news; **noticias locales/nacionales/internacionales** *f. pl.* local/domestic/international news

novedad (sin) *expr.* (no) news

novela rosa *f.* romance novel

novelista *m., f.* novelist

nuca *f.* nape

nutritivo/a *adj.* nutritious **4**

o... o... *conj.* either... or...

obedecer *v.* to obey **1**

obesidad *f.* obesity **4**

obra *f.* work; **obra clave** key work; **obra de arte** work of art; **obra de teatro** play (*theater*) **2**; **obra literaria** literay play; **obra maestra** masterpiece **3**

obsequio *m.* gift

ocio *m.* leisure

ocultarse *v.* to hide **3**

ocurrírsele a alguien *v.* to occur to someone **1**

odiar *v.* to hate **1**

ofensa *f.* insult

oferta *f.* offer; proposal

oficio *m.* trade

ofrecerse (a) *v.* to offer (to)

oír *v.* to hear **1**

ola *f.* wave **5**

óleo *m.* oil painting

Olimpiadas *f. pl.* Olympics

olvidadizo/a *adj.* forgetful

olvidarse (de) *v.* to forget (about) **2**

olvido *m.* forgetfulness; oblivion **1**

ombligo *m.* navel **4**

onda *f.* wave

operación *f.* operation **4**

operar *v.* to operate

opinar *v.* to think; to be of the opinion; **Opino que es fea/o.** In my opinion, it's ugly.

oponerse a *v.* to oppose **4**

oportunidad *f.* chance

oprimir *v.* to oppress

organismo público *m.* government agency

orgulloso/a *adj.* proud **1; estar orgulloso/a de** to be proud of
orilla *f.* shore; **a orillas de** on the shore of **6**
ornamentado/a *adj.* ornate
oro *m.* gold **4**
oscurecer *v.* to darken **6**
oso *m.* bear
oveja *f.* sheep **6**
ovni *m.* UFO
oyente *m., f.* listener

P

pacífico/a *adj.* peaceful
padre soltero *m.* single father
página *f.* page; **página web** web page
país en vías de desarrollo *m.* developing country
paisaje *m.* landscape; scenery **6**
pájaro *m.* bird **6**
pálido/a *adj.* pale **3**
palmera *f.* palm tree
panfleto *m.* pamphlet
pantalla *f.* screen **2; pantalla de computadora** *f.* computer screen; **pantalla de televisión** *f.* television screen **2**
para *prep.* for **Para mí, ...** In my opinion, ...; **para nada** not at all
paradoja *f.* paradox
parar el carro *v.* to hold one's horses
parcial *adj.* biased
parcialidad *f.* bias
parecer *v.* to seem **2; A mi parecer, ...** In my opinion, ...; **Al parecer, no le gustó.** It looks like he/she didn't like it. **6; Me parece hermosa/o.** I think it's pretty.; **Me pareció...** I thought.. **1; ¿Qué te pareció Mariela?** What did you think of Mariela? **1; Parece que está triste/contento/a.** It looks like he/she is sad/happy. **6**
parecerse *v.* to look like **2, 3**
pared *f.* wall **5**
pareja *f.* couple; partner **1**
parpadear *v.* to blink
parque *m.* park; **parque de atracciones** *m.* amusement park **2**
parroquia *f.* parish
parte *f.* part; **de parte de** on behalf of; **Por mi parte, ...** As for me, ...
particular *adj.* private; personal; particular
partida *f.* game
partido *m.* party (*politics*); game (*sports*); **partido político** political party; **ganar/perder un partido** to win/lose a game **2**
parto *m.* birth **4**
pasado/a de moda *adj.* out-of-date; no longer popular
pasaje (de ida y vuelta) *m.* (round-trip) ticket **5**
pasajero/a *adj.* fleeting; passing
pasaporte *m.* passport **5**
pasar *v.* to pass; to make pass (*across, through, etc.*); **pasar la aspiradora** to vacuum **3; pasarlo bien/mal** to have a good/bad/horrible time **1; Son cosas que pasan.** These things happen.
pasarse *v.* to go too far
pasatiempo *m.* pastime **2**
paseo *m.* stroll

pasillo *m.* hallway **5**
paso *m.* passage; pass; step; **abrirse paso** to make one's way
pastilla *f.* pill **4**
pasto *m.* grass
pata *f.* foot/leg of an animal
patente *f.* patent
payaso/a *m., f.* clown
paz *f.* peace
pecado *m.* sin
pececillo de colores *m.* goldfish
pecho *m.* chest
pedido *m.* order **4**
pedir (e:i) *v* to ask **1, 4; pedir prestado/a** to borrow
pegar *v.* to stick
peinarse *v.* to comb (one's hair) **2**
pejerrey *m.* kingfish **6**
pelear *v.* to fight
película *f.* film
peligro *m.* danger; **en peligro de extinción** endangered **6**
peligroso/a *adj.* dangerous **5**
pena *f.* sorrow **4**
pensar (e:ie) *v.* to think **1**
pensión *f.* bed and breakfast inn
perder (e:ie) *v.* to miss; to lose; **perder un vuelo** to miss a flight **5; perder las elecciones** to lose an election; **perder un partido** to lose a game **2**
pérdida *f.* loss
perdonar *v.* to forgive; **Perdona.** (*fam.*)/**Perdone.** (*form.*) Pardon me.; Excuse me.
perfeccionar *v.* to improve; to perfect
periódico *m.* newspaper
periodista *m., f.* journalist
permanecer *v.* to remain; to last **4**
permisivo/a *adj.* permissive; easy-going **1**
permiso. *m.* permission; **Con permiso** Pardon me.; Excuse me.; **permiso de circulación** *m.* registration
perseguir (e:i) *v.* to pursue; to persecute
personaje *m.* character; **personaje principal/secundario** *m.* main/secondary character
pertenecer (a) *v.* to belong (to) **3**
pesadilla *f.* nightmare
pésame (mi más sentido) *m.* my deepest condolences
pesimista *m., f.* pessimist
peso *m.* weight
pez *m.* fish (*live*) **6**
picadura *f.* insect bite **4**
picar *v.* to sting, to peck
picnic *m.* picnic
pico *m.* peak, summit
piedad *f.* mercy
piedra *f.* stone **5**
pillar(se) *v.* to get (*catch*)
piloto *m., f.* pilot
pincel *m.* paintbrush
pintar *v.* to paint **3**
pintor(a) *m., f.* painter **3**
pintura *f.* paint; painting
pique *m.* bite **6**
pirámide *f.* pyramid **5**
plancha *f.* iron
planear *v.* to plan
planeta *m.* planet
planeta *m.* planet

plata *f.* money (*L. Am.*) **2**
plaza de toros *f.* bullfighting stadium **2**
plazo: a corto/largo plazo short/long-term
población *f.* population
poblador(a) *m., f.* settler; inhabitant
poblar (o:ue) *v.* to settle; to populate
pobreza *f.* poverty
poder (o:ue) *v.* to be able to **1**
poderoso/a *adj.* powerful
poesía *f.* poetry
poeta *m., f.* poet
polémica *f.* controversy
polen *m.* pollen
policíaco/a *adj.* detective (*story/novel*)
política *f.* politics
político/a *m., f.* politician
polvo *m.* dust **3; quitar el polvo** to dust **3**
poner *v.* to put; to place **1, 2; poner a prueba** to test; to challenge; **poner cara (de hambriento/a)** to make a (hungry) face; **poner un disco compacto** to play a CD **2; poner una inyección** to give a shot **4**
ponerse *v.* to put on (*clothing*) **2; ponerse a dieta** to go on a diet **4; ponerse bien/mal** to get well/ill **4; poner la mesa** to set the table **3; ponerse el cinturón** to fasten the seatbelt **5; ponerse para las cosas** (*Cub.*) to adopt a responsible attitude **4; ponerse pesado/a** to become annoying
portada *f.* front page; cover
portarse bien *v.* to behave well
portátil *adj.* portable
¡Por Dios! *interj.* For God's sake! **4**
posible *adj.* possible; **en todo lo posible** as much as possible
pozo *m.* well; **pozo petrolero** oil well
precinto *m.* security seal **6**
precioso/a *adj.* lovely **1**
precolombino/a *adj.* pre-Columbian
preferir (e:ie) *v.* to prefer **4**
pregonar *v.* to hawk
preguntarse *v.* to wonder
prehistórico/a *adj.* prehistoric
prensa *f.* press; **prensa amarilla/amarillista/sensacionalista** *f.* tabloid(s)
preocupado/a (por) *adj.* worried (about) **1**
preocupar *v.* to worry **2**
preocuparse (por) *v.* to worry (about) **2**
presentador(a) de noticias *m., f.* news reporter
presentir (e:ie) *v.* to foresee
presión *f.* (blood) pressure **4**
presionar *v.* to pressure; to stress
prestar *v.* to lend
prestado/a *adj.* borrowed **2**
presupuesto *m.* budget
prevenido/a *adj.* cautious
prevenir *v.* to prevent **4**
prever *v.* to foresee **6**
previsto/a *adj., p.p.* planned **3**
primer(a) ministro/a *m., f.* prime minister
primeros auxilios *m. pl.* first aid **4**
prisa *f.* hurry; rush **6**
privilegio *m.* privilege
probador *m.* dressing room **3**
probar (o:ue) **(a)** *v.* to try **3**
probarse (o:ue) *v.* to try on **3**
procesión *f.* procession
producir *v.* to produce **1**

profundo/a *adj.* deep
programa (de computación) *m.* software
programador(a) *m., f.* programmer
prohibido/a *adj.* prohibited **5**
prohibir *v.* to prohibit **4**
prometido/a *m., f.* fiancé(e)
promover (o:ue) *v.* to promote
pronunciar *v.* to pronounce; **pronunciar un discurso** to give a speech
propaganda *f.* advertisement
propensión *f.* tendency
propietario/a *m., f.* (property) owner
propio/a *adj.* own **1**
proponer *v.* to propose **1, 4; proponer matrimonio** to propose (marriage) **1**
proporcionar *v.* to provide; to supply
propósito: a propósito *adv.* on purpose **3**
propuesta *f.* proposal
prosa *f.* prose
protagonista *m., f.* protagonist; main character
proteger *v.* to protect **1, 6**
protestar *v.* to protest
proveniente (de) *adj.* originating (in); coming from
provenir (de) *v.* to come from; to originate from
proyecto *m.* project; **proyecto de ley** *m.* bill
prueba *f.* proof
publicar *v.* to publish
publicidad *f.* advertising
público *m.* public; audience
pueblo *m.* people
puente *m.* bridge
puerto *m.* port **5**
puesto *m.* position; job
punto de vista *m.* point of view
pureza *f.* purity **6**
puro/a *adj.* pure; clean

Q

quedar *v.* to agree on **2;** to be left over; to fit (clothing) **2**
quedarse *v.* to stay **5; quedarse callado/a** to remain silent **1; quedarse viudo/a** to become widowed
quehacer *m.* chore **3**
queja *f.* complaint
quejarse (de) *v.* to complain (about) **2, 5**
querer (e:ie) *v.* to love; to want **1, 4; sin querer** unintentionally
químico/a *adj.* chemical
químico/a *m., f.* chemist
quirúrgico/a *adj.* surgical
quitar *v.* to take away; to remove **3; quitar el polvo** to dust **3; quitar la mesa** to clear the table **3**
quitarse *v.* to take off (*clothing*) **2; quitarse (el cinturón)** to unfasten (the seatbelt) **5**

R

rabia *f.* rabies **5**
rabino/a *m., f.* rabbi
radiación *f.* radiation
radio *f.* radio
radioemisora *f.* radio station
raíz *f.* root

rana *f.* frog **6**
rancho *m.* ranch
rascarse *v.* to scratch (oneself) **4**
rasgo *m.* trait; characteristic
rata *f.* rat
ratos libres *m. pl.* free time **2**
raza *f.* race
reactor *m.* reactor
realismo *m.* realism
realista *adj.* realistic; realist
rebeldía *f.* rebelliousness
rebuscado/a *adj.* complicated
recepción *f.* front desk **5**
receta *f.* prescription **4**
recetar *v.* prescribe
rechazar *v.* to turn down; to reject **1**
rechazo *m.* refusal; rejection
recibo *m.* receipt
reciclable *adj.* recyclable
reciclar *v.* to recycle **6**
recital *m.* recital
reclamar *v.* to claim; to demand
recomendable *adj.* recommendable; advisable **5; poco recomendable** not advisable; inadvisable
recomendar (e:ie) *v.* to recommend **4**
reconocer *v.* to recognize **1**
reconocimiento *m.* recognition
recordar (o:ue) *v.* to remember
recorrer *v.* to visit; to go around **5**
recuerdo *m.* memory
recuperarse *v.* to recover **4**
recurso *m.* mean; **recurso natural** natural resource **6**
red *f.* network
redactor(a) *m., f.* editor; **redactor(a) jefe** editor-in-chief
redondo/a *adj.* round **2**
reducir (la velocidad) *v.* to reduce (speed) **5**
reembolso *m.* refund **3**
reflejar *v.* to reflect; to depict
reforma *f.* reform; **reforma económica** *f.* economic reform
refugiarse *v.* to take refuge
refugio *m.* refuge **6**
regalar *v.* to give (as a present)
regañar *v.* to scold **4**
regla *f.* rule
regocijo *m.* joy **4**
regresar *v.* to return **5**
regreso *m.* return (trip)
rehacer *v.* to re-make; to re-do **1**
reina *f.* queen
reino *m.* reign; kingdom; **reino animal** animal kingdom **6**
reírse (e:i) *v.* to laugh
relacionado/a *adj.* related; **estar relacionado/a** to have good connections
relajarse *v.* to relax **4**
relámpago *m.* lightning **6**
religión *f.* religion
religioso/a *adj.* religious
reloj *m.* clock
remitente *m.* sender
remordimiento *m.* remorse
rendimiento *m.* performance
rendirse (e:i) *v.* to surrender
renovable *adj.* renewable **6**

renunciar *v.* to quit; **renunciar a un cargo** to resign a post
reñido/a *adj.* hard-fought
repaso *m.* revision; review
repentino/a *adj.* sudden **3**
repertorio *m.* repertoire
reportaje *m.* news report
reportero/a *m., f.* reporter
reposo *m.* rest; **estar en reposo** to be at rest
repostería *f.* pastry
represa *f.* dam
reproducirse *v.* to reproduce
reproductor de CD/DVD/MP3 *m.* CD/DVD/MP3 player
resbalar *v.* to slip
rescatar *v.* to rescue
reservación *f.* reservation
reservar *v.* to reserve **5**
resfriado *m.* cold **4**
residir *v.* to reside
resolver (o:ue) *v.* to solve **6**
respeto *m.* respect
respiración *f.* breathing **4**
respirar *v.* to breath **1**
responsable *adj.* responsible
resumidas cuentas (en) in a nutshell **3**
retar *v.* to challenge **2**
retrasado/a *adj.* delayed **5**
retrasar *v.* to delay; **retrasarse** to be delayed/late **3**
retraso *m.* delay
retratar *v.* to portray **3**
retrato *m.* portrait **3**
reunión *f.* meeting
reunirse (con) *v.* to get together (with) **2**
revista *f.* magazine; **revista electrónica** *f.* online magazine
revolucionario/a *adj.* revolutionary
revolver (o:ue) *v.* to stir; to mix up
rey *m.* king
rezar *v.* to pray
riesgo *m.* risk
rima *f.* rhyme
rincón *m.* corner; nook
río *m.* river
riqueza *f.* wealth
rodaja *f.* slice **6**
rodar (o:ue) *v.* to film
rodeado/a *adj.* surrounded by **6**
rogar (o:ue) *v.* to beg; to plead **2, 4**
romanticismo *m.* romanticism
romper (con) *v.* to break up (with) **1**
ropa *f.* clothing **5**
rozar *v.* to brush against; to touch lightly
ruedo *m.* bull ring **2**
ruido *m.* noise
ruina *f.* ruin **5**
ruta maya *f.* Mayan Trail **5**
rutina *f.* routine **3**

S

saber *v.* to know; to taste like/of **1; ¿Cómo sabe?** How does it taste? **4; ¿Y sabe bien?** And does it taste good? **4; Sabe a ajo/menta/limón.** It tastes like garlic/mint/lemon. **4**
sabiduría *f.* wisdom
sabio/a *adj.* wise

sabor *m.* taste; flavor; **¿Qué sabor tiene? ¿Chocolate?** What flavor is it? Chocolate? 4; **Tiene un sabor dulce/agrio/amargo/agradable.** It has a sweet/sour/bitter/pleasant taste. 4

sacerdote *m.* priest

saciar *v.* to satisfy; to quench

sacrificar *v.* to sacrifice 6

sacrificio *m.* sacrifice

sacristán *m.* sexton

sagrado/a *adj.* sacred; holy

sala *f.* room; hall; **sala de conciertos** concert hall; **sala de emergencias** emergency room 4

salir *v.* to leave; to go out 1; **salir (a comer)** to go out (to eat) 2; **salir con** to go out with 1

salto *m.* jump

salud *f.* health 4; **¡A tu salud!** To your health!; **¡Salud!** Cheers!

saludable *adj.* healthy; nutritious 4

salvaje *adj.* wild 6

salvar *v.* to save 6

sanar *v.* to heal 4

sangre *f.* blood

sano/a *adj.* healthy 4

satélite *m.* satellite

sátira *f.* satire

satírico/a *adj.* satirical; **tono satírico/a** *m.* satirical tone

secarse *v.* to dry off 2

sección *f.* section; **sección de sociedad** *f.* lifestyle section; **sección deportiva** *f.* sports page/section

seco/a *adj.* dry 6

secuestro *m.* hijacking

seguir (i:e) *v.* to follow

seguridad *f.* safety; security 5; **cinturón de seguridad** *m.* seatbelt 5; **medidas de seguridad** *f. pl.* security measures 5

seguro *m.* insurance 5

seguro/a *adj.* sure; confident 1

seleccionar *v.* to select; to pick out 3

sello *m.* seal; stamp

selva *f.* jungle 5

semana *f.* week

semanal *adj.* weekly

semilla *f.* seed

senador(a) *m., f.* senator

sensato/a *adj.* sensible 1

sensible *adj.* sensitive 1

sentido *m.* sense; **en sentido figurado** figuratively; **sentido común** common sense

sentimiento *m.* feeling; emotion 1

sentirse (e:ie) *v.* to feel 1

señal *f.* sign/signal

señalar *v.* to point to; to signal 2

señuelo *m.* lure 6

separado/a *adj.* separated 1

sepultar *v.* to bury

sequía *f.* drought 6

ser *v.* to be 1; **¡No es para tanto!** It's not a big deal! 4

serpiente *f.* snake 6

servicio de habitación *m.* room service 5

servicios *m., pl* facilities

servidumbre *f.* servants; servitude 3

sesión *f.* showing

Se calcula que... *expr.* It is estimated that...

¡Siga! *expr.* Come on in! 2

siglo *m.* century

silbar *v.* to whistle

sillón *m.* armchair

simpático/a *adj.* nice

sin *prep.* without; **sin ti** without you (*fam.*)

sinagoga *f.* synagogue

sincero/a *adj.* sincere

sindicato *m.* labor union

síntoma *m.* symptom

sintonía *f.* tuning; synchronization

sintonizar *v.* to tune into (radio or television)

siquiera *conj.* even; **ni siquiera** not even

sitio web *m.* website

situado/a *adj.* situated; located; **estar situado/a en** to be set in

soberanía *f.* sovereignty

soberano/a *m., f.* sovereign; ruler

sobre *m.* envelope

sobredosis *f.* overdose

sobrevivencia *f.* survival

sobrevivir *v.* to survive

sociable *adj.* sociable

sociedad *f.* society

socio/a *m., f.* partner; member

solar *adj.* solar

soldado *m.* soldier

soledad *f.* solitude; loneliness 3

soler (o:ue) *v.* to be in the habit of; to be used to 3

solicitar *v.* to apply for

solo/a *adj.* alone; lonely 1

soltero/a *adj.* single 1; **madre soltera** *f.* single mother; **padre soltero** *m.* single father

sonar (o:ue) *v.* to ring

soñar (o:ue) **(con)** *v.* to dream (about) 1

soplar *v.* to blow

soportar *v.* to support; **soportar a alguien** to put up with someone 1

sorprender *v.* to surprise 2

sorprenderse (de) *v.* to be surprised (about) 2

sortija *f.* ring

sospecha *f.* suspicion

sospechar *v.* to suspect

sostener *v.* to hold; support

sótano *m.* basement 3

suavidad *f.* smoothness

subdesarrollo *m.* underdevelopment

subida *f.* ascent

subirse *v.* to get in 5

subtítulos *m., pl.* subtitles

suburbio *m.* suburb

suceder *v.* to happen 1

sucursal *f.* branch

sudores *m. pl.* sweats 5

sueldo *m.* salary; **aumento de sueldo** raise in salary; **sueldo fijo** base salary; **sueldo mínimo** minimum wage

suelo *m.* floor

suelto/a *adj.* loose

sueños *m. pl.* dreams 1

sufrimiento *m.* pain; suffering

sufrir (de) *v.* to suffer (from) 4

sugerir (e:ie) *v.* to suggest 4

superar *v.* to exceed, **to overcome** 1

superficie *f.* surface

supermercado *m.* supermarket 3

supervivencia *f.* survival

suponer *v.* to suppose 1

suprimir *v.* to abolish; to suppress

supuesto/a *adj.* false; so-called; supposed; **Por supuesto.** Of course.

surrealismo *m.* surrealism

suscribirse (a) *v.* to subscribe (to)

T

tablero *m.* chessboard

tacaño/a *adj.* cheap; stingy 1

tal como *conj.* just as

taller *m.* workshop

tapa *f.* lid, cover

tapón *m.* traffic jam

taquilla *f.* box office 2

tardar *v.* to be late, to take (time)

tarjeta *f.* card; **tarjeta de crédito/débito** *f.* credit/debit card 3; **tarjeta de embarque** *f.* boarding card 5

tatarabuelo/a *m., f.* great-great-grandfather/mother

teatro *m.* theater

teclado *m.* keyboard

tejer *v.* to knit 6

tela *f.* canvas

teléfono celular *m.* cell phone

telenovela *f.* soap opera

telescopio *m.* telescope

televidente *m., f.* television viewer

televisión *f.* television 2

televisor *m.* television set 2

templo *m.* temple

temporada *f.* season **temporada alta/baja** high/low season 5

tendencia *f.* trend; **tendencia izquierdista/derechista** left-wing/right-wing bias

tener (e:ie) *v.* to have 1; **tener buen/mal aspecto** to look healthy/sick 4; **tener buena/mala fama** to have a good/bad reputation; **tener celos (de)** to be jealous (of) 1; **tener derecho a** to have the right to 5; **tener fiebre** to have a fever 4; **tener vergüenza (de)** to be ashamed (of) 1

tensión (alta/baja) *f.* (high/low) blood pressure 4

testimonio de defunción *m.* death certificate 6

teoría *f.* theory

terapia intensiva *f.* intensive care 4

térmico/a *adj.* thermal

terremoto *m.* earthquake 6

terreno *m.* land 6

territorio *m.* territory

terrorismo *m.* terrorism

testigo *m., f.* witness

tiempo *m.* time; **a tiempo** on time 3; **tiempo libre** *m.* free time 2

tierra *f.* land; earth 6

tigre *m.* tiger 6

timbre *m.* doorbell; tone; tone of voice 3; **tocar el timbre** to ring the doorbell 3

timidez *f.* shyness

tímido/a *adj.* shy 1

típico/a *adj.* typical; traditional

tiple *m.* type of guitar 2

tira cómica *f.* comic strip
tirar *v.* to throw
titular *m.* headline
titularse *v.* to graduate **3**
tocar + me/te/le, etc. *v.* to be my/your/his turn; **¿A quién le toca pagar la cuenta?** Whose turn is it to pay the tab? **2**; **¿Todavía no me toca?** Is it my turn yet? **2**; **A Johnny le toca hacer el café.** It's Johnny's turn to make coffee. **2**; **Siempre te toca lavar los platos.** It's always your turn to wash the dishes. **2**; **tocar el timbre** to ring the doorbell **3**; **tocar (un instrumento)** to play
tomar *v.* to take; **tomar en cuenta** *v.* to take into consideration **1**; **tomar en serio** to take seriously
torear *v.* to fight bulls in the bullring **2**
toreo *m.* bullfighting **2**
torero/a *m., f.* bullfighter **2**
tormenta *f.* storm; **tormenta tropical** *f.* tropical storm **6**
torneo *m.* tournament **2**
tos *f.* cough **4**
toser *v.* to cough **4**
tóxico/a *adj.* toxic **6**
tozudo/a *adj.* stubborn
traba *f.* suitcase lock **5**
trabajador(a) *adj.* industrious; hard-working
tradicional *adj.* traditional **1**
traducir *v.* to translate **1**
traer *v.* to bring **1**
tráfico de esclavos *m.* slave trade **4**
tragar *v.* to swallow
trágico/a *adj.* tragic
traición *f.* betrayal
traidor(a) *m., f.* traitor
traje *m.* outfit/suit; **traje de luces** bullfighter's outfit (*lit.* costume of lights) **2**; **traje de mariachi** Mariachi suit
trama *f.* plot
tranquilo/a *adj.* calm **1**; **Tranquilo/a.** Be calm.; Relax.
transbordador espacial *m.* space shuttle
tránsito *m.* traffic
transmisión *f.* transmission
transmitir *v.* to broadcast
transplantar *v.* to transplant
transporte público *m.* public transportation
trasnochar *v.* to stay up all night **4**
trastorno *m.* disorder
tratado *m.* treaty
tratamiento *m.* treatment **4**
tratar *v.* to treat **4**
tratarse de *v.* to be about
trayectoria *f.* path; history **1**
trazar *v.* to trace
tribu *f.* tribe
tribunal *m.* court
tripa *f.* belly **5**
tripulación *f.* crew **5**
tropical *adj.* tropical; **tormenta tropical** *f.* tropical storm **6**
truco *m.* trick **2**
trueno *m.* thunder **6**
trueque *m.* barter; exchange
turbio/a *adj.* murky **1**
turismo *m.* tourism **5**
turista *m., f.* tourist **5**
turístico/a *adj.* tourist **5**

ubicar *v.* to put in a place; to locate
ubicarse *v.* to be located
ujier *m., f.* doorman
único/a *adj.* unique
unirse *v.* to join
uña *f.* fingernail
urbano/a *adj.* urban
urgente *adj.* urgent **4**
usuario/a *m., f.* user
útil *adj.* useful

vaca *f.* cow **6**
vacuna *f.* vaccine **4**
vacunar(se) *v.* to vaccinate/to get vaccinated **4**
vago/a *m., f.* slacker
vagón *m.* carriage; coach
valer *v.* to be worth **1**
valiente *adj.* brave **5**
valija *f.* suitcase **5**
valioso/a *adj.* valuable **6**
valor *m.* bravery; value
vanguardia *f.* vanguard; **a la vanguardia** at the forefront
vasija *f.* vessel; pot
vedado/a *adj.* forbidden **3**
vela *f.* candle
venado *m.* deer
vencer *v.* to conquer; to defeat **2**
vencido/a *adj.* expired **5**
venda *f.* bandage **4**
vendedor(a) *m., f.* salesperson
veneno *m.* poison **6**
venenoso/a *adj.* poisonous **6**
venir (e:ie) *v.* to come **1**
ventaja *f.* advantage **6**
ver *v.* to see **1**; **Yo lo/la veo muy triste.** He/She looks very sad to me. **6**; **por lo visto** apparently **4**
vergüenza *f.* shame; embarrassment; **tener vergüenza (de)** to be ashamed (of) **1**
verse *v.* to look; to appear; **Se ve tan feliz.** He/She looks so happy. **6**; **¡Qué guapo/a te ves!** How attractive you look! (*fam.*) **6**; **¡Qué elegante se ve usted!** How elegant you look! (*form.*) **6**
verso *m.* line (*of poetry*)
vestidor *m.* fitting room
vestirse (e:i) *v.* to get dressed **2**
vestuario *m.* dressing room
vez *f.* time; **a veces** *adv.* sometimes **3**; **de vez en cuando** now and then; once in a while **3**; **por primera/última vez** for the first/last time **2**; **érase una vez** once upon a time
viaje *m.* trip **5**; **hacer un viaje** to take a trip **5**
viajero/a *m., f.* traveler **5**
victoria *f.* victory
victorioso/a *adj.* victorious
vida *f.* life; **vida cotidiana** everyday life
video musical *m.* music video
videojuego *m.* video game **2**
vigente *adj.* valid **5**
vigilar *v.* to watch
virus *m.* virus **4**

vistazo *m.* glance; **echar un vistazo** to take a look
viudo/a *adj.* widowed **1**
viudo/a *m., f.* widower/widow
vivir *v.* to live **1**
vivo: en vivo *adj.* live
volador(a) *adj.* flying **1**
volar (o:ue) *v.* to fly
volver (o:ue) *v.* to come back
votar *v.* to vote
vuelo *m.* flight
vuelta *f.* return (trip)

web *f.* (the) web

yeso *m.* cast **4**

zaguán *m.* entrance hall; vestibule **3**
zoológico *m.* zoo **2**

Vocabulary

English-Spanish

A

@ symbol arroba *f.*
abolish suprimir *v.*
absent ausente *adj.*
abstract abstracto/a *adj.*
accept coger la caña *v.* (*Col.*) **2**
accident accidente *m.;* **car accident** accidente automovilístico *m.* **5**
account cuenta *f.;* **checking account** cuenta corriente *f.;* **savings account** cuenta de ahorros *f.*
accountant contador(a) *m., f.*
accustomed to acostumbrado/a *adj.;* **to grow accustomed (to)** acostumbrarse (a) *v.* **3**
ache doler (o:ue) *v.* **2**
activist activista *m., f.*
add añadir *v.*
admission ticket entrada *f.*
adore adorar *v.* **1**
advance avance *m.*
advanced adelantado/a; avanzado/a *adj.*
advantage ventaja *f.* **6; to take advantage of** aprovechar *v*
adventure aventura *f.* **5**
adventurer aventurero/a *m., f.* **5**
advertising publicidad *f.*
advertisement anuncio *m.,* propaganda *f.*
advisable recomendable *adj.* **5; not advisable, inadvisable** poco recomendable *adj.*
advise aconsejar *v.* **4**
advisor asesor(a) *m., f.*
affection cariño *m.* **1**
affectionate cariñoso/a *adj.* **1**
after all al final de cuentas; al fin y al cabo
against contra *prep.;* **against** en contra *prep.* **1**
age: of age mayor de edad
agent agente *m., f.;* **customs agent** agente de aduanas *m., f.* **5**
agnostic agnóstico/a *adj.*
agree acordar (o:ue) *v.* **2; to agree on** quedar *v.* **2**
aid auxilio *m.;* **first aid** primeros auxilios *m. pl.* **4**
aim apuntar *v.*
album álbum *m.* **2**
alibi coartada *f.*
alien extraterrestre *m., f.*
almost casi *adv.* **3**
alone solo/a *adj.* **1**
alternative medicine medicina alternativa *f.*
amaze asombrar *v.*
amazement asombro *m.*
ambassador embajador(a) *m., f.*
amuse (oneself) entretener(se) (e:ie) *v.* **2**
ancient antiguo/a *adj.*
anger enojo *m.*
animal kingdom reino animal *m.* **6**
announcer conductor(a) *m., f.;* locutor(a) *m., f.*
annoy molestar *v.* **2, 5**

antenna antena *f.*
antiquity antigüedad *f.*
anxiety ansia *f.* **1**
anxious ansioso/a *adj.* **1**
apology disculpa *f.* **3**
apparently por lo visto *adv.* **4**
apology disculpa *f.* **3**
apparently por lo visto *adv.* **4**
appear aparecer *v.* **1**
appearance aspecto *m.*
applaud aplaudir *v.* **2**
apply for solicitar *v.*
appreciate apreciar *v.* **1**
appreciated apreciado/a *adj.*
approach acercarse (a) *v.* **2**
approval aprobación *f.*
approve aprobar (o:ue) *v.*
archaeologist arqueólogo/a *m., f.*
archaeology arqueología *f.*
argue discutir *v.* **1**
arid árido/a *adj.*
aristocratic aristocrático/a *adj.*
armchair sillón *m.*
armed armado/a *adj.*
army ejército *m.*
arrival llegada *f.* **5**
arrive llegar *v.*
artifact artefacto *m.* **5**
artisan artesano/a *m., f.*
ascent subida *f.*
ashamed avergonzado/a *adj.;* **to be ashamed (of)** tener vergüenza (de) *v.* **1**
ask pedir (e:i) *v* **1, 4**
aspirin aspirina *f.* **4**
assure asegurar *v.*
astonished: be astonished asombrarse *v.;* atónito/a *adj.*
astonishing asombroso/a *adj.*
astonishment asombro *m.*
astronaut astronauta *m., f.*
astronomer astrónomo/a *m., f.*
atheism ateísmo *m.*
atheist ateo/a *adj.*
athlete deportista *m., f.* **2**
ATM cajero automático *m.*
attach adjuntar *v.;* **to attach a file** adjuntar un archivo *v.*
attract atraer *v.* **1**
attraction atracción *f.*
audience audiencia *f.*
audience público *m.*
authoritarian autoritario/a *adj.* **1**
autobiography autobiografía *f.*
available disponible *adj.*
award premiar, entregar un premio *v.*
awkward situation compromiso *m.*
a little something detallito *expres.* **6**

B

back espalda *f.;* **to have one's back to** estar de espaldas a
bag bolsa *f.*
balcony balcón *m.* **3**
ball balón *m.*
ball field campo *m.* **5**
ball game juego de pelota *m.* **5**
band conjunto (musical) *m.*
bandage venda *f.* **4**

banking bancario/a *adj.*
bankruptcy bancarrota *f.*
baptism bautismo *m.*
bargain ganga *f.* **3**
barter trueque *m.*
basement sótano *m.* **3, 5**
battle batalla *f.* **4**
be able to poder (o:ue) *v.* **1**
be about tratarse de *v.*
be about to disponerse a *v.* **6**
be cool molar *v.* (*Esp.*) **5**
be delayed/late retrasarse *v.* **3**
be delayed/late retrasarse *v.* **3**
be held up entretenerse *v.* **1**
be late, to take (time) tardar *v.*
be promoted ascender (e:ie) *v.*
bear oso *m.*
beat latir *v.* **4; beat around the bush** dar(le) vueltas a un asunto **4**
beauty belleza *f.*
become convertirse (en) (e:ie) *v.* **1;** **to become annoying** ponerse pesado/a *v.;* **to become extinct** extinguirse *v.* **6;** **to become infected** contagiarse *v.* **4;** **to become inflamed** inflamarse *v.;* **to become informed (about)** enterarse (de) *v.;* **to become part (of)** integrarse (a) *v.;* **to become tired** cansarse *v.*
bed and breakfast inn pensión *f.*
beehive colmena *f.*
beforehand de antemano
beg rogar *v.* **2, 4**
beggar mendigo/a *m., f.*
begin empezar (e:ie) *v.*
behalf: on behalf of de parte de
behave well portarse bien *v.*
belief creencia *f.*
believe (in) creer (en) *v.;* **Don't you believe it.** No creas.
believer creyente *m., f.*
belly tripa *f.* **5**
belong (to) pertenecer (a) *v.* **3**
belt cinturón *m.;* **seatbelt** cinturón de seguridad *m.* **5**
benefits beneficios *m. pl.*
bet apuesta *f.*
bet apostar (o:ue) *v.*
betray engañar *v.*
betrayal traición *f.*
better mejor *adj.;* **maybe** a lo mejor *adv.* **1**
beyond más allá de
bias parcialidad *f.;* **left-wing/right-wing bias** tendencia izquierdista/derechista *f.*
biased parcial *adj.*
bilingual bilingüe *adj.*
bill factura *f.;* cuenta *f.;* proyecto de ley *m.*
billiards billar *m.* **2**
biochemical bioquímico/a *adj.*
biography biografía *f.*
biologist biólogo/a *m., f.*
bird ave *f.* **6;** pájaro *m.* **6**
birth parto *m.* **4**
birthday boy/girl cumpleañero/a *m., f.* **1**
bite pique *m.* **6;** morder (o:ue) *v.* **5, 6**
blanket manta *f.*
bless bendecir *v.*
blessed bendito/a *adj.* **2**
blindness ceguera *f.* **4**
blink parpadear *v.*

blog blog *m.*
blognovel blogonovela *f.*
blogosphere blogosfera *f.*
blood sangre *f.* **4; (high/low) blood pressure** presión/tensión (alta/baja) *f.* **4**
blurred confuso/a *adj.* **1**
blush enrojecer *v.*
board embarcar *v.;* **on board** a bordo *adj.* **5**
board game juego de mesa *m.* **2**
body cuerpo *m.*
boil hervir (e:ie) *v.* **3**
bombing bombardeo *m.* **6**
border frontera *f.* **5**
border límite *m.*
bore aburrir *v.* **2**
borrow pedir prestado/a *v.*
borrowed prestado/a *adj.* **2**
both ambos/as *pron., adj.*
bother molestar *v.* **2, 5**
bottom fondo *m.*
bowling boliche *m.* **2**
box caja *f.*
box office taquilla *f.* **2**
branch sucursal *f.*
brand marca *f.*
brave valiente **5**
bravery valor *m.*
break in (to a conversation) meterse *v.* **1**
break up (with) romper (con) *v.* **1**
breakthrough avance *m.*
breath respirar *v.* **1**
breathing respiración *f.* **4**
brick ladrillo *m.*
bridge puente *m.*
bright luminoso/a *adj.*
bring traer *v.* **1; to bring down** derribar *v.;* **to bring up (raise)** educar *v.* **1**
broadcast emisión *f.;* **live broadcast** emisión en vivo/directo *f.*
broadcast transmitir *v.*
broom escoba *f.*
brush cepillarse *v.* **2; to brush against** rozar *v.*
Buddhist budista *adj.*
budget presupuesto *m.*
buffalo búfalo *m.*
build construir *v.*
bull ring ruedo *m.* **2**
bullfight corrida *f.* **2**
bullfighter torero/a *m., f.* **2; bullfighter who kills the bull** matador/a *m., f.* **2; bullfighter's outfit** traje de luces *m.* **2**
bullfighting toreo *m.* **2; bullfighting stadium** plaza de toros *f.* **2**
bureaucracy burocracia *f.*
buried enterrado/a *adj.*
burrow madriguera *f.* **3**
bury enterrar (e:ie), sepultar *v.*
business negocio *m.*
businessman hombre de negocios *m.*
businesswoman mujer de negocios *f.*
butterfly mariposa *f.*

C

cage jaula *f.*
calculation, sum cuenta *f.*
calm tranquilo/a *adj.* **1**

calm down calmarse *v.;* **Calm down.** Tranquilo/a.
campaign campaña *f.*
campground campamento *m.* **5**
cancel cancelar *v.* **5**
cancer cáncer *m.*
candidate candidato/a *m., f.*
candle vela *f.*
canvas tela *f.*
capable capaz *adj.*
cape cabo *m.*
captain capitán *m.*
card tarjeta *f.;* **boarding card** tarjeta de embarque *f.* **5; credit/debit card** tarjeta de crédito/débito *f.* **3; (playing) cards** cartas, *f. pl.* **2,** naipes *m. pl.* **2**
care cuidado *m.* **1; personal care** aseo personal *m.*
carefree despreocupado/a *adj.*
careful cuidadoso/a *adj.* **1**
caress acariciar *v.*
carriage vagón *m.*
carry llevar *v.* **2; to carry away** llevarse *v.* **2; to carry out** cumplir *v.;* **to carry out (an activity)** llevar a cabo *v.*
cash dinero en efectivo *m.;* (Arg.) guita *f.*
cashier cajero/a *m., f.*
casket ataúd *m.*
cast yeso *m.* **4**
catastrophe catástrofe *f.*
catch atrapar *v.* **6;** pillar *v.*
category categoría *f.* **5**
Catholic católico/a *adj.*
cautious prevenido/a *adj.*
cave cueva *f.*
ceiling cielorraso *m.* **4**
celebrate celebrar, festejar *v.* **2**
celebrity celebridad *f.*
cell célula *f.;* celda *f.*
cell phone móvil *m.,* teléfono celular *m.;* **(cell phone) service** cobertura *f.* **5**
cemetery cementerio *m.*
censorship censura *f.*
cent centavo *m.*
century siglo *m.*
certain cierto/a *adj.*
certainty certeza *f.* certidumbre *f.*
challenge desafío *m.;* desafiar *v.* **2;** poner a prueba, retar *v.*
challenging desafiante *adj.* **4**
champion campeón/campeona *m., f.* **2**
championship campeonato *m.*
chance azar, *m.* casualidad *f.;* oportunidad *f.;* **by chance** por casualidad **3**
change cambio *m.;* cambiar, mudar *v.* **2; to change (planes, trains)** hacer transbordo *v.* **5**
channel canal *m.;* **television channel** canal de televisión *m.*
chapel capilla *f.*
chapter capítulo *m.*
character personaje *m.;* **main/secondary character** personaje principal/secundario *m.*
characteristic (trait) rasgo *m.*
characterization caracterización *f.*
charge cobrar *v.*

charge: be in charge of encargarse de *v.* **1;** estar a cargo de; estar encargado/a de; **person in charge** encargado/a *m., f.*
cheap (stingy) tacaño/a *adj.* **1; (inexpensive)** barato/a *adj.* **3**
cheat hacer trampa *v.* **2**
cheek mejilla *f.*
cheer up animar *v.;* **Cheer up!** ¡Anímate!(*sing.*); ¡Anímense! (*pl.*) **2**
Cheers! ¡Salud!
chef cocinero/a *m., f.*
chemical químico/a *adj.*
chemist químico/a *m., f.*
chess ajedrez *m.* **2**
chessboard tablero *m.*
chest pecho *m.*
chew masticar *v.*
childhood infancia *f.*
choir coro *m.*
choose elegir (e:i) *v.;* escoger *v.* **1**
chore quehacer *m.* **3**
chorus coro *m.*
chosen elegido/a *adj.*
Christian cristiano/a *adj.*
church iglesia *f.*
cinema cine *m.* **2**
circus circo *m.* **2**
citizen ciudadano/a *m., f.*
civilization civilización *f.*
civilized civilizado/a *adj.*
claim reclamar *v.*
clarify aclarar *v.*
classic clásico/a *adj.*
clean limpiar *v.* **3**
clean (pure) puro/a *adj.*
cleanliness aseo *m.*
clear (the table) quitar (la mesa) *v.* **3**
clearing limpieza *f.* **3**
click hacer clic
cliff acantilado *m.*
climate clima *m.*
climb (mountain) escalada *f.*
climber escalador(a) *m., f.*
clock reloj *m.*
cloister claustro *m.*
clone clonar *v.*
clothing ropa *f.* **5**
clown payaso/a *m., f.*
club club *m.;* **sports club** club deportivo *m.* **2**
coach (train) vagón *m.;* **coach (trainer)** entrenador(a) *m., f.* **2**
coast costa *f.* **6**
cockpit cabina *f.* **5**
coincidence casualidad *f.;* chiripazo *m.* (Col.) **4**
cold resfriado *m.* **4; to have a cold** estar resfriado/a *v.* **4**
collect coleccionar *v.*
colonize colonizar *v.*
colony colonia *f.*
columnist columnista *m., f.*
comb one's hair peinarse *v.* **2**
combatant combatiente *m., f.*
come venir *v.* **1; to come back** volver (o:ue) *v.;* **to come from** provenir (de) *v.;* **Come on in!** ¡Siga! *expr.* **2; to come with** acompañar *v.*
comedian comediante *m., f.* **1**
comet cometa *m.*

comic strip tira cómica *f.*
commerce comercio *m.*
commercial anuncio *m.*
commission encargar *v.*
commitment compromiso *m.* 1
community comunidad *f.* 4
company compañía *f.*, empresa *f.*;
  multinational company empresa
  multinacional *f.*, multinacional *f.*
compass brújula *f.* 5
competent capaz *adj.*
competition competencia *f.*
complain (about) quejarse (de) *v.* 2, 5
complaint queja *f.*
complicated rebuscado/a *adj.*
compose componer *v.* 1
composer compositor(a) *m., f.*
computer science informática *f.*;
  computación *f.*
concert concierto *m.* 2
condition (illness) dolencia *f.*
condolences (my deepest) mi más sentido
  pésame *m.*
conference conferencia *f.*
confess confesar (e:ie) *v.*
confidence confianza *f.* 1,
confident seguro/a *adj.* 1
confuse (with) confundir (con) *v.*
confused confundido/a *adj.*
congested congestionado/a *adj.*
Congratulations! ¡Felicidades!;
  Congratulations to all! ¡Felicidades
  a todos!
connection conexión *f.;* **to have good
  connections** estar relacionado *v.*
conquer conquistar, *v.* vencer *v.* 2
conqueror conquistador(a) *m., f.*
conquest conquista *f.*
conscience conciencia *f.*
consequently por consiguiente *adj.*
conservative conservador(a) *adj.*
conserve conservar *v.* 6
consider considerar *v.*
consulate consulado *m.*
consultant asesor(a) *m., f.*
consumption consumo *m.;* **energy
  consumption** consumo de energía *m.*
contaminate contaminar *v.* 6
contamination contaminación *f.* 6
contemporary contemporáneo/a *adj.*
contented: be contented with
  contentarse con *v.* 1
contestant concursante *m., f.*
contract contrato *m.;* contraer *v.* 1
contribute contribuir (a) *v.* 6
contribution aportación *f.*
controversial controvertido/a *adj.*
controversy polémica *f.*
cook cocinero/a *m., f.*
cook cocinar *v.* 3
corner rincón *m.*
cornmeal cake arepa *f.*
correspondent corresponsal *m., f.*
corruption corrupción *f.*
costly costoso/a *adj.*
costume disfraz *m.;* **in costume**
  disfrazado/a *adj.*
cough tos *f.* 4
cough toser *v.* 4
countryside campo *m.* 6

couple pareja *f.* 1
courage coraje *m.*
course: of course claro *interj.* 3; por
  supuesto; ¡cómo no!
court tribunal *m.*
cover portada *f.;* tapa *f.* cubrirse *v.*
cow vaca *f.* 6
crash choque *m.* 3 estrellar(se) *v.* 1
create crear *v.*
creativity creatividad *f.*
crew tripulación *f.* 5
critic crítico/a *m., f.;* **movie critic**
  crítico/a de cine *m., f.*
critical crítico/a *adj.*
cross cruzar *v.*
crowd multitud *f.*
cruise (ship) crucero *m.* 5
cry llorar *v.*
crying llanto *m.*
Cubism cubismo *m.*
culture cultura *f.;* **pop culture** cultura
  popular *f.*
cultured culto/a *adj.*
currently actualmente *adv.*
curse maldición *f.*
custom costumbre *f.* 3
customs aduana *f.;* **customs agent** agente
  de aduanas *m., f.* 5
cut corte *m.*

D

daily diario/a *adj.* 3
dam represa *f.*
damp húmedo/a *adj.* 6
dance bailar *v.* 1
dance club discoteca *f.* 2
dancer bailarín/bailarina *m., f.*
danger peligro *m.*
dangerous peligroso/a *adj.* 5
dare (to) atreverse (a) *v.* 2
darken oscurecer *v.* 6
darts dardos *m. pl.* 2
data datos *m.;* **piece of data** dato *m.*
date cita *f.;* **blind date** cita a ciegas *f.* 1
  fecha *f.*
datebook agenda *f.* 3
dawn alba *f.*
day día *m.*
daybreak alba *f.*
death muerte *f.* 1; **death certificate**
  testimonio de defunción *m.* 6
debt deuda *f.*
debt collector cobrador(a) *m., f.*
debtor moroso/a *m., f.*
debut (premiere) estreno *m.* 2
decade década *f.*
decrease disminuir *v.*
deep hondo/a *adj.* 2; profundo/a *adj.*
deer venado *m.*
defeat vencer *v.* 2
defeat derrota *f.;* derrotar *v.*
defeated derrotado/a *adj.*
Definitely! ¡Sin duda! *expr.*
deforestation deforestación *f.* 6
delay demora *f.;* retraso *m.;*
  atrasar *v.;* demorar *v.;* retrasar *v.*
delayed retrasado/a *adj.* 5
delivery entrega *f.*
demand reclamar *v.;* exigir *v.* 1, 4

demonstration manifestación *f.*
den madriguera *f.* 3
denounce delatar *v.* 3; denunciar *v.*
depict reflejar *v.*
deposit depositar *v.*
depressed deprimido/a *adj.* 1
depression depresión *f.* 4
descendent descendiente *m., f.*
desert desierto *m.* 6
deserve merecer *v.* 6
design diseñar *v.*
desire deseo *m.;* gana *f.*
desire desear *v.* 4
destination destino *m.* 5
destroy destruir *v.* 6
detective (story/novel) policíaco/a *adj.*
deteriorate empeorar *v.* 4
detest detestar *v.*
devastated deshecho *adj.*
developed desarrollado/a *adj.*
developing en vías de desarrollo *adj.;*
  developing country país en vías de
  desarrollo *m.*
development desarrollo *m.* 6
diamond diamante *m.*
dictator dictador(a) *m., f.*
dictatorship dictadura *f.*
die fallecer *v.;* **to die of** morirse (o:ue)
  de *v.* 2
diet (nutrition) alimentación *f.* 4; dieta *f.;*
  to be on a diet estar a dieta *v.* 4; **to go on
  a diet** ponerse a dieta *v.* 4
difficult duro/a *adj.*
digestion digestión *f.*
digital digital *adj.*
dinner guest comensal *m., f.*
direct dirigir *v.* 1
director director(a) *m., f.*
disappear desaparecer *v.* 1, 6
disappointment desilusión *f.*
disaster catástrofe *f.;* **natural disaster**
  catástrofe natural *f.*
discharge (from the hospital) dar el alta *v.* 5
discomfort malestar *m.* 4
discotheque discoteca *f.* 2
discouraged desanimado/a *adj.* **to get
  discouraged** desanimarse *v.;* **the state of
  being discouraged** desánimo *m.* 1
discover descubrir *v.*
discoverer descubridor(a) *m., f.*
discovery descubrimiento *m.;*
  hallazgo *m.* 4
discriminated discriminado/a *adj.*
discrimination discriminación *f.*
disease enfermedad *f.* 4
disguised disfrazado/a *adj.*
disgusting: to be disgusting dar asco *v.*
disorder desorden *m.* **(condition)**
  trastorno *m.*
display lucir *v.*
disposable desechable *adj.* 6
distant lejano/a *adj.* 5
distinguish distinguir *v.* 1
distract distraer *v.* 1
distracted distraído/a *adj.* 1
disturbing inquietante *adj.*
diversity diversidad *f.* 4
divorce divorcio *m.* 1
divorced divorciado/a *adj.* 1
dizzy mareado/a *adj.* 4

DNA ADN (ácido desoxirribonucleico) *m.*
do hacer *v.* **1; to do someone the favor** hacer el favor *v.;* **to do something on purpose** hacer algo a propósito *v.*
doctor's appointment consulta *f.* **4**
doctor's office consultorio *m.* **4**
documentary documental *m.*
dominoes dominó *m.*
don't get involved! ¡No te metas! *expr.* **5**
don't you even think about it ni se le ocurra *expr.*
doorbell timbre *m.;* **to ring the doorbell** tocar el timbre *v.*
doorman ujier *m., f.*
doubt interrogante *m.;* **to be no doubt** no caber duda *v.*
download descargar *v.*
drag arrastrar *v.;* **drag out** alargar *v.* **1**
draw dibujar *v.*
dream (about) soñar (o:ue) (con) *v.* **1**
dreams sueños *m.* **1**
dressing room probador *m.* **3;** vestuario *m.*
drink beber *v.* **1**
drinking glass copa *f.* **3**
drive conducir *v.* **1;** manejar *v.*
driver's license carné de conducir *m.*
drought sequía *f.* **6**
drown ahogarse *v.*
dry seco/a *adj.* **6;** secar *v.;* **to dry off** secarse *v.* **2**
dub (film) doblar *v.*
dubbed doblado/a *adj.*
dubbing doblaje *m.*
dust polvo *m.* **3;** **to dust** quitar el polvo *v.* **3**
duty deber *m.*

E

ear of corn mazorca *f.* **2**
earn ganar *m.;* **to earn a living** ganarse la vida *v.*
earth tierra *f.* **6**
earthquake terremoto *m.* **6**
easy-going (*permissive*) permisivo/a *adj.* **1**
eat comer *v.* **1, 2; to eat up** comerse *v.* **2**
ecosystem ecosistema *m.* **6**
ecotourism ecoturismo *m.* **5**
edible comestible *adj.;* **edible plant** planta comestible *f.*
editor redactor(a) *m., f.*
editor-in-chief redactor(a) jefe *m., f.*
educate educar *v.*
educated (*cultured*) culto/a *adj.*
education instrucción *f,*
educational didáctico/a *adj.*
efficient eficiente *adj.*
effort esfuerzo *m.*
either... or... o... o... *conj.*
elbow codo *m.*
elder mayor *m.*
elderly anciano/a *adj.;* **elderly gentleman/lady** anciano/a *m., f.*
elect elegir (e:i) *v.*
elected elegido/a *adj.*
electoral electoral *adj.*
electronic electrónico/a *adj.*
elevator ascensor *m.* **5**

e-mail address dirección de correo electrónico *f.*
embarrass avergonzar *v.*
embarrassed avergonzado/a *adj.*
embarrassment vergüenza *f.*
embassy embajada *f.*
embellished adornado/a *adj.*
emigrate emigrar *v.*
emotion sentimiento *m.* **1**
emperor emperador *m*
emphasize destacar *v.*
empire imperio *m.*
employed empleado/a *adj.*
employee empleado/a *m., f.*
employment empleo *m.*
empress emperatriz *f.*
encourage animar *v.*
end fin *m.;* (*rope, string*) cabo *m.*
endangered en peligro de extinción *adj.;* **endangered species** especie en peligro de extinción *f.*
ending desenlace *m.*
energetic enérgico/a *adj.*
energy energía *f.;* **nuclear energy** energía nuclear *f.;* **wind energy** energía eólica *f.*
engineer ingeniero/a *m., f.*
enjoy disfrutar (de) *v.* **2**
enlarge ampliar *v.*
enough bastante *adv.* **3**
enslave esclavizar *v.*
enter ingresar *v.;* **to enter data** ingresar datos *v.*
entertain (oneself) entretener(se) (e:ie) *v.* **2**
entertaining entretenido/a *adj.* **2**
entrance hall zaguán *m.* **3**
entrepeneur empresario/a *m., f.*
envelope sobre *m.*
environment medio ambiente *m.* **6**
environmental ambiental *adj.* **6**
episode episodio *m.;* **final episode** episodio final *m.*
equal igual *adj.*
equality igualdad *f.*
era época *f.*
erase borrar *v.*
erosion erosión *f.* **6**
errands mandados *m. pl.* **3; to run errands** hacer mandados *v.* **3**
essay ensayo *m.*
essayist ensayista *m., f.*
establish (oneself) establecer(se) *v.*
eternal eterno/a *adj.*
ethical ético/a *adj.;* **unethical** poco ético/a *m., f.*
even: siquiera *conj.,* **not even** ni siquiera *conj.*
event acontecimiento *m.*
everyday cotidiano/a *adj.* **3; everyday life** vida cotidiana *f.*
example (*sample*) muestra *f*
exchange: in exchange for a cambio de
exercise ejercer *v.*
excited emocionado/a *adj.* **1**
exciting excitante *adj.*
excursion excursión *f.* **5**
excuse disculpar *v.;* **Excuse me; Pardon me** Perdona (*fam.*)/Perdone (*form.*); Con permiso.

executive ejecutivo/a *m., f.;* **of an executive nature** de corte ejecutivo
exhausted agotado/a *adj.* **4;** fatigado/a *adj.* **4**
exhaustion cansancio *m.* **3**
exhibition exposición *f.*
exile exilio *m.;* **political exile** exilio político *m.*
exotic exótico/a *adj.*
expel expulsar *v.*
expensive caro/a *adj.* **3;** costoso/a *adj.*
experience experiencia *f.* ; experimentar *v.*
experiment experimento *m.*
expire caducar *v.*
expired vencido/a *adj.* **5**
exploit explotar *v.*
exploitation explotación *f.*
exploration exploración *f.*
explore explorar *v.*
explosion estallido *m.*
export exportar *v.*
exports exportaciones *f., pl.*
Expressionism expresionismo *m.*
extinct: become extinct extinguirse *v.* **6**
extinguish extinguir *v.*

F

facial features facciones *f., pl.* **3**
facilities servicios *m., pl*
fact hecho *m.* **3; in fact** de hecho **4**
factor factor *m.;* **risk factors** factores de riesgo *m. pl.*
factory fábrica *f.*
fad moda pasajera *f.*
faint desmayarse *v.* **4**
fair feria *f.* **2**
faith fe *f.*
fall caer *v.* **1; to fall in love (with)** enamorarse (de) *v.* **1**
fame fama *f.*
famous famoso/a *adj.;* **to become famous** hacerse famoso *v.*
fan (of) aficionado/a (a) *adj.* **2; to be a fan of** ser aficionado/a de *v.*
farewell despedida *f.* **5**
fascinate fascinar *v.* **2**
fashion moda *f.;* **in fashion, popular** de moda *f.*
fasten abrocharse *v.;* **to fasten one's seatbelt** abrocharse el cinturón de seguridad *v.* **5; to fasten (the seatbelt)** ponerse (el cinturón de seguridad) *v.* **5**
fatigue fatiga *f.*
fault culpa *f.*
favor favor *m.;* **to do someone the favor** hacer el favor *v.*
fed up (with) harto/a *adj.;* **to be fed up (with); to be sick (of)** estar harto/a (de) *v.* **1**
feed dar de comer *v.* **6**
feel sentirse (e:ie) *v.* **1; (experience)** experimentar *v.;* **to feel like** dar la gana *v.;* sentir/tener ganas de *v.*
feeling sentimiento *m.* **1; feeling of unease** desasosiego *m.* **5**
festival festival *m.* **2**
fever fiebre *f.* **4; to have a fever** tener fiebre *v.* **4**
fiancé(e) prometido/a *m., f.*
field campo *m.* **6;** cancha *f.*

fight lucha *f.*; pelear, luchar *v.*; **to fight (for)** luchar por *v.*; **to fight bulls** lidiar *v.* **2**; **to fight bulls in the bullring** torear *v.* **2**

figuratively en sentido figurado *m.*

file archivo *m.*; **to download a file** bajar un archivo *v.*

filled up completo/a *adj.*; **The hotel is filled.** El hotel está completo.

filling contundente *adj.*

film película *f.*; rodar (o:ue) *v.*

finance(s) finanzas *f. pl.*; financiar *v.*

financial financiero/a *adj.*

find out averiguar *v.* **1**

finding hallazgo *m.* **4**

fine multa *f.*

fine arts bellas artes *f., pl.*

fingernail uña *f.*

finish line meta *f.*

fire incendio *m.* **6**; despedir (e:i) *v.*

fired despedido/a *adj.*

fireplace hogar *m.* **3**

first aid primeros auxilios *m., pl.* **4**

first and foremost antes que nada

fish pez *m.* **6**

fit caber *v.*; **(clothing)** quedar *v.* **2**

fitting room vestidor *m.*

fix arreglar *v.*

flag bandera *f.*

flask frasco *m.*

flavor sabor *m.*; **What flavor is it? Chocolate?** ¿Qué sabor tiene? ¿Chocolate?

flee huir *v.* **3**

fleeting pasajero/a *adj.*

flexible flexible *adj.*

flight vuelo *m.*

flight attendant auxiliar de vuelo *m., f.*

flirt coquetear *v.* **1**

flood inundación *f.* **6**; inundar *v.*

floor suelo *m.*

flower florecer *v.* **6**

flu gripe *f.* **4**

fly mosca *f.* **4**; volar (o:ue) *v.*

flying volador(a) *adj.* **1**

foam espuma *f.* **5**

fog niebla *f.*

fold doblar *v.*

follow seguir (e:i) *v.*

folly insensatez *f.* **4**

fond of aficionado/a (a) *adj.* **2**

foot (of an animal) pata *f.*

forbidden vedado/a *adj.* **3**

force fuerza *f.*; **armed forces** fuerzas armadas *f., pl.*; **labor force** fuerza laboral *f.*

forced forzado/a *adj.*

forefront: at the forefront a la vanguardia

foresee presentir (e:ie); prever *v.*

forest bosque *m.*

forget (about) olvidarse (de) *v.* **2**

forgetful olvidadizo/a *adj.*

forgetfulness; olvido *m.* **1**

forgive perdonar *v.*

form forma *f.*

formulate formular *v.*

fountain fuente *f.*

free time tiempo libre *m.* **2**; ratos libres *m. pl.* **2**

freedom libertad *f.*; **freedom of the press** libertad de prensa *f.*

freeze helar (e:ie) *v.*

frequently a menudo *adv.* **3**

friar fraile *m.*

frightened asustado/a *adj.*

frog rana *f.* **6**

front desk recepción *f.* **5**

front page portada *f.*

frozen congelado/a *adj.*

fry freír (e:i) *v.* **3**

fuel combustible *m.* **6**

fulfill *v.* cumplir

full lleno/a *adj.*; **full-length film** largometraje *m.*

fun divertido/a *adj.* **2**

funny gracioso/a *adj.* **1**; **to be funny (to someone)** hacerle gracia (a alguien)

furnished amueblado/a *adj.*

furniture mueble *m.* **3**

future mañana (el) *m.* **3**

futuristic futurístico/a *adj.*

G

gain weight engordar *v.* **4**

game juego *m.* **2**; **ball game** juego de pelota *m.* **5**; **board game** juego de mesa *m.* **2**; partida *f.*; **(sports)** partido *m.*; **to win/lose a game** ganar/perder un partido *v.* **2**

gaze mirada *f.* **1**

gene gen *m.*

generate generar *v.*

generous generoso/a *adj.*

genetics genética *f.*

genuine auténtico/a *adj.* **3**

gesture gesto *m.*

get obtener *v.*; **to get a movie** alquilar una película *v.* **2**; **to get a shot** poner(se) una inyección *v.* **4**; **to get along** congeniar *v.*; **to get along well/poorly** llevarse bien/mal *v.* **1**; **to get better** mejorarse *v.* **2 to get bored** aburrirse *v.* **2**; **to get discouraged** desanimarse *v.*; **to get down/out** bajarse *v.* **5**; **to get dressed** vestirse (e:i) *v.* **2**; **to get hurt** lastimarse *v.* **4**; **to get in** subirse *v.* **5**; **to get information** informarse *v.*; **to get ready** arreglarse *v.* **3**; **to get into a mess** meterse en un lío *v.* **5 to get sick** enfermarse *v.* **4**; **to get tickets** conseguir (e:i) boletos/entradas *v.* **2**; **to get together (with)** reunirse (con) *v.* **2**; **to get up** levantarse *v.* **2**; **to get upset** afligirse *v.* **3**; **to get used to** acostumbrarse (a) *v.* **3**; **to get vaccinated** vacunarse *v.* **4**; **to get well/ill** *v.* ponerse bien/mal *v.* **4**; **to get wet** mojarse *v.*; **to get worse** empeorar *v.* **4**

gift obsequio *m.*

give dar *v.*; **to give a shot** poner una inyección *v.* **4**; **to give as a present** regalar *v.* **to give up** darse por vencido *v.* **6**; ceder **to give way to** dar paso a *v.*

gladly con mucho gusto

glance vistazo *m.*

global warming calentamiento global *m.* **6**

globalization globalización *f.*

go ir *v.* **1, 2**; arrancar **(to start a race)** *v.* **2**; **to go across** recorrer *v.* **5**; **to go around (the world)** dar la vuelta (al mundo) *v.*; **to go away (from)** irse (de) *v.* **2**; **to go hand in hand (with)** ir de la mano (de) *v.*; **to go out** salir *v.* **1**; **to go out (to eat)** salir (a comer) *v.* **2**; **to go out with** salir con *v.* **1**; **to go shopping** ir de compras *v.* **3**; **go to bed** acostarse (o:ue) *v.* **2**; **go to sleep** dormirse (o:ue) *v.* **2**; **go too far** pasarse *v.*; **go too fast** embalarse *v.*

goat cabra *f.*

God Dios *m.*; **For God's sake!** ¡Por Dios! *interj.* **4**

god/goddess dios(a) *m., f.* **5**

gold oro *m.* **4**

goldfish pececillo de colores *m.*

good bueno/a *adj.* **to be good (i.e. fresh)** estar bueno *v.*; **to be good (by nature)** ser bueno *v.*

goodness bondad *f.*

gossip chisme *m.*

govern gobernar (e:ie) *v.*

government gobierno *m.*; **government agency** organismo público *m.*

governor gobernador(a) *m., f.*

graduate titularse *v.* **3**

grass hierba *f.*; pasto *m.*

gratitude agradecimiento *m.*

gravity gravedad *f.*

great-great-grandfather/mother tatarabuelo/a *m., f.*

group grupo *m.*; **musical group** grupo musical *m.*

grow crecer *v.* **1**; cultivar *v.* **to grow accustomed to**; acostumbrarse (a) *v.* **3**

growth crecimiento *m.*

Guarani guaraní *m.*

guarantee asegurar *v.*

guess adivinar *v.*

guilt culpa *f.*

guilty culpable *adj.*

guitar (type of) tiple *m.* **2**

gymnasium gimnasio *m.*

H

habit costumbre *f.* **3**

habit: be in the habit of soler (o:ue) *v.* **3**

hall sala *f.* **concert hall** sala de conciertos *f.*

hallway pasillo *m.* **5**

handicraft artesanía *f.* **3**

handle manija *f.* **5**

hang (up) colgar (o:ue) *v.*

happen suceder *v.* **1**; **These things happen.** Son cosas que pasan.

happiness felicidad *f.*

happy feliz *adj.*

hard arduo *adj.*; duro/a *adj.*

hardly apenas *adv.* **3**

hard-fought reñido/a *adj.*

hard-working trabajador(a) *adj.*

harmful dañino/a *adj.* **6**

harvest cosecha *f.*

hate odiar *v.* **1**

have tener, disponer (de) *v.* **1, 3**; **to have fun** divertirse (e:ie) *v.* **2**; **have the right to** tener derecho a *v.* **5**

hawk pregonar *v.*
headline titular *m.*
heal curarse; sanar *v.* **4**
healing curativo/a *adj.* **4**
health salud *f.* **4; To your health!** ¡A tu salud!
healthy saludable, sano/a *adj.* **4**
hear oír *v.* **1**
heart corazón *m.* **1; heart attack** ataque cardiaco *m.* **4; heart and soul** cuerpo y alma
heavy (*filling*) contundente *adj.;* **heavy rain** diluvio *m.*
height cima *f.* **1;** (*highest level*) apogeo m. **5**
help (*aid*) auxilio *m.*
heritage herencia *f.;* **cultural heritage** herencia cultural *f.*
heroic heroico/a *adj.*
hide ocultarse *v.* **3**
highest level apogeo *m.* **5**
hijacking *m.* secuestro **5**
hill cerro *m.;* colina *f.*
Hindu hindú *adj.*
hire contratar *v.* **5**
historian historiador(a) *m., f.*
historic histórico/a *adj.*
historical histórico/a *adj.;* **historical period** era *f.*
history historia *f.*
hold (*hug*) abrazar *v.* **1; hold** (*support*) sostener *v.;* **hold your horses** parar el carro *v.*
hole agujero *m.;* **black hole** agujero negro *m.;* **hole in the ozone layer** agujero en la capa de ozono *m.*
holy sagrado/a *adj.*
home hogar *m.* **3**
honey miel *f.*
honored distinguido/a *adj.*
hope esperanza *f.* **6;** ilusión *f.*
horror (*story/novel*) de terror *adj.*
host(ess) anfitrión/anfitriona *m., f.*
hostel albergue *m.* **5**
hour hora *f.*
how cómo *adv.;* **How come?** ¿Cómo así? *expr.* **2**
hug abrazar *v.* **1**
humankind humanidad *f.*
humble humilde *adj.* **3**
humid húmedo/a *adj.* **6**
humiliate humillar *v.*
humorous humorístico/a *adj.*
hungry hambriento/a *adj.*
hunt cazar *v.* **6**
hurricane huracán *m.* **6**
hurry prisa *f.* **6; to be in a hurry** tener apuro *v.*
hurt herir (e: ie) *v.* **1;** doler (o:ue) *v.* **2; to get hurt** lastimarse *v.* **4; to hurt oneself** hacerse daño; **to hurt someone** hacerle daño a alguien
husband marido *m.*
hut choza *f.*
hygiene aseo *m.*
hygienic higiénico/a *adj.*

I

ideology ideología *f.*
idiot cretino/a *adj.* **5**

illness dolencia *f.;* enfermedad *f.*
ill-tempered malhumorado/a *adj.*
illusion ilusión *f.*
image imagen *f.* **2**
imagination imaginación *f.*
immature inmaduro/a *adj.* **1**
immediately en el acto **3**
immigration inmigración *f.*
immoral inmoral *adj.*
import importar *v.*
important importante *adj.* **4; be important (to); to matter** importar *v.* **2, 4**
imports importaciones *f., pl.*
impossible (*to put off*) impostergable *adj.*
impress impresionar *v.* **1**
Impressionism impresionismo *m.*
imprisoned (*incarcerated*) encarcelado/a *adj.*
improve mejorar *v.* **4;** perfeccionar *v.*
improvement adelanto *m.* **4**
in love (*with*) enamorado/a (de) *adj.* **1**
inadvisable poco recomendable *adj.* **5**
incapable incapaz *adj.*
included incluido/a *adj.* **5**
incompetent incapaz *adj.*
increase aumento *m.;* aumentar *v.*
independence independencia *f.*
index índice *m.*
indigenous indígena *adj.*
indigenous person indígena *m., f.*
industrious trabajador(a) *adj.*
industry industria *f.*
inexpensive barato/a *adj.* **3**
infected: become infected contagiarse *v.* **4**
inflamed inflamado/a *adv.* **4; become inflamed** inflamarse *v.*
inflexible inflexible *adj.*
influential influyente *adj.*
inform avisar *v.;* **to be informed** estar al tanto *v.;* **to become informed** (*about*) enterarse (de) *v.*
inhabit habitar *v.*
inhabitant habitante *m., f.;* poblador(a) *m., f.*
inherit heredar *v.*
injure lastimar *v.*
injured herido/a *adj.*
injury herida *f.* **4**
innovative innovador(a) *adj.*
insanity locura *f.*
insect bite picadura *f.* **4**
insecure inseguro/a *adj.* **1**
insincere falso/a *adj.* **1**
insist on insistir en *v.* **4**
inspired inspirado/a *adj.*
instability inestabilidad *f.*
insult ofensa *f.*
insurance seguro *m.* **5**
intelligent inteligente *adj.*
intensive care terapia intensiva *f.* **4**
intentions intenciones *f. pl.*
interest interesar *v.* **2**
interesting interesante *adj.;* **to be interesting** interesar *v.* **2**
Internet Internet *m., f.*
interview entrevista *f.;* entrevistar *v.;* **job interview** entrevista de trabajo *f.*
intriguing intrigante *adj.*
invade invadir *v.*
invent inventar *v.*

invention invento *m.*
invest invertir (e:ie) *v.*
investigate investigar *v.*
investigation expediente *m.* **5**
investment inversión *f.;* **foreign investment** inversión extranjera *f.*
investor inversor(a) *m., f.*
iron plancha *f.*
irresponsible irresponsable *adj.*
island isla *f.* **5**
isolate aislar *v.*
isolated aislado/a *adj.* **6**
itinerary itinerario *m.* **5**
It is estimated that... Se calcula que... *expr.*
It's not a big deal! ¡No es para tanto! *expr.* **4**

J

jealous celoso/a *adj.;* **to be jealous of** tener celos de *v.* **1**
jealousy celos *m. pl.*
Jewish judío/a *adj.*
job empleo *m.;* (*position*) puesto *m.;* **job interview** entrevista de trabajo *f.*
join unirse *v.*
joke broma *f.* **1, 3** chiste *m.* **1;** bromear *v*
journalist periodista *m., f.*
joy regocijo *m.* **4;** alegría *f.*
judge juez(a) *m., f.*
judgment juicio *m.*
jump salto *m.*
jungle selva *f.* **5**
just justo/a *adj.*
just as tal como *conj.*

K

keep mantener *v.;* guardar *v.;* **to keep in mind** tener en cuenta *v.;* **to keep in touch** mantenerse en contacto *v.* **1; to keep** (*something*) **to yourself** guardarse (algo) *v.* **1; to keep up with the news** estar al día con las noticias *v.*
key clave *f.*
keyboard teclado *m.*
key work obra clave *f.*
kind amable *adj.*
king rey *m.*
kingdom reino *m.*
kingfish pejerrey *m.* **6**
kiss besar *v.* **1**
knit tejer *v.* **6**
know conocer *v.;* saber *v.* **1**
knowledge conocimiento *m.*

L

label etiqueta *f.*
labor mano de obra *f.*
labor union sindicato *m.*
laboratory laboratorio *m.;* **space lab** laboratorio espacial *m.*
lack faltar *v.* **2**
land tierra *f.* **6;** terreno *m.* **6**
land (*an airplane*) aterrizar *v.* **5**
landscape paisaje *m.* **6**
language idioma *m.;* lengua *f.*

laptop computadora portátil *f.*
late atrasado/a *adj.* 3
laugh reír(se) (e:i) *v.*
launch lanzar *v.*
law derecho *m.;* ley *f.;* **to approve a law; to pass a law** aprobar (o:ue) una ley *v.*
lawyer abogado/a *m., f.*
layer capa *f.;* **ozone layer** capa de ozono *f.* 6
lazy haragán/haragana
lead encabezar *v.*
leader líder *m., f.*
lean (on) apoyarse (en) *v.*
learned erudito/a *adj.*
learning aprendizaje *m.*
leave marcharse *v.;* dejar *v.;* **to leave alone** dejar en paz *v.;* **to leave someone** dejar a alguien *v.*
left over: to be left over quedar *v.* 2
leg (of an animal) pata *f.*
legend leyenda *f.* 5
leisure ocio *m.*
lend prestar *v.*
lesson (teaching) enseñanza *f.*
level nivel *m.;* **sea level** nivel del mar *m.*
liberal liberal *adj.*
liberate liberar *v.*
library biblioteca *f.*
lid tapa *f.*
life vida *f.;* **everyday life** vida cotidiana *f.;* **life cycle** ciclo vital *m.* 4
light luz *f.* 1
lightning rayo, relámpago *m.* 6
like gustar *v.* 2, 4; **I don't like ...at all!** ¡No me gusta nada... !; **to like very much** encantar, fascinar *v.* 2
like this; so así *adv.* 3
line cola *f.;* **to wait in line** hacer cola *v.* 2
line (of poetry) verso *m.*
link enlace *m.*
lion león *m.* 6
listener oyente *m., f.*
literature literatura *f.;* **children's literature** literatura infantil/juvenil *f.*
live en vivo, en directo *adj.;* **live broadcast** emisión en vivo/directo *f.*
live vivir *v.* 1
lively animado/a *adj.* 2
locate ubicar *v.*
located situado/a *adj.;* **to be located** ubicarse *v.*
lodge hospedarse *v.*
lodging alojamiento *m.* 5
loneliness soledad *f.* 3
lonely solo/a *adj.* 1
long largo/a *adj.;* **long-term** a largo plazo
longshoreman estibador de puerto *m.* 4
look aspecto *m.;* **to take a look** echar un vistazo *v.*
look verse *v.;* **to look healthy/sick** tener buen/mal aspecto *v.* 4; **to look like** parecerse *v.* 2, 3; **to look out upon** dar a *v.;* **He/She looks so happy.** Se ve tan feliz. 6; **How attractive you look!** (*fam.*) ¡Qué guapo/a te ves! 6; **How elegant you look!** (*form.*) ¡Qué elegante se ve usted! 6; **It looks like he/she didn't like it.** Al parecer, no le gustó. 6; **It looks like he/she is sad/happy.** Parece que está triste/contento/a. 6; **He/She looks very sad to me.** Yo lo/la veo muy triste. 6
loose suelto/a *adj.*

lose perder (e:ie) *v.;* **to lose an election** perder las elecciones *v.;* **to lose a game** perder un partido *v.* 2; **to lose weight** adelgazar *v.* 4
loss pérdida *f.*
lottery lotería *f.*
loudspeaker altoparlante *m.*
love amor *m.;* amar; querer (e:ie) *v.* 1; **(un)requited love** amor (no) correspondido *m.*
lovely precioso/a *adj.* 1
lover (fan) amante *m., f.*
lower bajar *v.*
low-income bajos recursos *m., pl.*
loyalty lealtad *f.*
lucky afortunado/a *adj.*
luggage equipaje *m.* 5
lure señuelo *m.* 6
luxury lujo *m.*

M

madness locura *f.*
magazine revista *f.;* **online magazine** revista electrónica *f.*
magic magia *f.*
mailbox buzón *m.*
majority mayoría *f.*
make hacer *v.* 1, 4; **to make a (hungry) face** poner cara (de hambriento/a) *v.;* **to make a toast** brindar *v.* 2; **to make fun of** burlarse (de) *v.;* **to make good use of** aprovechar *v.;* **to make one's way** abrirse paso *v.;* **to make sure** asegurarse *v.;* **to make use of** disponer (de) *v.* 3
make-up maquillaje *f.*
male macho *m.*
mall centro comercial *m.* 3
manage administrar *v.;* **dirigir** *v.* 1 **to manage to** arreglárselas (para) *v.* 4
manager gerente *m, f.*
manipulate manipular *v.*
manufacture fabricar *v.*
manuscript manuscrito *m.*
marathon maratón *m.*
Mariachi suit traje de mariachi *m.*
maritime marítimo/a *adj.*
market mercado *m.*
marriage matrimonio *m.*
married casado/a *adj.* 1
mass misa *f.*
masterpiece obra maestra *f.* 3
mathematician matemático/a *m., f.*
matter asunto *m.;* importar *v.* 2, 4
mature maduro/a *adj.* 1
May I? ¿Me permite? *expr.*
Mayan Trail ruta maya *f.* 5
mayor alcalde/alcaldesa *m., f.*
mayorship alcaldía *f.*
mean antipático/a *adj.;* recurso *m.;* tener la intención *v.;* **to mean it** ir en serio
means medio *m.;* **media** medios de comunicación *m. pl.*
measure medida *f.;* medir (e:i); **security measures** medidas de seguridad *pl.* 5
mechanical mecánico/a *adj.*
mechanism mecanismo *m.*
meditate meditar *v.*
meeting reunión *f.*

member socio/a *m., f.*
memory recuerdo *m.*
merchandise mercancía *f.*
mercy piedad *f.*
message mensaje *m.;* **text message** mensaje de texto *m.*
middle medio *m.*
Middle Ages Edad Media *f.*
mine mina *f.*
minister ministro/a *m., f.;* **Protestant minister** ministro/a protestante *m., f.*
minority minoría *f.*
minute minuto *m.;* **last-minute news** noticia de último momento *f.;* **up-to-the-minute** de último momento *adj.*
miracle milagro *m.*
miser avaro/a *m., f.*
miss extrañar *v.;* perder (e:ie) *v.;* **to miss (someone)** extrañar a (alguien) *v.;* **to miss a flight** perder un vuelo *v.* 5
mistake: to be mistaken; to make a mistake equivocarse *v.* 2
mixed: person of mixed ethnicity (part indigenous) mestizo/a *m., f.*
mixture mezcla *f.*
mockery burla *f.*
model (fashion) modelo *m., f.*
modern moderno/a *adj.*
modify modificar, alterar *v.*
moisten mojar *v.*
moment momento *m.*
monarch monarca *m., f.*
money dinero *m.;* (*L. Am.*) plata *f.* 2; **cash** dinero en efectivo *m.* 3
monkey mono *m.* 6
monolingual monolingüe *adj.*
mood estado de ánimo *m.* 4; **in a bad mood** malhumorado/a *adj.*
moon luna *f.;* **full moon** luna llena *f.*
moral moral *adj.*
mortgage hipoteca *f.*
mosque mezquita *f.*
mountain montaña *f.* 6; monte *m.;* **mountain range** cordillera *f.* 6
move jugada *f.;* (*change residence*) mudarse *v.* 2
movement corriente *f.;* movimiento *m.*
movie theater cine *m.* 2
moving conmovedor(a) *adj.*
mud barro *m.*
muralist muralista *m., f.*
murky turbio/a *adj.* 1
museum museo *m.*
music video video musical *m.*
musician músico/a *m., f.* 2
Muslim musulmán/musulmana *adj.*
myth mito *m.* 5

N

name nombrar *v.*
nape nuca *f.*
narrate narrar *v.*
narrator narrador(a) *m., f.*
narrow estrecho/a *adj.*
native nativo/a *adj.*
natural resource recurso natural *m.* 6
navel ombligo *m.* 4
navigator navegante *m., f.*
navy armada *f.*
necessary necesario *adj.* 4

necessity necesidad *f.* **5; of utmost necessity** de primerísima necesidad **5**
need necesidad *f.* **5;** necesitar *v.* **4; There is no need.** No hace falta. *expr.*
needle aguja *f.* **4**
neighborhood barrio *m.*
neither... nor... ni... ni... *conj.*
nervous nervioso/a *adj.*
nest nido *m.*
news noticia *f.;* **local/domestic/ international news** noticias locales/ nacionales/internacionales *f. pl.;* **news bulletin** informativo *m.;* **news report** reportaje *m.;* **news reporter** presentador(a) de noticias *m., f.;* **no news** novedad (sin)
newspaper periódico *m.;* **diario** m.
nice simpático/a, amable *adj.*
nightmare pesadilla *f.*
nightstand mesa de noche *f.* **4**
noise ruido *m.*
nominee nominado/a *m., f.*
non-stop corrido (de) *adv.*
nook rincón *m.*
notice aviso *m.* **5;** fijarse *v.;* **to take notice of** fijarse en *v.* **2**
now and then de vez en cuando **3**
No way! ¡De ninguna manera! *expr.*
nun monja *f.*
nurse enfermero/a *m., f.* **4**
nutritious nutritivo/a *adj.* **4; (healthy)** saludable *adj.* **4**
nutshell (in a) resumidas cuentas (en) *adv.* **3**

O

obesity obesidad *f.* **4**
obey obedecer *v.* **1**
oblivion olvido *m.* **1**
occur (to someone) ocurrírsele (a alguien) *v.*
offer oferta *f.;* ofrecerse (a) *v.*
office despacho *m.*
officer agente *m., f.*
often a menudo *adv.* **3**
Of course not! ¡Claro que no! *expr.* **5**
oil painting óleo *m.*
olive aceituna *f.* **6**
Olympics Olimpiadas *f. pl.*
on purpose a propósito *adv.* **3**
once in a while de vez en cuando **3**
online en línea *adj.*
open abrir(se) *v.*
open-air market mercado al aire libre *m.*
openmouthed boquiabierto/a *adj.*
operate operar *v.*
operation operación *f.* **4**
opinion opinión *f.;* **In my opinion, ...** A mi parecer, ...; Considero que..., Opino que...; **to be of the opinion** opinar *v.*
oppose oponerse a *v.* **4**
oppress oprimir *v.*
options alternativas *f. pl.* **3**
orchard huerto *m.*
order pedido *m.* **4**
originating (in) proveniente (de) *adj.*
ornate ornamentado/a *adj.*
others; other people los/las demás *pron.*
ought to deber + *inf. v.*
outdo oneself (*P. Rico; Cuba*) botarse *v.*

outline esbozo *m.*
out-of-date pasado/a de moda *adj.*
outrageous thing barbaridad *f.*
outsmart burlar *v.*
overcome superar *v.*
overdose sobredosis *f.*
overthrow derribar *v.;* **derrocar** *v.*
overwhelmed agobiado/a *adj.* **4**
owe deber *v.* **2; to owe money** deber dinero *v.*
own propio/a *adj.* **1**
owner dueño/a *m., f.;* propietario/a *m., f.*

P

pack hacer las maletas *v.* **5**
page página *f.;* **web page** página web
paid pagado *adj.* **to be paid by** correr a cargo de *v.* **5**
pain (suffering) sufrimiento *m.*
painkiller analgésico *m.* **4**
paint pintura *f.;* pintar *v.* **3**
paintbrush pincel *m.*
painter pintor(a) *m., f.* **3**
painting cuadro *m.* **3** pintura *f.*
pale pálido/a *adj.* **3**
palm tree palmera *f.*
pamphlet panfleto *m.*
paradox paradoja *f.*
parish parroquia *f.*
park parque *m.;* estacionar *v.;* **amusement park** parque de atracciones *m.* **2**
parrot loro *m.*
part parte *f.;* **to become part (of)** integrarse (a) *v.*
partner (couple) pareja *f.* **1; (member)** socio/a *m., f.*
party (politics) partido *m.;* **political party** partido político *m.*
pass (a class, a law) aprobar (o:ue) *v.;* **to pass a law** aprobar una ley *v.*
passing pasajero/a *adj.*
passport pasaporte *m.* **5**
password contraseña *f.*
past ayer (el) *m.* **3**
pastime pasatiempo *m.* **2**
pastry repostería *f.*
patent patente *f.*
path (history) trayectoria *f.* **1;** prestarle atención a alguien *v.*
pay pagar *v.;* **to be well/poorly paid** ganar bien/mal *v.;* **to pay attention to someone** hacerle caso a alguien *v.* **1;** prestarle atención a alguien *v.*
peace paz *f.*
peaceful pacífico/a *adj.*
peak cumbre *f.;* **pico** *m.*
peck picar *v.*
people pueblo *m.*
performance rendimiento *m.;* **(theater; movie)** función *f.* **2**
perhaps acaso *adv.*
permanent fijo/a *adj.*
permission permiso *m.*
permissive permisivo/a *adj.* **1**
persecute perseguir (e:i) *v.*
personal (private) particular *adj.*
pessimist pesimista *m., f.*
phase etapa *f.*

physicist físico/a *m. f.*
pick out seleccionar *v.* **3**
pick up levantar *v.;* **pickup truck** camioneta *f.*
picnic picnic *m.*
picture imagen *f.* **2**
pig cerdo *m.* **6**
pill pastilla *f.* **4**
pillow almohada *f.* **5**
pilot piloto *m., f.*
pious devoto/a *adj.*
place lugar *m.*
place poner *v.* **1, 2**
place (an object) colocar *v.* **2**
plan planear *v.*
planet planeta *m.*
planned previsto/a *adj., p.p.* **3**
plateau: high plateau altiplano *m.*
play jugar *v.;* **(theater)** obra de teatro *f.;* **(literary)** obra literaria *f.;* **(an instrument)** tocar (un instrumento) *v.;* **to play a CD** poner un disco compacto *v.* **2; to play a CD** poner un disco compacto *v.* **2;** disputar *v.*
player (CD/DVD/MP3) reproductor (de CD/ DVD/MP3) *m.*
playing cards cartas *f. pl.* **2;** naipes *m. pl.* **2**
playwright dramaturgo/a *m., f.*
plead rogar *v.* **2, 4**
pleasant (funny) gracioso/a *adj.* **1**
please: Could you please...? ¿Tendría usted la bondad de + inf....? *(form.)*
plot trama *f.;* **argumento** *m.*
poet poeta *m., f.*
poetry poesía *f.*
point (to) señalar *v.* **2; to point out** destacar *v.*
point of view punto de vista *m.*
poison veneno *m.* **6**
poisonous venenoso/a *adj.* **6**
politician político/a *m., f.*
politics política *f.*
pollen polen *m.*
pollute contaminar *v.* **6**
pollution contaminación *f.* **6**
populate poblar *v.*
population población *f.*
port puerto *m.* **5**
portable portátil *adj.*
portrait retrato *m.* **3**
portray retratar *v.* **3**
position puesto *m.;* cargo *m.* **1**
possible posible *adj.;* **as much as possible** en todo lo posible
pot vasija *f.*
poverty pobreza *f.*
power saw motosierra *f.*
powerful poderoso/a *adj.*
pray rezar *v.*
pregnancy embarazo *m.* **4**
pre-Columbian precolombino/a *adj.*
prefer preferir *v.* **4**
prehistoric prehistórico/a *adj.*
premiere estreno *m.* **2**
prescribe recetar *v.*
prescription receta *f.* **4**
preserve conservar *v.* **6**
press prensa *f.*

pressure (stress) presión *f.;* presionar *v.;* **(blood) pressure** presión **4;** **to be under stress/pressure** estar bajo presión

prevent prevenir *v.* **4**

priest cura *m.;* sacerdote

prime minister primer(a) ministro/a *m., f.*

print imprimir *v.*

private particular *adj.*

privilege privilegio *m.*

procession procesión *f.*

produce producir *v.* **1;** (*generate*) generar *v.;* huerteado *m.* (*Col.*) **2**

programmer programador(a) *m., f.*

prohibit prohibir *v.* **4**

prohibited prohibido/a *adj.* **5**

prominent destacado/a *adj.*

promise jurar *v.*

promote promover (o:ue) *v.*

pronounce pronunciar *v.*

proof prueba *f.*

proposal oferta *f.;* propuesta *f.*

propose proponer *v.* **1, 4; to propose marriage** proponer matrimonio *v.* **1**

prose prosa *f.*

protagonist protagonista *m., f.* **1**

protect proteger *v.* **1, 6**

protest manifestación *f.;* protestar *v.*

protester manifestante *m., f.* **6**

proud orgulloso/a *adj.* **1; to be proud of** estar orgulloso/a de

prove comprobar (o:ue) *v.*

provide proporcionar *v.*

public público *m.;* (*pertaining to the state*) estatal *adj.*

public transportation transporte público *m.*

publish publicar *v.*

pull halar *v.;* **to pull out petals** deshojar *v.* **3**

punishment castigo *m.*

pure puro/a *adj.*

purity pureza *f.* **6**

pursue perseguir (e:i) *v.*

push empujar *v.*

put poner *v.* **1, 2; to put in a place** ubicar *v.;* **to put on** (*clothing*) ponerse *v.;* **to put on makeup** maquillarse *v.* **2**

pyramid pirámide *f.* **5**

Q

quality calidad *f.;* **high quality** de buena categoría *adj.* **5**

queen reina *f.*

quench saciar *v.*

question interrogante *m.*

quiet callado/a *adj.;* **be quiet** callarse *v.*

quit renunciar *v.;* **quit smoking** dejar de fumar *v.* **4**

quite bastante *adv.* **3**

quotation cita *f.*

R

rabbi rabino/a *m., f.*

rabbit conejo *m.* **6**

rabies rabia *f.* **5**

race carrera *f.* **2;** raza *f.*

radiation radiación *f.*

radio radio *f.*

radio announcer locutor(a) de radio *m., f.*

radio station (radio)emisora *f.*

raise aumento *m.;* **raise in salary** aumento de sueldo *m.;* educar *v.* **1**

ranch rancho *m.*

rarely casi nunca *adv.* **3**

rat rata *f.*

rather bastante *adv.;* más bien *adv.*

ratings índice de audiencia *m.*

ray rayo *m.*

razor blade navaja de afeitar *f.* **5**

reach alcance *m.;* **within reach** al alcance; al alcance de la mano; alcanzar *v.*

reactor reactor *m.*

reader lector(a) *m., f.*

real auténtico/a *adj.* **3**

Realism realismo *m.*

realist realista *adj.*

realistic realista *adj.*

realize darse cuenta *v.* **2,** **to realize/ assume that one is being referred to** darse por aludido/a *v.*

rearview mirror espejo retrovisor *m.*

rebelliousness rebeldía *f.*

receipt recibo *m.*

recital recital *m.*

recognition reconocimiento *m.*

recognize reconocer *v.* **1**

recommend recomendar *v.* **4**

recommendable recomendable *adj.* **5**

record grabar *v.*

recover recuperarse *v.* **4**

recyclable reciclable *adj.*

recycle reciclar *v.* **6**

redo rehacer *v.* **1**

reduce (speed) reducir (velocidad) *v.* **5**

reef arrecife *m.* **6**

referee árbitro/a *m., f.* **2**

refined (*cultured*) culto/a *adj.*

reflect reflejar *v.*

reform reforma *f.;* **economic reform** reforma económica *f.*

refuge refugio *m.* **6**

refund reembolso *m.* **3**

refusal rechazo *m.*

register inscribirse *v.*

registration permiso de circulación *m.*

rehearsal ensayo *m.*

rehearse ensayar *v.*

reign reino *m.*

reject rechazar *v.*

rejection rechazo *m.*

relative familiar *m., f.* **6**

relax relajarse *v.* **4; Relax.** Tranquilo/a.

reliability fiabilidad *f.*

religion religión *f.*

religious religioso/a *adj.*

remain permanecer *v.* **4**

remake rehacer *v.* **1**

remember recordar (o:ue); acordarse (o:ue) (de) *v.* **2**

remorse remordimiento *m.*

remote control control remoto *m.*

renewable renovable *adj.* **6**

rent alquilar *v.;* **to rent a movie** alquilar una película *v.*

repent arrepentirse (de) (e:ie) *v.* **2**

repertoire repertorio *m.*

reporter reportero/a *m., f.*

representative diputado/a *m., f.*

reproduce reproducirse *v.*

reputation reputación *f.;* **to have a good/ bad reputation** tener buena/mala fama *v.*

rescue rescatar *v.*

research investigar *v.*

researcher investigador(a) *m., f.*

reservation reservación *f.*

reserve reservar *v.* **5**

reside residir *v.*

respect respeto *m.*

responsible responsable *adj.* **(Cub.) adopt a responsible attitude** ponerse para las cosas *expr.* **4**

rest descanso *m.;* reposo *m.;* **to be at rest** estar en reposo *v.*

rest descansar *v.* **4**

resulting consiguiente *adj.*

résumé currículum vitae *m.*

retire jubilarse *v.*

retirement jubilación *f.*

return regresar *v.* **5; to return (items)** devolver (o:ue) *v.* **3; return (trip)** vuelta *f.;* regreso *m.*

review (revision) repaso *m.*

revision (review) repaso *m.*

revolutionary revolucionario/a *adj.*

revulsion asco *m.*

rhyme rima *f.*

rifle fusil *m.*

right derecho *m.;* **civil rights** derechos civiles *m. pl.;* **human rights** derechos humanos *m. pl.*

right away enseguida **3**

ring anillo *m.;* sortija *f.;* sonar (o:ue) *v.;* **to ring the doorbell** tocar el timbre *v.* **3**

riot disturbio *m.*

rise ascender (e:ie) *v.*

risk riesgo *m.;* arriesgar *v.;* arriesgarse; **to take a risk** arriesgarse *v.*

river río *m.*

rocket cohete *m.*

rob asaltar *v.*

romance novel novela rosa *f.*

Romanticism romanticismo *m.*

room habitación *f.* **5; emergency room** sala de emergencias *f.* **4; single/ double room** habitación individual/ doble *f.* **5; room service** servicio de habitación *f.* **5**

root raíz *f.*

round redondo/a *adj.* **2**

round-trip ticket pasaje de ida y vuelta *m.* **5**

routine rutina *f.* **3**

rude descarado/a *adj.*

ruin ruina *f.* **5;** arruinar *v.* **3**

rule regla *f.;* dominio *m.*

ruler gobernante *m., f.;* (*sovereign*) soberano/a *m., f.*

run correr *v.;* **to run away** huir *v.* **3; to run over** atropellar *v.*

rush prisa *f.* **6; to be in a rush** tener apuro

S

sacred sagrado/a *adj.*

sacrifice sacrificio *m.;* sacrificar *v.* **6**

safety seguridad *f.* **5**

sail navegar *v.* **5**

sailor marinero *m.*

salary sueldo *m.*; **raise in salary** aumento de sueldo *m.*; **base salary** sueldo fijo *m.*; **minimum wage** sueldo mínimo *m.*

salesperson vendedor(a) *m., f.*

same mismo/a *adj.*; **The same here.** Lo mismo digo yo.

sample muestra *f.*

sanity cordura *f.* 4

satellite satélite *m.*; **satellite dish** antena parabólica *f.*

satire sátira *f.*

satirical satírico/a *adj.*; **satirical tone** tono satírico/a *m.*

satisfied: be satisfied with contentarse con *v.* 1

satisfy (quench) saciar *v.*

save ahorrar *v.*; guardar *v.*; salvar *v.* 6; **save oneself** ahorrarse *v.*

savings ahorros *m.*

say decir *v.* 1; **say goodbye** despedirse (e:i) *v.* 3

scar cicatriz *f.*

scarcely apenas *adv.* 3

scare espantar *v.*; asustar *v.*

scared asustado/a *adj.*

scene escena *f.* 1

scenery paisaje *m.* 6; escenario *m.* 2

schedule horario *m.* 3

science fiction ciencia ficción *f.* 1

scientific científico/a *adj.*

scientist científico/a *m., f.*

scold regañar *v.* 4

score (a goal/a point) anotar (un gol/un punto) *v.* 2; marcar (un gol/punto) *v.*

scratch rascar *v.*; **to scratch (oneself)** rascarse *v.* 4

screen pantalla *f.* 2; **computer screen** pantalla de computadora *f.*; **television screen** pantalla de televisión *f.* 2

scuba diving buceo *m.* 5

sculpt esculpir *v.*

sculptor escultor(a) *m., f.*

sculpture escultura *f.*

sea mar *m.* 6

seal sello *m.*

search búsqueda *f.*; **search engine** buscador *m.*

season temporada *f.*; **high/low season** temporada alta/baja *f.* 5

seat asiento *m.* 2

seatbelt cinturón de seguridad *m.* 5; **to fasten (the seatbelt)** abrocharse/ ponerse (el cinturón de seguridad) *v.* 5; **to unfasten (the seatbelt)** quitarse (el cinturón de seguridad) *v.* 5

section sección *f.*; **lifestyle section** sección de sociedad *f.*; **sports page/ section** sección deportiva *f.*

security seguridad *f.* 5; **security measures** medidas de seguridad *f. pl.* 5; **security seal** precinto *m.* 6

see ver *v.* 1

seed semilla *f.*

seem parecer *v.* 2

select seleccionar *v.* 3

self-esteem autoestima *f.* 4

self-portrait autorretrato *m.*

senator senador(a) *m., f.*

send enviar *v.*; mandar *v.*

sender remitente *m.*

sense sentido *m.*; **common sense** sentido común *m.*

sensible sensato/a *adj.* 1

sensitive sensible *adj.* 1

separated separado/a *adj.* 1

sequel continuación *f.*

servants servidumbre *f.* 3

servitude servidumbre *f.* 3

set (the table) poner (la mesa) *v.* 3

settle poblar *v.*; **to settle down** afincarse *v.* 5

settler poblador(a) *m., f.*

sexton sacristán *m.*

shame vergüenza *f.*

shape forma *f.*; **bad physical shape** mala forma física *f.*

sharp nítido/a *adj.*

shave afeitarse *v.* 2

sheep oveja *f.* 6

shine lucir *v.*

shoot disparar *v.*; fusilar *v.*

shore orilla *f.*; **on the shore of** a orillas de 6

short film corto, cortometraje *m.* 1

short story cuento *m.*

short/long-term a corto/largo plazo

shot (injection) inyección *f.*; **to give a shot** poner una inyección *v.* 4

shoulder hombro *m.*

shout gritar *v.*

show espectáculo *m.* 2; lucir *v.*

showing sesión *f.*

shrink encogerse *v.*

shrug encogerse de hombros *v.*

shy tímido/a *adj.* 1

shyness timidez *f.*

sick enfermo *adj.*; **to be sick (of); to be fed up (with)** estar harto/a (de) 1; **to get sick** enfermarse *v.* 4

sign señal *f.*; firmar *v.*

signal señal *f.*; señalar *v.* 2

signature firma *f.*

silent callado/a *adj.*; **to be silent** callarse *v.*; **to remain silent** quedarse callado 1

silly person bobo/a *m., f.*

sin pecado *m.*

sincere sincero/a *adj.*

singer cantante *m., f.* 2

singing canto *m.*

single soltero/a *adj.* 1; **single mother** madre soltera *f.*; **single father** padre soltero *m.*

sink hundir *v.* 6

situated situado/a *adj.*

sketch esbozo *m.*; esbozar *v*

skill habilidad *f.*

skillfully hábilmente *adv.*

skim hojear *v.*

skirt falda *f.*

slacker vago/a *m., f.*

slave esclavo/a *m., f.*; **slave trade** tráfico de esclavos *m.* 4

slavery esclavitud *f.*

sleep dormir *v.* 2

sleeve manga *f.*

slice rodaja *f.* 6

slip resbalar *v.*

smoothness suavidad *f.*

snake serpiente *f.* 6; culebra *f.*

so-and-so fulano/a *m., f.*

soap opera telenovela *f.*

sociable sociable *adj.*

society sociedad *f.*

software programa (de computación) *m.*

solar solar *adj.*

soldier soldado *m.*

solitude soledad *f.* 3

solve resolver (o:ue) *v.* 6

sometimes a veces *adv.* 3

sorrow pena *f.* 4

soul alma *f.* 1

soundtrack banda sonora *f.*

source fuente *f.*; **energy source** fuente de energía *f.* 6

sovereign soberano/a *m., f.*

sovereignty soberanía *f.*

space espacial *adj.*; **space shuttle** transbordador espacial *m.*

space espacio *m.*

spaceship nave espacial *f.*

spacious espacioso/a *adj.*

speak hablar *v.* 1; **Speaking of that, ...** Hablando de eso, …

speaker hablante *m., f.*

special effects efectos especiales *m., pl.*

specialist especialista *m., f.*

specialized especializado/a *adj.*

species especie *f.* 6; **endangered species** especie en peligro de extinción *f.*

spectator espectador(a) *m., f.* 2

speech discurso *m.*; **to give a speech** pronunciar un discurso *v.*

spell-checker corrector ortográfico *m.*

spend gastar *v.*

spill derramar *v.*

spirit ánimo *m.* 1

spiritual espiritual *adj.*

spy espía *m., f.* 1; espiar *v.* 1

spot: on the spot en el acto 3

spring manatial *m.*

stability estabilidad *f.*

stage (theater) escenario *m.* 2; **(phase)** etapa *f.*; **stage name** nombre artístico *m.* 1

stain mancha *f.*; manchar *v.*

staircase escalera *f.* 3

stamp sello *m.*

stanza estrofa *f.*

star estrella *f.*; **shooting star** estrella fugaz *f.*; **(movie) star** [m/f] estrella *f.*; **pop star** [m/f] estrella pop *f.*

start (a car) arrancar *v.*

stay alojarse *v.* 5; hospedarse; quedarse *v.* 5; **stay up all night** trasnochar *v.* 4

step paso *m.*; **to take the first step** dar el primer paso *v.*

stick pegar *v.*

still life naturaleza muerta *f.*

sting picar *v.*

stingy tacaño/a *adj.* 1

stir revolver (o:ue) *v.*

stock market bolsa de valores *f.*

stone piedra *f.* 5

stop detenerse *v.* 4

storekeeper comerciante *m., f.*

storm tormenta *f.*; **tropical storm** tormenta tropical *f.* 6

stranger desconocido/a *adj.*

stream arroyo *m.*

strength fortaleza *f.*

stretcher camilla *f.* 4

strict autoritario/a *adj.* **1**
strike (*labor*) huelga *f.*
striking llamativo/a *adj.*
stroll paseo *m.*
struggle lucha *f.*; luchar *v.*
stubborn tozudo/a *adj.*
studio estudio *m.*; **recording studio** estudio de grabación *f.*
stunned boquiabierto/a *adj.*
stupid necio/a *adj.*
stupid person bobo/a *m., f.*
style estilo *m.*; **in the style of ...** al estilo de…
subscribe (to) suscribirse (a) *v.*
subtitles subtítulos *m., pl.*
subtlety matiz *m.*
suburb suburbio *m.*
succeed in (*reach*) alcanzar *v.*
success éxito *m.*
successful exitoso/a *adj.*
suckling pig cochinillo *m.*
sudden repentino/a *adj.* **3**
suddenly de repente *adv.* **3**
suffer (from) sufrir (de) *v.* **4**
suffering sufrimiento *m.*
suggest aconsejar; sugerir (e:ie) *v.* **4**
suitcase maleta/valija *f.* **5**; **suitcase lock** traba *f.* **5**
summit cumbre *f.*
sunrise amanecer *m.*
supermarket supermercado *m.* **3**
supply proporcionar *v.*
support soportar; apoyar *v.*; **to put up with someone** soportar a alguien *v.* **1**
suppose suponer *v.* **1**
suppress suprimir *v.*
sure (*confident*) seguro/a *adj.* **1**; **(*certain*)** cierto/a *adj.*; **Sure!** ¡Cierto!
surf the web navegar en la red *v.*; navegar en Internet
surface superficie *f.*
surgeon cirujano/a *m., f.* **4**
surgery cirugía *f.* **4**
surgical quirúrgico/a *adj.*
surprise sorprender *v.* **2**
surprised sorprendido *adj.* **2**; **be surprised (about)** sorprenderse (de) *v.* **2**
Surrealism surrealismo *m.*
surrender rendirse (e:i) *v.*
surrounded by rodeado/a *adj.* **6**
survival supervivencia *f.*; sobrevivencia *f.*
survive sobrevivir *v.*
suspect sospechar *v.*
suspicion sospecha *f.*
swallow tragar *v.*
sweats sudores *m. pl.* **5**
swear jurar *v.*
sweep barrer *v.* **3**
sweetheart amado/a *m., f.* **1**
symptom síntoma *m.*
synagogue sinagoga *f.*
syrup jarabe *m.* **4**

T

tabloid(s) prensa sensacionalista *f.*
tag etiqueta *f.*

take tomar *v.*; **to take a bath** bañarse *v.* **2**; **to take a look** echar un vistazo *v.*; **to take a trip** hacer un viaje *v.* **5**; **to take a vacation** ir(se) de vacaciones *v.* **5**; **to take away (*remove*)** quitar *v.* **2**; **to take care of** cuidar *v.* **1**; **to take care of oneself** cuidarse *v.*; **to take into consideration** tomar en cuenta *v.* **1**; **to take off** despegar *v.* **5**; **to take off (*clothing*)** quitarse *v.* **2**; **to take off running** echar a correr *v.*; **to take place** desarrollarse *v.*; **to take refuge** refugiarse *v.*; **to take seriously** tomar en serio *v.*
tape cinta *f.* **1**
taste gusto *m.*; **in good/bad taste** de buen/mal gusto; sabor *m.*; **It has a sweet/sour/bitter/pleasant taste.** Tiene un sabor dulce/agrio/amargo/agradable. **4**
taste like/of saber *v.* **1**; **How does it taste?** ¿Cómo sabe? **4**; **And does it taste good?** ¿Y sabe bien? **4**; **It tastes like garlic/mint/lemon.** Sabe a ajo/menta/limón. **4**
tax impuesto *m.*; **sales tax** impuesto de ventas *m.*
teaching enseñanza *f.*
team equipo *m.* **2**
tears lágrimas *f. pl.*
telephone receiver auricular *m.*
telescope telescopio *m.*
television televisión *f.* **2**; **television set** televisor *m.* **2**; **television viewer** televidente *m., f.* **2**
temple templo *m.*
tendency propensión *f.*
territory territorio *m.*
terrorism terrorismo *m.*
test (*challenge*) poner a prueba *v.*
theater teatro *m.*
then entonces *adv.* **3**
theory teoría *f.*
there allá *adv.*
thermal térmico/a *adj.*
think pensar (e:ie) *v.* **1**; **(*to be of the opinion*)** opinar; *v.* **I think it's pretty.** Me parece hermosa/o. **I thought...** Me pareció... **1**; **What did you think of Mariela?** ¿Qué te pareció Mariela? **1**
thoroughly a fondo *adv.*
threat amenaza *f.*
threaten amenazar *v.* **3**
throw tirar *v.*; **throw away** echar *v.*; **throw out** botar *v.*
thunder trueno *m.* **6**
ticket boleto *m.*
tie (*game*) empate *m.* **2**; **tie (up)** atar *v.*; **(*games*)** empatar *v.* **2**
tiger tigre *m.* **6**
time tiempo *m.*; vez *f.*; **at that time** en aquel entonces; **for the first/last time** por primera/última vez **2**; **on time** a tiempo **3**; **once upon a time** érase una vez; **to have a good/bad/horrible time** pasarlo bien/mal **1**
tired cansado/a *adj.*; **to become tired** cansarse *v.*
toast brindis *m.* **3**
tone of voice timbre *m.* **3**
tongue lengua *f.*
too; too much demasiado/a *adj., adv.*
tool herramienta *f.*
topic asunto *m.*

touch lightly rozar *v.*
tour excursión *f.* **5**; **tour guide** guía turístico/a *m., f.* **5**
tourism turismo *m.* **5**
tourist turista *m., f.* **5**; turístico/a *adj.* **5**
tournament torneo *m.* **2**
toxic tóxico/a *adj.* **6**
trace huella *f.*; trazar *v.*
track-and-field events atletismo *m.*
trade comercio *m.*; oficio *m.*; comerciar *v.*
trader comerciante *m., f.*
traditional tradicional *adj.* **1**; **(*typical*)** típico/a *adj.*
traffic tránsito *m.*; **traffic jam** congestionamiento, tapón *m.*
tragic trágico/a *adj.*
trainer entrenador(a) *m., f.* **2**
trait rasgo *m.*
traitor traidor(a) *m., f.*
tranquilizer calmante *m.* **4**
translate traducir *v.* **1**
transmission transmisión *f.*
transplant transplantar *v.*
trap atrapar *v.* **6**
trash basura *f.*
travel log bitácora *f.*
traveler viajero/a *m., f.* **5**
treat tratar *v.* **4**
treatment tratamiento *m.* **4**
treaty tratado *m.*
tree árbol *m.* **6**
trend moda *f.*; tendencia *f.*
trial juicio *m.*
tribal chief cacique *m.*
tribe tribu *f.*
trick truco *m.* **2**
trip viaje *v.* **5**; **to take a trip** hacer un viaje *v.* **5**
tropical tropical *adj.*; **tropical storm** tormenta tropical *f.* **6**
trunk maletero *m.*
trust confianza *f.* **1**
try probar (o:ue) (a) *v.* **3**; **try on** probarse (o:ue) *v.* **3**
tune into (*radio or television*) sintonizar *v.*; **tuning** sintonía *f.*
turn turno *m.*; **to be my/your/his turn** me/te/le, etc. + tocar *v.*; **Whose turn is it to pay the tab?** ¿A quién le toca pagar la cuenta? **2**; **Is it my turn yet?** ¿Todavía no me toca? **2**; **It's Johnny's turn to make coffee.** A Johnny le toca hacer el café. **2**; **It's always your turn to wash the dishes.** Siempre te toca lavar los platos. **2**
turn (*a corner*) doblar *v.*; **to turn down** rechazar *v.* **1** **to turn off** apagar *v.* **3**; **to turn on** encender (e:ie) *v.* **1, 3**; **to turn red** enrojecer *v.*
turned off apagado/a *adj.*

U

UFO ovni *m.*
unbiased imparcial *adj.*
uncertainty incertidumbre *f.*
underdevelopment subdesarrollo *m.*
understand entender (e:ie) *v.*
underwear (*men's*) calzoncillos *m. pl.*
undo deshacer *v.* **1**
unemployed desempleado/a *adj.*

unemployment desempleo *m.*
unequal desigual *adj.*
unexpected imprevisto/a *adj.;* inesperado/a *adj.* **3**
unexpectedly de improviso *adv.*
unfinished inconcluso/a *adj.*
unintentionally sin querer *adv. expr.*
unique único/a *adj.*
unjust injusto/a *adj.*
unload descargar *v.*
unpleasant antipático/a *adj.*
unsettling inquietante *adj.*
untie desatar *v.*
until hasta *adv.;* **up until now** hasta la fecha
update actualizar *v.*
upset disgustado/a *adj.* **1;** disgustar *v.* **2;** **to get upset** afligirse *v.* **3**
up-to-date actualizado/a *adj.;* **to be up-to-date** estar al día *v.*
urban urbano/a *adj.*
urgent urgente *adj.* **4**
use up agotar *v.* **6**
used: to be used to estar acostumbrado/a a; **I used to... (*was in the habit of*)** solía; **to get used to** acostumbrarse (a) *v.* **3**
useful útil *adj.*
user usuario/a *m., f.*

V

vacation vacaciones *f. pl.;* **to take a vacation** ir(se) de vacaciones *v.* **5**
vaccinate vacunar(se) *v.* **4**
vaccine vacuna *f.* **4**
vacuum pasar la aspiradora *v.* **3**
valid vigente *adj.* **5**
valuable valioso/a *adj.* **6**
value valor *m.*
vessel vasija *f.*
vestibule zaguán *m.* **3**
victorious victorioso/a *adj.*
victory victoria *f.*
video game videojuego *m.* **2**
village aldea *f.* **4**
virus virus *m.* **4**
visit recorrer *v.* **5**
visiting hours horas de visita *f., pl.*
vote votar *v.*

W

wage: minimum wage sueldo mínimo *m.*
wait espera *f.;* esperar *v.* **to wait in line** hacer cola *v.* **2**
waiter/waitress camarero/a *m., f.;* mesero/a *m., f.*
wake up despertarse (e:ie) *v.* **2**
walk andar *v.;* **to take a stroll/walk** dar un paseo *v.* **2;** **to take a stroll/walk** *v.* dar una vuelta
wall pared *f.* **5**
want querer (e:ie) *v.* **1, 4**
war guerra *f.;* **civil war** guerra civil *f.;* **world war** guerra mundial *f.*
warm up calentar (e:ie) *v.* **3**
warn avisar *v.*
warning advertencia *f.;* **aviso** *m.* **5**
warrior guerrero/a *m., f.*
wash lavar *v.* **3; wash oneself** lavarse *v.* **2**
waste malgastar *v.* **6**
watch vigilar *v.*
Watch out! ¡Aguas! (Mex.) *interj.*
watercolor acuarela *f.*
waterfall cascada *f.* **6**
way back camino de vuelta *m.* **5**
wave ola *f.* **5;** onda *f.*
wealth riqueza *f.*
wealthy adinerado/a *adj.*
weapon arma *f.* **5**
wear llevar; lucir *v.*
weariness fatiga *f.*
web (the) web *f.;* red *f.*
weblog bitácora *f.*
website sitio web *m.*
week semana *f.*
weekend fin de semana; **Have a nice weekend!** ¡Buen fin de semana!
weekly semanal *adj.*
weeping llanto *m.*
weight peso *m.*
welcome bienvenida *f.* **5**
welcome (*take in; receive*) acoger *v.*
well pozo *m.;* **oil well** pozo petrolero *m.*
well-being bienestar *m.* **4**
What a beating! ¡Menuda paliza! *expr.* (*Esp.*)
whistle silbar *v.*
widowed viudo/a *adj.* **1; to become widowed** quedarse viudo/a *v.*

widower/widow viudo/a *m., f.*
wild salvaje *adj.* **6;** silvestre *adj.*
wild boar jabalí *m.*
win ganar *v.;* **to win an election** ganar las elecciones *v.;* **to win a game** ganar un partido *v.* **2**
wind power energía eólica *f.*
wine vino *m.*
wing ala *m.*
winner ganador/a *m., f.* **6**
wireless inalámbrico/a *adj.*
wisdom sabiduría *f.*
wise sabio/a *adj.*
wish deseo *m.* **1;** desear *v.* **4**
without sin *prep.;* **without you** sin ti (*fam.*)
witness testigo *m., f.*
woman mujer *f.;* **businesswoman** mujer de negocios *f.*
womanizer mujeriego *m.*
wonder preguntarse *v.*
wood madera *f.*
wool cap gorro de lana *m.* **6**
work obra *f.;* **work of art** obra de arte *f.;* funcionar/trabajar *v.*
work day jornada *f.*
workshop taller *m.*
World Cup Copa del Mundo *f.,* Mundial *m.*
worms gusanos *m. pl.* **4**
worried (about) preocupado/a (por) *adj.* **1**
worry preocupar *v.* **2; to worry (about)** preocuparse (por) *v.* **2**
worship culto *m.*
worth: be worth valer *v.* **1**
worthy digno/a *adj.* **6**
wound lesión *f.*
wrap envolver *v.* **6**
wrinkle arruga *f.*
writing escritura *f.*

Y

you merced (su) *f., form.* **2**
You must be kidding! ¡No me diga! *expr.*
yawn bostezar *v.*

Z

zoo zoológico *m.* **2**

S

T

Every effort has been made to trace the copyright holders of the works published herein. If proper copyright acknowledgment has not been made, please contact the publisher and we will correct the information in future printings.

Short Film Credits

page 27-28 By permission of Premium Films.
page 67-68 Courtesy of Content Line/Feelsales.
page 107-108 By permission of IMCINE.
page 149-150 Courtesy of Daniel Chile.
page 193-194 Courtesy of Content Line/Feelsales.
page 237-238 Courtesy of Juan Fernández Gebauer.

Literature Credits

page 32-33 Pablo Neruda. "Poema 20", VEINTE POEMAS DE AMOR Y UNA CANCIÓN DESESPERADA © Fundación Pablo Neruda, 2014.
page 72-73 ©Fundación Mario Benedetti. c/o Guillermo Schavelzon & Asociados, Agencia Literaria www.schavelzon.com.
page 112-113 Nicanor Parra "Ultimo brindis." Canciones rusas. © Nicanor Parra, 1967.
page 154-155 ©Ángeles Mastretta, 1990.
page 198-199 © Pablo De Santis c/o Schavelzon Graham Agencia Literaria www.schavelzongraham.com.
page 242-243 By permission of International Editors' Co. Agencia Literaria.

Photography and Art Credits

All images © by Vista Higher Learning unless otherwise noted.

Cover: Marco Brivio/AGE Fotostock.

Front Matter (SE): xxv: (all) Carlos Muñoz.

Front Matter (IAE): IAE-29: (all) Carlos Muñoz; **IAE-33:** Rido/123RF.

Lesson 1: 1: Carlos Muñoz; **2:** (tl) Nora y Susana/Fotocolombia; (tr) Nancy Ney/Digital Vision/Getty Images; (bl, br) Martín Bernetti; **3:** (t) Martín Bernetti; (m) T. Ozonas/Masterfile; (b) Corbis; **6:** (all) Carlos Muñoz; **7:** (all) Carlos Muñoz; **8:** Carlos Muñoz; **9:** (t) VHL; (m) GDA/El Universal de México/Newscom; (b) Gilc/123RF; **10:** Kapu/Shutterstock; **11:** (t) Photo by Lori Barra. Courtesy of Isabel Allende; (bl) Vgstudio/Fotolia; (br) Courtesy of Penguin Random House; **12:** Hart Creations/iStockphoto; **18:** (all) Carlos Muñoz; **20:** Janet Dracksdorf; **21:** (tl) Ali Burafi; (tm) Janet Dracksdorf; (tr) José Blanco; (bl) Paola Rios-Schaaf; (bm) Oscar Artavia Solano; (br) Robert Fried/Alamy; **22:** Carlos Muñoz; **30:** *Los enamorados* (1923), Pablo Picasso. ©2018 Estate of Pablo Picasso/Artists Rights Society (ARS), New York; **31:** Jean-Régis Roustan/Roger-Viollet/Image Works; **32:** (foreground) Josh Westrich/Corbis/Getty Images; (background) Image Source/Corbis; **35:** (t) Bernard Bisson/Sygma/Corbis/Getty Images; (b) Win McNamee/Getty Images; **36:** (t) J. Scott Applewhite/AFP/Getty Images; (b) White House Press Office/ZUMA Press/Newscom; **37:** Jared Wickerham/Getty Images.

Lesson 2: 41: Carlos Muñoz; **42:** (tl) Rasmus Rasmussen/iStockphoto; (tr) Divine Images/Plush Studios/Media Bakery; (bl) José Blanco; (br) Tom Pennington/Getty Images Sport/Getty Images; **43:** (t) Corbis; (m) John Lund/Drew Kelly/AGE Fotostock; (b) Juan Silva/Corbis; **46:** (all) Carlos Muñoz; **47:** (all) Carlos Muñoz; **49:** (t) VHL; (m) Morenovel/Deposit Photos; (b) Photosphere/Shutterstock; **50:** (l) Vera Anderson/WireImage/Getty Images; (r) Steve Vas/Featureflash/SilverHub/REX/Shutterstock; **51:** (t) Allstar Picture Library/Alamy; (bl) Juan Medina/Reuters/Newscom; (br) Amazon Studios/Album/Newscom; **52:** Roger Viollet/Getty Images; **54:** (all) Carlos Muñoz; **58:** (all) Carlos Muñoz; **59:** Shironosov/iStockphoto; **60:** (t) DeniseBernadette/iStockphoto; (ml, mr, br) Martín Bernetti; (mm) PM Images/Getty Images; (bl) Paula Díez; (bm) Reed Kaestner/Corbis; **62:** (l) Carlos Muñoz; (r) Martín Bernetti; **70:** *Minué o Tertulia en Casa de Francisco Antonio de Escalada* (1831), Carlos Enrique Pellegrini. Watercolor. Oronoz/Album/SuperStock; **71:** Mariana Eliano/Cover/Getty Images; **72:** Jason Horowitz/Corbis/Getty Images; **75:** Alfredo Dagli Orti/REX/Shutterstock; **76:** Motmot/Shutterstock.

Lesson 3: 81: Carlos Muñoz; **82:** (l) Nancy Camley; (r) Monkey Business Images/Shutterstock; **83:** (t) Simone Van Den Berg/123RF; (b) Dmitrijs Dmitrijevs/iStockphoto; **86:** (all) Carlos Muñoz; **87:** (all) Carlos Muñoz; **89:** (all) Carlos Muñoz; **90:** (t) Patrick van Katwijk/Picture-Alliance/DPA/AP Images; (m) I. Zorstan/DYDPPA/REX/Shutterstock; (b) Belen Diaz/DYDPPA/REX/Shutterstock; **91:** (t) Ian Waldie/Getty Images; (bl) Darren Pullman/Shutterstock; (br) Chema Moya/EPA-EFE/REX/Shutterstock; **92:** Mark Shenley/Alamy; **95:** (l) VHL; (r) Carlos Muñoz; **97:** JGI/Jamie Grill/Media Bakery; **98:** (r) Carlos Muñoz; (l) VHL; **99:** James W. Porter/Corbis/Getty Images; **100:** David C. Tomlinson/Getty Images;

About the author

Jose A. Blanco founded Vista Higher Learning in 1998. A native of Barranquilla, Colombia, Mr. Blanco holds degrees in Literature and Hispanic Studies from Brown University and the University of California, Santa Cruz. He has worked as a writer, editor, and translator for Houghton Mifflin and D.C. Heath and Company and has taught Spanish at the secondary and university levels. Mr. Blanco is also the co-author of several other Vista Higher Learning programs.